21世纪经济学管理学系列教材

武汉大学规划教材建设项目资助出版

新编项目管理

PROJECT MANAGEMENT

主　编　程鸿群

副主编　陆菊春　余红伟

WUHAN UNIVERSITY PRESS
武汉大学出版社

图书在版编目(CIP)数据

新编项目管理/程鸿群主编.—武汉:武汉大学出版社,2021.9(2024.10重印)

21世纪经济学管理学系列教材

ISBN 978-7-307-22163-5

Ⅰ.新… Ⅱ.程… Ⅲ.项目管理—高等学校—教材 Ⅳ.F224.5

中国版本图书馆CIP数据核字(2021)第043708号

责任编辑:范绪泉 责任校对:李孟潇 版式设计:马 佳

出版发行:**武汉大学出版社** (430072 武昌 珞珈山)

(电子邮箱:cbs22@whu.edu.cn 网址:www.wdp.com.cn)

印刷:湖北云景数字印刷有限公司

开本:787×1092 1/16 印张:20 字数:474千字 插页:2

版次:2021年9月第1版 2024年10月第2次印刷

ISBN 978-7-307-22163-5 定价:49.00元

21世纪经济学管理学系列教材

编委会

顾问

谭崇台　郭吴新　李崇淮　许俊千　刘光杰

主任

周茂荣

副主任

谭力文　简新华　黄　宪

委员（按姓氏笔画为序）

王元璋　王永海　甘碧群　张秀生　严清华

何　耀　周茂荣　赵锡斌　郭熙保　徐绪松

黄　宪　简新华　谭力文　熊元斌　廖　洪

颜鹏飞　魏华林

前　言

项目管理是实现项目目标的重要手段，是组织提高竞争优势的关键战略，是按照客观规律的要求，运用系统工程的观点、理论和方法，对项目发展周期中的各阶段工作进行计划、组织、控制、沟通和激励。

本书具有以下几方面的特点：

（1）本书将项目管理理论与改革实践相结合，在深入研究和系统总结国内外项目管理理论与方法的基础上，吸收国内外优秀教材的精华，紧跟项目管理研究前沿，对项目目标实现的计划与控制理论与方法进行了详细的介绍，例如流水作业方法、网络计划技术、挣值管理、PDCA循环法等。

（2）本教材吸收了国内外项目管理领域理论与方法发展的新内容和最新研究成果，紧跟项目管理研究前沿，系统地阐述了项目管理的基础知识和项目目标实现的过程，包括项目管理概述、项目整合管理、项目组织与资源管理、项目范围管理、项目进度管理、项目费用管理、项目质量管理、项目沟通管理、项目风险管理、项目采购管理、项目相关方管理、组织级项目管理和项目信息管理。

（3）在阐明理论方法的同时，编者收集了大量的资料编制成案例，通过生动独特的案例分析，注重对学生实际能力的培养，给学生提供清晰明了的项目管理理论和方法运用的思路，突出内容的实用性、可操作性和趣味性。

另外，书中的思考练习题、案例思考题能够更好地帮助读者理解项目管理的理论和更深刻地思考。

本书由武汉大学经济与管理学院程鸿群副教授担任主编，陆菊春副教授、余红伟副教授担任副主编。全书共分十三章，其中，第一、四、九、十章由程鸿群、彭美霖编写，第五、六章由程鸿群、后倩编写，第七、十一、十二章由陆菊春、后倩编写，第二、三、八、十三章由余红伟、肖君萍编写，案例思考题由程鸿群、程亚楠编写，全书由程鸿群审定。

本书既可作为各管理专业的本科生和研究生的教材使用，也可作为项目管理工程硕士（MPM）和工商管理硕士（MBA）等专业学位的教材使用，同时还可以作为研究人员的参考书以及各类管理人员的自学用书。

本书在编写过程中参阅了大量国内外教材和文献，在此对有关作者深表感谢。由于项目管理所涉及内容广而且发展快，加之作者水平和掌握资料所限，本书内容难免有不足，甚至错误和疏漏之处，敬请读者批评指正。

编者

目　　录

第一章　项目管理概述

第一节　项目的概念

一、项目的定义

对于项目，人们从不同的角度给出了许多不同的定义。

现代项目管理认为：项目是一个组织为实现既定的目标，在一定的时间、人员和其他资源的约束条件下，所开展的一种有一定独特性的、一次性的工作。

美国项目管理学会（Project Management Institute，PMI）在它的项目管理知识体系（project management body of knowledge，PMBOK）中对项目所下的定义是：项目是为创造独特的产品、服务或成果而进行的临时性工作。

国际标准化组织（International Organization for Standardization，ISO）对于项目的定义是：项目是由一系列具有开始和结束日期、相互协调和控制的活动组成的，通过实施活动而达到满足时间、费用和资源等约束条件和实现项目目标的独特过程。

联合国工业发展组织在《工业项目评估手册》中对项目的定义是：一个项目是对一项投资的一个提案，用来创建、扩建或发展某些工厂企业，以便在一定周期时间内增加货物的生产或社会的服务。

在社会经济活动中，在不同的场合下，项目又有不同的含义。如在生产经营领域，有企业经营战略规划项目、新产品开发项目、技术引进项目、设备更新项目等；在流通领域，有以物资流通为内容的销售网络项目；在建设领域有以投资建设活动为内容的工程建设项目；在科研领域有以研究开发为内容的新技术项目、中试项目；在军事领域有各种军事项目等。项目通常既包括上述有形的项目，也包括无形的项目，如社会制度的改进、政策的调整和管理人员培训等。所以，项目是为了完成特定的目标，在一定的资源约束下，有组织地开展的一系列非重复活动。

对于项目概念，可以从以下几方面进行理解：

1. 从总体属性理解项目

项目实质上是一系列的活动，不是一项工作就能够完成整个项目的目标，尽管项目是由组织进行的，但它并不是组织本身；尽管项目的结果可能是某种产品，但项目也不是产品本身。例如，如果谈到一个"工程项目"，我们应当把它理解为包括项目选定、设计、采购、制造（施工）、安装调试、移交用户在内的整个过程。不能把"工程项目"理解为将移交给用户的产品（土木建筑物），确切地说，产品是项目的目的或结果。事实上现实项目的具体定义依赖于该项目的范围、过程、对结果的明确要求及其具体的组织条件。

2. 从过程属性理解项目

项目必须是临时性的、一次性的、有限的任务，这是项目过程区别于其他常规"活动和任务"的基本标志，也是识别项目的主要依据。项目的工作活动是一个过程。各个项目经历的时间可能是不同的，但各个项目都必须在某个时间内完成，有始有终是项目的共同特点。

3. 从结果属性理解项目

项目都有一个特定的目标，或称独特的产品或服务。任何项目都有一个与以往其他任务不完全相同的目标(结果)，它通常是一项独特的产品或服务。这一特定的目标通常要在项目初期设计出来，并在其后的项目活动中一步一步地实现。有时尽管一个项目中包含部分的重复内容，但在总体上仍然是独特的。如果任务及结果是完全重复的，那它就不是项目。

4. 从周期属性理解项目

项目就是一次性的任务，因此，任何项目有开始必然有结束，结束意味着项目的完结。

5. 从约束属性理解项目

项目也像其他任务一样，有资金、时间、资源等许多约束条件，项目只能在一定的约束条件下进行。这些约束条件是完成项目的制约因素，同时也是管理项目的条件，是对管理项目的要求。没有约束的任务不能称为项目。

二、项目的特点

尽管项目的形式多种多样，项目的内容五花八门，但项目是有共同之处可循的。对于一般项目，其主要特征如下：

1. 一次性

项目有投入也有产出，然而它不同于周而复始的反复行动，更不是无终了的职能。例如，建设一座火电厂可以当作一个大项目，但建成投产以后的日常生产过程则不能当作项目。又如即使采用型号相同的标准图纸，建筑两个生活住宅区，但由于建设时间、地点、周围环境等条件不可能完全相同，因此，它们属于两个不同的项目。只有认识到项目的一次性，才能有针对性地根据项目的特殊性进行管理。

2. 多目标性

项目的目标有成果性目标和约束性目标。成果性目标是指项目的功能要求，即设计规定的生产产品的规格、品种、生产能力目标。约束性目标是指限制条件，如工程质量标准、竣工验收投产使用、工期、投资目标、效益指标等。当然，项目的目标并不是一成不变的，也可能在实现目标过程中发生变化，可能是因为顾客提出改变目标，也可能由于活动本身产生的新信息表明原来的目标不完全恰当，需要重新确立项目及其目标。

3. 独特性

项目的独特性是指项目所生成的产品或服务与其他产品或服务相比具有一定的独特之处。通常一个项目的产出物，即项目所生成的产品或服务，在一些关键方面与其他的产品或服务是不同的。每个项目都有某些方面是以前所没有的、独特的。例如，每个人的婚礼都是一个项目，任何一个人的婚礼总会有许多独特的（不同的）地方；虽然按照一定的习俗，婚礼会有一些相同的成分，但是这并不影响个人婚礼的独特性。再比如，人们建造了成千上万座办公大楼，这些大楼在某些方面都有一定的独特性，这些独特性包括不同的业主、不同的设计、不同的位置和方位、不同的承包商、不同的施工方法和施工时间等。

4. 制约性

项目的制约性是指每个项目都在一定程度上受客观条件和资源的制约。客观条件和资源对于项目的制约涉及项目的各个方面，其中最主要的制约是资源的制约。项目的资源制约包括人力资源、财力资源、物力资源、时间资源、技术资源、信息资源等各方面的资源的制约。因为任何一个项目都是有时间限制的，任何一个项目都有预算限制，而且一个项目的人员、技术、信息、设备条件、工艺水平等也都是有限制的。这些限制条件和项目所处环境的一些制约因素构成了项目的制约性。项目的制约性也是决定一个项目成败的关键特性之一。通常，一个项目在人力、物力、财力、时间等方面的资源宽裕，制约很小，那么其成功的可能性就会非常高；情况相反时项目成功的可能性就会大大降低。

5. 寿命周期性

项目任务的一次性决定了项目有一个确定的起始、实施和终结过程，这就构成了项目的有限寿命。对于一般项目来说，项目的有限寿命可分为三个阶段：第一阶段是项目前期阶段，一般包括项目规划、布置，即要明确项目的任务、基本要求、所需投入要素、目标及成本效益分析论证。第二阶段是项目的实施阶段，即组织项目的实施以实现项目的目标。第三阶段是项目终结阶段，包括项目的总结、清理等。

6. 项目创造商业价值

项目创造商业价值是为从商业运作中获得的可量化净效益，指特定项目的成果能够为相关方带来的效益。效益可以是有形的、无形的或两者兼有之。在商业分析中，商业价值被视为"回报"，即以某种投入换取时间、资金、货物或无形的回报。例如项目的商业价值有形效益包括货币资产、股东权益、公共事业、固定设施、工具、市场份额，项目的商业价值无形效益包括商誉、品牌认知度、公共利益、商标、战略一致性、声誉。

7. 其他特征

项目除了上述特征以外还有其他一些特征，这包括项目的创新性和风险性、项目过程的渐进性、项目成果的不可挽回性、项目组织的临时性和开放性等。这些项目特性是相互关联和相互影响的。

项目的独特之处需要项目进行不同程度的创新，而创新就包括各种不确定性，从而造成项目风险。另外，项目组织的临时性和项目成果的不可挽回性也主要是由于项目的一次性造成的。因为一次性的项目活动结束以后，项目组织就需要解散，所以项目组织就是临时性的；而项目活动是一次性的而不是重复性的，所以项目成果一旦形成，多数是无法改变的。项目的开放性表明，项目的完成要跨越若干部门的界限，这也要求项目管理人员为了保证项目完成，既要协调好项目团队和企业内部各职能部门之间的关系，又要协调好项目团队与企业外部相关部门的关系，以便最大限度地取得他们的支持和协作。管理项目经常需要与一些陌生人打交道，这些人包括企业职能部门的领导、政府、官员、银行家、工程承包者、供应单位的负责人等。他们对项目的成败至关重要但都不受项目管理组织的管辖。如何让这些人员支持项目工作，是项目经理及其所领导的项目团队的重要任务。

三、项目分类

项目种类繁多，为了适应科学管理的需要，应从不同角度对项目进行分类。

（一）按照性质分类

1. 新建项目

新建项目指从无到有，"平地起家"新开始的项目或原有的规模很小，经过投资建设后新增加的固定资产价值超过原来固定资产价值 3 倍以上的，也可以算作新建项目。

2. 扩建项目

扩建项目是指在现有的规模基础上，为扩大生产能力或工程效益而增建的项目，如企业为扩大原有产品的生产能力，增建的主要生产车间及独立的生产线等。

3. 改建项目

改建项目是指投资者为了提高产品质量、加速技术进步、增加产品的花色品种、促进产品升级换代、降低消耗和成本等，采用新技术、新工艺、新材料等对现有设施、工艺条件进行设备更新或技术改造的项目。

4. 迁建项目

迁建项目是指由于各种原因有关部门批准迁到其他地点建设的项目。

5. 恢复项目

恢复项目是指因自然灾害、战争等原因，使原有固定资产全部或部分报废，后又投资恢复建设的项目。

（二）按照投资使用方向和投资主体的活动范围分类

1. 竞争性项目

竞争性项目主要是指投资收益水平比较高、对市场变化反应比较灵敏、具有市场竞争能力的行业部门的相关项目，如工业、建筑业、商业、房地产业、咨询业及金融保险业项目等。竞争性投资项目投资主体主要是企业和个人，由企业或个人自主决策，自担风险，通过市场筹资、建设、经营。

2. 基础性项目

基础性项目主要是指具有一定自然垄断、建设周期长、投资量大而收益水平较低的基础产业和基础设施项目，如农林水利业、能源业、交通、邮电、通信业及城市公用设施等。其投资主体包括政府和企业，其投资筹措方式是政策性与经营性投资相结合。

3. 公益性项目

公益性项目是指那些非营利性和具有社会效益性的项目，如教育、文化、卫生、体育、环保、广播电视、政府、社会团体、国防设施等方面的项目。这类项目中大多数不形成经济效益，这决定了其投融资应由政府承担，即由政府运用财政性资金采用无偿和追加拨款的方式进行投资建设。

（三）按照结果形式分类

1. 有形项目

有形项目是指项目的产出物有实物形态，如一座发电站、一种新产品、一栋建筑物等。

2. 无形项目

无形项目是指项目的产出物没有实物形态，如社会制度的改进、政策的调整和管理人员培训等。

（四）按照投资建设的用途分类

1. 生产性建设项目

生产性建设项目指用于物质产品生产的建设项目，如工业项目、运输项目、农田水利项目、能源项目等。

2. 非生产性建设项目

非生产性建设项目指满足人们物质文化生活需要的项目，如商业项目、咨询业项目、金融保险等项目。

（五）项目与日常业务的区别

每个组织都为实现某些目标而从事某种工作，一般工作可以指项目或日常业务，项目和日常业务有重叠之处，也有诸多的不同。项目和日常业务相同之处表现在：一是两者都是由人来组织实施的；二是都受制于有限的资源；三是两者都是一种管理活动过程，需要规划、执行与控制。项目与日常业务不同之处见表1-1。

表 1-1   **项目与日常业务的区别**

名称 比较	项目	日常业务
目的	特殊的	常规的
责任人	项目经理	部门经理
组织机构	项目组织	职能部门
时间	有限的	相对无限的，有限的
特性	独特性	普遍性的
风险性	比较大	比较小
持续性	一次性	重复性的，一次性的
资源需求	多变性	稳定性的
管理环境	不确定性	相对确定性的
考核指标	以目标为导向	效率和有效性
参与人	较多，无法确定	有限的，明确的

第二节　项目管理的概念

一、项目管理的概念

项目构成了社会经济生活的基本单元，项目开发的成败决定着一个国家、一个地区或一个企业的发展速度和综合实力。随着项目规模的日趋扩大及技术工艺复杂性程度的提高，专业化分工愈加精细，投资者对项目在质量、工期、投资效益等方面的要求也越来越高。因此，项目管理已成为决定项目生命力的关键。

所谓项目管理是指为满足或超越项目有关各方对项目的要求和期望，运用各种理论知识、技能、方法与工具所开展的项目计划、组织、领导、协调和控制等活动。

项目管理属于管理的范畴，是管理领域的一个分支，需要理论知识和经济的有机结合。项目管理概念的要点表现在：

(一)项目管理目的

项目管理目的是满足或超越项目有关各方对项目的要求和期望。

1. 项目本身的共同要求与期望

这是所有的项目相关利益者共同要求和期望的内容，例如，对项目范围、项目工期(时间)、项目造价(成本)和项目质量等的共同要求与期望。

2. 项目有关方面不同的要求和期望

这是不同的项目相关利益者的需要与期望，包括项目的业主、供应商、承包商、分包商、项目团队、项目所在社区政府管辖部门等各个方面的要求与期望。

用户要求和期望是以最小的投资获得最大的利益，供应商的要求和期望是获得更多的销售和利润，设计商的要求和期望是在作品和技术上有所突破，承包商的要求和期望是以尽可能低的成本实现客户的质量要求，政府和社区的要求是满足社会公共的需要等。他们的要求和期望存在很多的不同，项目管理的目的也就是最大限度满足各方的利益。

3. 项目已识别的要求与期望

这是指项目的各种文件明确规定的项目需要与期望，例如，根据委托方的要求，项目团队已经明确的项目工期、项目成本和质量等方面。

4. 项目尚未识别的要求和期望

这是指项目各种文件没有明确规定，但是项目利益相关者普遍的要求和期望，例如环境要求、人文环境、团队和谐等。

(二)项目管理的手段

项目管理的根本手段是运用各种知识、技能、方法和工具去开展各种各样的管理活动。

为了使项目能够最大限度地满足或超越项目所有利益相关者的要求和期望，就必须开展各种各样的管理活动。项目管理活动与一般的作业管理活动的原理和方法有所不同，所以，项目管理必须综合运用各种知识、工具、技能和方法等，这些知识、方法包括系统分析法、计划方法、网络理论、质量管理方法、成本管理方法、组织、协调和控制方法等。

"知识"是指人类对以前的成功经验和客观规律的认识和总结；"方法"是指按照这些客观规律分析问题和解决问题的程序和做法；"工具"是指分析和解决具体问题的手段；而"技能"则是指人们掌握和运用知识、方法和工具的能力。由于项目管理十分复杂和困难，涉及的活动和问题非常广泛，所以，项目管理需要运用各种知识、技能、方法和工具，开展计划、组织、控制等管理活动，以最终满足预先的要求和期望。

二、项目管理的特征

项目管理的基本特征主要表现在以下几个方面:

(一)项目管理的创新性

项目本身的独特性、不重复性决定了项目管理需要创新性。项目管理的创新性包括两层含义,其一是指项目管理是对于创新(项目所包含的创新之处)的管理,其二是指任何一个项目都有不同于其他项目之处,这种不同就要求在项目管理过程中采用特殊的方法,只有开展创新才能实现成功。所以,创新是项目管理的核心内容之一。

(二)项目管理的普遍性

项目作为一种创新活动普遍存在于人类的社会、经济和生产活动之中,人类现有的各种文化物质成果最初都是通过项目的方式实现的。人们的各种创新的想法、建议或提案或迟或早都会转化成项目,并通过项目的方式得以验证或实现。项目的这种普遍性,使得项目管理也具有普遍性。所以,企业、政府、社团、个人的项目(住宅建设)都需要开展项目管理。

(三)项目管理的目的性

任何项目都有一定目的性,最终的目的都是满足或超越项目有关各方对项目的要求和期望。项目管理的目的性不仅表现在通过管理活动保证或超越那些项目各方已经明确和清楚规定的项目目标,而且是通过项目管理发现有关各方潜在的要求和期望,探讨满足潜在要求的途径。

(四)项目管理的独特性

项目管理的独特性是指项目管理既不同于一般的生产、服务的运营管理,也不同于常规的行政管理。它有自己独特的管理对象、独特的管理活动和独特的管理方法与工具,是一种完全不同的管理活动。虽然项目管理也会使用一些一般管理的原理和方法,但是项目管理同时也有许多自己独特的管理原理、方法和工具。例如,项目计划管理中所使用的关键路线法、工程项目设计管理中的三段设计法、项目造价管理中的全造价管理方法等就是项目管理独特的管理方法。

(五)项目管理的复杂性

通常,项目由多个部分组成,工作跨越多个组织,需要运用多种学科的知识来解决问题;项目工作通常没有或很少有以往的经验可以借鉴,执行中会遇到许多未知因素,每个因素又常常带有不确定性,还需要将具有不同经历、来自不同组织的人员有机组织在一个临时性的组织内,在技术性能、成本、进度、质量等较为严格的约束条件下实现项目目标等。不确定性、综合性、交叉性决定了项目管理的复杂性。

三、项目管理学科与其他学科的关系

项目管理之所以作为一个独立的学科,是因为在项目管理实践中发展起来许多独有的知识、技术、技能和手段,例如项目生命周期概念、关键路线法、工作分解结构(WBS)等,这是项目管理学科的主体部分。

从事项目管理还需要许多其他领域知识的支持,这些知识主要有三类。一是一般管理知识，例如系统科学、行为科学、财务、组织、规划、控制、沟通、激励和领导等；二是专业技术知识，例如软件开发、医药学、工程设计与施工、军事、行政、环境保护和社会改革等；三是经验知识(隐含知识)，是在项目管理实践中总结出来，固化在项目管理者身上的知识。项目管理与一般管理知识、专业技术知识和经验知识领域的关系如图 1-1 所示。项目管理正是这些知识的重叠部分。

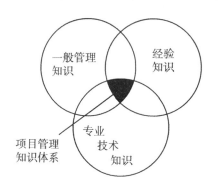

图 1-1   项目管理学科与其他领域知识的关系

第三节   项目管理的核心内容

一、现代项目管理知识体系的构成

现代项目管理的知识体系是指在现代项目管理中所要开展的各种管理活动，所要使用的各种理论、方法和工具，以及所涉及的各种角色的职责和他们之间的相互关系等一系列项目管理理论与知识的总称。项目管理包括项目整合管理、项目范围管理、项目进度管理、项目成本管理、项目质量管理、项目资源管理、项目信息与沟通管理、项目风险管理、项目采购管理、项目相关方管理。

(一)项目整合管理

项目整合管理是在项目管理过程中为确保各种项目工作能够很好地协调与配合而开展的一种整体性、综合性的项目管理工作。开展项目整合管理的目的是要通过综合与协调去管理好项目各方面的工作，以确保整个项目的成功，而不仅仅是某个项目阶段或某个项目单项目标的实现。这项管理的主要内容包括：制定项目章程、制定项目管理计划、指导与管理项目工作、管理项目知识、监控项目工作、实施整体变更控制、结束项目或阶段。

(二)项目范围管理

项目范围管理是在项目管理过程中所开展的计划和界定一个项目或项目阶段所需和必须要完成的工作，以及不断维护和更新项目的范围的管理工作。开展项目范围管理的根本目的是通过成功界定和控制项目的工作范围与内容，确保项目的成功。这项管理的主要内容包括：项目起始的确定和控制、项目范围的规划、项目范围的界定、项目范围变更的控制与项目范围的全面管理和控制。

（三）项目进度管理

项目进度计划提供详尽的计划，说明项目如何以及何时交付项目范围中定义的产品、服务和成果，是一种用于沟通和管理相关方期望的工具，为绩效报告提供了依据。这项管理的主要内容包括：规划进度管理、定义活动、排列活动顺序、估算活动持续时间、制定进度计划、控制进度。

（四）项目成本管理

项目成本管理是在项目管理过程中为确保项目在不超出预算的情况下完成全部项目工作而开展的项目管理。开展项目成本管理的根本目的是全面管理和控制项目的成本（造价），确保项目的成功。这项管理的主要内容包括：项目资源的规划、项目成本的估算、项目成本的预算和项目成本的管理与控制。

（五）项目质量管理

项目质量管理是在项目管理过程中为确保项目的质量所开展的项目管理工作，包括：项目质量规划、项目质量保障和项目质量控制。开展项目质量管理的根本目的是要对项目的工作和项目的产出物进行严格的控制和有效的管理，以确保项目的成功。这项管理的主要内容包括项目产出物质量和项目工作质量的确定与控制，以及有关项目质量变更程序与活动的全面管理和控制。

（六）项目资源管理

项目资源管理是定义如何估算、获取、管理和利用团队以及实物资源的过程。本过程的主要作用是，根据项目类型和复杂程度确定适用于项目资源的管理方法和管理程度。项目资源管理过程包括：规划资源管理、估算活动资源、获取资源、建设团队、管理团队、控制资源。

（七）项目信息与沟通管理

项目信息与沟通管理是在管理过程中为确保有效地、及时地生成、收集、储存、处理和使用项目信息以及合理地进行项目信息沟通而开展的管理工作。开展项目信息与沟通管理的根本目的是要对项目所需要信息和项目相关利益者之间的沟通进行有效的管理，以确保项目的成功。这一部分的主要内容包括：项目信息与沟通的规划、项目信息的传送、项目作业信息的报告和项目管理决策信息与沟通管理。

（八）项目风险管理

项目风险管理是在项目管理过程中为确保成功地识别项目风险、分析项目风险和应付项目风险所开展的项目管理工作。开展项目风险管理的根本目的是要对项目所面临的风险进行有效识别、控制和管理，是针对项目的不确定性开展的降低项目损失的管理。这一部分的主要内容包括：项目风险的识别、项目风险的定量分析、项目风险的对策设计和项目风险的应对与控制。

（九）项目采购管理

项目采购管理是在项目管理过程中为确保能够从项目组织外部寻求和获得项目所需各种商品与劳务的项目管理工作。开展项目采购管理的根本目的是要对项目所需的物质资源和劳务的获得与使用进行有效的管理，以确保项目的成功。这一部分主要包括：项目采购计划的管理、项目采购工作的管理、采购询价与采购合同的管理、资源供应来源选择的管理、招投标与合同管理和合同履行管理。

（十）项目相关方管理

项目相关方管理是有目的地实施所有与相关方相关的活动，以提高项目成功的可能性。项目相关方管理的目的是通过获得他们对于项目所需要的投入，以及通过增强该项目的关键相关方对成功的信心来提高项目成功的可能性。项目相关方管理的过程是识别相关方、规划相关方参与、管理相关方参与、监督相关方参与。

二、项目管理的两个层次和四个阶段

（一）项目管理的两个层次

1. 企业层次的项目管理

随着企业中"项目化"工作越来越多，企业面对的不仅仅是几个项目，而是成百上千的不断发生变化的项目。在多项目并存、快速变化和资源有限的环境下，企业需要从企业战略层面出发，建立一种对企业中各个项目实施有效管理的企业组织环境和业务平台。因此，企业层次的项目管理（即企业项目管理）的主导思想是按项目进行管理。

企业层次的项目管理的核心是实现企业所有项目目标的效益最大化。企业在某个时间段会同时进行多个项目，经济、高效地进行多个项目管理是企业层次项目管理的目标。

企业层次的项目管理的重点在于建立企业项目管理体系，包括企业项目管理组织构架、企业项目管理制度体系、企业项目的投资及立项程序、项目经理的培养及职业化发展等，其成果是企业项目管理的执行指南，是企业项目管理的纲领性文件。

2. 项目层次的项目管理

项目层次的项目管理一般是指单个项目的项目管理。随着项目管理的快速发展，现代项目管理与传统的项目管理相比，其范畴越来越广，表现在现代项目管理应用范围已不再局限于传统的建筑、国防和工程领域，而是扩展到各个行业和各种项目都可使用的范围。现代项目管理理论认为，所有一次性的、独特性的和具有不确定性的任务都属于项目的范畴，都需要现代项目管理。另外，现代项目管理形成了自己系统的知识体系。

项目层次的项目管理的核心是单个项目的工作流程和单个项目的成功，强调通过计划、实施和控制等管理活动实现项目目标，使项目相关方满意。

项目层次的项目管理的重点是建立项目管理的操作手册，包括项目操作流程体系设计、项目管理的标准模板建立、项目管理方法工具的应用、项目团队的管理与考核。项目管理操作手册是项目经理和项目管理人员实施项目的业务操作指南，通过各种流程和表格反映项目执行过程及结果。

（二）项目管理的四个阶段

项目生命周期指项目从启动到完成所经历的一系列阶段。项目阶段是一组具有逻辑关系的项目活动的集合，通常以一个或多个可交付成果的完成为结束。这些阶段之间可能是顺序、迭代或交叠的关系。项目阶段的名称、数量和持续时间取决于参与项目的一个或多个组织的管理与控制需要、项目本身的特征及其所在的应用领域。一般基于项目的生命周期项目管理分为概念（concept）阶段、规划（develop）阶段、实施（enforce）阶段及结束（finish）阶段四个阶段。项目的不同阶段其项目管理的内容不同。项目管理的内容是以其生命周期过程为重点进行的，如表1-2所示。

表1-2　　　　　　　　　　　　　**项目管理的四个阶段及其主要工作**

C——概念阶段	D——规划阶段	E——实施阶段	F——结束阶段
明确需求	确定项目组主要成员	建立项目组织	最终产品的完成
项目识别	项目最终产品的范围界定	建立与完善项目联络渠道	评估与验收
项目构思	实施方案研究	实施项目跟踪机制	清算最后账务
调查研究	项目质量标准的确定	建立项目工作包，细化各项技术需求	项目评估
收集数据	项目的资源保证	建立项目信息控制系统	文档总结
确立目标	项目的环境保证	执行WBS的各项工作	资源清理
进行可行性研究	主计划的制定	获得订购物品及服务	转换产品责任者
明确合作关系	项目经费及现金流量的预算	指导/监督/预测/控制、范围、质量、进度、成本	解散项目组
确定风险等级	项目的工作结构分解（WBS）	解决实施中的问题	
拟定战略方案	项目政策与程序的制定		
进行资源测算	风险评估		
提出组建项目组方案	确认项目有效性		
提出项目建议书	提出项目概要报告，获准进入下一阶段		
获准进入下一阶段			

三、项目管理的五个过程

项目的过程可以分为两种类型：一是项目的实现过程，是指人们为创造项目的产出物而开展的各种业务活动所构成的整个过程，该过程是面向项目产品的过程，称为项目过程，一般由项目生命周期表述，并因应用领域不同而不同；二是项目管理的过程，是指在项目实现过程中，人们开展项目的计划、决策、组织、协调、沟通、激励和控制等方面活动所构成的过程，一般不同项目的实现过程有着相同或类似的项目管理过程。在一个项目的过程中，项目管理过程和项目实现过程从时间上是相互交叉和重叠的，从作用上是相互制约和相互影响的。

（一）项目管理的五个过程

一般项目管理过程由五个不同的管理过程（或阶段/活动）构成。这五个项目管理的具体过程构成了一个项目管理过程的循环，即"开始（启动）"—"计划（规划）"—"执行（实施)"—"控制(监控)"—"结束(收尾)"。一个项目管理过程循环中所包含的具体过程如图 1-2 所示，图中经过扩展的循环可用于过程组内及其之间的相互关系中。

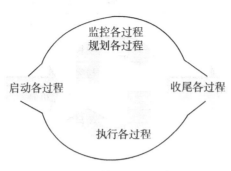

图 1-2　项目管理过程及其循环

1. 启动过程

启动过程又称为开始阶段，处于一个项目管理工程循环的首位。它所包含的管理活动内容有：确定并核准项目或项目阶段，即定义一个项目或项目阶段的工作与活动，决策一个项目或项目阶段的开始与否，或决策是否将一个项目或项目阶段继续进行下去等。

2. 规划过程

规划过程又称计划过程，是确定和细化目标，并为实现要达到的目标和完成项目要解决的问题规划必要的行动路线。它所包含的管理活动内容有：拟定、编制和修订一个项目或项目阶段的工作目标、任务、工作计划方案和管理计划、范围规划、进度计划、资源供应计划、费用计划、风险规划、质量规划及采购规划等。

3. 执行过程

执行过程是将人与其他资源进行结合，实施项目管理计划。它所包含的管理活动的内容有：组织协调人力资源及其他资源，组织协调各项任务与工作，实施质量保证，进行采购，激励项目团队完成既定的各项计划，生成项目产出物等。

4. 控制过程

控制过程又称监控过程，定期测量、监视项目绩效，发现偏离项目目标和项目管理计划之处，以便在必要时采取纠正措施保证实现项目的目标。它所包含的管理活动的内容有：制定标准，监督和测量项目工作的实际情况，分析差异和问题，采取纠偏措施，整体变更控制，范围核实与控制，进度控制，费用控制，质量控制，团队管理，利益相关者管理，风险监控和合同管理等。

5. 结束过程

结束过程又称为收尾过程，是正式验收项目产出物(产品、服务或成果)，有序结束项目或项目阶段的过程。它所包含的管理活动的内容有：制定项目或项目阶段的移交与接收条件，完成项目或项目阶段成果的移交，项目收尾和合同收尾，使项目或项目阶段顺利结束等。

在一个项目的实现过程中，即项目生命周期的任何一个阶段，都需要开展上述项目管理过程循环中的各项管理活动。因此，项目管理过程的五个具体过程是在项目阶段中不断循环发生的。

(二)项目管理五个过程之间的关系

一个项目管理过程循环中各个具体过程之间的关系，在时间上也并不完全是一个过程完成之后另一个过程才能够开始的关系，各个具体的过程在时间上会有不同程度的交叉和重叠，以它们所产生的成果互相联系，一个过程的成果一般成为另一个过程的依据或项目的可交付成果，如图1-3所示。

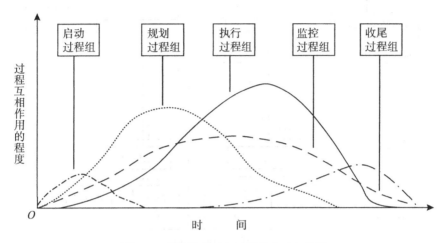

图1-3 项目管理五个过程的交叉与重叠

第四节 项目管理的经典模式

项目管理水平的高低，直接决定了项目的经济效果，因此多年来人们对项目的管理模式和方法一直不断地进行研究、创新和完善。比较常见的工程管理模式有以下八种：传统的项目管理模式、建筑工程管理模式(construction management approach，简称 CM 模式)、设计—采购—建造/交钥匙模式(engineering，procurement and construction，简称 EPC 模式/turnkey contract)、设计—建造模式(design build)、建造—运营—移交模式(build-operate-transfer，简称 BOT 模式)、合作管理模式(partnering)、项目管理承包模式(project management contractor，简称 PMC 模式)和公共部门与私人企业合作模式(public-private-partnership，简称 PPP)。

一、传统的项目管理模式

这种项目管理模式在国际上比较通用，世界银行、亚洲开发银行贷款项目和采用国际咨询工程师联合会(FIDIC)土木工程施工合同条件的项目，均采用这种模式。传统的项目管理模式如图1-4所示。

传统模式的优点是管理方法比较成熟，业主可自由选择咨询设计人员，对设计要求可控制；可自由选择监理人员；可采用竞争性投标及熟悉的标准合同文本；有利于合同管理、风险管理和减少投资。

缺点是项目周期较长，业务管理费用较高，前期投入大，变更时容易引起较多索赔，只能是有限的分包商竞争。

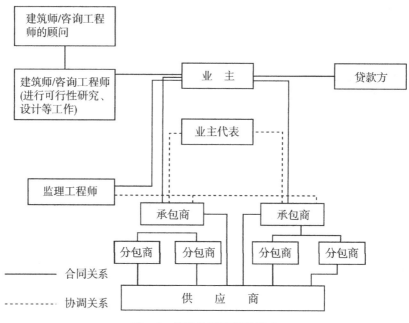

图 1-4　传统的项目管理模式

二、建筑工程管理模式

建筑工程管理模式(construction management approach，简称 CM 模式)，这种模式又称作阶段发包方式或快速轨道方式，是近年来国外广为流传的一种管理模式。

（一）CM 模式产生的背景

1. 传统模式的局限性

（1）对于大型国际项目，采用传统的连续施工方法，使项目的周期太长，对发挥业主投资效益不利。

（2）在复杂、大型项目中，采用传统的连续施工方法，会引起较多的设计变更，采用传统的连续施工方法，业主对项目的投资控制缺乏系统性和连续性，也缺乏足够的深度。

（3）采用传统的连续施工方法，业主很难得到施工的最合理价格。

传统的连续建设方式见图 1-5。

2. CM 模式的产生

为了解决传统模式的弊病，采用了"快速轨道法"(fast-track)，即在项目整个设计尚未结束之前，当工程某些部分的施工图设计已完成，先进行该部分的施工招标，使这部分工程提前到项目尚处在设计阶段时即开始。这是 1968 年美国汤姆逊先生等人提出的。

图 1-5　传统的连续建设方式

(二)CM 模式的特点

1. 建设工程管理的整体性

在该模式中，将工程项目作为一个完整的过程来完成，因此它将设计和施工统一置于建设经理的协调与管理之下，一方面能统一和协调设计与施工的矛盾，另一方面也能吸取两者的长处，使其融合在设计和施工的统一方案中。

2. 采用阶段施工法

在项目总体规划、分布和设计时，考虑控制项目的总投资，在主体设计方案确定后，随着工作的进展，完成一部分设计，招标这部分工程，发包给一家承包商并签订合同。这种方法缩短了从规划、设计到竣工的周期，节约了建设投资，减少了投资风险，较早取得收益，但分项招标可能导致承包费用较高。

分阶段发包的连续建设方式见图 1-6。

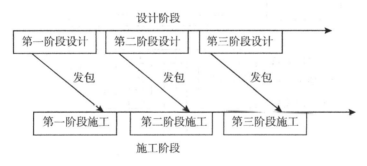

图 1-6　分阶段发包的连续建设方式

3. 采用项目组方法进行工程管理

项目组方法是指业主、建筑师、CM 经理及承包商均以合作务实的态度，共同完成项目的预算及成本控制、进度安排及项目的设计。通过项目组的协调与管理，业主能积极参与提出意见，对设计和施工双方进行监督与控制。同时能广泛吸收承包商的意见，有利于各方采取合作态度，共同完成工程项目的建设目标。

4. CM 单位在施工前与业主签订"保证最大工程费用"(guaranteed maximum price, GMP)

由于采用分阶段发包，施工合同总价要随着各分包合同的签订才能逐渐明确，因此在 CM 模式下，很难在项目发包初期就明确施工合同的总价，业主一般要承担较大风险。因此，业主会要求 CM 经理承诺一个"保证最大工程费用"。这个最大费用是 CM 经理进行管理时的合同最高限额，最后实际完成的工程价格必须小于、至多等于这个限额，否则 CM 经理就会受到惩罚。

(三)CM 模式的组织形式

1. CM/Agency 即代理型 CM 模式的组织形式

业主在工程项目投资前期与专业 CM 公司签订代理协议，CM 公司为业主提供建筑工程项目管理服务。在这种组织形式中，CM 公司是业主的代理人，通过提供代理管理的服务收取服务费。这种组织形式的优点在于业主可以得到完善的管理与技术的支持；可以自由选定建筑师/工程师；在招标前确定完整的工作范围和项目原则；并且预先考虑施工因素并运用价值工程，可节省投资。但也存在缺点，即在明确整个项目的成本之前，业主投入较大；CM 经理不对项目的进度和成本做出保证；业主进行项目管理，任务较重，风险增加，索赔与变更的费用较高。

代理型 CM 模式的组织形式见图 1-7。

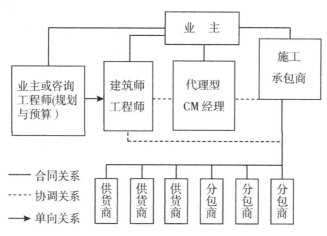

图 1-7　代理型 CM 模式的组织形式

2. CM/Non-Agency，即风险型 CM 模式的组织形式

在这种组织形式中，CM 公司和业主签订合同，进行总承包，对项目的工期、成本和质量负责，仍然承诺"保证最大工程费用 GMP"。CM 公司不承担施工任务，而是把项目分解成若干部分再分包给多个承包商，CM 公司分别与各承包商签订合同。这种组织形式的优点是业主有完善的管理与技术支持；在项目初期选定项目组成员并且 CM 公司可以协调项目的进度使其提前开工和提前竣工，使项目可以尽快投入使用或生产。其缺点是 CM 公司保证的最大成本中包含设计和投标的不确定因素；同时目前世界上可供选择的高水平风险型 CM 公司较少，阻碍了这种模式的推广和应用。

风险型 CM 模式的组织形式见图 1-8。

三、设计—采购—建造/交钥匙模式

设计—采购—建造/交钥匙模式(engineering，procurement and construction，简称 EPC 模式/turnkey contract)是为满足业主要求承包商提供全面服务(一揽子服务)的需要而产生，通常由一家大型建筑施工企业或承包商联合体承担对大型和复杂工程的设计、设备采

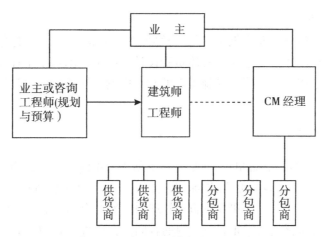

图 1-8 风险型 CM 模式的组织形式

购、工程施工，直至交付使用等全部工作(即"交钥匙"承包模式)。其适用范围有：设计、采购、施工、试运行交叉、协调关系密切的项目；采购工作量大、周期长的项目；承包商拥有专利、专有技术或丰富经验的项目；业主缺乏项目管理经验、项目管理能力不足的项目。

EPC 模式的组织形式见图 1-9。

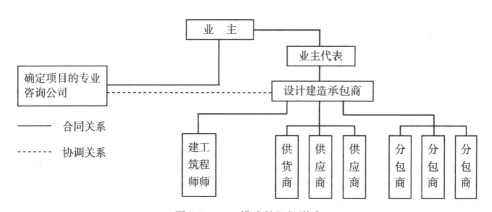

图 1-9 EPC 模式的组织形式

1. EPC 管理模式的特点

EPC 模式的基本特点是在项目实施过程中保持单一的合同责任，常采用接近固定的总价合同，承包商承担了大部分风险。

2. EPC 模式优点

一般在项目初期选定项目组成员，可以保证项目实施时的连续性，早期的成本有了保证；承包商提供全面服务使得项目责任单一，减少由于设计错误、疏忽和解释争议引起的变形，减少对业主的索赔；在这种模式中可以采用快速轨道法，从而降低管理费、利息及价格上涨的影响。

3. EPC 模式缺点

由于采用了总承包方式业主无法参与建筑师/工程师的选择，不能有效控制成本，成本常常屈服于质量和设计；由于同一实体负责设计与施工，削弱了工程师与承包商之间检查和制约的作用，工程设计可能会受施工者的利益影响，导致业主对最终设计和细节的控制能力降低。

四、设计—建造模式

设计—建造模式(design build)，通常是指类似于 CM 模式，但更为复杂的由同一实体(即设计机构与施工管理企业的联合体)向业主提供设计和施工管理服务的工程管理方式。在 CM 模式中，业主分别就设计和专业施工管理服务签订合同，而在该模式中，业主只签订一份既包括设计又包括类似 CM 服务在内的合同。在这种模式中，业主和承包商直接打交道，通过密切合作来完成工程项目的规划、设计、成本控制、进度计划及有关工作；同时，设计与施工处于同一承包商管理之下，减少了矛盾，关系更容易协调。

DB 模式的组织形式见图 1-10。

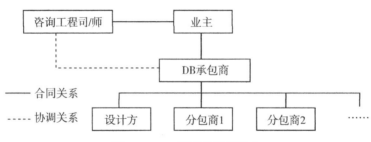

图 1-10　DB 模式的组织形式

五、建造—运营—移交模式

建造—运营—移交模式(build-operate-transfer，简称 BOT 模式)，是 20 世纪 80 年代在国外提出的依靠国内外私人资本进行基础设施建设的一种融资和项目管理方式，或者说是基础设施国有项目民营化。BOT 模式是指东道国政府开放本国基础设施建设和运营市场，吸收国外基金、本国私人或公司资金，授予项目公司特许权，由该公司负责组织建设，建成后负责运营与偿还贷款，在特许期满后移交给东道国政府的一种工程项目建设管理模式。

BOT 模式的应用产生了许多其他形式，例如 BOOT(build-own-operate-transfer)即建设—拥有—经营—转让；BOO(build-own-operate)即建设—拥有—经营；BOS(build-operate-sell)即建设—运营—出售；ROT(rehabilitate-operate-transfer)即修复—运营—移交；BOL(build-operate-lease)，即建设—经营—租赁等。

BOT 模式的组织形式见图 1-11。

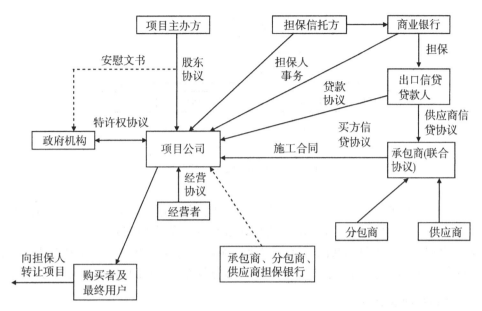

图 1-11　BOT 模式的组织形式

BOT 的参与方主要有东道国政府、项目公司、投资人、贷款人、承包商、运营公司、用户、供应商、信托银行、保险公司等。

采用 BOT 模式可以减轻政府的财政负担，避免了政府的债务风险，提前满足社会和公众的需求，能够降低项目超支预算风险，有利于提高项目的运作效率，有利于本国承包商的发展；但采用 BOT 方式投资的项目需要较高的管理水平且收益的不确定性较大，关系复杂，签订的协议多，谈判费时且复杂，对项目管理公司的管理能力要求较高。

六、合作管理模式

合作管理模式（partnering）是一种新的建设项目管理模式。它是指项目参与各方为了取得最大的资源效益，在相互信任、相互尊重、资源共享的基础上达成的一种短期或长期的相互协定。

这种协定突破了传统的组织界限，在充分考虑参与各方的利益的基础上，通过确定共同的项目目标，建立工作小组，及时沟通以避免争议和诉讼的发生，培育相互合作的良好工作关系，共同解决项目中的问题，共同分担风险和成本，以促使在实现项目目标的同时也保证参与各方目标利益的实现。相对于传统的管理模式，partnering 模式对于业主在投资、进度、质量控制方面有着非常显著的优越性。同时 partnering 模式改善了项目的环境和参与工程建设各方的关系，明显减少了索赔和诉讼的发生。相对于承包商而言，partnering 模式也能够提高承包商的利润。

partnering 模式的组织形式见图 1-12。

partnering 模式在组织上的特点之一就是有一个 partnering 主持人（facilitator），partnering 主持人是由参与各方共同指定的负责整个 partnering 模式的建立和实施的人员，

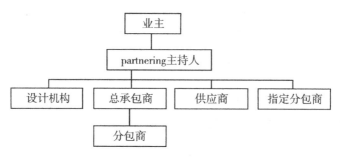

图 1-12　partnering 模式的组织形式

facilitator 是一个中立的第三方，其主要任务是策划、准备并主持所有的 partnering 讨论会，指导形成 partnering 协议书，指导建立项目评价系统、争议处理系统和工作小组；同时 partnering 模式建立了项目的共同目标，它使得项目参与各方以项目整体利益为目标，弱化了项目参与各方的利益冲突，形成了由项目参与各方人员共同组成的项目管理小组。

七、项目管理承包模式

项目管理承包模式(project management contractor，简称 PMC 模式)是项目管理承包商受业主的委托，从项目的策划、定义、设计到竣工投产全过程为业主提供项目管理承包服务。项目管理承包商具有很强的项目管理能力，它能有效地弥补业主项目管理知识与经验的不足。对于大中型项目，国外业主一般都不直接寻找 EPC 承包商，而是通过招标，首先选择有经验、有竞争力的工程公司或项目管理公司，作为项目管理承包商，即 PMC。再由项目管理承包商代表业主组织招标和评标，选择专业承包商或者分包商，并对其进行全过程的管理工作。项目管理承包商公司一般采用工时费用+奖罚+目标管理收益分成的办法与业主签订管理总承包合同。

PMC 模式的组织形式见图 1-13。

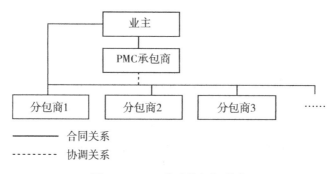

图 1-13　PMC 模式的组织形式

PMC 是业主机构的延伸，从定义阶段到投产全过程的总体规划，对业主负责，与业主的目标和利益保持一致。对大型项目而言，由于项目组织比较复杂，技术、管理难度较大，需要整体协调的工作比较多，业主往往都选择PMC承包商进行项目管理承包。作为PMC承包商，一般更注重根据自身经验，以系统与组织运作的手段，对项目进行多方面的计划管理。例如，有效地完成项目前期阶段的准备工作；协助业主获得项目融资；对技术来源方进行管理，对各装置间的技术进行统一和整合；对参与项目的众多承包商和供应商进行管理(尤其是界面协调和管理)，确保各工程包之间的一致性和互动性，力求项目整个生命期内的总成本最低。

八、公共部门与私人企业合作模式

公共部门与私人企业合作模式(public-private-partnership，简称PPP)，是20世纪90年代初在英国兴起的一种公共产品供给新模式。PPP模式是公共基础设施建设中发展起来的一种优化的项目融资与实施模式，是一种以各参与方的"双赢"或"多赢"为合作理念的现代融资模式，是指政府、私人营利性企业和非营利性企业基于某个项目而形成的相互合作关系的形式。其典型的结构为：政府部门或地方政府通过政府采购形式与中标单位组成的特殊目的公司签订特许合同(特殊目的公司一般是由中标的建筑公司、服务经营公司或对项目进行投资的第三方组成的股份有限公司)，由特殊目的公司负责筹资、建设及经营。PPP模式的主要运作思路见图1-14。

PPP模式具有以下特点：

1. 双主体供给

表面看，PPP模式是私人部门生产公共产品并提供公共服务，政府支付产品和服务费用，是政府单一主体供给，但其非市场一次性买卖，是在合约期内，公共部门根据私人部门提供的服务质量分期支付。本质上，公共服务是在二者(公共部门与私人部门)长期合作的前提下完成的。

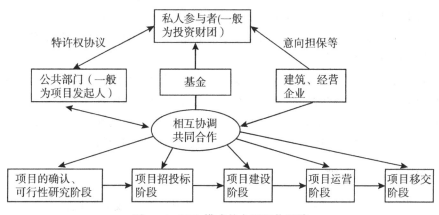

图1-14 PPP模式的主要运作思路

2. "政""企"分开

政府部门根据社会公众的需要，从社会效益角度出发，站在中性的立场上处理公共部门与私人部门之间的关系，是项目的发起人和管理者，同时又是标准的制定者和服务产品的接受者；私人部门拥有资本、技术和管理等生产要素，是生产和服务供给的专家。政企各尽所长，互惠互利。

3. 代理运行机制

PPP 公司通常自身并不具备开发能力，在项目开发过程中，广泛运用各种代理关系，且这种代理关系在投标书和合同中要加以明确。

4. 效率与公平相结合

私人部门资本目标明确，效率是其不懈的追求。私人部门会通过一切手段压缩生产成本，提高利润水平。在满足公共部门服务质量的前提下，实际上是提高了公共资源的配置效率。

第五节　项目管理的发展

项目管理的发展可以划分为传统项目管理和现代项目管理两个阶段。

一、传统项目管理阶段

传统项目管理方法的创建可以追溯到 20 世纪初期。20 世纪初，美国人亨利·甘特发明了横道图也叫甘特图的项目管理工具。从 20 世纪 40 年代中期到 60 年代，项目管理的方法和工具获得了很大的发展，例如，项目计划评审技术(project evaluation and review technique，PERT)和关键路径法(critical path management，CPM)等都是 20 世纪 50 年代由美国国防部和航天局创立的，而专门为项目管理设立的矩阵性组织结构是美国航天局在 1960 年开始试验创立的；同时，为了开展项目管理控制，美国航天局还创建了工作分解结构(work breakdown structure，WBS) 技术，在 1963 年美国空军采用挣值法管理技术(earned value management，EVM) 和项目生命周期方法(project life cycle，PLC)。1965 年欧洲成立了国际项目管理协会(international project management association，IPMA)，随后，美国也成立了项目管理学会(project management institute，PMI)，这些项目管理协会主要职能之一就是推进项目管理职业化的进程。

在项目传统管理阶段所采用的项目管理方法主要是致力于项目成本、工期和质量控制，同时借用一些日常运营管理的方法，在相对较小的范围内所开展的一种管理活动。当时的项目经理仅仅被看作一个具体项目的执行者，他们只是被动地接受一项给定的任务或工作，然后不断接受上级的指令并根据指令去完成自己负责的项目工作。

二、现代项目管理阶段

进入 20 世纪 80 年代，项目管理进入自己的知识体系形成的阶段，有关项目集成管理、项目范围管理、项目风险管理和项目沟通管理等全新的项目管理思想和知识都在这个时期开始了全面的整合，从而导致项目管理从传统的项目管理阶段进入现代项目管理的阶段。

全球性竞争的日益加剧、项目活动的日益扩大和更为复杂、项目数量的急剧增加、项目团队规模的不断扩大、项目相关利益者的冲突不断增加、降低项目成本的压力不断上升等一系列情况的出现，迫使作为项目业主/客户的一些政府部门与企业以及作为项目实施者的政府机构和企业先后投入了大量的人力、物力去研究和认识项目管理的基本原则，开发和使用项目管理的具体方法，如加强对项目合同管理、项目风险管理、项目组织行为和沟通的研究和应用。特别是进入 20 世纪 90 年代以后，随着信息系统工程、网络工程、软件工程、大型建设工程以及高科技项目的研究与开发等项目管理新领域的出现，项目管理在理论和方法等方面不断地发展和现代化，使得现代项目管理在这一时期获得了快速的发展和长足的进步。同时，项目管理的应用领域在不断扩展，已经被广泛地应用于建筑工程、航空、航天、国防、农业、IT、医药、化工、金融、财务、广告、法律等行业。

三、现代项目管理的发展特点

(一)项目管理理论方法、手段的科学化

1. 现代管理理论的应用

现代科学技术知识，特别是信息论、控制论、系统论、行为科学等的产生和发展，为现代项目管理理论体系奠定了基石，项目管理实质上就是这些理论在项目管理实施过程中的综合运用。

2. 现代管理方法的应用

如预测技术、决策技术、数学分析方法、数理统计方法、模糊数学、线性规划、网络技术、图论、排队论等，可以用于解决各种复杂的项目管理问题。

3. 现代管理手段的应用

最显著的是计算机和现代通信技术，包括现代图文处理技术、通信技术、精密仪器、多媒体技术和互联网等的使用，大大提高了项目管理效率。

近几年来，管理领域中新的理论和方法，如创新管理、以人为本、物流管理、学习型组织、变革管理、危机管理、集成化管理、知识管理、虚拟组织等在项目管理中的应用，大大促进了现代项目管理理论和方法的发展。

(二)项目管理的社会化和专业化

在现代社会中，由于项目的数量越来越多，工程规模大，技术新颖，参加单位多，社会对项目的要求越来越高，使得项目管理越来越复杂，需要专业化的项目管理公司，专门承接项目管理业务，为投资者提供全过程的专业化咨询和管理服务，这样才能有高水平的项目管理。项目管理发展到今天已不仅是一门学科而且成为一个职业，专业化的工程项目管理(包括咨询、工程监理等)已成为一个新兴产业。

同时，项目管理的教育也越来越引起人们的重视。它不仅是一个研究方面、一门学科，而且已成为一个专业、一个社会职业。例如：在许多高校中，工科、理科、商学，甚至文科专业都设有项目管理课程，并有项目管理专业的学位教育，最高可达到博士学位；社会上有专职的注册项目管理师；在监理工程师、造价工程师、建造师的培训和执业资质考试中都将项目管理作为主要内容。

(三)项目管理的标准化和规范化

项目管理是一项技术性非常强、十分复杂的管理工作，要符合社会化大生产的需要，项目管理必须标准化、规范化。这样才能逐渐摆脱经验型的管理状况，才能专业化、社会化，提高管理水平和经济效益。

项目管理的标准化和规范化体现在许多方面。如：

(1)规范化的定义和名词解释；

(2)规范化的项目管理工作流程；

(3)统一的工程费用(成本)的划分方法；

(4)统一的工程计量方法和结算方法；

(5)信息系统的标准化，如统一的建设工程项目信息的编码体系，以及信息流程、数据格式、文档系统、信息的表达形式；

(6)网络表达形式的标准化；

(7)标准的合同条件、标准的招投标文件。

四、我国项目管理的发展

我国工程项目的存在已有久远的历史，相应的项目管理工作也源远流长。随着人类社会的发展，社会在各个方面，如政治、经济、文化、宗教、生活、军事等，产生某些一次性任务的需要，同时，当时的社会生产力发展水平又能够实现这些需要，就出现了项目。我国历史上的项目最典型的和主要的是建筑工程，项目主要包括：房屋建设工程(如皇宫、庙宇、住宅等)，水利工程(如运河、沟渠等)，道路桥梁工程，陵墓工程，军事工程(如城墙、兵站等)。这些工程项目又都是当时社会的政治、军事、经济、宗教、文化活动的一部分，体现着当时社会生产力的发展水平。现存在的许多古代建筑，如长城、都江堰水利工程、大运河、故宫等，规模宏大、工艺精湛，至今还发挥着经济和社会效益。

有项目必然有项目管理。在如此复杂的工程项目中必然有相当高的项目管理水平与之相配套，否则很难获得成功，工程也很难达到那么高的技术水准。但是，由于当时科学技术水平和人们认识能力的限制，历史上的项目管理是经验型的、不系统的，不可能有现代意义上的项目管理。

我国从20世纪80年代开始接触项目管理方法。当时一些国外专家和从国外回国的中国学者曾多次在一些场合介绍项目管理。与此同时，国内一些大学开始开展项目管理的教育与研究，项目管理课程在工程管理专业、工商管理专业普遍开设。

在项目管理的实践上，1982年，在我国利用世界银行贷款建设的鲁布格水电站引水导流工程中，日本建筑企业运用项目管理方法对这一工程的施工进行了有效的管理，收到了很好的效果。这给当时我国整个投资建设领域带来了很大的冲击，人们看到了项目管理技术的作用。从此政府部门也开始关注项目管理方法的推广应用。1987年，国计委等五个政府有关部门联合发出通知，确定了一批试点企业和建设项目，要求采用项目管理方法，1991，建设部进一步提出把试点工作转变为全行业推进的综合改革，全面推广项目管理。

项目管理在我国成为真正热门的学科还是从项目管理师资质认证(project management profession，PMP)开始的。PMP是由全球性专业组织——美国项目管理学会(PMI)进行认证，该组织是目前世界上最大的由研究人员、学者、咨询顾问和项目经理组建的专业机构。该项认证目前已被全球项目管理界人士所认可。2002年11月，在多方考察论证各国项目管理资格认证经验之后，国家劳动和社会保障部推出了适合我国实际情况的"中国版的 PMP 资格认证"，PMP 向本土化发展迈出了一步。与美国 PMP 认证只有一种不同，我国的项目管理认证共分四个级别：项目管理员（国家职业资格四级）、助理项目管理师（国家职业资格三级）、项目管理师（国家职业资格二级）和高级项目管理师（国家职业资格一级）。2003 年，国家教育部学位委员会授权清华大学、北京航空航天大学正式招收项目管理工程硕士，随着几年的发展，项目管理工程硕士的规模不断扩大，为项目管理的人才培养和项目管理的学术研究都起到了重要的作用。

必须承认不管是从学术研究和专业教育方面，还是职业化发展与管理实践方面，我国的现代项目管理理论与实践水平和国际水平现在还有相当大的差距。现阶段我们需要各方面共同努力去做好各种引进、消化、培养人才、开展学术研究等方面的工作，还需要进一步研究中国国情下的现代项目管理的特殊性问题，逐步形成有中国特色的现代项目管理理论和方法体系，以及相应的职业化和学术发展道路，从而不断地促进我国现代项目管理的全面发展。

小　结

现代企业或组织常常发起一个又一个项目以实现管理和技术的突破，从而获得持续性的竞争优势，这极大加速了项目管理的研究和应用，项目管理于是进入了一个高速发展的时代。项目是为获得独特产品、服务或成果而实施的临时性工作，项目无处不在，规模和复杂性可大可小，是构成社会经济生活的基本单元。项目管理是为了完成项目愿景的监管和控制工作。本章首先介绍项目的相关概念，包括定义、特点及分类，其次介绍了项目管理的相关概念，包括定义、特征以及与其他学科的关系，再次，本章重点介绍了项目管理知识体系的构成以及项目管理的两个层次、四个阶段和五个过程，最后本章简述了项目管理的经典模式及其未来的发展。现阶段我们需要各方面共同努力去做好各种引进、消化、培养人才、开展学术研究等方面的工作，还需要进一步研究中国国情下的现代项目管理的特殊性问题，逐步形成有中国特色的现代项目管理理论和方法体系，以及相应的职业化和学术发展道路，促进项目管理水平的提升。

思考练习题

1. 项目含义、项目的特点表现在哪些方面？
2. 项目发展周期中各阶段的工作任务是什么？
3. 项目管理的概念及其要点是什么？
4. 结合实际项目，说明项目各有关方对项目有哪些要求和期望。
5. 项目管理应遵循哪些原则？
6. 何谓现代项目管理知识体系？它包括哪些内容？
7. 请谈谈项目管理的核心内容。
8. 请谈谈项目管理的经典模式。

第二章　项目整合管理

第一节　项目整合管理概述

项目整合管理(project integration management)是在 20 世纪 90 年代前后出现并逐渐被拓展和应用的一个项目管理知识领域，是一项系统性、整合性、综合性和全局性的项目管理工作，是根据项目全过程各项活动、项目各个专项管理(项目成本管理、进度管理、质量管理、范围管理等)和项目相关方的要求等各方面的配置关系所开展的一项集成性的项目管理工作。

一、基本概念

项目整合管理包括对隶属于项目管理过程的各种过程和项目管理活动进行识别、定义、组合、统一和协调的各个过程。在项目管理中，整合兼具统一、合并、沟通和建立联系的性质，这些行动应该贯穿项目始终。它从全局的、整体的观点出发，通过有机地协调项目各个要素(进度、成本、质量和资源等)，在相互影响的项目各项具体目标和方案中权衡和选择，尽可能地消除项目各单项管理的局限性，从而实现最大限度地满足项目干系人的需求和期望的目的。项目整合管理包括资源分配、平衡竞争性需求、研究各种备选方法、为实现项目目标而裁剪过程、管理各个项目管理知识领域之间的依赖关系。

项目整合管理由项目经理负责，并掌握项目总体情况。项目经理必须对整个项目承担最终责任。

项目整合管理与其他的项目单项管理(如项目进度管理、项目成本管理等)相比，具有综合性、全局性和系统性的特点。

1. 综合性

一般而言，项目单项管理都是针对项目某个特定的方面所进行的管理，项目整合管理则是综合每个单项项目管理的所有方面，平衡项目各个方面之间的冲突，对它们的目标、工作和过程进行协调、管理，如项目进度要求的提高，可能会以降低或牺牲质量为代价，这时就有必要分析和权衡这两方面的综合作用对项目总体绩效所产生的影响。

2. 全局性

全局性是指为了最大化地实现项目总体目标，从全局出发协调和控制项目各个方面，为了消除项目各单项管理所具有的局限性，有时甚至可以不惜降低或牺牲一些项目的单项目标，从而达到协调统一项目各单项管理的目的。例如，奥运会筹建项目的整体目标以进度为第一位的话，为了加快项目的进度就不得不增加项目的成本，这是在项目成本管理和项目进度管理这两个单项管理中无法达到的。

3. 系统性

系统性是指把项目作为一个整体系统来考虑，将项目的内、外部影响因素相结合，不仅要对系统内部进行管理和控制，还要兼顾来自外部环境的影响因素，并对之进行管理和控制。如在项目实施过程中，客户可能会对某一任务提出变更申请。此刻，项目整合管理则会响应这一变更申请，兼顾各单项管理，并作出相应调整，而项目的各个单项管理都不具有互相协调的功能。

二、项目整合管理的基本原则

项目整合管理具有统一、合并、结合等特征，包括为完成项目和满足客户及其他项目干系人的要求，管理他们的期望而必须采取的贯穿项目整体的至关重要的行动。一般来说，项目整合管理需要遵循以下基本原则。

(一)实现项目总体目标是整合管理工作的基准

项目实施中各项具体工作的进度安排和合理交叉、相互衔接关系的确定、资源的分配、质量标准的制定、费用的控制等都需要以实现项目总体目标的功能和技术、经济指标要求为基准，并通过这个基准来化解各项矛盾和冲突。

(二)分析和理解范围是项目整合管理的前提

在实施项目整合管理时，项目管理团队必须认真分析和理解范围，其中包括项目与产品的要求、准则、假设、制约因素和与项目有关的其他影响因素，以及如何在项目中管理或者处理上述的每一个方面。

(三)保持项目各项工作的整体协调运行是整合管理工作的保证

各项工作分工明确、界面清晰、层次分明、责任到人、便于管理，各项工作都要按计划运行和完成，但不盲目赶工期。许多情况下，单项工作的盲目超前，不仅不能带来整个效益，还会造成大量的无效劳动，带来损失和浪费。比如设备、材料提前供应，现场必须增加仓库以及保管运输人员，保管不当还会造成设备锈蚀和变形。因此，必须通过协调和沟通使项目管理过程中需要的各个过程有效形成整体，实现项目目标。

(四)建立完善的项目管理制度使整合管理工作规范化

项目的整合管理必须建立起完善的项目管理制度，没有完善的项目管理制度，项目管理就会出现无序、混乱、低效的状态。完善的项目管理制度必须体现在公开、透明的项目管理体系文件上，包括组织机构、部门和岗位职责、资源管理、项目管理程序、作业指导书和岗位工作手册等。例如，1998 年，华西集团四川省第四建筑工程公司在厦门市承担了美国柯达公司厦门市感光材料厂改造工程和新建的海沧柯达工业园区工程，通过完善的施工计划、合同质量计划、财务管理计划和分包管理计划，并通过借鉴总承包商美国福陆丹尼尔公司的项目管理经验，顺利完成了建设任务。

三、项目整合管理的内容

项目整合管理的内容主要包括项目全要素、项目相关方目标和项目全过程活动的整合管理。

（一）项目全部要素的整合管理

项目全部要素的整合管理是指按照项目各专项管理之间的配置关系而进行整合管理。项目全部要素的整合管理会涉及项目的质量、成本、进度、范围、风险等各个方面，需要按照配置关系进行协调与管理，可以防止项目和相关方只强调某单方面的最优而造成项目整体失败。

（二）项目相关方目标的整合管理

项目目标是一个完整的体系，需要项目管理者整合各自的关系。例如，项目的质量、费用、时间目标既相互联系又相互矛盾、相互制约。项目的范围与质量、费用、工期/时间之间具有以下函数关系：

$$S=F(Q,\ T,\ C)$$

式中 S 代表范围，C 代表费用，T 代表时间，Q 代表质量。

同时，项目不同利益相关者的目标是不一样的，因而，项目管理者需要平衡各个目标之间的关系，对这些相互冲突、矛盾的需求和目标加以权衡，尽量寻求各个方面都可接受的结果，努力提高项目利益相关者的满意度。按照项目价值最大化和项目价值分配合理化的基本原则进行整合管理，以防止由于项目相关方之间的利益和要求重估和矛盾而造成项目的失败或损失。

（三）项目全过程活动的整合管理

项目全过程活动的整合管理是指按照项目全过程活动的配置关系而进行的整合管理，实施项目的整合管理要求将项目的各专项管理工作的计划和实施工作融为一体予以考虑，可以防止项目相关方根据自己的主观意志而不考虑项目各项活动相互依存的配置关系。

项目的整合管理包括制定项目章程、制定项目管理计划、指导与管理项目工作、管理项目知识、监控项目工作、实施整体变更控制、结束项目或阶段七个过程，如图 2-1 所示。

图 2-1 项目整合管理过程

1. 制定项目章程：编写一份正式批准项目并授权项目经理在项目活动中使用组织资源的文件的过程；

2. 制定项目管理计划：定义、准备和协调项目管理计划的所有组成部分，并把它们整合为一份综合项目管理计划的过程；

3. 指导与管理项目工作：为实现项目目标而领导和执行项目管理计划中所确定的工作，并实施已批准变更的过程；

4. 管理项目知识：使用现有知识并生成新知识，并且帮助组织学习，以实现项目目标的过程；

5. 监控项目工作：跟踪、审查和报告整体项目进展，以实现项目管理计划中确定的绩效目标的过程；

6. 实施整体变更控制：批准变更，管理对可交付成果、组织过程资产、项目文件和项目管理计划的变更，审查所有变更请求，并对变更处理结果进行沟通的过程；

7. 结束项目或阶段：终结项目、阶段或合同的所有活动的过程。

第二节　项目整合管理的过程

一、制定项目章程

项目章程是由项目发起人发布的，正式批准项目成立，并授权项目经理动用组织资源开展项目活动的文件。其主要作用是明确项目与组织战略目标之间的直接联系，确立项目的正式地位，并展示组织对项目的承诺。图 2-2 描述本过程的输入、工具与技术和输出。

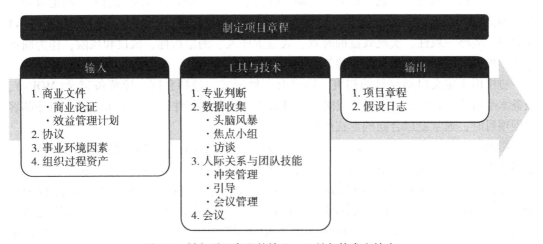

图 2-2　制定项目章程的输入、工具与技术和输出

项目章程在项目执行组织与需求组织之间建立起伙伴关系。在执行外部项目时，通常需要用正式的合同来达成合作协议。这种情况下，可能仍要用项目章程来建立组织内部的合作关系，以确保正确交付合同内容。项目章程一旦被批准，就标志着项目的正式启动。在项目中，应尽早确认并任命项目经理，最好在制定项目章程时就任命，且应在规划开始之前任命。项目章程可由发起人编制，或者由项目经理与发起机构合作编制。通过这种合作，项目经理可以更好地了解项目目的、目标和预期效益，以便更有效地向项目活动分配资源。项目章程授权项目经理规划、执行和控制项目。

对于某些组织，只有在完成了可行性研究、初步计划或者其他有类似作用的分析之后，才正式签发项目章程并加以启动。项目由项目以外的人员批准，如发起人、PMO 或项目组合指导委员会。项目启动者或发起人应该具有一定的职权，能为项目提供资金，他们亲自编制项目章程，或授权项目经理代为编制。项目章程经启动者签字，即标志着项目获得批准。可能因内部经营需要或外部影响而批准项目，故通常需要编制需求分析、商业论证或情况描述。项目章程的作用主要有两个，首先是授权项目经理在活动中动用组织资源，其次是建立项目与组织日常工作之间的联系。

（一）制定项目章程的依据

制定项目章程的依据包括商业文件、协议、事业环境因素和组织过程资产。

在商业论证和效益管理计划中，可以找到关于项目目标以及项目对业务目标的贡献的相关信息。虽然商业文件是在项目之前制定的，但需要定期审核。(1)经批准的商业论证或类似文件是最常用于制定项目章程的商业文件。商业论证从商业视角描述必要的信息，并且据此决定项目的期望结果是否值得所需投资。高于项目级别的经理和高管们通常使用该文件作为决策的依据。一般情况下，商业论证会包含商业需求和成本效益分析，以论证项目的合理性并确定项目边界。商业论证的编制可由以下一个或多个因素引发：市场需求、组织需求、客户要求、技术进步、法律要求、生态影响、社会需要。(2)项目效益管理计划描述了项目实现效益的方式和时间，以及应制定的效益衡量机制。项目效益指为发起组织和项目预期受益方创造价值的行动、行为、产品、服务或成果的结果。制定效益管理计划需要使用商业论证和需求评估中的数据和信息，它描述了效益的关键要素，包括目标效益、战略一致性、实现效益的时效、效益责任人、测量指标、假设和风险，作为商业论证、项目章程和项目管理计划的补充性文件。

协议用于定义启动项目的初衷。协议有多种形式，包括合同、谅解备忘录(MOUs)、服务水平协议(SLA)、协议书、意向书、口头协议、电子邮件或其他书面协议。为外部客户做项目时，通常就以合同的形式出现。

影响制定项目章程的事业环境因素包括政府或行业标准、法律法规要求或制约因素、市场条件、组织文化和政治氛围、组织治理框架、相关方的期望和风险临界值。

能够影响制定项目章程过程的组织过程资产包括：(1)组织的标准政策、流程和程序；(2)项目组合、项目集和项目的治理框架(用于提供指导和制定决策的治理职能和过程)；(3)监督和报告方法；(4)模板(如项目章程模板)；(5)历史信息与经验教训知识库(如项目记录与文件、关于以往项目选择决策的结果及以往项目绩效的信息)。

（二）制定项目章程的结果

制定项目章程的结果包括项目章程和假设日志。

项目章程是由项目启动者或发起人发布的，正式批准项目成立，并授权项目经理使用组织资源开展项目活动的文件。项目章程应当包括以下内容：(1)项目目的、可测量的项目目标和相关的成功标准；(2)高层级需求；(3)高层级项目描述和边界定义以及主要可交付成果；(4)整体项目风险；(5)总体里程碑进度计划；(6)预先批准的财务资源；(7)关键相关方名单、项目审批要求(例如，用什么标准评价项目成功，由谁对项目成功下结论，由谁来签署项目结束)；(8)项目退出标准(例如，在何种条件下才能关闭或取消项目或阶段)；(9)委派的项目经理及其职责和职权、发起人或其他批准项目章程的人员的姓名和职权；项目章程确保相关方在总体上就主要可交付成果、里程碑以及每个项目参与者的角色和职责达成共识。

假设日志(假设日志用于记录整个项目生命周期中的所有假设条件和制约因素)。

二、制定项目管理计划

项目管理计划确定项目的执行、监控和收尾方式，其内容会因项目所在的应用领域和复杂程度而异。项目管理计划可以是概括或详细的，而每个组成部分的详细程度取决于具体项目的要求。项目管理计划应足够强大，可以应对不断变化的项目环境，有利于随项目进展产出更准确的信息。制定项目管理计划过程的输入、工具与技术和输出如图 2-3 所示。

图 2-3　制定项目管理计划的输入、工具与技术和输出

项目管理计划应基准化，即至少应规定项目的范围、时间和成本方面的基准，以便据此考核项目执行情况和项目管理绩效。在确定基准之前，可能要对项目管理计划进行多次更新，且这些更新无需遵循正式流程，一旦确定了基准，就只能通过实施整体变更控制过程进行更新。在这种情况下，如果需要进行变更，应提出变更请求以待决定。这一过程将形成一份项目管理计划。在项目收尾之前，该计划需要通过不断更新来渐进明细化，并且这些更新需要得到控制和批准。对隶属于项目集或项目组合的项目，则应该制定与项目集或项目组合管理计划相一致的项目管理计划。

(一)项目管理计划的概念

制定项目管理计划是定义、准备和协调项目计划的所有组成部分，并把它们整合为一份综合项目管理计划的过程。项目管理计划是一个用来协调所有其他计划，用以理解和控制项目执行的文件。项目管理计划要记录计划的假设以及方案的选择，要便于各干系人的沟通，同时还要确定关键的管理审查的内容、范围和时间，并为进度测评和项目控制提供一个基准线。计划应该具有一定的动态性和灵活性，并随着环境和项目本身的变更而能够进行适当的调整。

项目管理计划的目的和作用在于：

1. 项目管理计划的目的

项目管理的重点在于计划、跟踪和控制，且项目管理计划工作是贯穿项目始终的。项目管理计划是项目实施的基础，要使项目达到预期目标，就必须有一个好的项目管理计划，其目的体现在以下几个方面：

(1)确定并描述为完成项目目标所对应的各项任务范围；

(2)确定负责执行项目各项任务的全部人员；

(3)制定各项任务的时间进度表；

(4)阐明每项任务所必需的人力、物力和财力；

(5)确定每项任务的预算。

2. 项目管理计划的作用

(1)确立项目团队组成人员及工作的责任范围和地位以及相应的职权，以便按照要求去指导和控制项目的工作，减少风险。

(2)使项目团队成员明确自己的目标，实现目标的方法、途径及期限，并确保以时间、成本及其他资源需求的最小化实现项目目标。

(3)促使项目团队成员及项目发起人和管理部门之间的交流与沟通，增加顾客满意度，使项目各工作协调一致，并在协调关系中了解哪些是关键因素。

(4)作为分析、协商及记录项目范围变化的基础，也可作为约定时间、人员和经费的基础。这样就为项目的跟踪控制过程提供了两条直线，可以用来衡量进度，计算各种偏差及决定预防或者整改措施，以便对变化进行管理。

(5)了解关键点和结合部在哪里，分析如何组织使结合部最少，并以标准格式记录关键性的项目资料作为参考。

(6)把叙述性报告的需要量减少到最低量，并通过图表的方式将计划与实际工作对照，使报告效果更好。这样也可以提供审计跟踪以及把各种变化写入文件，提醒项目团队成员及项目发起人如何对这些变化做出反应。

(二)制定项目管理计划的原则

项目管理计划作为项目管理的重要阶段，在项目中起承上启下的作用，计划文件经批准后作为项目的工作指南。因此，在制定过程中要按照项目总目标、总计划进行详细计划。在项目管理计划制定过程中一般应遵循以下六个原则：

1. 目的性。任何项目都有一个或几个确定的目标，以实现特定的功能、作用，而任何项目管理计划的制定正是围绕项目目标的实现展开的。在制定计划时，首先必须分析目标，弄清任务。

2. 系统性。项目管理计划本身是一个系统，由一系列子计划组成，各个子计划不是孤立存在的，彼此之间相对独立又紧密相关，从而使制定出的项目管理计划也具有系统的目的性、相关性、层次性、适应性、整体性等基本特征，使项目管理计划形成有机协调的整体。

3. 经济性。项目管理计划的目标不仅要求项目有较高的效率，而且要有较高的效益，所以在计划中必须提出多种方案进行优化分析。

4. 动态性。这是由项目的寿命周期所决定的。一个项目的寿命周期短则数月，长则数年，在这期间，项目环境常处于变化之中，计划的实施会偏离项目基准，因此项目管理计划要随着环境和条件的变化而不断调整和修改，以保证完成项目目标，这就要求项目管理计划要有动态性，以适应不断变化的环境。

5. 相关性。项目管理计划是一个系统的整体，构成项目管理计划的任何子计划的变化都会影响到其他子计划的制定和执行，进而最终影响到项目管理计划的正常实施。制定项目管理计划要充分考虑各子计划间的相关性。

6. 职能性。项目管理计划的制定和实施不是以某个组织或部门内的机构设置为依据，也不是以自身的利益及要求为出发点，而是以项目和项目管理的总体及职能为出发点，涉及项目管理的各个部门和机构。

(三) 项目管理计划的分析

1. 全面的项目需求分析。需求分析就是明确市场对项目的需求或者项目委托人对项目的要求，在项目管理计划过程中，首先对需求进行分析，才能够准确地陈述项目。项目需求是多种多样的，通常分为两类：第一种是必须满足的基本要求，包括项目的范围、质量、进度、成本及相应的法律法规要求等；第二种是需要重视的附加需求，比如市场开拓、政策和资金支持等方面的要求。

2. 清晰的定义项目目标。项目的目标已经在项目建议书和可行性研究报告中写出。但是针对项目管理来说，这些目标一方面过于简略，另外比较侧重于项目目标的最终结果。因为项目管理计划要涉及实现目标的每一个细节，所以项目管理计划过程中确定的目标应该是现实的、可度量的、面向结果的、简单的，并且与项目团队成员相关，能够起到激励作用。可以用相应的英文字母 SMART 表示定义项目目标必须遵从的几点要求：明确的 (specific)、可度量的 (measurable)、可实现的 (achievable)、成果决定的 (result driven) 和有时间性的 (time)。由项目需求所确定的项目目标是项目任务划分的基础。

3. 详细的项目任务分解。项目任务分解就是把粗线条的、涵盖面大的、不能够具体操作的任务，分解成较小的且易于管理、实施和检验的可操作性任务。这需要明确每个可操作任务的具体细节，汇总各工作包的计划并以网络图或横道图等表现形式表示各项任务和工作，表明各项任务之间逻辑关系，并由承担该任务的管理者提出详细的工作计划。

4. 明确的项目资源规划。任何一个项目都需要消耗一定的资源才能完成，而在一定的时期内，由于某些客观因素的影响，能够提供的资源数量往往有限，这就存在一个如何合理利用这些有限资源的问题。如果资源计划安排不合理，就可能在计划工期内的某些时段出现资源需求的"高峰"，而在另一时段出现资源需求的"低谷"。当"高峰"与"低谷"相差很大时，如果计划的某些时段内资源需求量超出最大可供应量，则会造成"供不应求"，导致工期延误；而当出现资源需求"低谷"时，则可能造成资源的大量积压，这种资源消耗的失衡，必然会影响项目目标的实现。因此，必须围绕工作进度计划的需要确定资源规划，统筹考虑所需资源种类和数量。

5. 可行的质量检查措施。确定质量检查和评审的关键节点和质量检查、评审安排。质量检查并不是要等到项目结束时才执行唯一的一次，应该在每个实践环节都要执行。对应于进度表，在每个里程碑到达时执行质量检查比较合理。质量检查的内容有两个：第一是进行评审，是合格还是不合格？能打多少分？第二是给予建议，对质量为什么好为什么差进行分析，以便"改差为好""好上加好"。

6. 严格进行项目管理计划评审。在对项目管理计划进行评审时要严格全面，对计划执行风险进行分析，提出对策，并反馈给项目管理团队，使之在计划安排上留有余地，特别是对那些影响全局的控制性工程，更应留余地，最后确定项目管理计划并下达基层执行。

（四）制定项目管理计划的依据

制定项目管理计划的依据包括项目章程、其他过程的输出、事业环境因素、组织过程资产。

项目团队把项目章程作为初始项目规划的起始点。项目章程所包含的信息种类数量因项目的复杂程度和已知信息而异。在项目章程中至少应该定义项目的高层级信息，供将来在项目管理计划的各个组成部分中进一步细化。

创建项目管理计划需要整合诸多过程的输出。其他规划过程所输出的子计划和基准都是本过程的输入。此外，对这些子计划和基准的变更都可能导致对项目管理计划的相应更新。

影响制定项目管理计划过程的事业环境因素主要包括：（1）政府或行业标准（如产品标准、质量标准、安全标准和工艺标准）；（2）法律法规要求和（或）制约因素；（3）垂直市场（如建筑）和（或）专门领域（如环境、安全、风险或敏捷软件开发）的项目管理知识体系；（4）组织的结构、文化、管理实践和可持续性；（5）组织治理框架（通过安排人员、制定政策和确定过程，以结构化的方式实施控制、指导和协调，以实现组织的战略和运营目标）；（6）基础设施（如现有的设施和固定资产）。

影响制定项目管理计划过程的主要组织过程资产包括：（1）组织的标准政策、流程和程序；（2）项目管理计划模板，包括：根据项目的特定要求而裁剪组织的标准流程的指南和标准；项目收尾指南或要求，如产品确认及验收标准；（3）变更控制程序，包括修改正式的组织标准、政策、计划、程序或项目文件，以及批准和确认变更所须遵循的步骤；（4）监督和报告方法、风险控制程序，以及沟通要求；（5）以往类似项目的相关信息（如范围、成本、进度与绩效测量基准、项目日历、项目进度网络图和风险登记册）；（6）历史信息和经验教训知识库。

（五）项目管理计划的结果

项目管理计划的结果包括项目管理计划的形式、项目管理计划的内容。

项目管理计划按照计划制定的过程，可以分为概念性计划、详细计划和滚动计划三种形式。（1）概念性计划。概念性计划通常称为自上而下的计划，概念性计划的任务是确定初步的工作分解结构图，并根据其中的任务进行估计，从而汇总出最高层的项目管理计划。在项目管理计划中，概念性计划的制定规定了项目的战略导向和战略重点。（2）详细计划。详细计划通常称为由下而上的计划，详细计划的任务是制定详细的工作分解结构图，这份工作分解结构图需要详细到为实现项目目标必须做的每一项具体任务，然后由下而上再汇总估计，成为详细项目管理计划，详细项目管理计划提供了项目的详细范围。(3)滚动计划。滚动计划意味着用滚动的方法对可预见的将来逐步制定详细计划，随着项目的推进，分阶段地重估自上而下的计划制定过程中所确定的进度和预算。每次重新评估时，对最后限定日期和费用的预测会一次比一次更接近实际情况，最终就会得到足够的信息，范围和目标也能够很好地确定下来，给项目的剩余部分准备由下而上的详细计划。

项目管理计划是说明项目执行、监控和收尾方式的一份文件，它整合并综合了所有子管理计划和基准，以及管理项目所需的其他信息。项目管理计划的成果因项目的应用领域和复杂程度而异，可以由一个或者多个子计划，以及其他事项组成，每一个子计划和其他组成部分的详细程度都要满足具体项目的需要。

项目管理计划组件包括子管理计划、基准和其他组件。子管理计划主要包括：(1)范围管理计划：确立如何定义、制定、监督、控制和确认项目范围。(2)需求管理计划：确定如何分析、记录和管理需求。(3)进度管理计划：为编制、监督和控制项目进度建立准则并确定活动。(4)成本管理计划：确定如何规划、安排和控制成本。(5)质量管理计划：确定在项目中如何实施组织的质量政策、方法和标准。(6)资源管理计划：指导如何对项目资源进行分类、分配、管理和释放。(7)沟通管理计划：确定项目信息将如何、何时、由谁来进行管理和传播。(8)风险管理计划：确定如何安排与实施风险管理活动。(9)采购管理计划：确定项目团队将如何从执行组织外部获取货物和服务。(10)相关方参与计划：确定如何根据相关方的需求、利益和影响让他们参与项目决策和执行。

基准主要包括：(1)范围基准：经过批准的范围说明书、工作分解结构(WBS)和相应的 WBS 词典，用作比较依据。(2)进度基准：经过批准的进度模型，用作与实际结果进行比较的依据。(3)成本基准：经过批准的、按时间段分配的项目预算，用作与实际结果进行比较的依据。

大多数项目管理计划组件都来自其他过程，虽然有些组件是在本过程生成的。组件主要包括：(1)变更管理计划：描述在整个项目期间如何正式审批和采纳变更请求。(2)配置管理计划：描述如何记录和更新项目的特定信息，以及该记录和更新哪些信息，以保持产品、服务或成果的一致性和(或)有效性。(3)绩效测量基准：经过整合的项目范围、进度和成本计划，用作项目执行的比较依据，以测量和管理项目绩效。(4)项目生命周期：描述项目从开始到结束所经历的一系列阶段。(5)开发方法：描述产品、服务或成果的开发方法，例如预测、迭代、敏捷或混合型模式。(6)管理审查：确定项目经理和有关相关方审查项目进展的时间点，以考核绩效是否符合预期，或者确定是否有必要采取预防或纠正措施。

项目管理计划是用于管理项目的主要文件之一。管理项目时还会使用其他项目文件。这些其他文件不属于项目管理计划，但它们也是实现高效管理所必需的文件。表 2-1 列出了主要的项目管理计划组件和项目文件。

表 2-1　　　　　　　　　　　　　　**项目管理计划和项目文件**

项目管理计划	项目文件	
1. 范围管理计划	1. 活动属性	19. 质量控制测量结果
2. 需求管理计划	2. 活动清单	20. 质量测量指标
3. 进度管理计划	3. 假设日志	21. 质量报告
4. 成本管理计划	4. 估算依据	22. 需求文件
5. 质量管理计划	5. 变更日志	23. 需求跟踪矩阵
6. 资源管理计划	6. 成本估算	24. 资源分解结构
7. 沟通管理计划	7. 成本预测	25. 资源日历
8. 风险管理计划	8. 持续时间估算	26. 资源需求
9. 采购管理计划	9. 问题日志	27. 风险登记册
10. 相关方参与计划	10. 经验教训登记册	28. 风险报告
11. 变更管理计划	11. 里程碑清单	29. 进度数据
12. 配置管理计划	12. 物质资源分配单	30. 进度预测
13. 范围基准	13. 项目日历	31. 相关方登记册
14. 进度基准	14. 项目沟通记录	32. 团队章程
15. 成本基准	15. 项目进度计划	33. 测试与评估文件
16. 绩效测量基准	16. 项目进度网络图	
17. 项目生命周期描述	17. 项目范围说明书	
18. 开发方法	18. 项目团队派工单	

三、指导与管理项目执行

　　指导与管理项目工作是为实现项目目标而领导和执行项目管理计划中所确定的工作，并实施已批准变更的过程。本过程的主要作用是，对项目工作和可交付成果开展综合管理，以提高项目成功的可能性。本过程需要在整个项目期间开展。图 2-4 描述本过程的输入、工具与技术和输出。

　　指导与管理项目工作包括执行计划的项目活动，以完成项目可交付成果并达成既定目标。本过程需要分配可用资源并管理其有效使用，也需要执行因分析工作绩效数据和信息而提出的项目计划变更。指导与管理项目工作过程会受项目所在应用领域的直接影响，按项目管理计划中的规定，开展相关过程，完成项目工作，并产出可交付成果。项目经理与项目管理团队一起指导实施已计划好的项目活动，并管理项目内的各种技术接口和组织接口。指导与管理项目工作还要求回顾所有项目变更的影响，并实施已批准的变更，包括纠正措施、预防措施和(或)缺陷补救。在项目执行过程中，收集工作绩效数据并传达给合适的控制过程组做进一步分析，通过分析工作绩效数据，得到关于可交付成果的完成情况以及与项目绩效相关的其他细节，工作绩效数据也用作监控过程组的输入，并可作为反馈输入到经验教训库，以改善未来工作包的绩效。

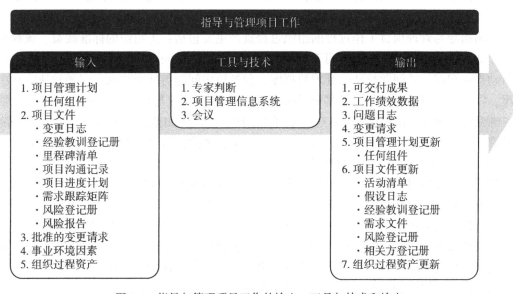

图2-4 指导与管理项目工作的输入、工具与技术和输出

(一)指导与管理项目工作的依据

指导与管理项目工作的依据包括项目管理计划、项目文件、批准的变更请求、事业环境因素和组织过程资产。

项目管理计划是用全局的观点，将项目的各种子计划进行综合与集成，建立起一个连贯的、一致的文档，确定了执行、监视、控制和结束项目的方式与方法，记录了计划过程组的各个计划子过程的全部成果，是一份经过批准的正式文件。项目管理计划的任何组件都可用作本过程的输入。

项目文件包括：(1)变更日志。变更日志记录所有变更请求的状态。(2)经验教训登记册。经验教训用于改进项目绩效，以免重犯错误。该登记册有助于确定针对哪些方面设定规则或指南，以使团队行动保持一致。(3)里程碑清单。里程碑清单列出特定里程碑的计划实现日期。(4)项目沟通记录。项目沟通记录包含绩效报告、可交付成果的状态，以及项目生成的其他信息。(5)项目进度计划。进度计划至少包含工作活动清单、持续时间、资源，以及计划的开始与完成日期。(6)需求跟踪矩阵。需求跟踪矩阵把产品需求连接到相应的可交付成果，有助于把关注点放在最终结果上。(7)风险登记册。风险登记册提供可能影响项目执行的各种威胁和机会的信息。(8)风险报告。风险报告提供关于整体项目风险来源的信息，以及关于已识别单个项目风险的概括信息。

批准的变更请求是实施整体变更控制过程的输出，包括经项目经理审查和批准的变更请求，必要时可经变更控制委员会(CCB)审查和批准。批准的变更请求可能是纠正措施、预防措施或缺陷补救，并由项目团队纳入项目进度计划付诸实施，可能对项目或项目管理计划的任一领域产生影响，还可能导致修改正式受控的项目管理计划组件或项目文件。

影响指导与管理项目工作过程的事业环境因素主要包括：①组织的结构、文化、管理实践和可持续性；②基础设施(如现有的设施和固定资产)；③相关方的风险临界值(如允许的成本超支百分比)。

影响指导与管理项目工作过程的组织过程资产主要包括：①组织的标准政策、流程和程序；②问题与缺陷管理程序，用于定义问题与缺陷控制、问题与缺陷识别及其解决，以及行动事项跟踪；③问题与缺陷管理数据库，包括历史问题与缺陷状态、问题和缺陷解决情况，以及行动事项的结果；④绩效测量数据库，用来收集与提供过程和产品的测量数据；⑤变更控制和风险控制程序；⑥以往项目的项目信息(如范围、成本、进度与绩效测量基准，项目日历，项目进度网络图，风险登记册，风险报告以及经验教训知识库)。

(二)指导与管理项目工作的结果

指导与管理项目工作的内容包括可交付成果、工作绩效数据、问题日志、变更请求、项目管理计划更新、项目文件更新、组织过程资产更新。

可交付成果是在某一过程、阶段或项目完成时，必须产出的任何独特并可核实的产品、成果或服务能力。它通常是项目结果，并可包括项目管理计划的组成部分。一旦完成了可交付成果的第一个版本，就应该执行变更控制，用配置管理工具和程序来支持对可交付成果(如文件、软件和构件)的多个版本的控制。

工作绩效数据是在执行项目工作的过程中，从每个正在执行的活动中收集到的原始观察结果和测量值。数据通常是最低层次的细节，将交由其他过程从中提炼出信息。在工作执行过程中收集数据，再交由控制过程组做进一步分析。例如，工作绩效数据包括已完成的工作、关键绩效指标(KPI)、技术绩效测量结果、进度活动的实际开始日期和完成日期、已完成的关键事件、可交付成果状态、进度进展情况、变更请求的数量、缺陷的数量、实际发生的成本、实际持续时间等。

在整个项目生命周期中，项目经理通常会遇到问题、差距、不一致或意外冲突。项目经理需要采取某些行动加以处理，以免影响项目绩效。问题日志是一种记录和跟进所有问题的项目文件，记录和跟进问题类型、问题提出者和提出时间、问题描述、问题优先级、由谁负责解决问题、目标解决日期、问题状态以及最终解决情况。作为本过程的输出，问题日志被首次创建，尽管在项目期间任何时候都可能发生问题。在整个项目生命周期应该随同监控活动更新问题日志。

变更请求是关于修改任何文件、可交付成果或基准的正式提议。如果在开展项目工作时发现问题，就可提出变更请求，对项目政策或程序、项目或产品范围、项目成本或预算、项目进度计划、项目或产品结果的质量进行修改。其他变更请求包括必要的预防措施或纠正措施，用来防止以后的不利后果。任何项目相关方都可以提出变更请求，应该通过实施整体变更控制过程对变更请求进行审查和处理。变更请求源自项目内部或外部，是可选或由法律(合同)强制的。变更请求主要包括：(1)纠正措施，是为使项目工作绩效重新与项目管理计划一致，而进行的有目的的活动。(2)预防措施，是为确保项目工作的未来绩效符合项目管理计划，而进行的有目的的活动。(3)缺陷补救，是为了修正不一致产品或产品组件的有目的的活动。(4)更新，是对正式受控的项目文件或计划等进行的变更，以反映修改或增加的意见或内容。

四、管理项目知识

管理项目知识是使用现有知识并生成新知识，以实现项目目标，并且帮助组织学习的过程。本过程的主要作用是利用已有的组织知识来创造或改进项目成果，并且使当前项目创造的知识支持组织运营和未来的项目或阶段。本过程需要在整个项目期间开展。图 2-5 描述本过程的输入、工具与技术和输出。

管理项目知识		
输入	**工具与技术**	**输出**
1. 项目管理计划 　·所有组件 2. 项目文件 　·经验教训登记册 　·项目团队派工单 　·资源分解结构 　·供方选择标准 　·相关方登记册 3. 可交付成果 4. 事业环境因素 5. 组织过程资产	1. 专业判断 2. 知识管理 3. 信息管理 4. 人际关系与团队技能 　·积极倾听 　·引导 　·领导力 　·人际交往 　·政治意识	1. 经验教训登记册 2. 项目管理计划更新 　·任何组件 3. 组织过程资产更新

图 2-5　管理项目知识的输入、工具与技术和输出

知识通常分为"显性知识"（易使用文字、图片和数字进行编撰的知识）和"隐性知识"（个体知识以及难以明确表达的知识，如信念、洞察力、经验和"诀窍"）两种。知识管理指管理显性和隐性知识，旨在重复使用现有知识并生成新知识。有助于达成这两个目的的关键活动是知识分享和知识集成（不同领域的知识、情境知识和项目管理知识）。

从组织的角度来看，知识管理指的是确保项目团队和其他相关方的技能、经验和专业知识在项目开始之前、开展期间和结束之后得到运用。因为知识存在于人们的思想中，且无法强迫人们分享自己的知识或关注他人的知识，所以知识管理最重要的环节就是营造一种相互信任的氛围，激励人们分享知识或关注他人的知识。在实践中，联合使用知识管理工具和技术（用于人际互动）以及信息管理工具和技术（用于编撰显性知识）来分享知识。

（一）管理项目知识的依据

管理项目知识的依据包括项目管理计划的所有文件，包括项目文件中的经验教训登记册、项目团队派工单、资源分解结构、供方选择标准以及相关方登记册，还包括可交付成果、事业环境因素、组织过程资产。

能够影响管理项目知识过程的事业环境因素包括：（1）组织文化、相关方文化和客户文化。相互信任的工作关系和互不指责的文化对知识管理尤其重要。其他因素则包括赋予学习的价值和社会行为规范。（2）设施和资源的地理分布。团队成员所在的位置有助于确

定收集和分享知识的方法。(3)组织中的知识专家。有些组织拥有专门从事知识管理的团队或员工。(4)法律法规要求和(或)制约因素。包括对项目信息的保密性要求。

能够影响管理项目知识过程的组织过程资产包括：(1)组织的标准政策、流程和程序。可能包括：信息的保密性和获取渠道、安全与数据保护、记录保留政策、版权信息的使用、机密信息的销毁、文件格式和最大篇幅、注册数据和元数据、授权使用的技术和社交媒体等。(2)人事管理制度。包括员工发展与培训记录以及关于知识分享行为的能力框架。(3)组织对沟通的要求。正式且严格的沟通要求有利于信息分享，对于生成新知识和整合不同相关方群体的知识，非正式沟通更加有效。(4)正式的知识分享和信息分享程序。包括项目和项目阶段开始之前、开展期间和结束之后的学习回顾，例如识别、吸取和分享从当前项目和其他项目获得的经验教训。

(二)管理项目知识的结果

管理项目知识的内容包括经验教训登记册、项目管理计划更新、组织过程资产更新。

经验教训登记册包含情况的类别和描述，经验教训登记册还可包括与情况相关的影响、建议和行动方案。经验教训登记册可以记录遇到的挑战、问题、意识到的风险和机会，或其他适用的内容。经验教训登记册在项目早期创建，作为本过程的输出。因此，在整个项目期间，它可以作为很多过程的输入，也可以作为输出而不断更新。参与工作的个人和团队也参与记录经验教训，可以通过视频、图片、音频或其他合适的方式记录知识，确保有效吸取经验教训。在项目或阶段结束时，把相关信息归入经验教训知识库，成为组织过程资产的一部分。

五、监控项目工作

监控项目工作是跟踪、审查和报告整体项目进展，以实现项目管理计划中确定的绩效目标的过程。本过程的主要作用是让相关方了解项目的当前状态并认可为处理绩效问题而采取的行动，以及通过成本和进度预测，让相关方了解未来项目状态。本过程需要在整个项目期间开展。图2-6描述本过程的输入、工具与技术和输出。

监督是贯穿于整个项目的项目管理活动之一，包括收集、测量和分析测量结果，以及预测趋势，以便推动过程改进。持续的监督使项目管理团队能洞察项目的健康状况，并识别须特别关注的任何方面。控制包括制定纠正或预防措施或重新规划，并跟踪行动计划的实施过程，以确保它们能有效解决问题。

监控项目工作的依据包括项目管理计划、项目文件、工作绩效信息、协议、事业环境因素与组织过程资产。

监控项目工作的内容包括工作绩效报告、变更请求、项目管理计划更新、项目文件更新。工作绩效信息可以用实体或电子形式加以合并、记录和分发。基于工作绩效信息，以实体或电子形式编制工作绩效报告，以制定决策、采取行动或引起关注。根据项目沟通管理计划，通过沟通过程向项目相关方发送工作绩效报告。工作绩效报告的示例包括状态报告和进展报告。工作绩效报告可以包含挣值图表和信息、趋势线和预测、储备燃尽图、缺陷直方图、合同绩效信息和风险情况概述，可以表现为有助于引起关注、制定决策和采取行动的仪表指示图、热点报告、信号灯图或其他形式。

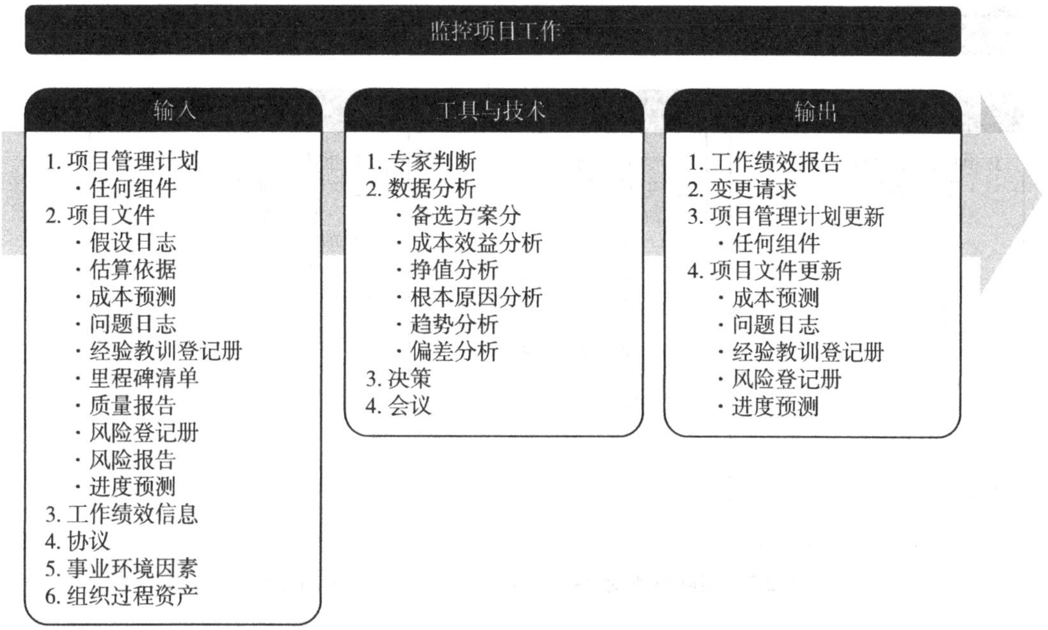

图 2-6 监控项目工作的依据

六、实施整体变更控制

实施整体变更控制是审查所有变更请求、批准变更，管理对可交付成果、项目文件和项目管理计划的变更，并对变更处理结果进行沟通的过程。本过程的主要作用是确保对项目中已记录在案的变更做综合评审，如果不考虑变更对整体项目目标或计划的影响就开展变更，往往会加剧整体项目风险。图 2-7 显示了该过程的输入、工具与技术和输出。

实施整体变更控制过程贯穿项目始终，项目经理对此承担最终责任。变更请求可能影响项目范围、产品范围以及任一项目管理计划组件或任一项目文件。在整个项目生命周期的任何时间，参与项目的任何相关方都可以提出变更请求。变更控制的实施程度，取决于项目所在应用领域、项目复杂程度、合同要求，以及项目所处的背景与环境。在基准确定之前，变更无需正式受控于实施整体变更控制过程。一旦确定了项目基准，就必须通过本过程来处理变更请求。依照常规，每个项目的配置管理计划应规定哪些项目工件受控于配置控制程序。对配置要素的任何变更都应该提出变更请求，并经过正式控制。

变更请求得到批准后，可能需要新编（或修订）成本估算、活动排序、进度日期、资源需求和（或）风险应对方案分析，这些变更可能要求调整项目管理计划和其他项目文件。

（一）整体变更控制的概念

1. 项目变更的概念

由于项目一般具有较强的创新性，利益相关者的需求往往会随着时间的推移和环境的变化发生各种变化，项目所需的各种资源价格、种类也可能会发生各种变化，项目在启动

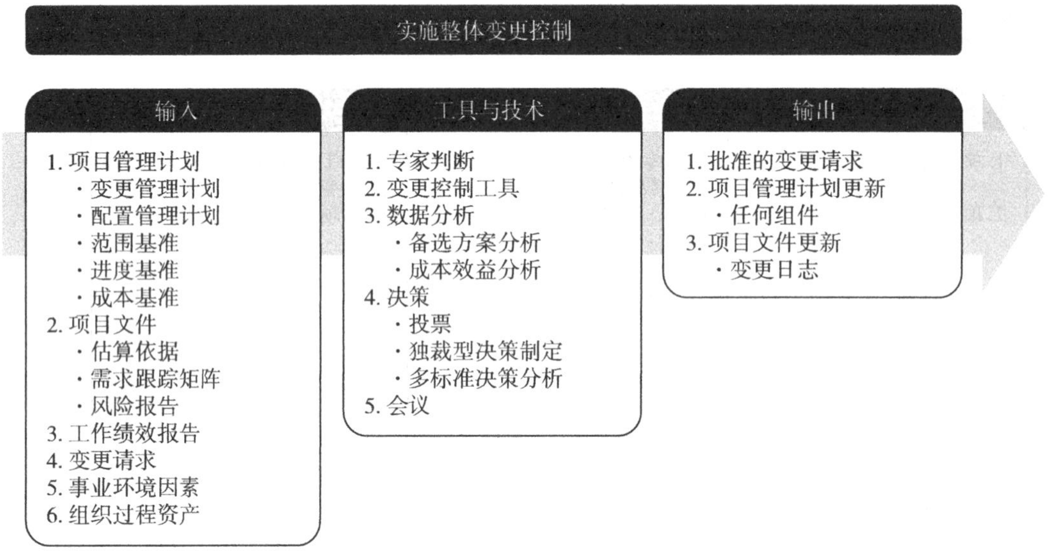

实施整体变更控制		
输入	**工具与技术**	**输出**
1. 项目管理计划 　·变更管理计划 　·配置管理计划 　·范围基准 　·进度基准 　·成本基准 2. 项目文件 　·估算依据 　·需求跟踪矩阵 　·风险报告 3. 工作绩效报告 4. 变更请求 5. 事业环境因素 6. 组织过程资产	1. 专家判断 2. 变更控制工具 3. 数据分析 　·备选方案分析 　·成本效益分析 4. 决策 　·投票 　·独裁型决策制定 　·多标准决策分析 5. 会议	1. 批准的变更请求 2. 项目管理计划更新 　·任何组件 3. 项目文件更新 　·变更日志

图 2-7　实施整体变更控制的输入、工具与技术和输出

以后存在着很大的不确定性，项目的实施将面对各种风险。因此，总是难免发生各种变化或是进行这样那样的修改，这些变化或修改称为变更。变更极可能导致项目范围的变化，也可能涉及进度、质量、费用、风险、人力资源、沟通以及合同的各个方面，任何一个方面的变化都可能对其他方面产生影响，项目管理团队应采取措施对项目变更进行有效的控制。

2. 项目变更的分类

项目变更通常可以分为"有资金支持"和"无资金支持"两种情况。对于有资金支持的项目变更，业主必须负责变更并且为变更买单。对于没有资金支持的项目变更，承包商不得不承担所有的变更费用、承担变更引起的预算增加以及期望利润减少的风险。

（1）有资金支持的变更

由于具体的项目可交付成果是项目合同的组成部分，因此业主提出变更也就意味着需要对合同进行变更。如果像通常发生的那样，变更会导致承包商的成本上升，那么就需要对合同价格进行谈判，产品的交付计划也可能受到影响，因此还需要对可能导致项目延迟的问题进行预测、讨论并达成一致意见。

有资金支持的变更可能没有价值，并且可能会破坏逻辑性很强的计划工作的流畅性，但承包商希望通过提高价格来获得补偿。当业主请求变更时，承包商将处在有利的谈判位置。有资金支持的变更的程序是，在开始时提出变更申请，业主对变更指令进行评审并在审批后由承包商来实施。

（2）无资金支持的变更

如果承包商发现有必要作一些与业主不相关的变更，那么业主是不可能支付这部分费用的。承包商应该有承担额外成本的准备，由于没有了业主的资金支持，承包商必须慎重实施无资金支持情况下的变更。

3. 项目变更控制的概念

项目变更控制是指在项目生命周期的整个过程中，对变更进行识别、评价和管理。由于项目很少会准确地按照项目整体计划进行，因此变更控制必不可少。项目变更将可能影响到项目可交付成果、项目范围以及项目整体计划。由于在项目实施中，项目的目标、范围、计划、进度、成本和质量等各个方面都可能发生变更，任何一个项目要素的变更都会对其他项目要素产生影响，因此需要对各方面的项目变更进行总体的控制。例如，可交付成果的技术要求说明的改变，若影响到项目范围，进而影响到费用、进度、质量、风险或其他方面，则就应该对其进行综合控制。

4. 整体变更控制的概念

整体变更控制(integrated change control)是指在项目生命周期的整个过程中对变更的识别、评价和管理等工作。在项目实施阶段，由于项目内外客观条件的变化，或原有项目管理计划考虑不周，或客户提出变更，都会使项目不能按照预定的计划进行，项目实际结果与计划蓝图之间出现偏差，这就需要项目小组对项目的变更进行控制和管理，及时采取措施，减少偏差或重新修订计划。

整体变更控制有三个主要目标：

(1)确定变更的发生。项目经理必须知道项目的几个关键方面在各个阶段的状态，查明项目进行过程中发生的变化是否构成变更。另外，项目经理必须及时地将一些重大变更与高级管理层和主要项目干系人沟通，防止突变的情况使他们难以接受。

(2)对造成变更的因素施加影响，以确保变更对项目来说是有利的。要确保变更有利于项目的成功，项目经理及项目组必须在范围、时间、成本和质量等关键的几个项目尺度之间进行权衡。

(3)当变更实际出现时，设法处理。在实际的变更发生或正在发生的时候，对变更加以管理是项目经理和项目人员的一个重要工作。项目经理采取一定的规章来管理项目，使可能发生变更的次数减到最少。

(二)实施整体变更控制的依据

整体变更控制的依据包括项目管理计划、项目文件、工作绩效报告、变更请求、事业环境因素、组织过程资产。

项目管理计划综合与集成项目的各种子计划，建立起一个连贯的、一致的文档，确定了执行、监视、控制和结束项目的方式与方法，记录了计划过程组的各个计划子过程的全部成果，该过程主要依据变更管理计划、配置管理计划、范围基准、进度基准和成本基准。

变更请求会在执行项目任务中被识别，其结果是：扩展或者缩小项目范围、修订方针政策或过程/规程、修改项目成本/预算，或者延长或减少项目工期。变更请求可以是直接的或者间接的，外部的或者内部的，可选的或者法律/合同强制执行的。

(三)实施整体变更控制的结果

实施整体变更控制的结果包括批准的变更请求、项目管理计划更新、项目文件更新。批准那些正式的、指导需要的变更请求来适应项目范围的扩展或修订。被批准的变更请求可能同时会修订方针政策、项目管理计划、工作流程、成本和预算，或者修订进度。批准的变更请求将作为任务列入进度表，由项目团队完成这些任务。

七、结束项目或阶段

图 2-8 显示了该过程的输入、工具与技术和输出。

结束项目或阶段

输入	工具与技术	输出
1. 项目章程	1. 专家判断	1. 项目文件更新
2. 项目管理计划	2. 数据分析	·经验教训登记册
·所有组件	·文件分析	2. 最终产品、服务或成果移交
3. 项目文件	·回归分析	3. 最终报告
·假设日志	·趋势分析	4. 组织过程资产更新
·估算依据	·偏差分析	
·变更日志	3. 会议	
·问题日志		
·经验教训登记册		
·里程碑清单		
·项目沟通记录		
·质量控制测量结果		
·质量报告		
·需求文件		
·风险登记册		
·风险报告		
4. 验收的可交付成果		
5. 商业文件		
·商业论证		
·效益管理计划		
6. 协议		
7. 采购文档		
8. 组织过程资产		

图 2-8　结束项目或阶段的输入、工具与技术和输出

在结束项目时，项目经理需要回顾项目管理计划，确保所有项目工作都已完成以及项目目标均已实现。项目或阶段行政收尾所需的必要活动主要包括：①为达到阶段或项目的完工或退出标准所必需的行动和活动，例如：确保所有文件和可交付成果都已是最新版本，且所有问题都已得到解决；确认可交付成果已交付给客户并已获得客户的正式验收；确保所有成本都已记入项目成本账；关闭项目账户；重新分配人员；处理多余的项目材料；重新分配项目设施、设备和其他资源；根据组织政策编制详尽的最终项目报告。②为关闭项目合同协议或项目阶段合同协议所必须开展的活动，例如：确认卖方的工作已通过正式验收；最终处置未决索赔；更新记录以反映最后的结果；存档相关信息供未来使用。③为完成工作所必须开展的活动，包括：收集项目或阶段记录；审计项目成败；管理知识分享和传递；总结经验教训；存档项目信息以供组织未来使用。④为向下一个阶段，或者向生产和(或)运营部门移交项目的产品、服务或成果所必须开展的行动和活动。⑤收集

关于改进或更新组织政策和程序的建议，并将它们发送给相应的组织部门。⑥测量相关方的满意程度。

（一）结束项目或阶段的概念

结束项目或阶段是一项阶段性工作，是项目生命周期的最后一个阶段。当项目的所有目标工作均已完成，或者虽未完成，但由于某种原因必须终止时，项目就进入了结束阶段。该过程包括：为项目管理过程组中完成的所有活动定案，正式结束项目或项目阶段，以及移交已完成或取消的项目。结束项目或阶段过程中也建立了若干流程，以协调项目可交付成果的各项活动并形成文件，协调和配合客户或出资人对交付成果的验收，调查并记录未完成而中止项目的原因。结束项目或阶段也称为项目收尾阶段，一般把项目收尾分为管理收尾和合同收尾两类。

1. 管理收尾

管理收尾是对于内部来说的，对外宣称项目已经结束，转入维护期。此流程详细描述了为项目执行管理收尾流程中涉及的所有项目组成员和干系人的活动、交互、角色和职责，项目审计也是管理收尾的一部分。管理收尾的执行中还包括：需要收集项目记录的综合性活动，对项目成败的分析，经验教训的收集，这对降低项目失败率有重大的意义。通过分析可以知道为什么会失败，有什么地方可以改进，获得了什么经验，这些是可迭代复用的资源，总结得越多，资源就越丰富，就越可能降低未来类似项目的风险和成本。

2. 合同收尾

合同收尾包括结清与了结项目的所有合同协议，以及确定项目正式管理收尾的有关活动时所需的相关活动。这一过程既涉及产品的验收（所有工作正确完成并满足要求），又涉及管理收尾（更新合同记录以反映最终的结果，将信息归档供以后使用）。合同条款和条件中可能对合同收尾作了具体规定，如果有相关的规定，则必须作为本程序的一部分。项目的提前中止是结束项目或阶段的一个特殊情况，比如，无法交付产品、预算超支或者缺乏必需的资源等因素。

成功的终止项目标志着项目管理计划任务的完成和预期成果的实现。没有结束项目或阶段的工作，项目成果就不能正式投入使用，不能生产出预期的产品或服务，项目利益相关者不能终止所承担的责任和义务，也就无法从项目的完成中获益。因此，做好结束项目或阶段的工作对项目各参与方都是非常重要的，各方的利益在这一阶段也存在着较大的冲突。同时，项目进入收尾期后项目成员的注意力常常已开始转移，加上这一阶段的工作往往又烦琐零碎、费时费力，容易被轻视和忽略，所以更需要特别强调其重要性。

（二）结束项目或阶段的依据

结束项目或阶段的依据包括项目章程、项目管理计划、项目文件、验收的可交付成果、商业文件、协议、采购文档、组织过程资产。其中验收的可交付成果包括批准的产品规范、交货收据和工作绩效文件。对于分阶段实施的项目或提前取消的项目，还可能包括部分完成或中间的可交付成果。采购文档是将有关合同进度、范围、质量和成本绩效的信息，以及全部合同变更文档、支付记录和检查结果归类收录的文档。在项目结束时，应将"实际执行的"计划（图纸）或"初始编制的"文档、手册、故障排除文档和其他技术文档视为采购文件的组成部分。这些信息可用于总结经验教训，并为签署以后的合同而用作评价承包商的基础。

（三）结束项目或阶段的结果

结束项目或阶段的内容包括项目文件更新、最终产品、服务或成果移交、最终报告和组织过程资产更新。

可在本过程更新所有项目文件，并标记为最终版本。特别值得注意的是，经验教训登记册的最终版本要包含阶段或项目收尾的最终信息。最终版本的经验教训登记册可包含关于以下事项的信息：效益管理、商业论证的准确性、项目和开发生命周期、风险和问题管理、相关方参与，以及其他项目管理过程。

正式验收和移交项目授权和产生的最终产品、服务和成果。验收包含接受正式的验收鉴定书，证实已经满足了合同条款的要求。项目的验收过程是一个相当复杂的工作，需要多方的协同合作，重点关注三个方面：（1）要明确项目的起点和终点；（2）要明确项目的最后成果；（3）要明确各子项目成果的标志。

用最终报告总结项目绩效，其中可包含诸如以下信息：（1）项目或阶段的概述。（2）范围目标、范围的评估标准，以及证明达到完工标准的证据。（3）质量目标、项目和产品质量的评估标准、相关核实信息和里程碑实际交付日期以及偏差原因。（4）成本目标，包括可接受的成本区间、实际成本，以及产生任何偏差的原因。（5）最终产品、服务或成果的确认信息的总结。（6）进度计划目标包括成果是否实现项目所预期的效益。如果在项目结束时未能实现效益，则指出效益实现程度并预计未来实现情况。（7）关于最终产品、服务或成果如何满足商业计划所述业务需求的概述。如果在项目结束时未能满足业务需求，则指出需求满足程度并预计业务需求何时能够得到满足。（8）关于项目过程中发生的风险或问题及其解决情况的概述。

需要更新的组织过程资产包括：（1）项目文件：在项目活动中产生的各种文件，例如项目管理计划、范围文件、成本文件、进度文件和项目日历，以及变更管理文件。（2）运营和支持文件：组织维护、运营和支持项目交付的产品或服务时所需的文件，可包括新生成的文件，或对已有文件的更新。（3）项目或阶段收尾文件。项目或阶段收尾文件包括表明项目或阶段完工的正式文件，以及用来将完成的项目或阶段可交付成果移交给他人（如运营部门或下一阶段）的正式文件。在项目收尾期间，项目经理应该回顾以往的阶段文件，确认范围过程所产生的客户验收文件，以及合同协议（如果有的话），以确保在达到全部项目要求之后才正式关闭项目。如果项目在完工前提前终止，则需要在正式的收尾文件中说明项目终止的原因，并规定正式程序，把该项目的已完成和未完成的可交付成果移交他人。（4）经验教训知识库。将在整个项目期间获得的经验教训和知识归入经验教训知识库，供未来项目使用。

第三节　项目整合管理的方法

在项目整合管理的七大过程中，主要使用以下工具和方法：

一、项目选择方法

项目的选择并不是一门严格的科学，但它对于项目管理来说是非常关键的。许多组织在项目选择时会综合运用一些方法，包括定性的和定量的一些方法，如需求决定法、分类排序法、财务分析法、加权评分法等。

（一）需求决定法

能较多地符合整个组织需要的项目，成功的可能性就较大，因为这种项目对组织来说是非常重要的。因此在决定选择什么样的项目、什么时候实施、做到什么程度时，都要注意考虑组织的多种不同的需要。基于整个组织的需要来选择项目的方法之一，就是首先判断它们是否符合三个重要标准：需求、资金和意愿，即组织是否需要做这个项目，是否愿意为该项目提供足够的资金支持，有没有坚定的决心一定做成这个项目，并且随着项目的推进，组织必须重新评估每个项目的这三个标准，以决定项目是否继续，或重新定义，抑或是中止。需求决定法可能是直观的，也可能是模糊的，对于一些隐藏的不明确需求来说，也许很难证明项目与其的关系。

（二）分类排序法

这种项目选择方法是以各种分类为基础的。一个组织通常会面对很多可供选择的项目，根据项目是否可以解决阻碍组织目标实现的问题，或是否能帮助组织抓住一个有利的机会，或是否能够应对和迎合来自管理层、政府或其他外界因素对组织施加的要求，将这些问题、要求和机遇按迫切性或重要性加以分类，并根据时间限制进行优先级排序，分出高、中、低三档。那些不得不响应的，具有紧迫性的项目应具有最高优先级，应该首先保障，最早完成；即使是那些排在中、低优先位置的项目，只要是可以花较少的投入，在较短的时间内完成的，也可以优先考虑。

在选择项目的原因中，那些用以解决面临问题或应对提示要求的项目较易被通过并获得资金支持，因为它们能避免组织遭受灾害，但仅仅考虑短期利益是不明智的，项目选择应具有发展眼光，避免"头痛医头"的被动。

（三）财务分析法

财务方面的考虑向来是项目选择过程中的重要考虑因素。三个主要的项目财务价值评价方法，包括净现值分析、投资收益率和投资回收期分析。

1. 净现值（net present value analysis，简称 NPV）分析。净现值分析是指把所有预期的未来现金流入（项目收益）与流出（项目成本）都折算成现值，以计算一个项目预期的净货币收益与损失。如果财务价值是项目选择的主要指标，那么，只有净现值为正时项目才可给予考虑，因为正的净现值意味着项目收益会超过资本成本，即将资本进行别的投资的潜在收益。计算 NPV 的数学公式是：

$$NPV = \sum_{t=1}^{n} A/(1+r)t$$

式中，t 表示现金流量的持续时间，A 表示每年的现金流量（用每年的收益减每年的成本得出），r 是折现率（指可以接受的最低的投资回收率，也叫要求收益率、筛选率或资本机会成本等）。

2. 投资收益率(return on investment，简称 ROI)。ROI 是另一个重要的财务指标。它是将净收入除以投资额的所得值。在计算多年份项目的投资收益率时，最好对收益和投资进行折现，即可以这样计算投资收益率

$$ROI=(总的折现收益-总的折现成本)/折现成本$$

3. 投资回收期分析。投资回收期就是以净现金流入补偿净投资所用的时间，换句话说，投资回收期分析就是要确定某项目得经过多长时间，累计效益才可以超过累计成本以及后续成本。当累计折现收益与成本之差开始大于零时，回收就完成了。许多组织对于投资项目都会有一个建议的投资回收期。

净现值分析可以用来合理地比较跨越多年的项目现金流。对于多个项目的选择，项目经理必须知道组织对项目的财务期望，综合权衡投资回收率、预期净现值和投资收益率。许多软件工具如电子表格(Microsoft/Excel)都自带有 NPV 的计算功能。但是，财务分析法也具有局限性，尤其是对于项目成本或项目收益很难精确量化的项目，像 IT 项目，必须综合考虑其他因素。

(四)加权评分法

加权评分法是一种基于多种标准进行项目选择的系统方法。这些标准包括多种因素，比如：满足整个组织的需要；解决问题、把握机会以及应对指示的能力；完成项目所需的时间；项目整体优先级；项目预期的财务指标等。

构建加权评分模型的关键就是要识别对项目选择过程很重要的那些标准，这一点常常是很困难的，恐怕要花费较多的时间。可以通过一些方法来帮助标准的建立，如头脑风暴会议和集体交流活动等。在识别出标准后，评价每个标准的重要程度，给每个标准赋以权重(如可以用百分比的形式)。这样对每一个待选项目按照每个标准进行评分，并乘以该标准的权重，然后相加得到每个项目的加权评分，加权得分最高的项目即是应该选择的项目。

在加权评分模型中，可以为一些待定的标准设定一个最低阈值，没有达到这个阈值的项目就给予拒绝。我们也可以依据标准给待选项目直接评分，来选择出最好的项目。

二、专家判断

专家判断是指基于某应用领域、知识领域、学科和行业等的专业知识而做出的，关于当前活动的合理判断，这些专业知识可来自具有专业学历、知识、技能、经验或培训经历的任何小组或个人。专家一般包括以下人群：

(1)高层管理者；

(2)项目干系人；

(3)曾在相同领域项目上工作的项目经理；

(4)行业团体和顾问；

(5)专业技术协会。

三、知识管理

知识管理就是将特定的专业技术人员、部门掌握的技术诀窍、业务数据或经验等知识

经过收集和整理，形成企业中除了人、财、物三大要素之外的另一重要经营资源，让它被利用于企业管理的各个方面，为企业发展谋取利益。知识管理是一种推动知识资本增值的杠杆，着眼于有利于企业的经营决策，有利于员工个人、合作队伍、营业线组织以及包括合作伙伴在内的企业知识的获取、传递和使用。

知识管理工具和技术将员工联系起来，使他们能够合作生成新知识、分享隐性知识，以及集成不同团队成员所拥有的知识。适用于项目的工具和技术取决于项目的性质，尤其是创新程度、项目复杂性，以及团队的多元化(包括学科背景多元化)程度。

1. 知识管理的主要内容

(1)搜集知识资源。对于企业内部的知识，建立知识资源系统，即对企业已有知识进行有效组织，将其转化为系统的知识资源，以便更多人更好地利用。

(2)创新知识资源。通过对现有知识资源的应用、学习和研究创造新的知识资源。

(3)共享知识资源。在企业内部形成知识共享的文化和责任意识，提高每个成员的责任意识，尽可能与他人分享各种专长，并通过人员、产品及各种服务广泛地传播知识资源。

(4)建立知识开发能力评价系统。以科学、有效的知识开发能力评价系统激励知识的形成和共享，包括建立一种良好的企业文化，激励员工参与知识共享、设立知识总管、促进知识的转换、建立知识产生效益的评价条例等。

2. 知识管理的工具与技术

知识管理的工具与技术包括非正式的社交和在线社交、实践社区(有时称为"兴趣社区"或"社区")和特别兴趣小组、会议、工作跟随和跟随指导、讨论论坛、知识分享活动、研讨会、创造力和创意管理技术、知识展会和茶座、交互式培训。可以通过面对面和(或)虚拟方式来应用所有这些工具和技术。通常，面对面互动最有利于建立知识管理所需的信任关系。一旦信任关系建立，就可以用虚拟互动来维护这种信任关系。

小　结

项目整合管理是项目管理中一项综合性和全局性的管理工作，在项目管理背景环境中，整合管理含有统一、合并、澄清和集成措施，这些措施对完成项目，成功地满足项目干系人的要求和管理他们的期望是非常关键的。整合管理知识领域包括保证项目各要素相互协调所需要的过程，决定在什么时间，在哪些预期的潜在问题上集中资源和工作，在问题变得严峻之前就进行处理，协调各项工作使项目整体上取得一个好的结果，整合管理工作也包括在一些相互冲突的目标和可选方案间进行权衡。项目的整合管理包括制定项目章程、制定项目管理计划、指导与管理项目工作、管理项目知识、监控项目工作、实施整体变更控制、结束项目或阶段七个过程。本章从项目整合管理的定义出发，首先对项目章程的定义、制定依据和方法进行了介绍。其次，讲述了项目管理计划的定义、目的、形式，分析了制定项目管理计划的原则、步骤、依据、方法和成果。在项目实施与控制中，分别对指导与管理项目执行、管理项目知识、监控项目工作、实施整体变更控制四个过程进行了分析与介绍。最后，从管理收尾和合同收尾两方面对结束项目或阶段的定义和内涵进行了概述,并从依据、方法、可交付成果三个方面对结束项目或阶段过程进行了介绍,并对项目整合管理过程中常用的方法(包括项目选择方法、专家判断、知识管理)进行了介绍。

思考练习题

1. 项目整体管理的过程有哪些?
2. 说明项目章程的定义。
3. 什么是项目管理计划?项目管理计划的目的是什么?
4. 项目管理计划制定的依据是什么?
5. 项目管理计划的形式有哪些?
6. 什么是整体变更控制?
7. 什么是结束项目或阶段?
8. 项目选择方法具体包括哪些方法?
9. 知识管理的主要内容是什么?

第三章 项目组织与资源管理

第一节 概 述

一、项目组织的概念

(一)组织的概念

"组织"一词可以作为名词来理解，也可以作为动词来理解。作为名词时是指组织机构，它原本是生物学中的概念，是指机体中构成器官的单位，是由许多形态功能相同的细胞按一定的方式结合而成的。这一意义被引申到社会经济系统中，是指按照一定的宗旨和系统建立起来的集体。我们工作中的组织正是这种意义上的组织，它们是构成整个社会经济系统的基本单位。组织作为动词来理解时，是指一种活动的过程，即安排分散的人或事物使之具有一定的系统性或整体性。在这一过程中，体现了人类对自然的改造。管理学中的组织职能，是上述两种含义的有机结合而产生并起作用的。

据系统论的观点，组织是一个系统的组织。组织指的是结构性和整体性的活动，即在相互依存的关系中人们共同工作或协作。因此，组织被定义为：(1)有目标的，即具有某种目标的群体；(2)心理系统，即群体中相互作用的人们；(3)技术系统，即运用知识和技能的群体；(4)有结构的活动的整体，即在特定关系模式中一起工作的群体。

作为一种活动过程，项目组织是指为达到某一目标而协调人群活动的一切工作。作为一种活动的过程，组织的对象是组织内各种可调控的资源。组织活动就是为了实现组织的整体目标而有效地配置各种资源的过程。

在此概念的基础上组织理论出现了两个相互联系的研究方向，即组织结构和组织行为。组织结构侧重于组织的静态研究，以建立精干、合理、高效的组织结构为目的；组织行为侧重于组织的动态研究，以建立良好的人际关系，保证组织的高效运行为目的。

(二)项目组织的概念

按照 ISO10006，项目组织是从事项目具体工作的组织。项目组织主要是由负责完成项目分解结构图中的各项工作(直到工作包)的人、单位、部门组合起来的群体。它可以用项目组织结构图表示，它受项目系统分解结构限定，按项目工作流程(网络)进行工作，其成员各自完成规定(由合同、任务书、工作包说明等定义)的任务和工作。

本书中的"项目组织"是指为完成特定的项目任务而建立起来的，从事项目具体工作的组织。它是项目的所有者、项目任务的承担者按一定的规则或规律构成的整体，是项目的行为主体构成的系统。该组织在项目生命期内临时组建，是一次性的暂时的组织。

（三）项目组织的特点

项目组织不同于一般的企业组织、社团组织和军队组织，它具有自身的组织特殊性。这个特殊性是由项目的特点决定的，同时它又决定了项目组织设置和运行的原则，在很大程度上决定了人们在项目中的组织行为，决定了项目的管理过程。具体表现在：

1. 项目组织的一次性

项目是一次性任务，为了完成项目目标而建立起来的项目组织也具有一次性。项目结束或相应项目任务完成后，项目组织就解散或重新组成其他项目组织。

2. 项目组织的目的性

项目目标和任务是决定项目组织结构和组织运行最重要的因素。项目管理是目标管理。由于项目各参与者来自不同企业或部门，各自有独立的经济利益和权力。他们各自承担一定范围的项目责任，按合同和项目计划进行工作。

3. 项目组织的类型多、结构复杂

由于项目的参与者比较多，他们在项目中的地位和作用不同，而且有着各自不同的经营目标，这些单位对项目进行管理，形成了不同类型的项目管理。不同类型的项目管理，由于组织目标不同，它们的组织形式也不同，但是为了完成项目的共同目标，这些组织形式应该相互适应。每个参与者在项目组织中的地位是由他所承担的任务决定的，而不是由他的企业规模、级别或所属关系决定的。

项目在不同的实施阶段，其工作内容不一样，项目的参与者也不一样；同一参与者，在项目的不同阶段的任务也不一样。因此，项目的组织随着项目的不同实施阶段而变化。

为了有效地实施项目系统，项目的组织系统应该和项目系统相一致，项目系统比较复杂，导致了项目组织结构的复杂性。在同一项目管理中可能用不同的组织结构形式组成一个复杂的组织结构体系，例如某个项目的监理组织，总体上采用直线制组织形式，而在部分子项目中采用职能制组织形式。同时项目组织又应追求结构最简单和优化。增加不必要的机构，不仅会增加项目管理费用，而且常常会降低组织运行效率。

4. 项目组织与企业组织之间关系复杂

在很多情况下项目组织是企业组建的，它是企业组织的组成部分。企业组织对项目组织影响很大，从企业的经营目标、企业的文化到企业资源、利益的分配都影响到项目组织效率。从管理方面看，企业是项目组织的外部环境，项目管理人员来自企业，项目组织解体后，其人员返回企业。对于工程项目，虽然项目组织不是由一个企业组建，但是它依附于企业，受到企业的影响。企业与项目组织之间都存在复杂的关系。具体表现在：

第一，企业组织是现存的，是长期稳定的组织，项目组织依附于企业组织，企业的战略、运行方式、企业文化、责任体系、运行和管理机制、承包方式、分配方式会直接影响到它提供的项目成员的行为，所以项目组织必须适应而不能改变企业组织。

第二，项目和企业之间存在一定的责权利关系，这种关系影响着项目的独立程度，项目运行常常受到上层组织的干预，既要保证企业对项目的控制，使项目实施和运行符合企业战略和总计划，又要保证项目组织具有自主权，防止企业对项目过多干预。

第三，企业资源有限，资源优化配置问题在企业与项目之间以及企业进行的多个项目之间变得十分复杂。

第四，企业管理系统和项目管理系统之间信息传递和管理十分复杂。

第五，项目参加者和部门通常既要承担项目组织的任务，又要承担原企业部门的工作任务，甚至同时承担多个项目任务，因此，项目参加者需要在项目和原工作之间考虑资源分配的优先次序问题。

二、项目管理组织

项目管理组织主要包括项目经理部、项目管理小组等。广义的项目管理组织是在整个项目中从事各种具体的管理工作的人员、单位、部门组合起来的群体，项目管理组织是分具体对象的，这些组织之间有各种联系，有各种管理工作、责任和任务的划分，形成项目总体的管理组织系统。

项目管理是项目中必不可少的工作，它由专门的人员（单位）来完成，项目管理组织是项目组织中的一个组织单元。在项目管理中，项目组织是项目最终产品的完成者，其生产过程和任务由不同部门甚至不同企业来完成。它们通过项目管理部门协调、激励与综合，共同实现项目目标。

三、项目组织机构的设置原则

项目的组织机构是依据项目的组织制度支撑项目建设工作正常运转的组织机构体系，是项目管理的骨架。没有组织机构，项目的一切活动都将无法进行。项目的组织机构担负着制定决策、编制计划、下达指令、组织运转、沟通信息、协调活动、统一步调、解决矛盾等一系列管理职能，建设项目需要建立一个高效运作的管理组织机构。

项目的组织机构是按照一定的活动宗旨（管理目标、活动原则、功效要求等），把项目的有关人员根据工作任务的性质（职能）划分为若干层次，明确各层次的管理职能，并使其具有系统性、整体性的组织系统。项目的组织机构设置首先要有科学性，如管理层次的划分、上下级关系；其次是要具备有效的组织体制（领导体制）和组织制度；最后是要将机构与工作任务合理结合起来，既职能分明，又相互有机联系。

现代组织理论的研究成果和项目管理实践表明，项目组织机构的设置应遵循下列原则：

（一）目标统一原则

组织机构作为一种管理手段，其设置的根本目的，在于确保项目目标的实现。从这一根本目标出发，组织机构设置应该根据目标而设事（任务），因事而设机构和划分层次，因事设人和定岗定责任，因责而授权，权责明确，权责统一，关系清楚。

（二）管理跨度适中原则

现代组织理论十分重视管理跨度的科学性。所谓管理跨度是指每一个管理者（部门负责人）直接管辖的人数。一个有效率的领导，是以良好的信息沟通为前提的，而良好的双向信息沟通只能在有限的范围内才能实现，某个层次的管理者是上下双向信息沟通的汇聚点，因此直接管理的跨度一般只能有十来个人。

管理跨度的大小选择，应综合考虑领导者所处理事务的重要性、复杂程度及所管理下属人员对工作的熟练程度等因素，以便使信息能够迅速、准确地传递。一般来讲，如果所处理的事务多为决策型、方向型的重要问题，或所处理的事务比较复杂，或下属人员对工作不够熟练时，领导者的管理跨度应选择得小一些。反之，如果所处理的事务多为日常的、规范性的事务，或所处理的事务比较简单，或下属人员对本职工作相当熟练时，则管理跨度可适当选择大一些。

法国管理学家丘纳斯提出：如果一个领导者直接管辖的人数为 N，那么他们之间可能产生的沟通关系数 C 为（如表 3-1 所示）。

$$C = N[2^{N-1} + (N-1)]$$

表 3-1　　　　　　　　　　领导者直接管辖人数与沟通人数表

管理跨度 N	1	2	3	4	5	6	7	8	…
关系数 C	1	6	18	44	100	222	490	1080	…

若直接管辖的人数过多，双向沟通关系数很大，这时指令、信息的传递容易失真，需要将信息"过滤"（去伪存真、精简、摘要），以便将少量有价值的信息进行"深加工"。对领导者控制适当的管理跨度是对信息过滤的最好方法。为此就要将管理系统划分为若干层次，使每一个层次的领导者保持适当的管理跨度，以集中精力在其职责范围内实施有效的管理。

管理层次划分的多少，应本着尽量精简的原则，根据部门事务的繁简程度和各层次管理跨度的大小加以确定。如果层次划分过多，信息传递容易发生失真及遗漏现象，可能导致管理失误。但是，若层次划分过少，各层次管理跨度过大，会加大领导者的管理难度，也可能导致管理失误。

科学的管理跨度加上适当的管理层次划分和适当的授权，正是建立高效率组织机构的基本条件。

（三）专业分工与协作统一原则

组织设计要遵循分工与协作的原则，做到分工要合理，协作要明确。对于每个部门和每个职工的工作内容、工作范围、相互关系、协作方法等要有相应的规定。

分工是提高工作效率的有效手段。分工时要注意分工的粗细要恰当，分工越细，专业化水平越高，责任划分明确，效率较高，但是分工过细会导致机构增多，给相互之间的协作带来困难，协调工作量增加；反之，分工太粗，机构减少，协调工作量减少，但是专业化水平和效率较低，容易产生推卸责任的现象。因此，要做到实事求是，讲求实效，合理分工。

协作是与分工相联系的一个概念，它是指明确部门与部门之间以及部门内部的协调关系与配合方法。组织中的各部门不可能脱离其他部门而单独运行，必须与其他部门之间相互协作、相互协调。

（四）责权利平衡原则

在项目的组织设置过程中应明确项目投资者、业主、项目管理公司、承包商，以及其他相关者间的经济关系、职责和权限，并通过合同、计划、组织规则等文件定义。这些关系错综复杂，形成一个严密的体系，它们应符合责权利平衡、风险公平的原则。

（五）集权与分权统一的原则

集权是指把权力集中在上级领导的手中，而分权是指经过领导的授权，将部分权力分派给下级。在一个健全的组织中不存在绝对的集权，绝对的集权意味着没有下属主管；也不存在绝对的分权，绝对的分权意味着上级领导职位的消失，也就不存在组织了。合理的分权既可以保证指挥的统一，又可以保证下级有相应的权力来完成自己的职责，能发挥下级的主动性和创造性。为了保证项目组织的集权与分权的统一，授权过程应包括确定预期的成果、委派任务，授予实现这些任务所需的职权，以及行使职责使下属实现这些任务。因此，高层主管必须将其下属所承担的职责的相应职权授予他们，使下属有职、有责、有权，这样就可以使下属充分发挥他们的聪明才干，调动他们的积极性，以保证管理效率的提高，也可以减轻高层主管的负担，以集中精力抓大事。

（六）执行与监督分设原则

在组织设计时，应将外部监督人员与内部执行人员在组织上分开，避免二者组织上一体化，如果监督者与被监督者在利益上趋于一体化，就会使监督职能名存实亡。例如，项目管理机构除接受企业的监督外，其内部的质量监督、安全监督等应与施工部门分开设置。

（七）系统化原则

项目组织的系统化是由项目自身的系统化所决定的。项目是一个开放系统，是由多个系统组成的，各系统之间存在着大量的"结合部"，这就要求项目组织必须是一个完整的封闭的组织结构系统，否则就会出现项目组织与项目活动之间的不匹配、不协调。

组织机构的系统化，突出表现在组织结构的封闭性和整体性上。这就要求组织内部各层次之间、各级组织之间要形成一个相互制约相互联系的有机整体。所以，应对各层次的职能划分、授权范围、人员配备做出统筹安排，以使系统有机、高效运作，完成项目各项任务，实现项目目标。

（八）精简原则

项目组织在保证必要职能的前提下，应尽量简化机构、减少层次，严格控制二、三线人员，把"不用多余的人，一专多能"作为用人的基本原则。

四、项目资源管理

项目资源管理（project resource management）即各生产要素的管理。生产要素是指形成生产力的各种要素。形成生产力的第一要素是科学技术。科学技术被劳动者所掌握，并且融会在劳动对象和劳动手段中，便能形成先进的生产力水平。生产力的要素还包括劳动力，劳动力掌握生产技术，运用劳动手段，作用于劳动对象，从而形成生产力。劳动手段是指机械、设备工具和仪器等不动产，它只有被人所掌握才能形成生产力。劳动对象是指掌握一定的科学技术，利用劳动手段，进行"改造"的对象。通过"改造"，使劳动对象形成产品，另外还必须有资金，资金也是生产要素。投入生产的劳动对象、劳动手段和劳动力，只有支付一定的资金才能得到，生产者才能将产品销售给用户，并以此维持再生产活动或扩大再生产活动。

项目资源管理包括识别、获取和管理所需资源以成功完成项目的各个过程，这些过程有助于确保项目经理和项目团队在正确的时间和地点使用正确的资源。

团队资源管理相对于实物资源管理，对项目经理提出了不同的技能和能力要求。实物资源包括设备、材料、设施和基础设施，而团队资源或人员指的是人力资源。项目团队成员可能具备不同的技能，可能是全职或兼职的，可能随项目进展而增加或减少。项目团队由承担特定角色和职责的个人组成，他们为实现项目目标而共同努力。项目经理因此应在获取、管理、激励和增强项目团队方面投入适当的努力。尽管项目团队成员被分派了特定的角色和职责，但让他们全员参与项目规划和决策仍是有益的。团队成员参与规划阶段，既可使他们对项目规划工作贡献专业技能，又可以增强他们对项目的责任感。

实物资源管理着眼于以有效和高效的方式，分配和使用成功完成项目所需的实物资源，如材料、设备和用品。为此，组织应当拥有如下数据：（当前和未来的）资源需求、（可以满足这些需求的）资源配置，以及资源供应。能不能对资源进行有效管理和控制是项目是否成功的风险来源。

第二节　项目组织结构

一、职能型组织结构

（一）职能型组织结构的概念

职能型组织结构是一种传统的、松散的项目组织结构，它最初的出现是社会化大生产、专业化分工的结果。在这种类型的组织结构中，高层管理者处于组织结构的最顶层，中、低层管理者逐步向下分布，公司按照各种管理职能划分为生产、财务、营销、人事和研发等若干职能部门，如图 3-1 所示。职能型组织结构主要承担的是内部项目，很少承担外部项目。当公司开展项目时，由各职能部门的职员承担相应的项目任务，通常情况下他们都是兼职的，因为这些职员在完成一定项目任务的同时，还要完成其所属职能部门的任务。

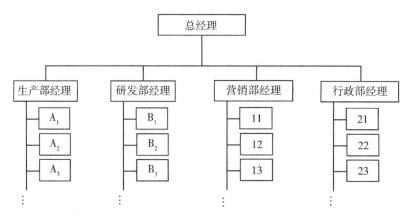

图 3-1　职能型组织结构

(二)职能型组织结构的优点

(1)该组织结构层次清晰，结构分明，每一个团队成员都有自己明确的上司；

(2)充分利用公司内部资源，人员使用灵活，可尽量避免人员和设备的浪费；

(3)该组织结构的部门是按照职能和专业进行划分的，有利于各职能部门的专业人员钻研业务，从而提高专业技能；

(4)该组织结构为本部门的团队成员日后的职业生涯提供了保障。

(三)职能型组织结构的缺点

(1)项目团队成员属于原来的职能部门，他们都有自己的日常工作，项目不是其活动和关心的重点，常常会因为追求局部利益而忽视了客户和项目的整体利益，具有一定的狭隘性；

(2)由于项目团队成员通常情况下是兼职的，因此，他们不会主动承担责任和风险，而且，项目团队成员是由职能部门派遣的，具有一定的流动性，导致权责难以明确，给项目的管理带来了一定的困难；

(3)项目团队成员来自不同的职能部门，横向联系较少，成员之间缺乏合作；

(4)当不同职能部门发生利益冲突且因项目经理的权力限制难以协调时，可能会影响项目目标的实现。

二、项目型组织结构

(一)项目型组织结构的概念

项目型组织结构是按项目来划归所有资源，即每个项目有完成项目任务所必需的所有资源，每个项目实施组织有明确的项目经理，对上直接接受企业主管或大项目经理领导，对下负责本项目资源的运用以完成项目任务，每个项目组之间具有相对独立性(图3-2)。

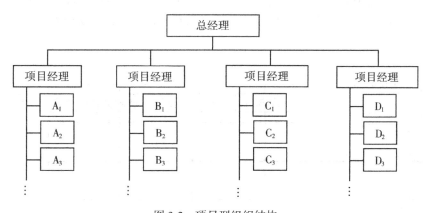

图 3-2　项目型组织结构

(二)项目型组织结构的优点

(1)在项目型组织结构中，项目团队中的成员不像职能型组织结构那样具有双重身份，通常都是专职人员，因此，项目组织较为稳定，而且每个项目成员都能明确自己的责任，有利于项目组织的统一指挥和管理；

（2）每个部门都是基于项目而组建的，他们的首要目标就是圆满地完成项目的任务，项目成员都能够明确理解并致力于项目目标；

（3）项目经理享有最大限度的决策管理自主权，在进度、成本质量方面的控制较为灵活，可以统一协调整个组织的管理工作，而且对客户的需求和公司高层的意图可以做出快捷的响应，从而保证了项目的成功实施；

（4）项目经理可以避开职能部门直接与高层管理人员沟通，提高了沟通速度，避免了沟通中的失真和延误。

（三）项目型组织结构的缺点

（1）每个独立的项目组织都设有自己的职能部门，不能形成资源共享，同时由于项目各阶段的工作重点不同，而项目组之间的人力资源又不能相互协调，这样会使项目组成员的工作出现忙闲不均的现象，影响了员工的工作积极性，也造成了人力资源的浪费，管理成本较高，资源配置效率低下；

（2）各项目团队的技术人员往往只注重自身项目中所需的技术，不同的项目团队很难共享知识，不利于项目团队成员技术水平的提高；

（3）项目成员缺乏一种事业上的保障，项目一旦结束，项目团队成员就有可能失去工作，由于他们往往会担心项目结束后的生计，因此项目的收尾工作就可能会被推迟。

三、矩阵型组织结构

（一）矩阵型组织结构的概念

矩阵型组织结构是一个混合体，是为了最大限度地利用组织中的资源和能力而发展起来的。它在职能型组织的垂直层次结构中叠加了项目型组织的水平结构，兼有职能型组织结构和项目型组织结构的特征，如图 3-3 所示。矩阵型组织结构在一定程度上避免了上述两种结构的缺陷，在职能型组织和项目型组织之间找出最佳耦合，从而发挥这两种组织结构的最大优势。

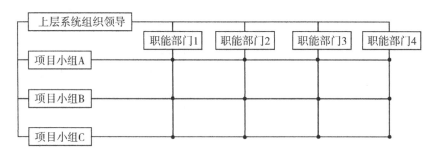

图 3-3　矩阵型组织结构

在矩阵型组织结构中，项目经理主要负责项目，职能部门经理辅助分配人员。项目经理对项目可以实施更有效的控制，职能部门对项目的影响却在减小。

（二）矩阵式项目组织形式的优点

（1）项目是工作的焦点，有专人即项目经理负责管理整个项目，负责在规定的时间、经费范围内实现项目的要求。

(2)项目中会有来自职能部门的人员,他们会在公司规章制度的执行过程中保持与公司的一致性,从而增加公司领导对项目的控制力。

(3)当有多个项目同时进行时,公司可以平衡资源以保证达到各个项目各自的进度、费用及质量要求。

(4)具有项目式组织的长处。由于项目组织是覆盖在职能部门上的,它可以临时从职能部门抽调所需的人才,所以可以分享各个部门的技术人才资源;当有多个项目时,这些人才对所有项目都是可用的,从而可以大大减少像项目式组织中出现的人员冗余。

(5)项目组成人员对项目结束后的忧虑减少了,虽然他们与项目具有很强的联系,但他们对职能部门也有一种"家"的亲密感觉。

(6)对客户要求的响应与项目式组织样一快捷灵活,而且对公司组织内部的要求也能做出较快的响应。

(7)公司可以在人员及进度上统筹安排,优化整个系统的效率,而不会以牺牲其他项目去满足个别项目的要求。

总之,矩阵式组织汇集了职能式组织和项目式组织的一般特点,并且具有较广的选择范围。职能部门可以为项目提供人员,也可以只为项目提供服务,从而使得项目的组织具有更大的灵活性。

(三)矩阵式项目组织形式的缺点

(1)职能组织和项目组织间的平衡需要持续地进行监督;

(2)在开始制定政策和方法时,需要花费较多的时间和努力;

(3)每个项目都是独立进行的,容易产生重复性劳动;

(4)对时间、费用以及运行参数的平衡必须加以监控,以保证不因时间和费用而忽视技术运行。

四、组合型组织结构

组合型项目组织结构形式有两种含义:一是指在公司的项目组织形式中存在有职能式、项目式或矩阵式两种以上的组织形式;二是指在一个项目的组织形式中包含两种结构以上的模式,例如,在职能式项目组织结构的子项目采取项目型的组织结构等,其组织结构的变化如图3-4所示。

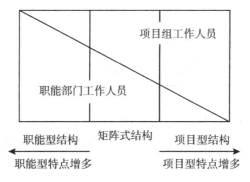

图3-4 组织结构的变化

职能型、项目型、矩阵型组织结构的比较见表 3-2。

表 3-2　　　　　　　　　　　　　　**三种组织结构的比较**

组织结构	优点	缺点
职能型	• 没有重复活动 • 职能优异	• 狭隘、不全面 • 反应缓慢 • 不注重客户
项目型	• 能控制资源 • 向客户负责	• 成本较高 • 项目间知识、信息交流
矩阵型	• 有效利用资源 • 职能所有专业知识的共享 • 促进学习、交流知识 • 沟通良好 • 注重客户	• 双层汇报关系 • 需要平衡权利

组合型项目组织结构的最大特点是方式灵活，公司可根据具体项目与公司的具体情况确定项目管理的组织形式，而不受现有模式的限制，因而在发挥项目优势与人力资源优势等方面具有方便灵活的特点。与此同时，组合型项目组织结构形式也可能产生一些不足，即在公司的项目管理方面容易造成混乱，项目的信息流、项目的沟通等容易产生障碍，公司的项目管理制度不易较好地贯彻执行等。表 3-3 表示不同的项目组织类型对项目实施的不同影响。

表 3-3　　　　　　　　　　　　**项目组织结构类型及其对项目的影响**

组织类型 特征	职能型	矩阵型			项目型
		弱矩阵	均衡矩阵	强矩阵	
项目经理权限	很少或没有	有限	小到中等	中等到大	很高，甚至全权
全职工作人员比例	几乎没有	0~25%	15%~60%	50%~90%	85%~100%
项目经理投入时间	半职	半职	全职	全职	全职
项目经理的常用头衔	项目协调员	项目主管	项目经理	项目经理	项目经理
项目管理行政人员	兼职	兼职	半职	全职	全职

在具体项目实践中选择项目组织结构类型，应充分考虑各种组织结构的特点、企业特点、项目特点即项目所处的环境等因素。表 3-4 列出了影响项目组织结构类型的因素及与组织结构之间的关系。

表 3-4 影响组织结构类型选择的关键因素

组织结构 影响因素	职能型	矩阵式	项目型
不确定性	低	高	高
所用技术	标准	复杂	新
复杂程度	低	中等	高
持续时间	短	中等	长
规模	小	中等	大
重要性	低	中等	高
客户类型	各种各样	中等	单一
对内部的依赖性	弱	中等	强
对外部的依赖性	强	中等	弱
时间限制	弱	中等	强

职能型组织结构比较适用于规模比较小、偏重于技术的项目，而不适用于项目环境变化较大的项目，因为环境的变化需要各职能部门之间的紧密合作，而职能部门本身的存在及权责的界定成为部门间密切配合、不可逾越的障碍。当一个企业同时进行多个项目或项目规模比较大、技术复杂时，则应选择项目型的组织结构。同职能型组织结构相比较，在不稳定的环境下，项目型组织项目具有团队的整体性和各类人才的紧密合作的特性。矩阵型组织结构在进行技术复杂、规模巨大的项目管理上能够充分利用企业资源。

五、虚拟团队

虚拟团队为项目团队成员的招募提供了新的可能性。虚拟团队可被定义为具有共同目标，并且在完成角色任务过程中基本上或完全没有面对面工作的一组人员。电子通信设施如电子邮件和视频会议等，都使虚拟团队成为可能。通过虚拟团队模式：

(1) 可以组建一个在同一组织工作，但工作地点十分分散的团队。

(2) 可以为项目团队增加特殊的技能和专业知识，即使专家不在同一地理区域。

(3) 可以把在家办公的员工纳入虚拟团队。

(4) 由不同班组(早、中、夜)的员工组建虚拟团队。

(5) 把行动不便的人纳入虚拟团队。

(6) 实施由于差旅费用过高而被忽略的项目。

在建立虚拟团队的情况下，沟通规划就显得更加重要。可能需要额外时间以设定明确的目标，制定冲突解决机制，召集人员参与决策过程，共享成功的荣誉。

第三节 项目资源管理过程

项目资源管理过程包括：(1)规划资源管理；(2)估算活动资源；(3)获取资源；

（4）建设团队；（5）管理团队；（6）控制资源。

一、规划资源管理

规划资源管理是定义如何估算、获取、管理和利用团队以及实物资源的过程。本过程的主要作用是根据项目类型和复杂程度确定适用于项目资源的管理方法和管理程度。本过程仅开展一次或仅在项目的预定义点开展。图 3-5 描述本过程的输入、工具与技术和输出。

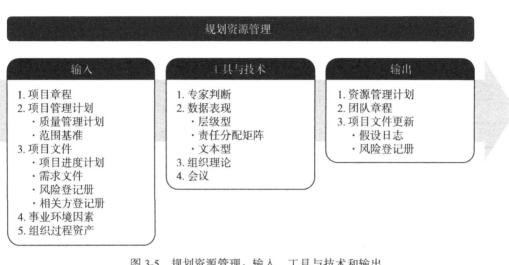

图 3-5　规划资源管理：输入、工具与技术和输出

资源规划用于确定和识别一种方法，以确保项目的成功完成有足够的可用资源。项目资源可能包括团队成员、用品、材料、设备、服务和设施。有效的资源规划需要考虑稀缺资源的可用性和竞争，并编制相应的计划。这些资源可以从组织内部资产获得，或者通过采购过程从组织外部获取。其他项目可能在同一时间和地点竞争项目所需的相同资源，从而对项目成本、进度、风险、质量和其他项目领域造成显著影响。

（一）规划资源管理的依据

规划资源管理的依据主要包括项目章程、项目管理计划、项目文件、事业环境因素、组织过程资产。其中能够影响规划资源管理过程的事业环境因素包括组织文化和结构、设施和资源的地理分布、现有资源的能力和可用性、市场条件；能够影响规划资源管理过程的组织过程资产包括人力资源政策和程序、物质资源管理政策和程序、安全政策、安保政策、资源管理计划模板、类似项目的历史信息。

（二）规划资源管理的结果

规划资源管理的结果包括资源管理计划、团队章程、项目文件更新。

作为项目管理计划的一部分，资源管理计划提供分类、分配、管理和释放项目资源的指南。资源管理计划可以根据项目的具体情况分为团队管理计划和实物资源管理计划。资源管理计划包括：识别资源；获取资源；角色与职责；项目组织图(项目组织图以图形方式展示项目团队成员及其报告关系。基于项目的需要，项目组织图可以是正式或非正式的，非常详细或高度概括的）；项目团队资源管理；培训；团队建设；资源控制（依据需要确保实物资源充足可用，并为项目需求优化实物资源采购而采用的方法，包括有关整个项目生命周期期间的库存、设备和用品管理的信息）；认可计划（将给予团队成员哪些认可和奖励，以及何时给予）。

团队章程是为团队创建团队价值观、共识和工作指南的文件。团队章程包括：团队价值观沟通指南；决策标准和过程；冲突处理过程；会议指南；团队共识。

团队章程对项目团队成员的可接受行为确定了明确的期望。尽早认可并遵守明确的规则，有助于减少误解，提高生产力；讨论诸如行为规范、沟通、决策、会议礼仪等领域，团队成员可以了解彼此重要的价值观。由团队制定或参与制定的团队章程可发挥最佳效果。所有项目团队成员都分担责任，确保遵守团队章程中规定的规则。可定期审查和更新团队章程，确保团队始终了解团队基本规则，并指导新成员融入团队。

二、估算活动资源

估算活动资源是估算执行项目所需的团队资源，以及材料、设备和用品的类型和数量的过程。本过程的主要作用是明确完成项目所需的资源种类、数量和特性。本过程应根据需要在整个项目期间定期开展。图3-6描述本过程的输入、工具与技术和输出。

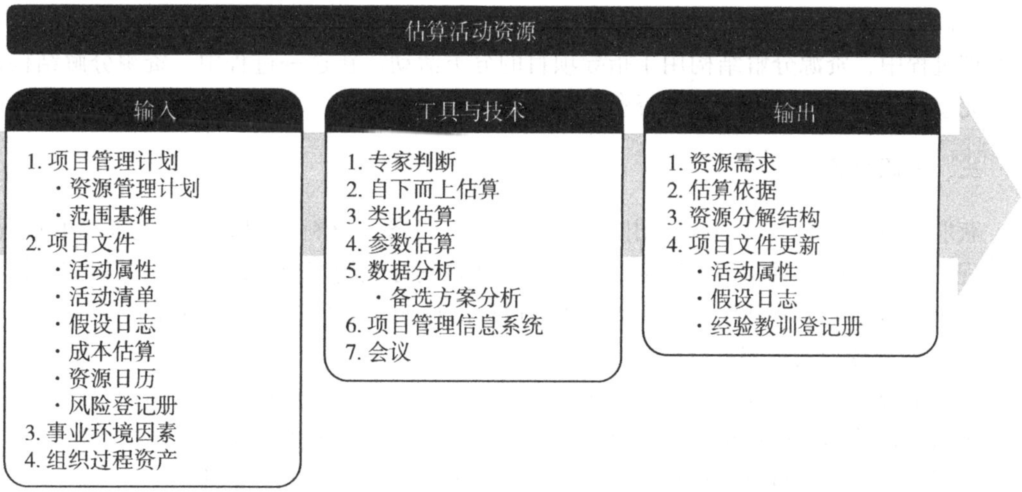

图 3-6　估算活动资源：输入、工具与技术和输出

（一）估算活动资源的依据

估算活动资源的依据主要包括项目管理计划、项目文件、事业环境因素、组织过程资产。

项目文件包括：活动属性、活动清单、假设日志（假设日志包含有关生产力因素、可用性、成本估算以及工作方法的信息，这些因素会影响团队和实物资源的性质和数量）、成本估算、资源日历（资源日历识别了每种具体资源可用时的工作日、班次、正常营业的上下班时间、周末和公共假期)。在规划活动期间，潜在的可用资源信息(如团队资源、设备和材料)用于估算资源可用性、风险登记册(风险登记册描述了可能影响资源选择和可用性的各个风险)编写。

能够影响估算活动资源过程的事业环境因素包括资源的位置、资源可用性、团队资源的技能、组织文化、发布的估算数据、市场条件。

能够影响估算活动资源过程的组织过程资产包括关于人员配备的政策和程序、关于用品和设备的政策与程序、关于以往项目中类似工作所使用的资源类型的历史信息。

(二)估算活动资源的结果

估算活动资源的结果主要包括资源需求、估算依据、资源分解结构、项目文件更新。

资源需求识别了各个工作包或工作包中每个活动所需的资源类型和数量，可以汇总这些需求，以估算每个工作包、每个 WBS 分支以及整个项目所需的资源。资源需求描述的细节数量与具体程度因应用领域而异，而资源需求文件也可包含为确定所用资源的类型、可用性和所需数量所做的假设。

估算依据是资源估算所需的支持信息的数量和种类，因应用领域而异。但不论其详细程度如何，支持性文件都应该清晰完整地说明资源估算是如何得出的。资源估算的支持信息可包括估算方法、用于估算的资源(如以往类似项目的信息)、与估算有关的假设条件、已知的制约因素、估算范围、估算的置信水平、有关影响估算的已识别风险的文件。

资源分解结构是资源依类别和类型的层级展现。资源类别包括人力、材料、设备和用品，资源类型则包括技能水平、要求证书、等级水平或适用于项目的其他类型。在规划资源管理过程中，资源分解结构用于指导项目的分类活动。在这一过程中，资源分解结构是一份完整的文件，用于获取和监督资源。

三、获取资源

获取资源是获取项目所需的团队成员、设施、设备、材料、用品和其他资源的过程。本过程的主要作用是概述和指导资源的选择，并将其分配给相应的活动。本过程应根据需要在整个项目期间定期开展。图3-7描述本过程的输入、工具与技术和输出。

(一)获取资源的依据

获取资源的依据主要包括项目管理计划、项目文件、事业环境因素、组织过程资产。

项目管理计划组件包括资源管理计划、采购管理计划、成本基准。

项目文件包括项目进度计划、资源日历、资源需求、相关方登记册。

能够影响获取资源过程的事业环境因素包括现有组织资源信息，其中包含可用性、能力水平，以及有关团队资源和资源成本的以往经验；市场条件；组织结构；地理位置。

能够影响获取资源过程的组织过程资产包括有关项目资源的采购、配置和分配的政策和程序；历史信息和经验教训知识库。

(二)获取资源的结果

获取资源的结果包括实物资源分配单、项目团队派工单、资源日历、变更请求、项目管理计划更新、项目文件更新、事业环境因素更新、组织过程资产更新。

实物资源分配单记录了项目将使用的材料、设备、用品、地点和其他实物资源。

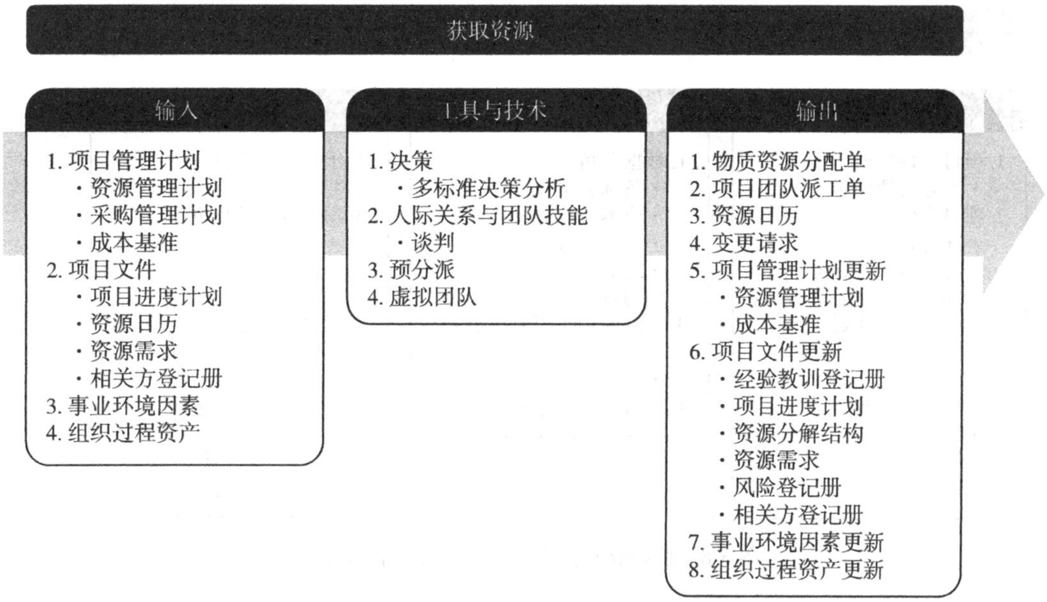

图 3-7　获取资源：输入、工具与技术和输出

项目团队派工单记录了团队成员及其在项目中的角色和职责，可包括项目团队名录，还需要把人员姓名插入项目管理计划的其他部分，如项目组织图和进度计划。

资源日历识别了每种具体资源可用时的工作日、班次、正常营业的上下班时间、周末和公共假期。在规划活动期间，潜在的可用资源信息（如团队资源、设备和材料）用于估算资源可用性。资源日历规定了在项目期间确定的团队和实物资源何时可用、可用多久。这些信息可以在活动或项目层面建立，这考虑了诸如资源经验和/或技能水平以及不同地理位置等属性。

四、控制资源

控制资源是确保按计划为项目分配实物资源，以及根据资源使用计划监督资源实际使用情况，并采取必要纠正措施的过程。本过程的主要作用是确保所分配的资源适时适地可用于项目，且在不再需要时被释放。本过程需要在整个项目期间开展。图 3-8 描述了本过程的输入和输出。

（一）控制资源的依据

控制资源的依据包括项目管理计划、项目文件、工作绩效数据、协议、组织过程资产。

能够影响控制资源的项目文件包括问题日志、经验教训登记册、实物资源分配、项目进度计划、资源分解结构、资源需求、风险登记册。

能够影响控制资源过程的组织过程资产包括有关资源控制和分配的政策；执行组织内用于解决问题的升级程序；经验教训知识库，其中包含以往类似项目的信息。

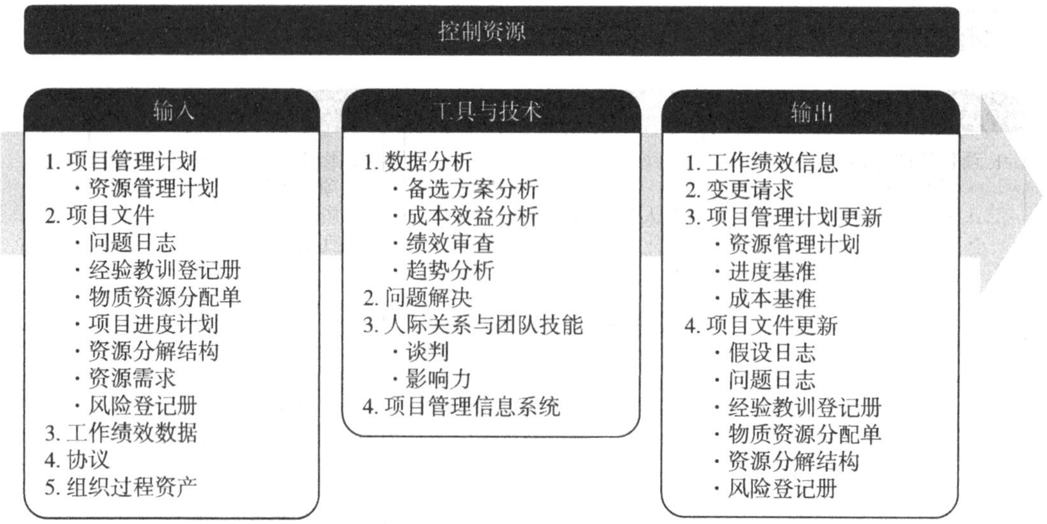

控制资源

输入	工具与技术	输出
1. 项目管理计划 　·资源管理计划 2. 项目文件 　·问题日志 　·经验教训登记册 　·物质资源分配单 　·项目进度计划 　·资源分解结构 　·资源需求 　·风险登记册 3. 工作绩效数据 4. 协议 5. 组织过程资产	1. 数据分析 　·备选方案分析 　·成本效益分析 　·绩效审查 　·趋势分析 2. 问题解决 3. 人际关系与团队技能 　·谈判 　·影响力 4. 项目管理信息系统	1. 工作绩效信息 2. 变更请求 3. 项目管理计划更新 　·资源管理计划 　·进度基准 　·成本基准 4. 项目文件更新 　·假设日志 　·问题日志 　·经验教训登记册 　·物质资源分配单 　·资源分解结构 　·风险登记册

图 3-8　控制资源：输入、工具与技术和输出

(二)控制资源的结果

控制资源的结果包括工作绩效信息、变更请求、项目管理计划更新、项目文件更新。

工作绩效信息包括项目工作进展信息，这一信息将资源需求和资源分配与项目活动期间的资源使用相比较，从而发现需要处理的资源可用性方面的差异。

项目管理计划的任何变更都以变更请求的形式提出，且通过组织的变更控制过程进行处理。可能需要变更的项目管理计划组成部分包括资源管理计划、进度基准、成本基准。

第四节　项目团队管理

一、团队组建

项目团队组建指获取完成项目工作所需的人力资源。项目管理团队对招募的项目团队成员不一定具有控制权。

(一)项目团队的特征

项目团队是指为实现项目的目标由共同合作的若干成员组成的正式组织。项目团队具有以下特征：

(1)项目团队具有一定的目的。项目团队的任务是完成项目、实现项目的目标。项目团队在组建的同时，就被赋予了明确的目标，正是这一共同的目标，将所有成员凝聚在一起，形成了一个团队。

(2)项目团队是临时组织。项目团队是基于完成项目任务和项目目标的目的而组建的，一旦项目任务完成，团队的使命将告终，项目团队即可解散。

(3)项目经理是项目团队的领导。在一个项目团队中，项目经理是最高的决策者和管理者。一般来说项目的成败与项目经理的能力有着密切的关系。

（4）项目团队强调合作精神。项目团队是一个整体，它按照团队作业的模式来实施项目，这就要求成员具有高度的合作精神，相互信任，相互协调。缺少团队精神会导致工作效率的低下，因此团队合作精神是项目成功的有力保障。

（5）项目团队成员的增减具有灵活性。项目团队在组建的初期，其成员可能较少，随着项目进展的需要，项目团队会逐渐扩大，而且团队成员的入选也会随着项目的发展而进行相应的调整。

（6）项目团队建设是项目成功的组织保障。项目团队建设包括对项目团队成员进行技能培训、人员的绩效考核以及人员激励等，这些都是项目成功的可靠保证。

（二）团队组建的依据

1. 事业环境因素

项目团队成员可能来自组织外部或内部。如果项目管理团队可对员工的聘用产生影响或指导，则应考虑下述各因素：

（1）可用性。哪些人员有时间？何时有时间？

（2）能力。他们具有什么能力？

（3）经验。他们是否从事过类似或相关的工作？

（4）兴趣。人们是否愿意在这个项目中工作？

（5）费用。项目团队成员的报酬是多少？特别是当他们来自组织外部时。

2. 组织过程的无形资产

参与项目的一个组织或多个组织可能已有管理人员分派的政策、指导方针或程序。人力资源部门也可协助进行项目团队成员的招募、招聘或入职培训。

3. 角色和职责

角色和职责确定项目所需要的岗位、技能和能力。

4. 项目组织图结构

项目组织图以图形方式显示项目成员的构成及其相互关系。

5. 人员配备管理计划

人员配备管理计划和项目进度计划可界定每位项目团队成员需要工作的时间，以及有关项目团队组建所需的其他重要信息。

（三）团队组建的结果

1. 项目人员分派到位

当恰当的人员已可靠地分派到指定岗位上时，项目的人员配备即告完成。相关文件包括项目团队名录、应分发给项目团队成员的备忘录，并将团队成员的名字列入项目管理计划的其他部分中，例如，项目组织机构图和进度计划中。

2. 资源可利用情况

资源可利用情况记录了项目团队每名成员在项目上可工作的时间。制定可靠的最终进度计划取决于较好地了解每个成员在时间安排上的冲突，包括休假时间和承诺给其他项目的时间。

3. 人员配备管理计划

在由具体人员承担项目角色和职责后，因为人们很少能够完全符合规划的人员配备要求，因此可能需要对人员配备管理计划进行变更。改变人员配备管理计划的其他原因还包括晋升、退休、疾病、绩效问题和变化的工作负荷。

二、团队建设

项目团队是由无数名知识与技能互补、彼此承诺协作完成某一共同目标的员工组成的特殊群体。他们是指在工作中拥有共同目的、绩效目标以及工作方法，且以此自我约束的一小群人。团队不同于普通部门或小组，部门或小组的特点是存在明确的内部分工的同时，缺乏成员之间的紧密合作。团队则不同，成员之间没有明确的分工，彼此之间的工作内容交叉程度高，相互的协作性强。团队可以随时组建，一旦完成工作，便可随时解散。

项目团队工作是否有效也是项目成功的关键因素，任何项目要获得成功就必须具备有效的项目团队。

（一）项目团队的创建依据和创建过程

1. 创建依据

项目团队建设的依据有：

（1）项目成员名录。团队建设首先从项目团队成员名录开始。项目人员的安排计划文件确定了喜爱哪个项目团队中的人员。

（2）人员配备管理计划。人员配备管理计划包含培训策略以及项目团队的建设计划。根据不断进行的团队绩效评估和其他形式的项目团队管理，可在计划中加入奖励、反馈、额外培训和惩戒措施。

（3）资源可利用情况。资源可利用情况信息是用来说明项目团队成员能够参加团队建设动的时间。

2. 创建过程

工作团队的创建，包括以下四个阶段：

（1）准备工作。本阶段首当其冲的任务是决定团队是否为完成任务所必需，这要看任务的性质。应该明白，有些任务由个体独自完成效率可能更高。此外，本阶段还应明确团队的目标与职权。

（2）创造条件。本阶段组织管理者应保证为团队提供完成任务所需的各种资源，如物资资源，人力资源，财务资源等。如果没有足够的相关资源，团队则不可能成功。

（3）形成团队本阶段的任务是让团队开始运作。此时须做三件事：管理者确定谁是团队成员，让成员接受团队的使命与目标，管理者公开宣布团队的职责与权力。

（4）提供持续支持。团队开始运行后，尽管可以自我管理、自我指导，但是也离不开上级领导者的大力支持，以帮助团队克服困难，战胜危机，消除障碍。

（二）团队建设的方法

1. 通用管理技能

处理人际关系的技能，有时被称为"软技能"，对于团队建设极其重要。通过了解项目团队成员的情感，预测其行动，了解其后顾之忧，并尽力帮助解决问题，项目管理团队可大大减少麻烦并促进合作。在项目团队管理过程中，影响力、创造力、团队协同等是十分重要的一项资产。

2. 培训

培训包括所有旨在提高项目团队能力的活动。培训可以是正式的也可以是非正式的，培训方法包括课堂培训、在线培训、计算机辅助培训、由项目团队其他成员提供的在职培训、指导和辅导等不同方式。

如果项目团队成员缺乏必要的管理或者技术技能，则可把这种技能的培养作为项目工作的一部分。计划性培训可以按照既定的人员配备管理计划实施，非计划性培训的实施则可根据观察、交谈和项目绩效情况等需要而定。建设学习型团队是团队建设的重要工作。

3. 团队建设活动

团队建设活动包括为提高团队运作水平而进行的管理和采用的专门的、重要的个别措施(详细请见本章第五节)。

4. 集中办公

集中办公指把所有或者几乎所有最活跃的项目团队成员安排在同一地点工作，以增强他们整体工作的能力。集中办公既可以是及时性的，如仅在项目中的关键时期，也可以贯穿整个项目过程的始终。集中办公策略常包括一个会议室，有时称为作战室，其中设有电子通信设备，张贴、悬挂进度计划的地方和其他便利设施，以加强沟通和培养集体感。

5. 奖励与表彰(详细见本章第五节)。

(三)团队建设的成果

团队建设的最终结果是团队绩效的改善，直接的成果包括：

(1)团队成员能力的改进。团队成员个体能力的提升，有利于更有效地完成所分派的任务。

(2)团队协作能力的改进。项目团队协作精神与整体协作能力的提高，可激发项目成员以更高的热情、将更多的精力投入到技术和管理活动中，从而改善团队工作的绩效。

(3)团队文化的改善。形成良好的团队氛围，可降低团队成员的流动性。

三、团队管理

团队管理指跟踪团队成员绩效、提供反馈、解决问题并协调各种变更，以提高项目绩效的过程。项目管理团队将观察团队的行为、管理冲突、解决问题以及评估团队成员的绩效。通过团队管理活动，应将项目人员配备管理计划适时更新，提出变更请求，解决相应的问题，同时为组织绩效评价提供依据，并为组织积累新的经验教训。

(一)团队管理的依据和要求

1. 团队管理的依据

(1)组织的流程资产。在项目绩效考核评估过程中，项目管理团队应利用组织的政策、程序和系统对团队进行奖励和表彰。作为项目管理过程的一部分，项目管理团队应通过组织的表彰证书、简报、公告栏、网站、奖金等机制对下属团队或成员进行奖励。

(2)项目人员分派。项目人员分派可得到项目团队成员清单，项目监控过程的项目团队成员评估以此清单为依据。

(3)角色与职责。团队角色与职责的定义与描述，是监督与绩效考核的依据。

（4）项目组织图。项目组织图反映了项目团队成员之间的汇报关系。

（5）人员配备管理计划。人员配备管理计划说明了项目团队成员在项目上工作的时间段，以及相关的培训计划、资质要求和规范性要求。

（6）团队绩效评估。项目管理团队以正式或非正式的形式，对项目团队的绩效进行定期或不定期的评估。通过不断地考核项目团队的绩效，可采取措施解决问题，改变沟通方式，解决冲突并提高成员间的相互协作。一个完整的绩效评价体系包括评估时间的安排、评估标准的制定、测量的程序、记录的方法、信息的储存与发送以及管理人员和员工之间的绩效评价过程。

（7）工作绩效信息。作为指导、管理项目实施过程的一部分内容，项目管理团队可直接并随时观察团队成员的绩效。在对团队进行管理时，应考虑观察下列相关行为：会议出勤，对行动方案的落实，沟通是否清楚等。

（8）团队绩效报告。团队绩效报告以项目管理计划为参照标准，提供绩效方面的信息。有助于项目团队管理的绩效领域包括：来自进度计划控制、费用控制、质量控制、范围核实和采购审计的结果。绩效报告的信息以及相关预测信息将有助于确定未来的人力资源需求、奖励与表彰，以及对人员配备管理计划的更新。

2. 团队管理的要求

通过团队管理，一个高效的团队具有如下几个特征：

（1）具有很强的核心价值观。这些价值观决定着每一个成员的态度与行为，并与团队的目标保持一致。

（2）把总目标转变为各种具体的绩效指标。团队成员不满足于承诺共同的目标，还善于将目标分解为数量化的、可测量的指标，以使其更能激励与评估成员的行为。

（3）成员要具备多种技能组合，如技术能力、问题解决与决策能力、人际技能等。

（4）具有高度创造力。团队常常利用成员的创造力来提高生产作业水平以及开发新产品、新服务、新市场的能力。

（二）团队管理的方法

1. 观察与交谈

通过观察与交谈，可随时了解项目团队成员的工作情况和态度。项目管理团队将监测相关的指标，如项目工作绩效与交付成果的质量、团队成员自豪的成就以及人际关系问题。

2. 绩效考核

采用正式或非正式项目绩效考核取决于项目工期长短、复杂程度、组织政策、劳动合同的要求，以及定期沟通的数量和质量。项目团队成员从其主管获得反馈。评估资料也可采用360度反馈的方法，从与项目团队成员交往的其他人那里收集相关的考核信息。"360度"指从多种不同的渠道，如上级领导、同级同事和下属人员，获得某人绩效情况的反馈信息。在项目过程中进行绩效考核的目标在于重新确定角色与职责，安排特定的时间在紧张繁杂的环境下为团队成员提供积极的反馈，发掘未知或未解决的问题，制定个人培训计划，并为将来阶段制定具体的目标。

3. 冲突管理

成功的冲突管理可以提高生产力并促进积极的工作关系。冲突的来源包括资源匮乏、进度安排的先后顺序和个人工作风格等。团队规则、团队规范、成熟的项目管理惯例可减少冲突。如果得以适当管理，对意见分析的解决将颇有益处，可提高创造力和做出好的决定。如果这种分歧成为负面影响的因素，首先应由团队成员负责解决相互间的冲突，如果冲突升级，项目经理应协助促成满意的结局。应该及早处理冲突，并私下利用直接、合作的方式处理冲突。如果破坏性的冲突继续存在，则需要使用更为正式的做法，包括惩戒措施。

4. 沟通技巧

沟通技巧是指与人际沟通相关的"软技术"。沟通的本质是信息的传递，但由于人在文化背景、思维方式、情感需求、知识水平、认知能力、个性特征等诸多方面存在着个体差异，给人际沟通提出了更高的艺术性要求。

5. 问题登记簿

在项目团队管理过程中如果出现问题，可通过书面登记簿来记录负责解决问题的人员，以及解决问题的时间要求。问题登记簿有助于团队成员监控问题解决的进展情况，直至解决问题。问题的解决可消除项目团队实现目标的各种障碍。这些障碍可包括意见分歧、调查的情况、需分派给某个项目团队成员的未预见的或新出现的职责。

(三)团队管理的结果

1. 变更申请

人员配备的变化，无论是自主选择还是由于无法控制事件造成的，都会影响项目计划的其他部分。如果人员配备问题影响到项目计划，如造成进度拖期或预算超支，可通过整体变更控制过程对变更申请进行处理。

2. 建议的纠正措施

人力资源管理的纠正措施可包括改变人员配备、提供额外的培训、采取惩戒措施等。改变人员配备包括调整任务的分派、更换人员及对一些工作进行外包等。项目管理团队可决定何时、如何基于团队绩效进行奖励和表彰。

3. 建议的预防措施

项目管理团队在识别潜在或正在暴露的人力资源问题后，可制定预防措施方案以降低问题发生的概率或影响。预防措施可包括进行交叉培训，以便在成员缺勤时有人替代工作而避免出现问题；进一步进行角色澄清，以确保所有职责都得以履行；在预见到额外的工作量时增加工作时间，以确保工期。

4. 组织过程资产

(1)组织绩效考核的依据。项目团队成员应为组织的例行绩效考核提供信息，以便组织对与其有频繁交往的其他团队成员进行考核。

(2)经验教训记录。在项目中汲取的经验教训都应予以记录，使之成为组织历史数据库的组成内容。人力资源领域的经验教训包括可以作为模板文件保存的项目组织图、岗位描述、人员配备管理计划；特别行之有效的规则、冲突管理方法、奖励和表彰活动；经实际证明成功的虚拟团队做法、集中办公做法、谈判、培训方法和团队建设方法；在项目期间发现的团队成员的特殊技能或能力；项目问题等级簿内记录的问题和解决办法。

5. 项目管理计划

经批准的变更请求和纠正措施都可导致作为项目管理计划组成部分的人员配备管理计划的更新。计划更新的内容包括：项目团队成员的新角色，额外的培训和奖励，表彰决定。

第五节　项目人力资源管理的方法

项目人力资源管理的方法主要有团队建设、奖励与表彰和团队管理方法等。

一、团队建设

团队建设活动包括为提高团队运作水平而进行的管理和采用的专门的、重要的个别措施。

在计划过程中由非管理层的团队成员参加，或建立发现和处理冲突的基本准则。

(1)尽早明确项目团队的方向、目标和任务，同时为每个人明确其职责和角色；邀请团队成员积极参与解决问题和做出决策。例如制定工作分解结构，虽然其初衷并不是为了团队建设，但是如果计划活动能安排得当，也会提高团队的凝聚力。

(2)积极放权，使成员进行自我管理和自我激励。

(3)增加项目团队成员的非工作沟通和交流的机会，鼓励非正式的沟通和活动也很重要，因为非正式的沟通和活动对建立信任和良好工作关系均能起到作用(如组织团队文娱、体育、拓展训练等集体活动)。如工作之余的聚会、郊游等，提高团队成员之间的了解和交流。

这些措施作为一种间接效应，可能会提高团队的运作水平。特别是团队成员分散在各地形成虚拟团队运作，而无法进行面对面交流，则团队建设的策略将极具价值。团队建设活动没有一个确定的定式，主要是根据实际情况进行具体的分析和组织。

二、奖励与表彰

奖励与表彰的内容涉及奖励和表彰良好的行为。关于奖励与表彰方法的最初计划，在组织规划过程中已经制定。在团队管理过程中，通过绩效考核，以正式或非正式方式决定表彰和奖励。奖励与表彰制度要透明、清楚明了。

团队应只奖励优良的行为。例如，团队成员为完成一项激进的进度目标而自愿加班加点的行为应当受到奖励与表彰；而计划不周所造成的加班加点则不应受到奖励与表彰。赢—输(零和)奖励制度，只奖励为数很少的团队成员，如本月最佳团队成员等，会破坏团队的凝聚力。而赢—赢形式的奖励制度，奖励团队成员都可实现的行为，如及时提交进度报告等，可提高团队成员之间的相互支持。

奖励与表彰制度还必须考虑文化的差异。例如，在一个提倡个人主义的文化背景中实施一套恰当的集体奖励制度是十分困难的。

三、团队管理

塑造高效团队应遵循以下原则：

（1）团队成员多样化。高效团队应由各种不同技能、知识、经验、专长的成员组成。

（2）保持最佳规模。成员过多会造成协调困难，太少则会导致负担过重。一般而言，理想的人数是10～12人。

（3）正确选拔成员。有些个体不喜欢团队工作，应避免把他们选入团队。同样重要的是，应根据技能来确定人选，同时注意互补。这里，技能不仅是作业技巧，还包括人际交往技能。

（4）培训、培训、再培训。为了团队运作，成员必需具备所有相关工作技能和人际技能。为此，应该重视培训工作。

（5）澄清目标。只有当团队成员明了团队使命与目标，他们才能为之奋斗，所以要强调团队目标。

（6）个人报酬与团队绩效相连。应当根据每位成员对团队的贡献来确定个体的报酬，否则他们不会关心团队的成败得失。

（7）运用适当的绩效考核。需要开发一套具体办法与指标来测量团队绩效。这些测量工具不仅应该考虑团队的工作结果，还应注重团队完成任务的过程。

（8）鼓励参加。团队成员参与决策的程度影响着他们对决策的理解与承诺。为使决策得到顺利执行，必须允许成员参与各项决策。

（9）提供支持。应让成员相信自己能够成功，为此，上级领导得提供各种物质、精神支持。如果成员得不到支持与鼓励，他们就不可能全力以赴地工作。

（10）重视沟通。为完成共同的目标与任务，团队成员必须及时沟通、相互合作，因此应当千方百计地促进沟通。

（11）激发士气。当团队面临挑战时，成员会焕发斗志，取得优异成就。所以，当团队完成某项任务时，可为团队设置更具挑战性的目标。

（12）制定行为规则。有效的团队都有明确的准则，告诉成员允许做什么，禁止做什么，因此必须事先制定详细、具体的行为规则。

（13）定期告知新信息。新的信息可能代表着一种挑战，使团队保持创新状态。同时，常与外界交往，团队不会失去进取精神。

（14）承认并回报重大成员贡献。对于那些为团队成功做出重大贡献的成员，必须给予重奖。当然，奖励既可以是物质的，也可以是精神的。

第六节　项目经理

项目管理的组织特征是严格意义上的个人责任制。项目经理是项目实施的最高领导者、组织者、责任者，在项目管理中起到决定性的作用。成功的项目应该是保证项目的顺利完成，并能使本单位组织成员、分包单位主要成员、项目班子中的主要成员、项目业主或委托人感觉高度满意，最终给单位创造效益。

一、项目经理的地位

项目经理，即项目负责人，是项目管理的核心，负责项目的组织、计划及实施过程，以保证项目目标的成功实现。项目经理与企业部门经理及企业总经理之间既有区别又有联系。

项目经理应该是一个通才，并不一定要求他必须是某一领域的专家，但他必须具备丰富的经验与广阔的知识背景。在承担的责任方面，项目经理是一个促成者，他决定需要做什么，什么时候必须完成以及如何获得项目所需的资源，而具体如何去做则由有关的技术专家决定。在解决问题方面，项目经理应该运用系统分析的方法，即首先对系统的整体加以认识，再对系统的组成部分加以理解，从整体的角度去分析问题。所以，项目经理应具系统、综合的能力。系统分析方法对项目经理来说非常重要，要管理一个项目，首先应从整体的角度对项目加以认识与理解，这样才能对项目的重要性及其资源的需求，以及资源的可获得性有一个充分的认识，从而管理好项目。

二、项目经理的职责和权力

(一)项目经理的职责

1. 计划

项目经理的首要任务是制定计划。计划可以分为战略计划与作业计划，在项目组织成立之初战略计划是必不可少的，因为它确定了项目团队的总体目标。为了实现项目的战略计划，项目经理还必须制定一系列作业计划，这并不意味着他需要亲自制定每一个作业计划。

作为项目团队的领导者，项目经理应该带领项目团队一起来制定计划，这样的计划远比他单独一个人制定的计划更为合理、可行，同时，当项目团队成员实施自己制定的计划时，能更积极、更有效地去完成自己所负责的活动。

在执行项目计划的过程当中，项目经理有时要根据项目的实际进展情况对项目计划进行调整，一般对战略性计划调整得较少，而越细致的作业计划则越有可能需要调整。

2. 组织与协调

项目经理在组织工作时，应营造一种工作环境，使所有的项目团队成员能够以高昂的士气更有效地投入到工作中去。项目经理的组织工作包括两个方面：一是设计项目团队的组织结构，对要完成的每项具体工作进行描述，并安排合适的人员；二是决定哪些工作由组织内部完成，哪些工作由组织外部的协作者(如承担单位或顾问公司)来完成。对由组织内部进行的工作，项目经理应当把任务落实到个人，同时具体承担工作的人员应对项目经理做出承诺；对由外部协作者完成的工作，项目经理应对其工作范围做出明确的划分，与每位协作者协商达成一致意见并签订合同。此外，项目经理还要对合同的执行过程进行监督，发现问题要及时协调处理，若不在自己的职责之内，则应及时向上级报告。

3. 控制

为了保证项目的进展与项目的目标相一致，项目经理必须对项目进行监控，跟踪实际工作的进展并与计划进行对比，有时甚至要对项目计划进行变更，因此，项目经理应设计一套有效的项目管理信息系统以及项目变更程序，对项目进行控制。项目管理信息系统能够掌握项目的实际进展情况，分析研究各种已经出现的问题和潜在的风险，在必要的时候根据项目变更程序，对项目的计划进行调整。

（二）项目经理的权力

项目经理责任重大，必须赋予其一定的权力，使他能在一定的范围内行使这种权力，以保证项目顺利实施。

1. 生产指挥权

项目经理有权按项目承包合同的规定，根据项目随时出现的人、财、物等资源变化情况进行指挥调度，对于项目组织设计和网络计划，也有权在保证总目标不变的前提下进行优化和调整，以保证项目经理能对项目实施中临时出现的各种变化应付自如。

2. 人事权

项目的组成人员的选择、考核、聘任和解聘，对项目组成员的任职、奖惩、调配、指挥、辞退，在有关政策和规定的范围内选用和辞退劳务人员等是项目经理的权力。

3. 财权

项目经理必须拥有承包范围内的财务决策权，在财务制度允许的范围内，项目经理有权安排承包费用的开支，有权在工资基金范围内决定项目组织内部的计酬方式、分配方法、分配原则和方案；推行计件工资、定额工资、岗位工资和确定奖金分配；对风险应变费用、赶工措施费用等都有使用支配权。

4. 技术决策权

主要是审查和批准重大技术措施和技术方案，以防止决策失误造成重大损失。必要时召集技术方案论证会或外请咨询专家，以防止决策失误。

5. 设备、物资、材料的采购与控制权

在组织有关规定的范围内，决定机械设备的型号、数量和进场时间，对项目材料、周转工具、大中型机具的进场有权按质量标准检验后决定是否用于本项目，还可自行采购零星物资。但主要材料的采购权不宜授予项目经理，否则可能影响组织的效益，但由材料部门供应的材料必须按时、按质、按量保证供应，否则项目经理有权拒收或采取其他措施。

三、现代项目经理的基本素质

现代项目经理是项目管理的中心。项目经理的素质对项目管理的绩效举足轻重。项目经理的素质是指项目负责人应具备的各种个人条件在质量上的一种综合，其结构是由个人的品格素质、能力素质、知识素质三大要素组成。一个人在这三种素质方面的状态，决定了他是否成为一名合格的项目经理。

（一）品格素质

项目经理品格素质是指项目经理从行为作风中表现出来的思想、认识、品性等方面的特征，其中项目经理的道德品质占据主要地位。

1. 良好的社会道德品质

项目经理良好的社会道德品质，是指项目经理必须对社会的安全、和睦、文明、发展负有道德责任。在项目建设中，项目经理既要考虑经济效益，也要考虑对社会利益的影响。当项目的经济效益与社会利益发生冲突时，项目经理应合理地加以协调，决不能一味考虑项目的自身利益，而对社会利益不顾。这样来约束项目经理，并不意味着否定项目经理的经济目标价值，而是要求项目经理牢牢地把追逐利润的经济行为限制在社会和公众允许的范围之内，而不能为所欲为。

2. 良好的管理道德品质

管理道德品质是对以经营管理活动为职业的项目经理提出的特有要求，它涉及项目经理在管理活动中的种种行为规范和准则。主要包括：

（1）诚实的态度。任何弄虚作假的欺骗意识和行为都会给项目带来恶劣后果。

（2）坦率和光明正大的心境。靠用心机、耍手腕，不仅得不到荣誉，相反会败坏项目的声誉和损坏项目形象。要成功，只能靠坦率和光明正大。

（3）对过失勇于负责。不能一味诿过于他人，把成功和功绩归功于部下，将失败和责任自己承担，这才是项目经理的姿态。

（4）言而有信，言行一致。言行不一的经理人员往往会丧失别人的信任感，削弱自己的影响力，最后失去市场，导致失败，因而必须言必信，行必果，表里如一。

（二）能力素质

能力素质是项目经理整体素质体系中的核心素质。它表现为项目经理把知识和经验有机结合起来运用于项目管理的过程，对于现代项目经理来说，知识和经验固然十分重要，但是归根结底要落实在能力上。能力是直接影响和决定项目经理成败的关键。

1. 决策能力

决策能力集中体现在项目经理的战略战术决策能力上。工程项目大多面临错综复杂、竞争激烈的外部环境，要使项目建设成功，经理人员应了解和研究环境，对与项目建设有关的技术、设备、材料等商情进行分析预测，制定出战略决策，并付诸实现。从决策程序来看，经理人员的决策能力可分解为如下三种能力：收集与筛选信息的能力、确定多种可行方案的能力、择优决策的能力。

2. 组织能力

项目经理的组织能力关系到项目管理工作的效率，因此，有人把项目经理的组织能力比喻为效率的设计师。组织能力，是指项目经理为了有效地实现项目目标，运用组织理论，把项目建设活动的各个要素、各个环节，从纵横交错的相互关系上，从时间和空间的相互关系上，有效地、合理地组织起来的能力。如果项目经理具有高度的组织能力，并能充分发挥，就能使整个项目的建设活动形成一个有机的整体，保证其高效率地运转。

组织能力主要包括：组织分析能力、组织设计能力和组织变革能力。

（1）组织分析能力，是指项目经理依据组织理论和原则，对项目建设的现有组织进行系统分析的能力。主要是分析现有组织的效能，对其利弊进行正确评价，并找出存在的主要问题。

（2）组织设计能力，是指项目经理从项目管理的实际出发，以提高组织管理效能为目标，对项目建设的组织机构进行基本框架的设计，提出建立哪些系统，分哪几个层次，明确各主要部门的上下左右关系等。

（3）组织变革能力，是指项目经理执行组织变革方案的能力和评价组织变革方案实施成效的能力。执行组织变革方案的能力，就是在贯彻组织变革设计方案时，引导有关人员自觉行动的能力；评价组织变革方案实施成效的能力，是指项目经理对组织变革方案实施后的利弊，具有做出正确评价的能力，以利于组织日趋完善，使组织的效能不断增强。

3. 创新能力

由于科学技术的迅速发展，新工艺、新材料等的不断涌现，建筑产品的用户不断提出新的要求。同时，建筑市场改革的深入发展，大量新的问题需要探讨和解决。总之，项目经理只有解放思想，以创新的精神、创新的思维方法和工作方法来开展工作，才能实现建设项目的总目标。因此，创新能力是项目经理业务能力的核心，关系到承发包经营的成败和项目投资效益的好坏。创新能力是项目经理在项目管理活动中，善于敏锐地察觉旧事物的缺陷，准确地发现新事物的萌芽，提出大胆而新颖的推测和设想，继而进行科学周密的论证，拿出可行的解决方案的能力。

4. 指挥能力

项目经理是工程项目建设活动的最高指挥者，担负着有效地指挥项目建设经营活动的职责。因此，项目经理必须具有高度的指挥能力。项目经理的指挥能力，表现在正确下达命令的能力和正确指导下级的能力两个方面。项目经理正确下达命令的能力，是强调其指挥能力中的单一性作用；而正确指导下级的能力，则是强调其指挥能力中的多样性作用。因为项目经理面对的是不同类型的下级，他们年龄不同，学历不同，修养不同，性格、习惯也不同，有各自的特点，所以必须采取因人而异的方式和方法，从而使每一个下级对同一命令有统一的认识和行动。

可以说，坚持命令的单一性和指导的多样性的统一，是项目经理的指挥能力的基本内容。要使项目经理的指挥能力有效地发挥，还必须制定一系列有关的规章制度，做到赏罚分明，令行禁止。

5. 控制能力

一个工程项目的建设，如果缺乏有效的控制，其管理效果一定不佳。而对工程项目的建设能否实行全面而有效的控制，则取决于项目经理的控制能力及其有效地发挥。控制能力，是指项目经理运用各种手段(包括经济的、行政的、法律的、教育的，等等)，保证建设项目的正常实施，保证项目总目标如期实现的能力。

项目经理的控制能力，体现在自我控制能力、差异发现能力和目标设定能力等方面。自我控制能力，是指本人通过检查自己的工作，进行自我调整的能力；差异发现能力，是对执行结果与预期目标之间产生的差异能及时测定和评议的能力，如果没有这种能力，就无法控制局面。目标设定能力，是指项目经理应善于规定以数量表示出来的接近客观实际的明确的工作目标，这样才便于与实际结果进行比较，找出差异，以利于采取措施进行控制。

6. 协调能力

项目经理对协调能力掌握和运用得当，就可以充分调动职工的积极性、主动性和创造性，收到良好的工作效果，甚至超过设定的工作目标。协调能力，是指项目经理解决各方面的矛盾，使各单位、各部门乃至全体职工，为实现项目目标密切配合、统一行动的能力。

现代大型项目，牵涉很多单位、部门和众多的劳动者。要使各单位、各部门、各环节、各类人员的活动，能在时间上、数量上、质量上达到和谐统一，除了依靠科学的管理方法、严密的管理制度之外，很大程度上要靠项目经理的协调能力。协调主要是协调人与人之间的关系，协调能力具体表现在以下几个方面：

（1）善于解决矛盾的能力。由于人与人之间的职责分工、工作衔接、收益分配上的差异和认识水平上的不同，不可避免地会出现各种矛盾；如果处理不当，还会激化。项目经理应善于分析产生矛盾的根源，掌握矛盾的主要方面，提出解决矛盾的良方。

（2）善于沟通情况的能力。在项目管理中出现不协调的现象，往往是由于信息闭塞，情况没有沟通。为此，项目经理应具有及时沟通情况、善于交流思想的能力。

（3）善于鼓动和说服的能力。项目经理应有谈话技巧，既要在理论上和实践上讲清道理，又要以真挚的激情打动别人的心，给人以激励和鼓舞，催人向上。

7. 激励能力

项目经理的激励能力可以理解为调动下属积极性的能力。从行为科学角度看，经理人员的激励能力表现为经理所采用的激励手段与下属士气之间的关系状态。如果采取某种激励手段导致下属士气提高，则认为经理激励能力较强，反之，如果采取某种激励手段导致下属士气降低，则认为该经理激励能力较低。

项目经理的激励能力与经理人员对人的认识有关。现代人不单纯是"经济人"，而且是"社会人"，不仅有经济上的需求，而且有社会和心理上的需求。经理人员应更加注意运用各种社会和心理刺激手段，通过丰富工作内容、民主管理等措施来激励和调动职工的士气。

8. 社交能力

项目经理的社交能力即和企业内外、上下、左右有关人员打交道的能力。待人技巧高的经理人员往往会赢得下属的欢迎，因而有助于协调与下属的关系；反之，待人技巧较差的经理人员则常常引起下属反感，造成与下属关系的紧张甚至隔离状态。所以，就项目内部而言，这种人事技能实际上是从一个侧面反映了项目经理的社交能力。

在现代社会中，项目经理仅与内部人员发生交往远远不够，他还必须善于同企业外部的各种机构和人员打交道，这种交道不应是一种被动的行为或单纯的应酬，而是在外界树立起良好形象，这关系到项目的生存和发展。那些注重社交并善于社交的项目经理，往往能赢得更多的投资者和合作者，使项目处在强有力的外界支持系统中。

（三）知识素质

项目管理者的知识素质以及对项目管理活动的影响作用，在20世纪初就已受到古典管理理论的创始人法约尔的注意。法约尔在其著作中曾经提出，构成企业领导人的专门能力有技术能力、商业能力、财务能力、管理能力、安全能力等。每一种能力都是以知识为基础的。项目经理应具备三大类知识，即专业技术知识、综合知识和管理知识。

1. 专业技术知识

项目经理缺乏一定的专业技术知识，就会导致项目失败。作为项目实施的最高决策者，如果项目经理不具备一定的专业知识，就不能对大量复杂的专业性任务进行计划、组织和控制，也不能鉴定项目的工具设备、技术方案的优劣，甚至与项目团队成员进行专业知识和术语的沟通都较为困难，更不用说作出正确的决策了。当然，并不能要求项目经理精通所有的专业知识，但他必须掌握与项目有关的主要专业知识。

2. 综合知识

项目经理要对整个项目进行全面的管理，不需要进行项目的具体活动，所以不要求具备很高深的专业技术，但是，他们需要具备一定的综合知识的广度。一个项目通常会涉及众多相关领域的知识，比如数学、经济、法律、物理、化学、管理学等，特别是由于当今经济活动的全球化，项目经理更需掌握计算机技术和多种国际语言。

3. 管理知识水平

项目经理的职能侧重于管理而不是技术，因此一个出色的工程师未必是一个合格的项目经理。尤其是随着管理科学和管理技术的发展，对项目经理管理知识的要求越来越高。一个合格的项目经理不仅要掌握项目管理理论、项目决策技术，还要了解组织行为学、管理心理学等相关的管理知识。

（四）健康的身体素质

项目管理的工作负荷要求项目经理具有良好的身体素质。一个庞杂的大规模的项目，从项目计划的制定和执行过程中冲突的解决都需要项目经理的参与，大负荷的工作强度需要有健康的身体素质。

健康的身体素质不仅指生理素质，也指心理素质。项目经理应该性格开朗、胸襟豁达，易于同合作者相处；应该有坚毅的意志。能经受挫折和暂时的失败，果断行事，遇事沉着冷静，不冲动，不盲从。

小　　结

项目组织是为了实施某一个项目为目的，按照一定的形式组建起来的机构。组织需要权衡两个关键变量之后才可确定合适的组织结构类型。组织结构的形式或类型是多种多样的，有矩阵型、职能型、项目型、虚拟型、PMO等形式，不同的组织结构类型及其对项目的影响也不一样。

项目资源管理包括规划资源管理、估算活动资源、获取资源、建设团队、管理团队、控制资源六个过程，通过识别、获取和管理所需资源以成功完成项目的各个过程，这些过程有助于确保项目经理和项目团队在正确的时间和地点使用正确的资源。

项目团队管理是对项目过程中涉及的所有人员予以有效地协调、控制和管理，符合项目的发展需求，激励并保持项目人员对项目的忠诚与献身精神，最大限度地挖掘项目队伍的人才潜能，充分发挥项目人员的主观能动性，最终实现项目的战略目标。项目人力资源管理包括项目团队组建和管理的各个工程，即项目团队组建、项目团队建设、项目团队管理。项目团队管理的技术与方法主要介绍了组织结构图、虚拟团队、团队建设、奖励与表彰和团队管理方法等。项目经理是项目团队的核心，必须具备个人的品格素质、能力素质、知识素质和身体素质。

案例思考题

【案例一】

案例背景：

某企业是以项目为基础的企业，即企业的经营活动是由许多项目活动有机构成的。为了适应企业这一特点，企业实行了矩阵型的组织结构，即专职的项目经理往往一个人带多个项目，职能部门的内部也有担任项目经理工作的人员。但是在项目运作的过程中，项目资源的调配成了项目经理、职能部门经理在项目实过程中最棘手的问题。项目经理每个人都身兼数职，对项目进度难以控制，而多数项目在进行时，资源的调配是由各个职能部门经理安排的，职能部门经理对质量进行监督，项目经理要做进度控制，可是却没有分配资源的权力，从而引发出关于公司内部管理流程和权责定位的问题。这种项目经理和职能经理的双重领导，降低了项目的运作效率和效果。某项目经理为了使项目成员在项目存续期间不受干扰，规定在项目成员进入项目组必须接受这样一条约束，即在项目组工作时不与原属职能部门发生任何联系。

思考题：

试分析这位项目经理的做法是否合理？你认为在矩阵型的组织结构中，项目经理与职能部门经理双方应如何进行协调？

【案例二】

案例背景：

如何调动员工的积极性，一直是项目经理小王努力钻研的问题。他认为提升某人的时候就是增加其责任的时候，下属如果绩效好，经理人员要肯定他的成绩，同时也要鼓励他百尺竿头、更进一步。下属高兴的时候，就让他多做点事；下属心灰意冷的时候，则不要让他太难堪。如果一个下属因自己的失败而闷闷不乐，这时候经理人员再落井下石，就有严重伤害他的危险，他就不想再上进了。小王还认为，一个经理人员如果能够调动另一个人的积极性，他的绩效就会有很大的提升。要使一个团队能够正常顺利运转，一切都要靠调动积极性。经理人员可以完成两个人的工作，但经理人员不是两个人。经理人员应激励他的副手，使副手再激励他的部下，层层激励，就能焕发出极大的工作热情。小王认为，经理人员要善于听取意见才能调动员工的积极性，一个普通的公司和一个出色的公司的区别就在这里。作为一个经理人员，最得意的事情就是看到被称为中等或平庸的人受到赏识，使他们感到自己的意见被采纳，并发挥作用。动员员工的最佳办法是让员工了解经理人员的行动，使他们个个成为其中的一部分。

思考题：

1. 你对小王的做法有什么看法？

2. 从项目团队建设和人力资源管理的角度，结合你本人的实际项目经验，说出从中你有何感悟？

思考练习题

1. 简述项目组织的含义。
2. 项目组织结构有哪些类型？各有哪些优缺点？
3. 简述项目资源管理过程。
4. 谈谈项目团队组建的过程管理。
5. 谈谈项目团队建设的过程管理。
6. 谈谈项目团队管理的过程管理。
7. 谈谈项目人力资源管理的技术与方法。
8. 项目经理应具备什么样的素质？

第四章　项目范围管理

第一节　项目范围管理概述

一、项目范围和项目范围管理

(一)项目范围的概念

项目范围是指项目组织为了成功完成项目并实现项目目标,所必须完成的全部项目工作和各项活动。项目范围界定了项目的工作界限,其"必须"是指项目的工作范围只包括完成该项目,实现该项目目标所"必须进行的工作",不进行此项工作,项目就无法完成;其"全部"是指,项目的工作范围要包括完成该项目,实现该项目目标所"进行的全部工作",任何工作都不能够遗落。项目的工作范围既不能超出生成既定项目可交付成果和实现项目目标的需要,也不能少于这种需要,项目工作范围所界定的每一项工作,都是成功完成项目、实现项目目标的充分必要条件。

在项目管理领域里,范围的概念主要包括以下两个方面:

1. 产品范围

产品范围是指项目业主(客户)对项目的可交付成果(即最终产品或服务)所期望包含的特征和功能的总和,是指项目的对象系统(工程系统)的范围。项目的产品范围是指最终形成的有规定特性与功能的产品、服务或成果。

2. 过程范围

过程范围是指为了达到项目目标,所必须完成的全部工作的过程,是指项目行为系统的范围。项目的范围过程是指形成符合项目目标要求的产品和服务所应进行的全部工作。

项目的工作范围不仅确定了项目的工作边界,而且还是制定其他项目计划的基础。例如:项目的成本计划、进度计划都是根据项目的工作范围来安排确定的,项目成员的任务分工也是以项目的工作范围为基础。

项目范围的确定最终是以产品范围为基础的,产品范围对产品要求的深度和广度决定了项目工作范围的深度和广度。

(二)项目范围管理的概念

项目范围管理(project scope management)是指对一个项目从立项到结束的整个生命期内所涉及的项目工作范围进行管理和控制的过程和活动。这项管理主要包括五个工作过程,即新项目或项目的一个新阶段的启动、编制项目范围计划、界定项目范围、由项目业主(客户)确认项目范围、在项目的实施过程中对项目范围的变更进行控制。

（三）项目范围管理实现步骤

（1）把客户的需求转变为对项目产品的定义；

（2）根据项目目标与产品分解结构，把项目产品的定义转化为对项目工作范围的说明；

（3）通过工作分解结构，定义项目工作范围；

（4）项目干系人认可并接受项目范围；

（5）授权与执行项目工作，保证对项目进展进行控制。

二、项目范围管理的目的及作用

（一）项目范围管理的目的

（1）根据项目目标、使用人及其他相关者的要求确定应完成的工程活动，并详细定义、计划这些活动。

（2）在项目实施过程中，确保在预定的项目范围内有计划地进行项目的实施和管理工作，完成规定要做的全部工作，既不多余又不遗漏。

（3）确保项目的各项活动满足项目范围定义所描述的要求。

（二）项目范围管理的作用

（1）项目的范围是确定项目费用、时间和资源计划的前提条件和基准。范围管理对组织管理、成本管理、进度管理、质量管理、采购管理等都有规定。

（2）有助于分清项目责任，对项目任务的承担者进行考核和评价。

（3）项目范围是项目实施控制的依据。

第二节 项目范围管理的过程

项目范围管理过程包括：

（1）项目范围计划：为定义、确认和控制项目范围及产品范围，而创建范围管理计划的过程。

（2）收集需求：为实现项目目标而确定、记录并管理相关方的需要和需求的过程。

（3）定义范围：制定项目和产品详细描述的过程。

（4）创建 WBS：将项目可交付成果和项目工作分解为较小的、更易于管理的组件的过程。

（5）确认范围：正式验收已完成的项目可交付成果的过程。

（6）变更控制：监督项目和产品的范围状态、管理范围基准变更的过程。

一、规划范围管理

规划范围管理是为定义、确认和控制项目范围及产品范围，而创建范围管理计划的过程。本过程的主要作用是在整个项目期间对如何管理范围提供指南和方向。本过程仅开展一次或仅在项目的预定义点开展。图 4-1 描述本过程的输入、工具与技术和输出。

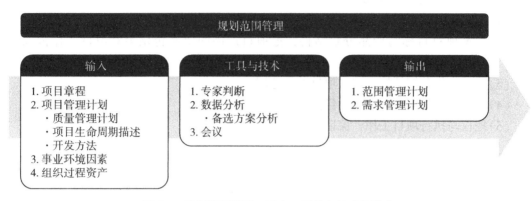

图 4-1　规划范围管理：输入、工具与技术和输出

（一）规划范围管理的依据

规划范围管理的依据包括项目章程、项目管理计划、事业环境因素、组织过程资产。

项目管理计划组件主要包括：（1）质量管理计划。在项目中实施组织的质量政策、方法和标准的方式会影响管理项目和产品范围的方式。（2）项目生命周期描述。项目生命周期定义了项目从开始到完成所经历的一系列阶段。（3）开发方法。开发方法定义了项目是采用瀑布式、迭代型、适应型、敏捷型还是混合型开发方法。

事业环境因素主要包括组织文化、基础设施、人事管理制度、市场条件。

组织过程资产主要产包括政策和程序、历史信息和经验教训知识库。

（二）规划范围管理的结果

规划范围管理的结果包括范围管理计划、需求管理计划。

范围管理计划是项目管理计划的组成部分，描述将如何定义、制定、监督、控制和确认项目范围。范围管理计划要对将用于下列工作的管理过程做出规定：（1）制定项目范围说明书；（2）根据详细项目范围说明书创建 WBS；（3）确定如何审批和维护范围基准；（4）正式验收已完成的项目可交付成果。

根据项目需要，范围管理计划可以是正式或非正式的，非常详细或高度概括的。

需求管理计划是项目管理计划的组成部分，描述将如何分析、记录和管理项目和产品需求。需求管理计划的主要内容包括：（1）如何规划、跟踪和报告各种需求活动；（2）配置管理活动，例如，如何启动变更，如何分析其影响，如何进行追溯、跟踪和报告，以及变更审批权限；（3）需求优先级排序过程；（4）测量指标及使用这些指标的理由；（5）反映哪些需求属性将被列入跟踪矩阵的跟踪结构。

二、收集需求

收集需求是为实现目标而确定、记录并管理相关方的需要和需求的过程。本过程的主要作用为定义产品范围和项目范围奠定基础。图 4-2 描述本过程的输入、工具与技术和输出。

收集需求:		
输入	**工具与技术**	**输出**
1. 项目章程 2. 项目管理计划 　·范围管理计划 　·需求管理计划 　·相关方参与计划 3. 项目文件 　·假设日志 　·经验教训登记册 　·相关方登记册 4. 商业文件 　·商业论证 5. 协议 6. 事业环境因素 7. 组织过程资产	1. 专家判断 2. 数据收集 　·头脑风暴 　·访谈 　·焦点小组 　·问卷调查 　·标杆对照 3. 数据分析 　·文件分析 4. 决策 　·投票 　·多标准决策分析 5. 数据表现 　·亲和图 　·思维导图 6. 人际关系与团队技能 　·名义小组技术 　·观察/交谈 　·引导 7. 系统交互图 8. 原型法	1. 需求文件 2. 需求跟踪矩阵

图 4-2　收集需求：输入、工具与技术和输出

(一)收集需求的依据

项目收集需求的依据包括项目章程、项目管理计划、项目文件、商业文件、协议、事业环境因素、组织过程资产。

项目管理计划包括范围管理计划、需求管理计划和相关方管理计划。范围管理计划是项目或项目集管理计划的组成部分，描述将如何定义、制定、监督、控制和确认项目范围。范围管理计划是制定项目管理计划过程和其他范围管理过程的主要输入。根据项目需求，范围管理需求计划可以是正式或非正式的，非常详细或高度概括的。范围管理计划是项目团队确定收集需求的类型。需求管理计划是项目管理计划的组成部分，分析、记录和管理需求。阶段与阶段间的关系对如何管理需求有很大的影响。项目经理为项目选择最有效的阶段间的关系，并将它记录在需求管理计划中。需求管理计划的许多内容都是以阶段关系为基础的。需求管理计划规定了用于整个收集需求过程的工作流程，以便定义和记录项目相关方的需要。项目相关方管理计划是项目管理计划的组成部分，为有效调动项目相关方参与而规定所需的管理策略。根据项目的需要，项目相关方管理计划可以是正式或非正式的，非常详细或高度概括的。项目经理应该意识到项目相关方管理计划的敏感性，并采用恰当的预防措施。例如，有关那些抵制项目相关方的信息，可能具有潜在的破坏作用，因此对于这类信息的发布必须特别谨慎。更新项目相关方管理时，应审查所依据的假设条件的有效性，以确保该计划的准确性和相关性。从项目相关方管理计划中了解相关方

的沟通需求和参与程度，以便评估并适应相关方对需求活动的参与程度。

项目文件包括项目相关方登记册、假设日志和经验教训登记册。项目相关方登记册是识别项目相关方过程的主要输出，用于记录个别项目相关方的所有详细信息，包括：(1)基本信息、如姓名、职位、地点、项目角色、联系方式；(2)评估信息，如主要需求、主要期望、对项目的潜在影响、与生命周期的哪个阶段最密切相关；(3)项目相关方分类，如内部/外部，支持者/反对者/中立者等。应定期查看并更新项目相关方登记表，因为在整个项目生命周期中项目相关方可能发生变化，也可能识别出新的项目相关方。项目相关方登记册中了解项目相关方能够提供需求方面的信息。项目相关方登记册也记录了项目相关方对项目的主要需求和期望。在项目启动之前编制商业论证时，识别高层级的战略和运营假设条件与制约因素。这些假设条件与制约因素应纳入项目章程。较低层级的活动和任务假设条件在项目期间随着诸如定义技术规范、估算、进度和风险等活动的开展而生成。假设日志用于记录整个项目生命周期中的所有假设条件和制约因素。经验教训登记册包含情况的类别和描述，与情况相关的影响、建议和行动方案。经验教训登记册可以记录遇到的挑战、问题、意识到的风险和机会，或其他适用的内容。参与工作的个人和团队也参与记录经验教训。可以通过视频、图片、音频或其他合适的方式记录知识，确保有效吸取经验教训。在项目或阶段结束时，把相关信息归入经验教训知识库，成为组织过程资产的一部分。

(二)收集需求的结果

收集需求的结果包括需求文件、需求跟踪矩阵。

需求文件描述各种单一需求将如何满足与项目相关的业务需求。一开始可能只有高层级的需求，然后随着有关需求信息的增加而逐步细化。只有明确的(可测量和可测试的)、可跟踪的、完整的、相互协调的，且主要干系人愿意认可的需求，才能作为基准。需求文件的格式多种多样，既可以是一份按项目相关方和优先级分类列出全部需求的简单文件，也可以是一份包括内容提要、细节描述和附件等的详细文件。

需求跟踪矩阵是把产品需求从其来源连接到能满足需求的可交付成果的一种表格。使用需求跟踪矩阵，把每个需求与业务目标或项目目标联系起来，有助于确保每个需求都具有商业价值。需求跟踪矩阵提供了在整个项目生命周期中跟踪需求的一种方法，有助于确保需求文件中被批准的每项需求在项目结束的时候都能交付。最后，需求跟踪矩阵还为管理产品范围变更提供了框架。需求跟踪的主要内容包括业务需要、机会、目的和目标；项目目标；项目范围/WBS可交付成果；产品设计；产品开发；测试策略和测试场景；从高层级需求到详细需求。

应在需求跟踪矩阵中记录每个需求的相关属性，这些属性有助于明确每个需求的关键信息。需求跟踪矩阵中记录的典型属性包括唯一标识、需求的文字描述、收录该需求的理由、所有者、来源、优先级别、版本、当前状态(如进行中、已取消、已推迟、新增加、已批准、被分配和已完成)和状态日期。为确保相关方满意，可能需要增加一些补充属性，如稳定性、复杂性和验收标准。

三、定义范围

定义范围是制定项目和产品详细描述的过程。本过程的主要作用是描述产品、服务或成果的边界和验收标准。图 4-3 描述本过程的输入、工具与技术和输出。

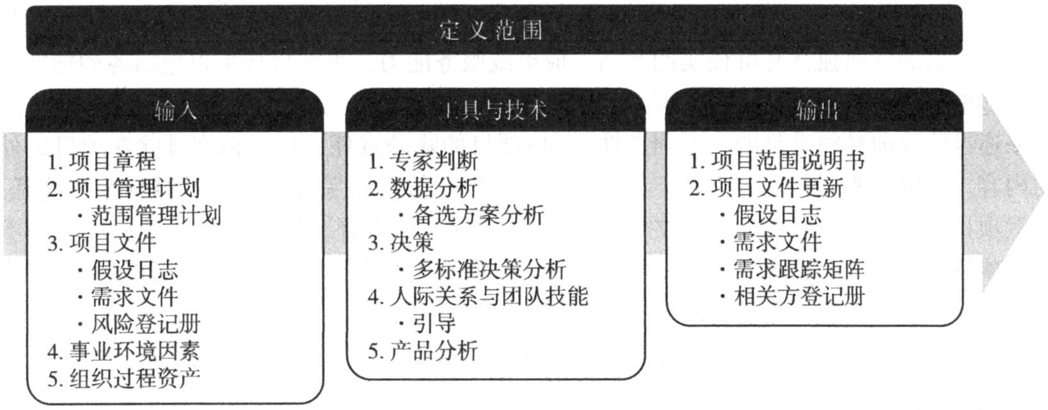

图 4-3　定义范围：输入、工具与技术和输出

由于在收集需求过程中识别出的所有需求未必都包含在项目中，所以定义范围过程就要从需求文件(收集需求过程的输出)中选取最终的项目需求，然后制定出关于项目及其产品、服务或成果的详细描述。准备好详细的项目范围说明书，对项目成功至关重要。应根据项目启动过程中记载的主要可交付成果、假设条件和制约因素来编制详细的项目范围说明书。在项目规划过程中，随着对项目信息的更多了解，应该更加详细具体地定义和描述项目范围。此外，还需要分析现有风险、假设条件和制约因素的完整性，并做必要的增补或更新。需要多次反复开展定义范围过程：在迭代型生命周期的项目中，先为整个项目确定一个高层级的愿景，再一次针对一个迭代期明确详细的范围。通常，随着当前迭代期的项目范围和可交付成果的进展，而详细规划下一个迭代期的工作。

(一)范围定义的依据

范围定义的依据主要包括项目已生成文件和项目的更新信息。

在项目范围界定过程中，需根据项目已完成的部分所形成的文件对其存在的问题或缺陷进行修订和更新，形成详细的项目范围说明书。这类文件主要包括项目章程、项目范围管理计划。

及时收集并更新项目的相关信息，通过不断动态的调整，进一步完善项目生成的相关文档，主要包括项目的环境因素、项目组织过程资产、假设日志、需求文件、风险登记册。

(二)定义范围的结果

定义范围的结果包括项目范围说明书和项目文件更新。

项目范围说明书是对项目范围、主要可交付成果、假设条件和制约因素的描述。它记录了整个范围，包括项目和产品范围；详细描述了项目的可交付成果；代表项目相关方之间就项目范围所达成的共识。为便于管理相关方的期望，项目范围说明书可明确指出哪些工作不属于本项目范围。项目范围说明书使项目团队能进行更详细的规划，在执行过程中指导项目团队的工作，并为评价变更请求或额外工作是否超过项目边界提供基准。项目范围说明书描述要做和不要做的工作的详细程度，决定着项目管理团队控制整个项目范围的有效程度。

详细的项目范围说明书的内容包括：(1)产品范围描述。逐步细化在项目章程和需求文件中所述的产品、服务或成果的特征。(2)可交付成果。为完成某一过程、阶段或项目而必须产出的任何独特并可核实的产品、成果或服务能力，可交付成果也包括各种辅助成果，如项目管理报告和文件。对可交付成果的描述可略可详。(3)验收标准。它是可交付成果通过验收前必须满足的一系列条件。(4)项目的除外责任。这是识别排除在项目之外的内容。明确说明哪些内容不属于项目范围，有助于管理相关方的期望及减少范围蔓延。虽然项目章程和项目范围说明书的内容存在一定程度的重叠，但它们的详细程度完全不同。项目章程包含高层级的信息，而项目范围说明书则是对范围组成部分的详细描述，这些组成部分需要在项目过程中渐进明细。

项目文件更新包括：假设日志、需求文件、需求跟踪矩阵、相关方登记册。

四、创建 WBS

创建工作分解结构(works breakdown structure，简写 WBS)是把项目可交付成果和项目工作分解成较小、更易于管理的组件的过程。本过程的主要作用是为所要交付的内容提供架构，它仅开展一次或仅在项目的预定义点开展。图 4-4 描述本过程的输入、工具与技术和输出。

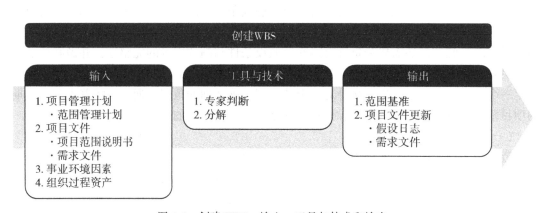

图 4-4 创建 WBS：输入、工具与技术和输出

WBS 是对项目团队为实现项目目标、创建所需可交付成果而需要实施的全部工作范围的层级分解。WBS 组织并定义了项目的总范围，代表着经批准的当前项目范围说明书中所规定的工作。

WBS 底层的组成部分称为工作包，其中包括计划的工作。工作包对相关活动进行归类，以便对工作安排进度、进行估算、开展监督与控制。在"工作分解结构"这个词语中，"工作"是指作为活动结果的工作产品或可交付成果，而不是活动本身。

创建 WBS 的依据包括项目管理计划、项目文件(主要包括项目范围说明书和需求文件)、事业环境因素(例如项目所在行业的 WBS 标准)、组织过程资产(主要包括用于创建WBS 的政策、程序和模板；以往项目的项目档案；以往项目的经验教训)。

创建 WBS 的结果包括：(1)范围基准。范围基准是经过批准的范围说明书、WBS 和相应的 WBS 词典，只有通过正式的变更控制程序才能进行变更，它被用作比较的基础。范围基准是项目管理计划的组成部分。(2)项目文件更新。更新的项目文件主要包括假设日志和需求文件。

五、确认范围

确认范围是正式验收已完成的项目可交付成果的过程。本过程的主要作用是使验收过程具有客观性；同时通过确认每个可交付成果，来提高最终产品、服务或成果获得验收的可能性。本过程应根据需要在整个项目期间定期开展。图 4-5 描述本过程的输入、工具与技术和输出。

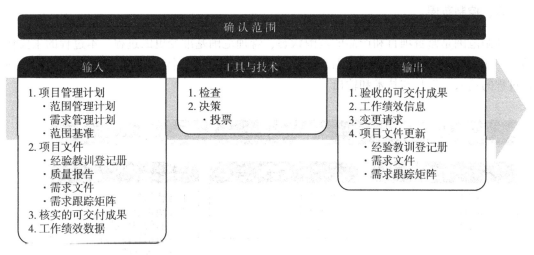

图 4-5 确认范围：输入、工具与技术和输出

由客户或发起人审查从控制质量过程输出的核实的可交付成果，确认这些可交付成果已经圆满完成并通过正式验收。本过程对可交付成果的确认和最终验收，需要依据从项目范围管理知识领域的各规划过程获得的输出(如需求文件或范围基准)，以及从其他知识领域的各执行过程获得的工作绩效数据。确认范围过程与控制质量过程的不同之处在于，前者关注可交付成果的验收，而后者关注可交付成果的正确性及是否满足质量要求。控制质量过程通常先于确认范围过程，但二者也可同时进行。

(一)确认范围的依据

确认范围的依据包括项目管理计划、项目文件、核实的可交付成果和工作绩效数据。

项目文件主要包括：(1)经验教训登记册。在项目早期获得的经验教训可以运用到后期阶段，以提高验收可交付成果的效率与效果。(2)质量报告。质量报告的内容可包括由团队管理或需上报的全部质量保证事项、改进建议，以及在控制质量过程中发现的情况的概述。在验收产品之前，需要查看所有这些内容。(3)需求文件。将需求与实际结果比较，以决定是否有必要进行变更、采取纠正措施或预防措施。(4)需求跟踪矩阵。需求跟踪矩阵含有与需求相关的信息，包括如何确认需求。

（二）项目确认范围的结果

项目确认范围的结果包括验收的可交付成果、工作绩效信息、变更请求和项目文件更新。

符合验收标准的可交付成果应该由客户或发起人正式签字批准。应该从客户或发起人那里获得正式文件，证明相关方对项目可交付成果的正式验收。这些文件将提交给结束项目或阶段过程。

对已经完成但未通过正式验收的可交付成果及其未通过验收的原因，应该记录在案。可能需要针对这些可交付成果提出变更请求，开展缺陷补救。变更请求应该由实施整体变更控制过程进行审查与处理。

六、控制范围

控制范围是监督项目和产品的范围状态、管理范围基准变更的过程。本过程的主要作用是，在整个项目期间保持对范围基准的维护，且需要在整个项目期间开展。图4-6描述本过程的输入、工具与技术和输出。

图 4-6   控制范围：输入、工具与技术和输出

控制项目范围确保所有变更请求、推荐的纠正措施或预防措施都通过实施整体变更控制过程进行处理。在变更实际发生时，也要采用控制范围过程来管理这些变更。控制范围过程应该与其他控制过程协调开展。未经控制的产品或项目范围的扩大（未对时间、成本和资源做相应调整）被称为范围蔓延。变更不可避免，因此在每个项目上，都必须强制实施某种形式的变更控制。

（一）控制范围的依据

控制范围的依据包括项目管理计划、项目文件、工作绩效数据和组织过程资产。

能够影响控制范围过程的组织过程资产包括：（1）现有的、正式和非正式的，与范围控制相关的政策、程序和指南；（2）可用的监督和报告的方法与模板。

（二）控制范围的结果

控制范围的结果包括工作绩效信息、变更请求、项目管理计划更新和项目文件更新。

工作绩效信息是有关项目和产品范围实施情况（对照范围基准）的、相互关联且与各种背景相结合的信息，包括收到的变更的分类、识别的范围偏差和原因、偏差对进度和成本的影响，以及对将来范围绩效的预测。

分析项目绩效后，可能会就范围基准和进度基准，或项目管理计划的其他组成部分提出变更请求。变更请求需要经过实施整体变更控制过程的审查和处理。

第三节　项目范围管理的方法

一、规划范围管理的方法

（一）成本效益度量法

成本效益度量法是选择项目、确定项目目标时经常采用的一种定量方法。这种方法通常根据项目的特点来建立模型（如评分模型、经济评价模型、决策树模型），对项目进行评价。

（二）专家判断法

专家判断法是确定项目范围时经常采用的一种定性方法（或者将定性问题以量化的数据进行描述）。可以邀请项目所属专业领域中的专家，凭借他们的专业知识和丰富的实践经验对各种项目方案进行分析评价。这些专家主要来自：项目组织中的其他部门、咨询公司、行业或技术协会等民间组织。专家判断法具体可分为：专家打分法，层次分析法和特尔菲法等。

（三）项目产品分析法

项目产品分析法是通过加深对项目结果的理解，由项目产品需要具有的功能和特性着手分析，逆向推导出项目的工作范围。运用项目产品分析法，需要项目组织对项目业主（客户）的需求有准确的识别，并对项目产品有着共同的理解，这样才能清晰明确项目的范围。对项目产品进行分析时，要注意从多方面、多角度和宽口径出发，综合运用不同的分析方法（例如系统工程法、价值分析法、功能分析法等方法技术），力求对项目产品做出全面的界定，指导项目范围计划的制定。

（四）收益—成本分析法

对于项目实施过程中的一个特定问题，可能有不同的解决方案，项目组织在众多方案中进行选择时，需要衡量每种方案的优缺点，其中最重要的一个衡量标准是这些不同备选方案所能带来的经济效益，全面分析比较所有方案的有形或无形的成本和收益。需要注意的一点是对备选方案进行经济评价时，要站在项目业主（客户）的角度，因为他们才是项目的真正投资者和预期收益的所有者。当对各种备选方案进行收益—成本分析之后，选定经济效益最佳的一个方案，再根据此方案的要求确定项目范围。

（五）分解技术（编制项目工作分解结构图的方法）

分解技术是编制项目工作分解结构和确定项目单元时经常采用的一种方法。这种方法是将项目产出物（项目目标）逐层细分为更小、更利于管理的子项目或者是项目工作要素，直到将项目的可交付成果定义分解得非常详尽，足以支持项目的计划、实施、控制等管理活动，便于费用、时间等的估算。

在编制项目的工作分解结构时，虽然每一个项目都有它的独特性，但是一般可以在以前实施过的项目中找到同本项目类似的项目，可以利用以前类似项目的工作分解结构作为模板，来减少项目分解的工作量，并同时提高项目工作分解的准确性。一般来讲，在很多专业应用领域，都有标准化或者半标准化的工作分解结构作为新项目的模板，可以通过对工作分解结构模板进行相应的增删来制定新项目的工作分解结构。

二、系统交互图

系统交互图是范围模型的一个例子，它是对产品范围的可视化描绘，显示业务系统（过程、设备、计算机系统等）及其与人和其他系统（行动者）之间的交互方式（见图4-7）。系统交互图显示了业务系统的输入、输入提供者、业务系统的输出和输出接收者。

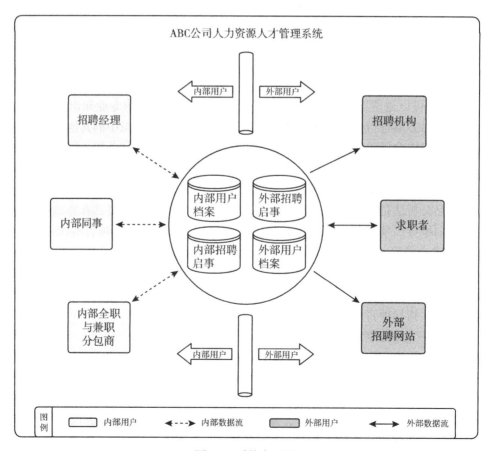

图 4-7　系统交互图

三、需求跟踪矩阵

需求跟踪矩阵是把产品需求从其来源连接到能满足需求的可交付成果的一种表格。使用需求跟踪矩阵，把每个需求与业务目标或项目目标联系起来，有助于确保每个需求都具有商业价值。需求跟踪矩阵提供了在整个项目生命周期中跟踪需求的一种方法，有助于确保需求文件中被批准的每项需求在项目结束的时候都能交付。最后，需求跟踪矩阵还为管理产品范围变更提供了框架。

跟踪需求包括业务需要、机会、目的和目标；项目目标；项目范围和 WBS 可交付成果；产品设计；产品开发；测试策略和测试场景；高层级需求到详细需求。应在需求跟踪矩阵中记录每个需求的相关属性，这些属性有助于明确每个需求的关键信息。需求跟踪矩阵中记录的典型属性包括唯一标识、需求的文字描述、收录该需求的理由、所有者、来源、优先级别、版本、当前状态(如进行中、已取消、已推迟、新增加、已批准、被分配和已完成)和状态日期。为确保相关方满意，可能需要增加一些补充属性，如稳定性、复杂性和验收标准。图 4-8 是需求跟踪矩阵示例，其中列有相关的需求属性。

需求跟踪矩阵								
项目名称：								
成本中心：								
项目描述：								
标识	关联标识	需求描述	业务需要、机会、目的和目标	项目目标	WBS可交付成果	产品设计	产品开发	测试案例
001	1.0							
	1.1							
	1.2							
	1.2.1							
002	2.0							
	2.1							
	2.1.1							
003	3.0							
	3.1							
	3.2							
004	4.0							
005	5.0							

图 4-8　需求跟踪矩阵示例

四、工作分解结构

（一）工作分解结构的概念

项目是由许多互相联系、互相影响、互相依赖的活动组成的行为系统，它具有系统的层次性、集合性、相关性、整体性特点。按系统工作程序，在具体的项目工作，如设计、计划和实施之前必须对这个系统作分解，将项目范围规定的全部工作分解为便于管理的独立活动。通过定义这些活动的费用、进度和质量，以及它们之间的内在联系，并将完成这些活动的责任赋予相应的部门和人员，建立明确的责任体系，达到控制整个项目的目的。在国外人们将这项工作的结果称为工作分解结构，即 WBS（work breakdown structure）。我们将项目分解的结果称为项目的分解结构。

（二）工作分解结构是确定项目计划的基础

项目工作分解结构既定义了项目的全部工作范围，又描述了项目的系统结构，是进度计划、费用估算、质量控制及责任分配的基础。通常列入项目工作分解结构中的工作即属于本项目的工作范围，反之则不属于本项目的工作范围。

（三）项目工作结构分解的基本原则

项目工作结构分解有其基本规律，如果不能正确分解，则会导致以此为基础的各项项目管理工作的失误。项目工作结构分解的基本原则有：

（1）确保各项目单元内容的完整性，不能遗漏任何必要的组成部分，要匹配有关合同条款。

（2）项目工作结构分解是线性的，一个项目单元只能从属于一个上层项目单元，不能同时交叉属于两个上层项目单元。否则，这两个上层项目单元的界面不清。一旦发生这种情况，则必须进行处理，以保证项目工作结构分解的线性关系。

（3）项目工作结构分解结果只表示工作间的关系，不表示顺序关系。

（4）项目分解的结果要有利于实施和确定逻辑，有利于费用和进度控制。

（5）项目分解结果的分解界限要明确，分解后的项目单元应是可管理的、可定量的、可分配任务的、独立的，每一个项目单元应能区分不同的责任人和不同的工作内容，应有较高的整体性和独立性。项目单元之间的工作责任、界面应尽可能小而明确，这样才能方便项目目标和责任的分解和落实以及进行项目实施成果评价和责任的分析。

（6）项目工作结构分解应有一定的弹性，当项目实施中作设计变更与计划的修改时，能方便地扩展项目的范围、内容和变更项目的结构。

（7）项目工作结构分解应详细得当。过粗或过细的分解都会造成项目计划与控制的失误。详细程度应与项目的组织层次、参加单位的数量、各参加单位内部的职能部门与人员的量、项目的大小、工期的长短、项目的复杂程度等因素相适应。一般而言，项目的结构分解随着项目的实施进展而逐步细化。

（四）项目工作结构分解的作用

项目工作结构分解是将整个项目系统分解成可控制的活动，以满足项目计划和控制的需求。项目工作结构分解的基本作用有：

（1）保证项目工作结构的系统性和完整性。分解结果不仅代表被管理的项目的范围和组成部分，还包括项目实施的所有工作，不能有遗漏，这样才能保证项目的设计、计划、控制的完整性。

（2）保证项目的形象透明，项目的概况和组成明确、清晰。分解结果使项目管理者，甚至不懂项目管理的业主、投资者也能把握整个项目，方便地观察、了解和控制整个项目过程，便于分析可能存在的项目目标的不明确性。

（3）用于建立目标保证体系。分解结果将项目的任务、质量、工期、成本目标分解到各个项目单元。在项目实施过程中，各责任人可以针对项目单元进行详细的设计，确定施工方案，作各种计划和风险分析，实施控制，对完成状况进行评价。

（4）进行目标分解，建立项目组织，落实组织责任，通过分解结果可以建立整个项目所有参加者之间的组织体系。

（5）进行项目管理工作的基础。分解结果是进行项目网络计划技术分析的基础，是项目进行设计、计划、目标和责任分解、成本核算、质量控制、信息管理、组织管理的基础。

（6）作为项目报告系统的对象，是项目信息的载体。分解结果和编码是项目信息交换的基础，项目中的大量信息，如资源使用、进度报告、成本开支账单、质量记录与评价、工程变更、会谈纪要等，都是以项目单元为对象收集、分类和沟通的。

（五）工作结构分解的方法

1. 工作结构分解的层次

（1）工作结构分解的级别及其相互关系

项目的结构分解是以实现项目最终成果所需进行的工作为分解对象，依次逐级分解，形成愈来愈详细的若干级别（层次）、类别，并以编码标识的若干大小不同的项目单元。WBS 结构应能使项目实施过程中便于进行费用和各种信息数据的汇总。WBS 还考虑诸如进度、合同以及技术作业参数等其他方面所需的结构化数据。WBS 最常见的形式是六级别（层次）的关联结构，如图 4-9 所示。

第 1 级是总项目，由一系列单体项目（第 2 级）组成，单体项目活动和费用之和应与总体项目相等，每个单体项目能分解成许多项目任务（第 3 级），所有任务之和等于所有单体项目之和，同时构成总体项目，以下依次类推。这样分解的目的是为了便于控制。WBS 这样一个共同的框架总项目便成了活动集成的同义词。

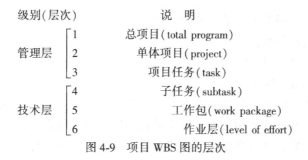

图 4-9　项目 WBS 图的层次

（2）工作包描述

工作包是 WBS 中的一个关键级别。它构成了项目计划明确的活动，是项目相关方设计、计划、说明、控制和验收的对象。所以，必须对工作包进行明确的进度、成本、质量责任方面的定义，理想的工作包的工作量通常是 80 小时或少于 2~4 周完成。同一 WBS 中，不同的工作内容，工作包内涵的大小（工作范围）可以不同。在结构分解的基础上可以把项目的目标逐一分解到工作包，用工作包表来描述和定义该工作包的各项目标和计划内容。工作包表的内容包括任务范围、前导活动，工作包所包含的工序及子网络、责任人、所需资源量，以及工期计划、费用计划、实际工期和费用对比等。下面以施工项目为例，对这些要素一一说明。工作包可用工作包表（如表 4-1）进行说明。

表 4-1   **工作包说明表**

项　目　包：＿＿＿＿ 子项目名称：＿＿＿＿	工作包编码：＿＿＿＿＿	日期：＿＿＿＿ 版次：＿＿＿＿
工作包名称： 结果： 前导活动： 工程活动（或事件）： 负责人：		
费用： 计划： 实际：	其他参加者：	工期： 计划： 实际：

第一，工作量。根据本工作包的工作范围，从图纸中计算得到。因为企业投标报价需计算工程量，有些招标文件中附有工程量清单，所以工作包中的工程量也可从总的工程量表或清单中直接分解得到。

第二，质量。按照合同的质量等级，根据国家制定的规范及质量验收评定标准，结合企业 ISO9000，落实各工作包的质量要求，应提出保证质量的措施。

第三，工序及子网络。根据施工方案、施工方法等来确定工作包所含的工序及子网络。

第四，前导活动。根据施工部署和施工方案，判断出每一工作包的前导活动。它确定了工程活动之间的逻辑关系，是构成网络的基础。

第五，所需资源量。对工作包中的工程量，进行工料分析，计算出所需各种资源的数量。为使资源优化配置，应定义资源的优先级。

第六，持续时间。根据工程量的大小及合同工期的要求，请有经验的工程技术人员估计，或通过工程量、劳动效率和投入人数等关系分析得到。与持续时间相适应的是完成该工作包所需的工人人数，这两个要素应互相调整，以满足工期要求。

第七，成本。根据合同价或企业下达给项目部的成本目标分解落实到工作包中。通过工程量比例分摊，或通过定额进行计算。因此，工作包表形成某一项目或某一部分工作任务的综合计划内容。在作结构分解时，工作包表可以辅助对结构分解的描述，并使总目标得以分解落实。工作包表还有其他用途：①项目实施后，每一份工作包表是一份工作任务单，下达给实施责任人；②责任人任务完成后，可作为对责任人的考核标准；③所有的任务完成后，可使已完工程进度与计划进行对比，以实现计划的动态管理。

2. 工作结构分解的结果

（1）树型结构图

常见的项目的树型工作分解结构可见图 4-10。其中每一个单元（不分层次）又统一被称为项目单元。项目工作结构图表达了项目总体的结构框架。

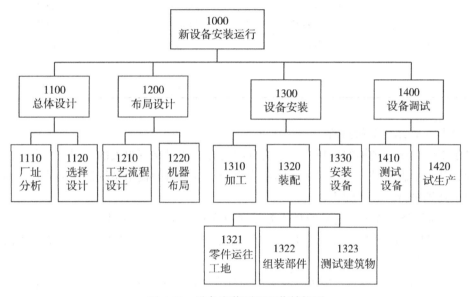

图 4-10 设备安装项目工作结构图

（2）项目工作结构分析表

将项目工作结构图用表来表示则为项目工作结构分析表。它类似于计算机中文件的目录路径。例如上面的项目工作结构图可以用一个简单的表表示如表 4-2。在表上可以列出各项目单元的编码、名称、负责人、成本项目等说明。

表 4-2　　　　　　　　　　设备安装项目工作结构分析表

编　码	名　称	负责人	成本（千元）
1000	新设备安装运行	王新建	5000
1100	总体设计	李岩	1000
1110	厂址分析	李德伦	500
1120	选择设计	万钱江	500

续表

编　码	名　称	负责人	成本(千元)
1200	布局设计	设备部门	1000
1210	工艺流程设计	钱江林	700
1220	机器布局	宋晓波	300
1300	设备安装	基建部门	2000
1310	加工	纪成	500
1320	装配	齐鲁生	1200
1321	零件运往工地	金震	500
1322	组装部件	乔世明	500
1323	测试建筑物	陈志明	200
1330	安装设备	赵志安	300
1400	设备调试	生产部门	1000
1410	测试设备	秦益明	600
1420	试生产	徐青	400

3. 项目工作结构分解过程

对于不同性质、规模的项目，其结构分解的方法和思路有很大的差别，但分解过程却很相近，其基本思路是：以项目目标体系为主导，以项目的技术系统说明为依据，由上而下，由粗到细进行。其步骤为：

(1)将项目分解成单个定义的且任务范围明确的子部分(子项目)；

(2)研究并确定每个子部分的特点和结构规则，它的执行结果以及完成它所需的活动，以作进一步的分解；

(3)将各层次结构单元(直到最低层的工作包)收集于检查表上，评价各层次的分解结果；

(4)用系统规则将项目单元分组，构成系统结构图(包括子结构图)；

(5)分析并讨论分解的完整性，如有可能让相关部门的专家或有经验的人参加，并听取他们的意见；

(6)由决策决定结构图，并作相应的文件；

(7)在设计和计划过程中确定各单元的(特别是工作包)说明文件内容，研究并确定系统单元之间的内部联系。

进行项目工作结构分解时，并非层次划分越低越好，工作任务也并非越细越好，同时，还应注意最低层次的工作任务也是在项目实施中将要运行的最小工作任务。

4. 项目工作结构分解方法

(1)按技术系统的结构分解

技术系统的结构分解即对项目最终可交付成果——工程系统的分解。它是假设项目已经完成，对已完成的项目系统进行分解。一般包括：

第一，以产品结构进行分解：如果项目的目标是建设一个生产一定产品的工厂，则可以将它按生产体系、按生产一定产品分解成各子项目。

第二，按平面或空间位置进行分解：一个项目、子项目可以按几何形体分解。

第三，按功能进行分解：功能是建好后应具有的作用，它常常是在一定的平面和空间上起作用，所以有时又被称为"功能面"。功能的要求对项目的目标设立和技术设计有特殊作用，项目的运行实质上是各个功能作用的组合。

第四，按要素进行分解：一个功能面又可以分为各个专业要素。例如供排设施可以分为排水、采暖、通风、清除垃圾等。

（2）按项目实施过程进行分解

每一个项目单元作为一个相对独立的部分，必须经过项目的实施的全过程。具体可以分为按照项目的主要阶段流程分解、按照专业工作的内容分解和按管理过程分解。

按实施过程分解则得到各种项目的实施活动，如图4-11某房地产项目包括一栋楼和楼外工程建设是按照项目的主要阶段流程进行分解的分解图。

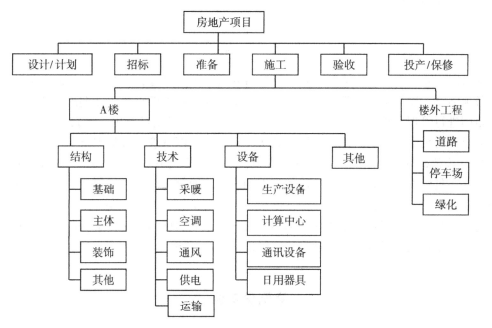

图4-11 某房地产项目工作结构分解图

5. 项目工作结构分解的编码

编码是项目工作结构分解的一项主要工作，是WBS的组成部分（如图4-10）。通过编码标识并区别每一个项目单元，使人们以及计算机可以方便"读出"某一个项目单元的信息。这样在项目的信息管理中，就能方便实现工作包及其有关资料信息的存档、查询与汇总。由于项目工作结构分解是项目计划编制、责任分配和信息的传输（报告系统）的基础性工作，所以在同一项目中，WBS编码的统一、规范和使用方法明确，是项目管理规范化的要求，也是项目管理系统集成的前提条件。

项目的编码设计直接与WBS结构有关，并采用"父码+子码"的方法编制。项目工作结构分解中第一级表示某一项目，为了表示项目的特征以及与其他项目的区别，可用 1 至 2 位的数字或字母来表示，也可用英文缩写或汉语拼音缩写表示，方便识别。第二级或代表实施过程的主要工作，或代表关键的单项工程或各个承建合同，同样可采用 1 至 2 位的数字或英文缩写、汉语拼音缩写等表示，依次类推，一般编到工作包级为止。每一级前面的编码决定了该级编码的含意。编码中应注意：当某一级项目单元（一般是下面几级）具有同样的性质（如实施工作、分区、功能和要素等），而它们的上一级单元彼此不相同时，最后采用同一意义的代码，有利于项目管理与计划工作的细化。

6. WBS 词典

WBS 词典是针对 WBS 中的每个组件，详细描述可交付成果、活动和进度信息的文件。WBS 词典对 WBS 提供支持，其中大部分信息由其他过程创建，然后在后期添加到词典中。WBS 词典中的内容可能包括：账户编码标识；工作描述；假设条件和制约因素；负责的组织；进度里程碑；相关的进度活动；所需资源；成本估算；质量要求；验收标准；技术参考文献；协议信息。

小　　结

项目范围是指项目组织为了成功完成项目并实现项目目标，所必须完成的全部项目工作和各项活动。项目范围管理是指对一个项目从立项到结束的整个生命期内所涉及的项目工作范围进行管理和控制的过程和活动。本章首先介绍了项目范围、项目范围管理的概念，以及项目范围管理的目的及作用。其次，从规划范围管理、收集需求、定义范围、创建 WBS、确认范围和控制范围六个过程对项目范围管理展开讨论，并逐一介绍了范围管理使用的工具和方法，以及各个阶段的依据和成果。通过将项目范围规定的全部工作分解为便于管理的独立活动，定义这些活动的费用、进度和质量，以及它们之间的内在联系，并将完成这些活动的责任赋予相应的部门和人员，建立明确的责任体系，达到控制整个项目的目的。本章最后详细介绍了项目范围管理的相关方法。

案例思考题

【案例一】

　　案例背景[①]：

　　　　鼎盛是一家软件设计和系统开发咨询公司，能够提供多种基于互联网和计算机的资源计划、行政管理和网络核算解决方案。鼎盛的服务一般是供应商向其提出所面临的问题以及希望改进的目标，但由于鼎盛的大部分客户对计算机并不精通，因此都非常依赖鼎盛能够正确诊断出问题的原因，提出建议来解决他们的问题，并实施相应的技术方案。鼎盛的主要管理团队发现最近项目的操作成本在持续上升，利润直线下降。尤其是鼎盛的执行部门被给予很大的关注，因为刚完成的几个项目几乎没有盈

---

① 本案例采编自宾图著的《项目管理》。

利，这主要是由于软件系统转交的延误以及多次对软件漏洞进行修复导致的。

项目经理将他们的问题归结到客户身上。有着 5 年以上经验的项目经理苏珊说道："我们被置于一个非常尴尬的境地，大多数客户不知道他们到底需要什么，所以我们需要花费大量的时间来和他们沟通，以得到合理的工作说明，这样我们才能建立范围说明，这需要时间。事实上，在与客户沟通上花费的时间越多，后期开发的时间就越少，但如果想把事情做好，就不得不从他们那里获得更多的信息。我对他们的问题理解得更好，那么用来开发和运行项目的时间就更少！"另一位项目经理赵明说道："问题不止如此。我们最大的问题常常不是项目本身。我们辛苦地建立起一个满足客户需求的系统，然而他们仅仅在看了一遍，点了几个按钮后就告诉我们这完全不是他们所想要的！如果他们都不知道自己的问题是什么，我又如何能建立一个系统来解决他们的问题呢？但是现在他们认为自己了解自己的需求，然而当我们建立好系统后他们又立即反过来拒绝我们的解决方案，这又该怎么办呢？"

思考题：

1. 公司的客户是如何对"范围蔓延"产生影响的？如果要你来主持一个与潜在顾客的会议，那么你希望客户了解什么？

2. 你认为如何在满足客户需求和尽量保持项目范围的稳定间找到平衡？

3. 为什么范围管理中的项目变更控制在复杂的软件开发项目中(比如鼎盛所执行的项目)如此难以实施？

【案例二】

案例背景：

某高校某专业的 10 名学生准备利用暑假时间对北京、上海、武汉三地做一次关于环境保护的社会调查。他们分成三个组开展工作，成员分别为 4 人、3 人、3 人。第一组的同学到北京、上海和武汉进行调研，并通过 QQ 或 Email 及时将该地区的资料传送给第二组同学，在每一个地方持续的时间是 4 天(包括交通时间)；第二组同学留在本校做数据的整理和分析，每一个地方的数据整理和分析的持续时间是 2 天；第三组同学留在本校完成三个地方的调研报告，每一个地方完成调研报告的持续时间是 3 天。

思考题：

请问这次社会调查是不是一个项目？绘制其 WBS。

思考练习题

1. 说明项目范围的含义，什么是项目范围管理？
2. 简述项目范围管理的过程。
3. 如何制定项目计划？
4. 简述项目工作分解结构的原理。
5. 简述项目范围管理的技术方法。
6. 简述如何实施范围变更控制。

第五章　项目进度管理

第一节　项目进度管理概述

一、项目进度的概念

项目进度是指项目实施的进展情况。

在现代项目管理中，项目进度是一个综合的含义，它将项目任务、工期、成本有机地结合起来，形成一个综合的指标，以全面反映项目的实施状况。

影响项目进度的因素很多，主要包括对项目的特点及项目实现条件的错误估计，例如技术实施不当、对实施中的某些重点或难点未进行必要的科研和实验及市场价格的变化趋势了解不够等；项目参与人对工作的错误，例如开发商在处理工程项目建设过程中某些关键问题时没有及时做出必要的决策、工程监理单位协调与管理的作用发挥不够、设计单位工作拖拉；不可预见事件的发生也会影响项目进度，例如工人罢工、质量事故、自然灾害以及政治事件、战争等。在这几类因素中，对第一、第二类完全可以采取相应的措施，彻底消除或尽可能减少其对项目进度的影响；而第三类因素尽管不能避免发生，但也要事先制定对策，以防到时措手不及。

二、项目进度的指标

项目进度是一个综合性的指标，很难用表示某一方面的指标准确地描述，例如工作量只能表示完成了某一分部分项的实物量的多少，而用了多长时间、消耗了多少资源等都不能反映出来。进度以综合性的含义，将项目任务、工期、成本有机地结合起来，由于每种项目实施过程中都要消耗时间、劳动力、材料、成本等才能完成任务，而这些消耗指标是对所有工作都适用的消耗指标，因此，有必要形成一个综合性的指标体系，从而能全面反映项目的实施进展状况。综合性进度指标将使各个活动、工作包、项目单元直至整个项目的进度描述更加准确、方便。目前常用的有以下四种指标：

(一)持续时间

项目与活动的持续时间是进度的重要指标之一，但只用实际工期与计划工期相比较不能说明进度完成情况。例如，某工作计划工期30天，该工作已进行15天，则工期已完成50%，而此时实施进度却不一定达到50%。因为工期与人们通常概念上的进度是不同的。对于一般项目来说，工作量等于工期与实施效率(速度)的乘积，而工作速度在实施过程中是变化的，受很多因素的影响，如管理水平、环境变化、项目变更等，又如项目受质量事故影响，时间过了一半，而工作量也许只完成了三分之一。一般情况下，开始阶段工作效率低（投入资源少、工作配合不熟练）；中期效率最高（投入资源多，工作配合协调）；后期速度慢（工作面小，资源投入少），并且项目进展过程中会有各种外界的干扰或者不可预见因素造成的停工，实施的实际效率与计划效率常常是不相同的。在此时如果用工期的消耗来表示进度，往往会产生误导。只有在实施效率与计划效率完全相同时，工期消耗才能真正代表进度。通常使用这一指标与完成的实物量、已完项目价值量或者资源消耗等指标结合起来对项目进展状况进行分析。

（二）完成的实物量

完成的实物量也是进度的重要指标之一。例如，设计工作按资料数量计量；混凝土工程按完成的体积计量；设备安装工程按完成的吨位计量；管线、道路工程用长度计量等。

这个指标的主要优点是直观，简单明确，容易理解，适用于描述单一任务的活动，如道路、土方工程等，特别是当项目仅为完成某一部分时，完成的实物量能够较好地反映实际情况。例如，某道路工程总工程量是 5000 米，已完成 500 米，则进度已达 10%。但其同一性较差，不适合用来描述综合性、复杂项目的进度。

（三）已完项目的价值量

已完工程的价值量等于已完成的工作量与相应合同价格或预算价格的乘积，是进度的重要指标之一。它将各种不同性质的工程量在价值形态上统一起来，具有统一性和较强的可比性，能够较好地反映由多种不同性质工作所组成的复杂、综合性工程的进度状况。

（四）资源消耗指标

常见的资源消耗指标有：工时、机械台班、成本等，有统一性和较好的可比性。各种项目均可用它们作为衡量进度的指标，便于统一分析尺度。

资源消耗指标与持续时间指标结合在一起使用，可以对项目进展状况进行全面的分析。例如，将持续时间与成本指标结合起来，分析进度是否实质性拖延及成本超支。在实际项目中使用资源消耗指标来表示工程进度应注意以下问题：

1. 投入资源数量与进度背离时会产生错误的结论。例如，某项活动计划需要 50 工时，现已用 35 工时，则工时消耗已达 70%，如果计划劳动效率与实际劳动效率完全相同，则进度已达 70%，如果计划劳动效率与实际劳动效率不相同，用工时消耗来表示进度就会产生误导。

2. 在项目实施的过程中，计划工作量与实际工作量常常会有差别。例如，某工作计划工时为 500 工时，而实际实施过程中由于项目实际实施条件变化，实施难度增加，应该需要增加 100 工时，现已用掉 200 工时，进度达到 40%，而实际上只完成了 33.3%。因此，完成的实际工作量应根据具体的情况确定，有的时候可能在计划时考虑的因素发生了，也有可能没有发生，正确结果只能在计划正确，并按预定的效率施工时才能得到。

3. 用成本反映进度时，以下成本不计入：返工、窝工、停工增加的成本；材料及劳动力价格变动造成的成本变动。

三、项目进度管理的概念

进度管理（schedule management）是采用科学的方法确定进度目标，编制进度计划和资源供应计划，进行进度控制，在与质量、费用目标协调的基础上，实现工期目标。工期、费用、质量构成了项目的三大目标，其中费用发生在项目的各项作业中，质量取决于每个作业过程，工期则依赖于进度系列上时间的保证。

对一个项目而言，三大目标的理想值是高质量、低投资、进度快，三者的关系见图5-1。因此，项目管理者在实施进度管理工作中要对三个目标全面系统地加以考虑，正确处理好进度、质量和投资的关系，提高项目的综合效益。特别是对一些投资较大、技术含量高的项目，在采取进度控制措施的时候要特别注意其对成本和质量的影响。

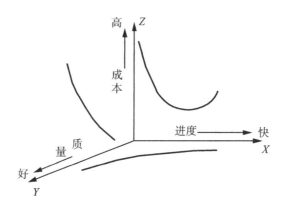

图 5-1　项目目标关系图

第二节　项目进度管理过程

项目进度管理(project schedule management)包括为管理项目按时完成所需的各个过程，其过程包括：

(1)规划进度管理：为规划、编制、管理、执行和控制项目进度而制定政策、程序和文档的过程。

(2)定义活动：识别和记录为完成项目可交付成果而需采取的具体行动的过程。

(3)排列活动顺序：识别和记录项目活动之间的关系的过程。

(4)估算活动持续时间：根据资源估算的结果，估算完成单项活动所需工作时段数的过程。

(5)制定进度计划：分析活动顺序、持续时间、资源需求和进度制约因素，创建项目进度模型，从而落实项目执行和监控的过程。

(6)控制进度：监督项目状态，以更新项目进度和管理进度基准变更的过程。

一、规划进度管理

规划进度管理是为规划、编制、管理、执行和控制项目进度而制定政策、程序和文档的过程。本过程的主要作用是为如何在整个项目期间管理项目进度提供指南和方向。本过程仅开展一次或仅在项目的预定义点开展。图 5-2 描述本过程的输入、工具与技术和输出。

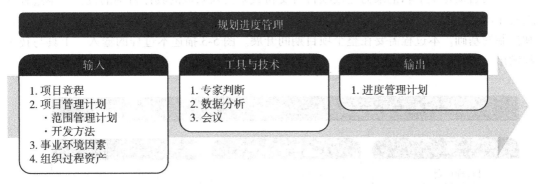

图 5-2 规划进度管理：输入、工具与技术和输出

(一)规划进度管理的依据

规划进度管理的依据包括项目章程、项目管理计划、事业环境因素和组织过程资产。

事业环境因素主要包括组织文化和结构；团队资源可用性、技能以及物质资源可用性；进度计划软件；指南和标准，用于裁剪组织标准过程和程序以满足项目的特定要求；商业数据库，如标准化的估算数据。

组织过程资产主要包括历史信息和经验教训知识库；现有与制定进度计划以及管理和控制进度相关的正式和非正式的政策、程序和指南；模板和表格；监督和报告工具。

(二)规划进度管理的结果

进度管理计划是项目管理计划的组成部分，为编制、监督和控制项目进度建立准则和明确活动。根据项目需要，进度管理计划可以是正式或非正式的，非常详细或高度概括的，其中应包括合适的控制临界值。

进度管理计划会规定：(1)项目进度模型制定。需要规定用于制定项目进度模型的进度规划方法论和工具。(2)进度计划的发布和迭代长度。使用适应型生命周期时，应指定固定时间的发布时段、阶段和迭代长度。固定时间段指项目团队稳定地朝着目标前进的持续时间，它可以推动团队先处理基本功能，然后在时间允许的情况下再处理其他功能，从而尽可能减少范围蔓延。(3)准确度。准确度定义了需要规定活动持续时间估算的可接受区间，以及允许的应急储备数量。(4)计量单位。需要规定每种资源的计量单位，例如，用于测量时间的人时数、人天数或周数，用于计量数量的米、升、吨、千米或立方米。(5)组织程序链接。工作分解结构(WBS)为进度管理计划提供了框架，保证了与估算及相应进度计划的协调性。(6)项目进度模型维护。需要规定在项目执行期间，将如何在进度模型中更新项目状态，记录项目进展。(7)控制临界值。可能需要规定偏差临界值，用于监督进度绩效。它是在需要采取某种措施前，允许出现的最大差异。临界值通常用偏离基准计划中的参数的某个百分数来表示。(8)绩效测量规则。需要规定用于绩效测量的挣值管理(EVM)规则或其他测量规则。例如，进度管理计划可能规定：确定完成百分比的规则、进度绩效测量指标。(9)报告格式。需要规定各种进度报告的格式和编制频率。

二、定义活动

定义活动是识别和记录为完成项目可交付成果而须采取的具体行动的过程。本过程的主要作用是将工作包分解为进度活动，作为对项目工作进行进度估算、规划、执行、监督和控制的基础。本过程需要在整个项目期间开展。图 5-3 描述本过程的输入、工具与技术和输出。

图 5-3　定义活动：输入、工具与技术和输出

（一）定义活动的依据

定义活动的依据包括项目管理计划、事业环境因素和组织过程资产。

项目管理计划主要包括：（1）进度管理计划。进度管理计划定义进度计划方法、滚动式规划的持续时间，以及管理工作所需的详细程度。（2）范围基准。在定义活动时，需明确考虑范围基准中的项目 WBS、可交付成果、制约因素和假设条件。

事业环境因素主要包括组织文化和结构、商业数据库中发布的商业信息、项目管理信息系统（PMIS）。

组织过程资产主要包括：（1）经验教训知识库，其中包含以往类似项目的活动清单等历史信息；（2）标准化的流程；（3）以往项目中包含标准活动清单或部分活动清单的模板；（4）现有与活动规划相关的正式和非正式的政策、程序和指南，如进度规划方法论，在编制活动定义时应考虑这些因素。

（二）定义活动的结果

定义活动的结果包括活动清单、活动属性、里程碑清单、变更请求和项目管理计划更新。

活动清单包含项目所需的进度活动。对于使用滚动式规划或敏捷技术的项目，活动清单会在项目进展过程中得到定期更新。活动清单包括每个活动的标识及工作范围详述，使项目团队成员知道需要完成的工作。

活动属性是指每项活动所具有的多重属性，用来扩充对活动的描述，活动属性随时间演进。在项目初始阶段，活动属性包括唯一活动标识（ID）、WBS 标识和活动标签或名称；在活动属性编制完成时，活动属性可能包括活动描述、紧前活动、紧后活动、逻辑关系、提前量和滞后量、资源需求、强制日期、制约因素和假设条件。活动属性可用于识别开展工作的地点、编制开展活动的项目日历，以及相关的活动类型。活动属性还可用于编制进度计划，根据活动属性，可在报告中以各种方式对计划进度活动进行选择、排序和分类。

里程碑是项目中的重要时点或事件，里程碑清单列出了所有项目里程碑，并指明每个里程碑是强制性的(如合同要求的)还是选择性的(如根据历史信息确定的)。里程碑的持续时间为零，因为它们代表的是一个重要时间点或事件。

三、排列活动顺序

排列活动顺序是识别和记录项目活动之间的关系的过程，本过程的主要作用是定义工作之间的逻辑顺序，以便在既定的所有项目制约因素下获得最高的效率。本过程需要在整个项目期间开展。图5-4描述本过程的输入、工具与技术和输出。

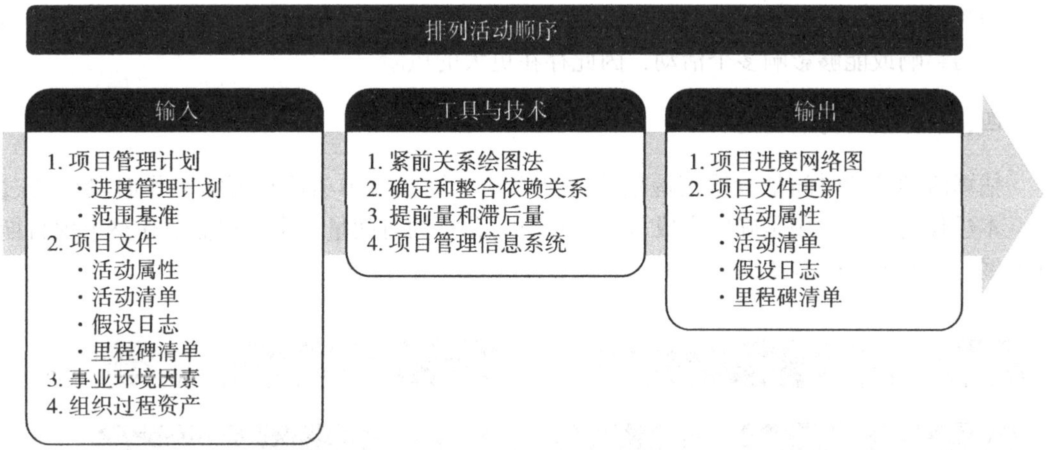

图 5-4　排列活动顺序：输入、工具与技术和输出

(一)排列活动顺序的依据

排列活动顺序的依据包括项目管理计划、项目文件、事业环境因素和组织过程资产。

项目管理计划主要包括：(1)进度管理计划。进度管理计划规定了排列活动顺序的方法和准确度，以及所需的其他标准。(2)范围基准。在排列活动顺序时，需明确考虑范围基准中的项目WBS、可交付成果、制约因素和假设条件。

项目文件主要包括：(1)活动属性。活动属性中可能描述了事件之间的必然顺序或确定的紧前或紧后关系，以及定义的提前量与滞后量，和活动之间的逻辑关系。(2)活动清单。活动清单列出了项目所需的、待排序的全部进度活动，这些活动的依赖关系和其他制约因素会对活动排序产生影响。(3)假设日志。假设日志所记录的假设条件和制约因素可能影响活动排序的方式、活动之间的关系，以及对提前量和滞后量的需求，并且有可能生成一个会影响项目进度的风险。(4)里程碑清单。里程碑清单中可能已经列出特定里程碑的实现日期，这可能影响活动排序的方式。

事业环境因素主要包括政府或行业标准、项目管理信息系统(PMIS)、进度规划工具、组织的工作授权系统。

组织过程资产主要包括：（1）项目组合与项目集规划，以及项目之间的依赖关系与关联；（2）现有与活动规划相关的正式和非正式的政策、程序和指南，如进度计划方法论，在确定逻辑关系时应考虑这些因素；（3）有助于加快项目活动网络图编制的各种模板，模板中也会包括有助于排列活动顺序的，与活动属性有关的信息；（4）经验教训知识库，其中包含有助于优化排序过程的历史信息。

（二）排列活动顺序的结果

排列活动顺序的结果包括项目进度网络图和项目文件更新。

项目进度网络图是表示项目进度活动之间的逻辑关系（也叫依赖关系）的图形。项目进度网络图可手工或借助项目管理软件来绘制，可包括项目的全部细节，也可只列出一项或多项概括性活动。项目进度网络图应附有简要文字描述，说明活动排序所使用的基本方法。在文字描述中，还应该对任何异常的活动序列做详细说明。带有多个紧前活动的活动代表路径汇聚，而带有多个紧后活动的活动则代表路径分支。带汇聚和分支的活动受到多个活动的影响或能够影响多个活动，因此存在更大的风险。

四、估算活动持续时间

估算活动持续时间是根据资源估算的结果，估算完成单项活动所需工作时段数的过程。本过程的主要作用是确定完成每个活动所需花费的时间量。本过程需要在整个项目期间开展。图 5-5 描述本过程的输入、工具与技术和输出。

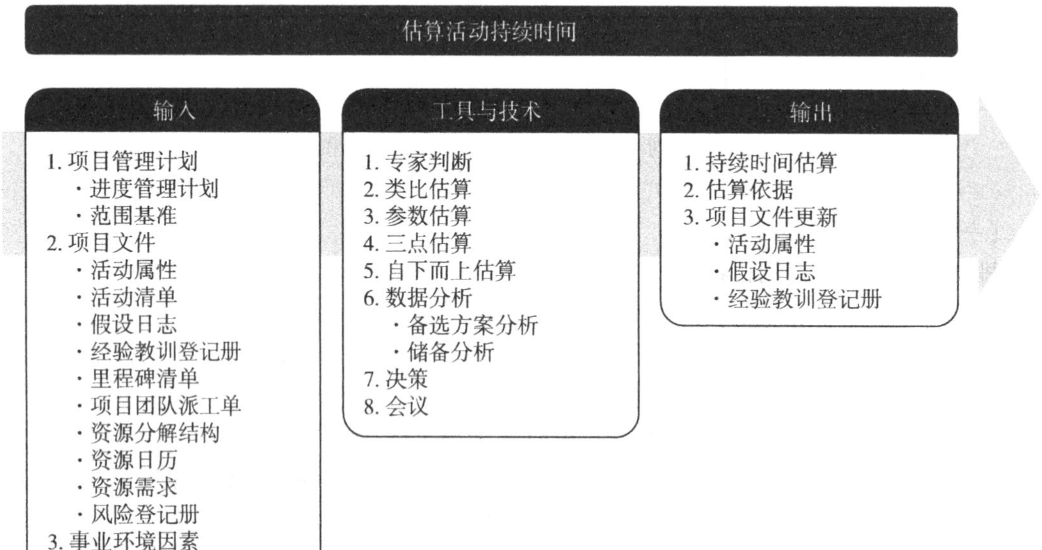

图 5-5   估算活动持续时间：输入、工具与技术和输出

在本过程中，应该首先估算出完成活动所需的工作量和计划投入该活动的资源数量，

结合项目日历和资源日历，据此估算出完成活动所需的工作时段数(活动持续时间)。在许多情况下，预计可用的资源数量以及这些资源的技能熟练程度可能会决定活动的持续时间，更改分配到活动的主导性资源通常会影响持续时间，但这不是简单的"直线"或线性关系。有时候，因为工作的特性(即受到持续时间的约束、相关人力投入或资源数量)，无论资源分配如何，都需要花费预定的时间才能完成工作。

(一)估算活动持续时间的依据

估算活动持续时间的依据主要包括项目管理计划、项目文件、事业环境因素和组织过程资产。

项目管理计划主要包括：(1)进度管理计划。进度管理计划规定了用于估算活动持续时间的方法和准确度，以及所需的其他标准。(2)范围基准。范围基准包含 WBS 词典，后者包括可能影响人力投入和持续时间估算的技术细节。

项目文件主要包括：(1)活动属性。活动属性可能描述了确定的紧前或紧后关系、定义的提前量与滞后量以及可能影响持续时间估算的活动之间的逻辑关系。(2)活动清单。活动清单列出了项目所需的、待估算的全部进度活动，这些活动的依赖关系和其他制约因素会对持续时间估算产生影响。(3)假设日志。假设日志所记录的假设条件和制约因素有可能生成一个会影响项目进度的风险。(4)经验教训登记册。与人力投入和持续时间估算有关的经验教训登记册可以运用到项目后续阶段，以提高人力投入和持续时间估算的准确性。(5)里程碑清单。里程碑清单中可能已经列出特定里程碑的计划实现日期，这可能影响持续时间估计；(6)项目团队派工单。将合适的人员分派到团队，为项目配备人员。(7)资源分解结构。资源分解结构按照资源类别和资源类型，提供了已识别资源的层级结构。(8)资源日历。资源日历中的资源可用性、资源类型和资源性质，都会影响进度活动的持续时间。资源日历规定了在项目期间特定的项目资源何时可用及可用多久。(9)资源需求。估算的活动资源需求会对活动持续时间产生影响。对于大多数活动来说，所分配的资源能否达到要求，将对其持续时间有显著影响。(10)风险登记册。单个项目风险可能影响资源的选择和可用性。风险登记册的更新包括在项目文件更新中。

事业环境因素主要包括持续时间估算数据库和其他参考数据、生产率测量指标、发布的商业信息、团队成员的所在地。

组织过程资产主要包括关于持续时间的历史信息、项目日历、估算政策、进度规划方法论、经验教训知识库。

(二)估算活动持续时间的结果

估算活动持续时间的结果包括持续时间估算、估算活动持续时间和项目文件更新。

持续时间估算是对完成某项活动、阶段或项目所需的工作时段数的定量评估，其中并不包括任何滞后量，但可指出一定的变动区间。

持续时间估算所需的支持信息的数量和种类，因应用领域而异。不论其详细程度如何，支持性文件都应该清晰、完整地说明持续时间估算是如何得出的。

五、制定进度计划

制定进度计划是分析活动顺序、持续时间、资源需求和进度制约因素，创建进度模型，从而落实项目执行和监控的过程。本过程的主要作用是为完成项目活动而制定具有计划日期的进度模型。本过程需要在整个项目期间开展。图 5-6 描述本过程的输入、工具与技术和输出。

图 5-6　制定进度计划：输入、工具与技术和输出

制定可行的项目进度计划是一个反复进行的过程。基于获取的最佳信息，使用进度模型来确定各项目活动和里程碑的计划开始日期和计划完成日期。编制进度计划时，需要审查和修正持续时间估算、资源估算和进度储备，以制定项目进度计划，并在经批准后作为基准用于跟踪项目进度。关键步骤包括定义项目里程碑、识别活动并排列活动顺序，以及估算持续时间。一旦活动的开始和完成日期得到确定，通常就需要由分配至各个活动的项目人员审查其被分配的活动。之后，项目人员确认开始和完成日期与资源日历没有冲突，也与其他项目或任务没有冲突，从而确认计划日期的有效性。最后分析进度计划，确定是否存在逻辑关系冲突，以及在批准进度计划并将其作为基准之前是否需要资源平衡。同时，需要修订和维护项目进度模型，确保进度计划在整个项目期间一直切实可行。

（一）制定进度计划的依据

制定进度计划的依据包括项目管理计划、项目文件、协议、事业环境因素和组织过程资产。

能够影响制定进度计划过程的事业环境因素主要包括：政府或行业标准和沟通渠道。

能够影响制定进度计划过程的组织过程资产主要包括：进度计划方法论（其中包括制

定和维护进度模型时应遵循的政策)和项目日历。

(二)制定进度计划的结果

制定进度计划的结果包括进度基准、项目进度计划、进度数据、项目日历、变更请求、项目管理计划更新和项目文件更新。

项目进度计划提供详尽的计划,说明项目如何以及何时交付项目范围中定义的产品、服务和成果,是一种用于沟通和管理相关方期望的工具,为绩效报告提供了依据。项目管理团队选择进度计划方法,例如关键路径法或敏捷方法。项目管理团队将项目特定数据,如活动、计划日期、持续时间、资源、依赖关系和制约因素等输入进度计划编制工具,以创建项目进度模型。这件工作的成果就是项目进度计划。

项目进度计划的表现形式主要有:(1)横道图。横道图也称为"甘特图",是展示进度信息的一种图表方式。在横道图中,纵向列示活动,横向列示日期,用横条表示活动自开始日期至完成日期的持续时间。横道图相对易读,比较常用。(2)里程碑图。与横道图类似,但仅标示出主要可交付成果和关键外部接口的计划开始或完成日期。(3)项目进度网络图。这些图形通常用活动节点法绘制,没有时间刻度,纯粹显示活动及其相互关系,有时也称为"纯逻辑图"。项目进度网络图也可以是包含时间刻度的进度网络图,有时称为"逻辑横道图"。这些图形中有活动日期,通常会同时展示项目网络逻辑和项目关键路径活动等信息。项目进度网络图的另一种呈现形式是"时标逻辑图",其中包含时间刻度和表示活动持续时间的横条,以及活动之间的逻辑关系。

项目进度模型中的进度数据是用以描述和控制进度计划的信息集合。进度数据至少包括进度里程碑、进度活动、活动属性,以及已知的全部假设条件与制约因素,而所需的其他数据因应用领域而异。经常可用作支持细节的信息主要包括:(1)按时段计列的资源需求,往往以资源直方图表示;(2)备选的进度计划,如最好情况或最坏情况下的进度计划、经资源平衡或未经资源平衡的进度计划、有强制日期或无强制日期的进度计划;(3)使用的进度储备。进度数据还可包括资源直方图、现金流预测,以及订购与交付进度安排等其他相关信息。

在项目日历中规定可以开展进度活动的可用工作日和工作班次,它把可用于开展进度活动的时间段(按天或更小的时间单位)与不可用的时间段区分开来。在一个进度模型中,可能需要采用不止一个项目日历来编制项目进度计划,因为有些活动需要不同的工作时段。因此,可能需要对项目日历进行更新。

六、控制进度

控制进度是监督项目状态,以更新项目进度和管理进度基准变更的过程。本过程的主要作用是在整个项目期间保持对进度基准的维护,且需要在整个项目期间开展。图5-7描述本过程的输入、工具与技术和输出。

要更新进度模型,需要了解检查时的实际绩效。进度基准的任何变更都必须经过实施整体变更控制过程的审批。

(一)控制进度的依据

控制进度的依据包括项目管理计划、项目文件、工作绩效数据和组织过程资产。

控制进度		
输入	**工具与技术**	**输出**
1. 项目管理计划 　·进度管理计划 　·进度基准 　·范围基准 　·绩效测量基准 2. 项目文件 　·经验教训登记册 　·项目日历 　·项目进度计划 　·资源日历 　·进度数据 3. 工作绩效数据 4. 组织过程资产	1. 数据分析 　·净值分析 　·迭代燃尽图 　·绩效审查 　·趋势分析 　·偏差分析 　·假设情景分析 2. 关键路径法 3. 项目管理信息系统 4. 资源优化 5. 提前量和滞后量 6. 进度压缩	1. 工作绩效信息 2. 进度预测 3. 变更请求 4. 项目管理计划更新 　·进度管理计划 　·进度基准 　·成本基准 　·绩效测量基准 5. 项目文件更新 　·假设日志 　·估算依据 　·经验教训登记册 　·项目进度计划 　·资源日历 　·风险登记册 　·进度数据

图 5-7　控制进度：输入、工具与技术和输出

工作绩效数据包含关于项目状态的数据，例如哪些活动已经开始，它们的进展如何（如实际持续时间、剩余持续时间和实际完成百分比），哪些活动已经完成。

能够影响控制进度过程的组织过程资产主要包括：（1）现有与进度控制有关的正式和非正式的政策、程序和指南；（2）进度控制工具；（3）可用的监督和报告方法。

（二）控制进度的结果

控制进度的结果包括工作绩效信息、进度预测、变更请求、项目管理计划更新和项目文件更新。

工作绩效信息包括与进度基准相比较的项目工作执行情况。可以在工作包层级和控制账户层级，计算开始和完成日期的偏差以及持续时间的偏差。对于使用挣值分析的项目，进度偏差（SV）和进度绩效指数（SPI）将记录在工作绩效报告中。

进度更新即进度预测，指根据已有的信息和知识，对项目未来的情况和事件进行的估算或预计。随着项目执行，应该基于工作绩效信息，更新和重新发布预测。这些信息基于项目的过去绩效，并取决于纠正或预防措施所期望的未来绩效，可能包括挣值绩效指数，以及可能在未来对项目造成影响的进度储备信息。

通过分析进度偏差，审查进展报告、绩效测量结果和项目范围或进度调整情况，可能会对进度基准、范围基准和/或项目管理计划的其他组成部分提出变更请求。应该通过实施整体变更控制过程对变更请求进行审查和处理。预防措施可包括推荐的变更，以消除或降低不利进度偏差的发生概率。

第三节　项目进度计划的编制方法——网络计划技术

网络计划技术是 20 世纪 50 年代发展起来的一种科学的计划管理方法。由于它符合统筹兼顾、适当安排的思想，因此，1965 年华罗庚教授将此方法介绍到我国时，将其概括为统筹法，现在我们称之为"网络计划技术"。它采用网络图表达各项工作的先后顺序和相互关系，具有逻辑严密，主要矛盾突出，有利于计划优化、计划调整和电子计算机的应用。横道图具有直观、易懂、一目了然的优点，但仍有缺点：第一是手工制作，规模受限制（30~100 项工作），难以更新或调整计划，很快失去时效；第二是不能全面反映出各项工作之间相互制约、相互依赖、相互影响的关系，不能反映工作的主次部分、关键工作与非关键工作。

一、双代号网络图的编制

（一）双代号网络图及网络计划

1. 双代号网络图

双代号网络图是由箭线和节点组成，用来表示工作流程的有向、有序网状图形。双代号网络图又称箭线式网络图，它以箭线表示工作，以节点表示工作的开始或结束，并以工作两端节点的编号代表一项工作，也可以将工作的名称标在箭线的上方。

2. 双代号网络计划

双代号网络计划是在网络图上加注各项工作的时间参数而形成的工作进度计划。双代号网络计划有以下作用：

（1）网络计划能明确表达各项工作之间的逻辑关系；

（2）网络计划通过计算和分析，可以找出关键工作和关键路线；

（3）网络计划通过计算和分析，能确定可以利用的机动时间；

（4）网络计划通过计算和分析，可以得到许多用于计划控制的时间信息；

（5）网络计划可以利用计算机进行计算、调整和优化。

（二）双代号网络图的"三要素"

双代号网络图的"三要素"指网络的工作、事件和线路。

1. 工作

工作是双代号网络计划的基本组成部分，根据计划编制的粗细程度不同，工作既可以是一项简单的工序操作，也可以是一个复杂的施工过程或一个工程项目。工作用矢箭表示，箭头的方向表示工作的进展方向（一般从左向右）；箭尾表示工作的开始，箭头表示工作的完成；矢箭的长短与时间无关；工作的名称或内容写在矢箭的上面，工作的持续时间写在矢箭的下面。

（1）一般工作，既需要消耗时间，也需要消耗资源。例如一个单位工程，砌筑墙体等，如图 5-8 所示。

（2）由于技术间歇引起的等待也是一项工作，只消耗时间，不消耗资源。例如混凝土养护等，如图 5-9 所示。

图 5-8　实工作的表示方法

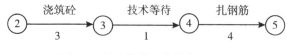

图 5-9　技术等待工作的表示方法

(3)虚工作。为了说明一个工作的开始受另外一些工作结束的制约,通常使用虚箭线来表示这种关系,这种箭线称为"虚工作"。它只表示相邻工作之间的先后关系,既不消耗时间,也不消耗资源,仅表示一种逻辑关系。

2. 事件(节点)

网络图中的圆圈表示工作的开始、结束或连接关系,在网络图上称为节点。在时间上它表示指向某节点的工作全部完成后,该节点后面的工作才能开始,所以节点也称为事件,它反映前后工作交接过程的出现。对事件有如下规定:

(1)事件用○表示,圆圈中编上正整数,称为事件编号;在同一个网络图中不得有相同的事件编号;

(2)每个工作都有两个事件,从箭杆出发的事件叫做起点事件,箭头指向的事件称为终点事件,如图 5-9 中的工作④-⑤。一个网络计划中(除多目标计划外)只有一个原始事件(意味着一项计划的开始),一个结束事件(意味着一项计划的结束),其余事件都称为中间事件,中间事件反映项目的形象进度。

(3)事件的编号应箭尾号码小于箭头的号码。

3. 线路

线路是指网络图中从原始事件,沿箭杆的方向连续通过一系列箭线和事件,最后到达结束事件所经过的通路。

(1)线路时间:完成某条线路的全部工作所必需的总持续时间。

(2)关键线路:线路时间最长的线路,也称临界线路,主要矛盾线路;同时用黑粗线或双箭线表示;在关键线路上的工作成为关键工作。

非关键线路:线路时间不是最长的线路,一般在网络计划中,这种线路很多,在非关键线路上的工作成为非关键工作。

(3)在一张网络图上关键线路至少有一条。

(4)关键线路和非关键线路在一定条件下可以相互转化,例如增加资源投入后,工作的持续时间会发生变化。

(5)项目计划的完成时间由关键线路确定。

(三)逻辑关系、工艺关系、组织关系

工作之间的先后顺序关系叫逻辑关系。逻辑关系包括工艺关系和组织关系。

(1)工艺关系。生产性工作之间由工艺过程决定的、先后顺序关系,叫工艺关系。

（2）组织关系。工作之间由于组织安排需要或资源调配的需要而规定的先后顺序关系叫组织关系。

（四）紧前工作、紧后工作、平行工作

（1）紧前工作。以一个工作的起点事件为终点事件的工作，称为该工作的紧前工作。

（2）紧后工作。以一个工作的终点事件为起点事件的工作，称为该工作的紧后工作。

（3）平行工作。以同一个事件为起点事件的工作，称为平行工作。

（五）先行工作、后续工作

（1）先行工作。自起点节点至本工作之前各条线路上的所有工作都称为本工作的先行工作。紧前工作是先行工作，但先行工作不一定是紧前工作。

（2）后续工作。本工作之后至终点节点各条线路上的所有工作都称为本工作的后续工作。紧后工作是后续工作，但后续工作不一定是紧后工作。

（六）双代号进度计划的表示方法

进度计划可以用横道图表示，也可以用网络图表示，用网络图表示的进度计划也称为网络计划。

（七）双代号网络图的绘制方法

1. 双代号网络图绘图规则

（1）正确反映各工作的先后顺序和相互关系，即工作的逻辑关系。

①A、B、C三项工作依次完成，如图 5-10（a）。

②B、C工作在 A 工作完成后开始，如图 5-10（b）。

③C、D工作在 A、B 工作后开始，如图 5-10（c）。

④D工作在 A、B 工作完成后开始，C 工作在 B 工作完成后开始，如图 5-10（d）。

⑤D工作在 A、B 工作完成后开始，C、E 工作分别在 A、B 工作完成后开始，如图 5-10（e）。

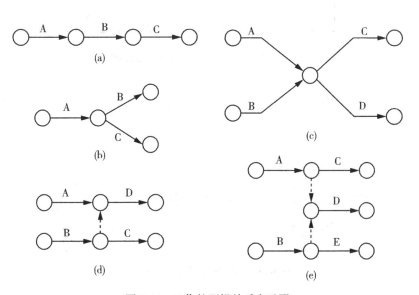

图 5-10　工作的逻辑关系表示图

（2）对于需要平行搭接进行的工作，应采用分段的方法表达。

例如：A、B 两个工作，B 工作在 A 全部完成之前开始，则可将 A、B 工作划分成若干段，假定把 A、B 工作划分成三段，见图 5-11。

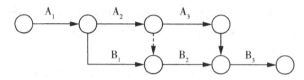

图 5-11　平行工作逻辑关系表示图

（3）网络图中的所有事件都必须编号，所编的数码称为代号，代号必须标注在事件内。不允许出现同样的编号事件，应使箭尾号码小于箭头号码。

（4）网络图必须按照已定的逻辑关系绘制。例如，根据表 5-1 所示的逻辑关系绘制成 5-12 所示的网络图。

表 5-1　　　　　　　　　　　　　　　逻辑关系表

工作	A	B	C	D
紧前工作	—	—	A，B	B

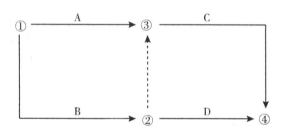

图 5-12　根据表 5-1 的逻辑关系绘制的网络图

（5）网络图中严禁出现从一个节点出发，沿箭线方向又回到原出发点的循环回路。如图 5-13 所示。

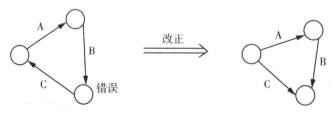

图 5-13　循环网络图及其改正图

（6）网络图中的箭线（包括虚线）应保持自左向右的方向，不应出现箭头自右向左的水平箭线或左向的斜向线，以避免出现循环回路现象。

（7）网络图中严禁出现双向箭头和无箭头的连线，如图 5-14 所示。

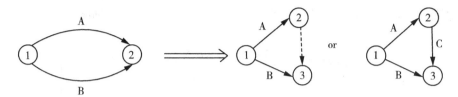

图 5-14　带有双箭头网络图及其改正

（8）严禁在箭线上引入或引出箭线。

（9）绘制网络图时，宜避免箭线交叉，当交叉不可避免时，可用过桥法或指向法表示，如图 5-15 所示。

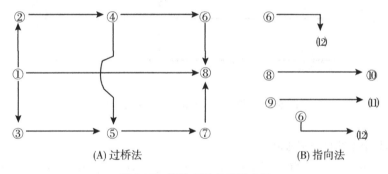

图 5-15　箭线交叉的表示方法

（10）一个网络图应只有一个原始事件和一个结束事件点（多目标网络计划除外）。除原始事件和结束事件以外，不允许出现没有内向箭线的节点和没有外向箭线的节点。如图 5-16 所示。

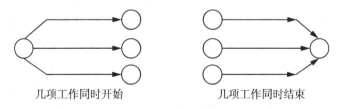

图 5-16　原始时间的引出方法和结束事件的引入方法

没有后续工作的尾部事件和没有前导工作的尽头事件都是错误的。

2. 事件编号

(1)编号原则：只要不重复，可以任意编号，可以连续编号，也可以不连续编号，例如，1，3，5，8，10，…，以避免以后增加工作时而改动整个网络的事件编号，但必须是从小到大依次进行，并且满足箭尾事件的编号小于箭头事件的编号，即 i<j。

(2)方法：沿网络图的水平方向或垂直方向按事件逐个进行，然后进行调整使各事件编号顺序满足 i<j，图5-17(a)为沿水平方向编号，(b)为调整后的网络图。

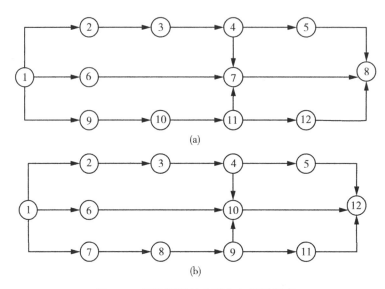

图 5-17　网络图事件水平方向编号顺序

3. 双代号网络图的绘制步骤

进行项目结构分析后，确定了工作单元，明确了工作之间的逻辑关系，即已知每一项工作的紧前工作时，可按下述步骤绘制网络图：

(1)绘制没有紧前工作的工作，使它们具有相同的开始事件，以保证网络只有一个原始事件。

(2)依次绘制其他各项工作。这些工作的绘制条件是其所有紧前工作都已经绘制出来。在绘制这些工作时，应注意：①当所要绘制的工作只有一个紧前工作时，则将该工作箭线直接画在其紧前工作箭线之后。②当所要绘制的工作有多个紧前工作时，应采取相应画法，所有紧前工作完成之后，该工作才能开始。③正确表达各工作之间的逻辑关系。

(3)当各项工作箭线都绘制出来之后，应合并那些没有紧后工作的工作箭线的箭头事件，作为结束事件，以保证网络图只有一个结束事件(多目标网络计划例外)。

(4)当确认所绘制的网络图正确后(包括没有多余的虚工作)，即可进行节点编号。

以上所述是已知每一项工作的紧前工作时的绘图方法，当已知每一项工作的紧后工作时，也可按类似的方法进行网络图的绘制。

(八)双代号网络计划时间参数计算

双代号网络图时间参数的计算即确定各项工作的最早可能开始和最早可能结束的时间，最迟必须开始和最迟必须结束的时间，以及各项工作的各种时差，确定整个计划的完成日期，关键工作和关键线路，为网络计划的执行、调整和优化提供依据。

双代号网络图计算的方法有图上计算法、表上计算法、矩阵法和电算法。本书只介绍图上计算法，这种方法适用于工作数目不多时的网络计划工作时间参数的计算。

1. 各个事件最早可能开始的时间

（1）方法

假定项目计划开始的相对时间为"0"，因此网络图上第一个事件的最早可能开始的时间即为"0"。

计算各个事件的最早可能开始的时间的方法，是从左向右沿着到达每个事件的所有线路，把完成工作的时间进行累加，任意一个事件的最早可能开始的时间等于到达该事件的所有线路中累加时间最大值。

公式：$\begin{cases} TE_{-1} = 0 \\ TE_j = \max\big[\,(TE_i + D_{i-j}) \quad 0 \le i < j \le n\,\big] \end{cases}$

其中：TE_{-1}：计划开始事件①的最早可能开始时间

　　　　TE_j：任意事件 j 的最早可能开始时间

　　　　TE_i：事件 j 的紧前事件 i 的最早开始时间

　　　　D_{i-j}：工作 i-j 的持续时间

例 5-1：计算图 5-18 中，各事件的最早可能开始的时间，并将其标注在该事件旁"⊥"的左边。

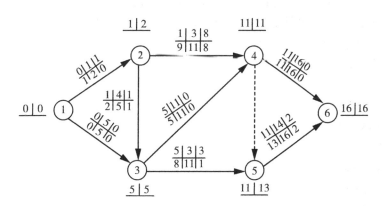

图 5-18　双代号网络图时间参数计算

事　件		事件的最早可能开始的时间
① 0		0
② 0+1 = 1		1
③ 0+5 = 5		5
	1+3 = 4	
④ 1+2 = 3		11
	5+6 = 11	
⑤ 5+5 = 10		11

　　　　11+0＝0
　⑥ 11+5＝16　　　　　　　　　　　　16
　　　　11+3＝14

（2）含义

　　事件的最早可能开始的时间标志着该事件的紧前工作全部完成，事件的紧后工作才能开始。

　　2. 各个事件最迟必须开始的时间

　　（1）方法

　　首先必须确定网络计划中结束事件最迟必须开始的时间，当有规定期限时，结束事件的最迟必须开始的时间为规定期限，当没有规定期限时，结束事件的最迟必须开始的时间即为该事件的最早可能开始的时间。

　　计算各个事件最迟必须开始的时间的方法是从右向左逆着各条线路，将工作的持续时间进行累减，任意事件的最迟必须开始的时间，等于到达该事件的所有线路中累减时间最小值。

公式：$\begin{cases} TL_{-n} = TE_{-n} \\ TL_i = Min[(TL_{-j} - D_{i,j}) \mid 0 \leqslant i < j \leqslant n] \end{cases}$

其中：TL_{-n}：结束事件的最迟必须开始的时间

　　　　TL_i：任事事件 i 的最迟必须开始的时间

　　　　TL_{-j}：事件 i 的紧后事件 j 的最迟必须开始的时间

同样，计算图 5-18 中，各事件的最迟必须开始的时间，并将其标注在该事件旁"⊥"的右边（以没有规定期限为例）

　　　　事　　件　　　　　　　　　　事件的最迟必须开始的时间

　⑥ 16　　　　　　　　　　　　　　16

　⑤ 16-3＝13　　　　　　　　　　　13

　④ 16-5＝11　　　　　　　　　　　11

　　　13-0＝13

　③ 13-5＝8　　　　　　　　　　　　5

　　　11-6＝5

　② 11-2＝9　　　　　　　　　　　　2

　　　5-3＝2

　① 2-1＝1　　　　　　　　　　　　　0

　　　5-5＝0

（2）含义

　　在不影响计划完成时间的条件下，事件的最迟必须开始的时间标志着该事件的紧前工作必须完成的最迟时间。

　　3. 各工作最早可能开始时间和最早可能结束时间

　　（1）方法

　　各工作的最早可能开始的时间等于该工作起点事件的最早可能开始的时间，工作的最早可能结束的时间等于该工作的最早可能开始的时间加上工作的持续时间。

公式：$\begin{cases} ES_{i-j} = TE_{-i} \\ EF_{i-j} = ES_{i-j+D_{i-j}} = TE_{-i} + D_{i-j} \end{cases}$

其中：ES_{i-j}，工作 $i-j$ 的最早可能开始的时间。

EF_{i-j}，工作 $i-j$ 的最早可能结束的时间。

同样，计算图 5-18 各工作的最早可能开始和结束的时间，并标注在"++"上边的第一、第二个的格子中，计算过程见表 5-2。

表 5-2　　　　　　　　工作的最早可能开始和结束的时间表

工作名称	TE_{-i}	ES_{i-j}	D_{i-j}	EF_{i-j}
A	0	0	1	1
B	0	0	5	5
C	1	1	3	4
D	1	1	2	3
E	5	5	6	11
F	5	5	5	10
G	11	11	5	16
H	11	11	3	14

（2）含义

各工作的最早可能开始时间标志着其紧前工作全部完成，各工作的最早可能结束时间标志着其紧后工作都不一定能开始。

4. 各工作的最迟必须开始的时间和最迟必须结束的时间

（1）方法

各工作的最迟必须结束的时间等于该工作终点事件的最迟必须开始的时间，各工作的最迟必须开始的时间等于该工作终点事件的最迟必须开始的时间减去该工作的持续时间。

公式：$\begin{cases} LF_{i-j} = TL_{-j} \\ LS_{i-j} = LF_{i-j} - D_{i-j} = TL_{-j} - D_{i-j} \end{cases}$

其中：LF_{i-j}：工作 $i-j$ 最迟必须结束的时间

LS_{i-j}：工作 $i-j$ 最迟必须开始的时间

同样，计算图 5-18 各工作的最早可能开始和结束的时间，并标注在"++"下边的第一、第二个格子中，计算过程见表 5-3。

表 5-3   工作的最迟必须开始和结束的时间表

工作名称	TL_{-j}	LF_{i-j}	D_{i-j}	LS_{i-j}
A	2	2	1	1
B	5	5	3	2
C	5	5	5	0
D	11	11	2	9
E	11	11	6	5
F	13	13	5	8
G	16	16	5	11
H	16	16	3	13

（2）含义

各工作在不影响总工期的条件下，工作的最迟必须开始和结束的时间表示了工作最迟必须进行的时间界限。

5. 各工作的时差

在一个网络计划中，除关键线路和关键工作外，其他线路和工作都有大小不同的时差，时差反映工作在完成任务的条件下的机动或富余时间，它为计划进度安排提供了选择的可能性，利用时差挖掘潜力，可以找到进度安排和资源分配的合理方案。

时差可以分为总时差、局部时差、干涉时差和独立时差，本书只介绍总时差和局部时差。

（1）总时差

在不影响网络计划完成时间的条件下，各工作所具有的机动时间，即在不影响后序工作最迟必须开始时间的情况下所具有的机动时间。

公式：$TF_{i-j} = TL_j - (TE_{-i} + D_{i-j}) = LF_{i-j} - EF_{i-j}$

其中：TF_{i-j}：工作 $i-j$ 的总时差。

同样，计算图 5-18 中各工作的总时差，并标注在箭线上方"++"的上边第三个格子中。

工作名称		总时差
A	2−1＝1	1
B	5−4＝1	1
C	5−5＝0	0
D	11−3＝8	8
E	11−11＝0	0
F	13−10＝3	3
G	16−16＝0	0
H	16−14＝2	2

总时差一般用于控制网络计划的完成时间。

（2）局部时差

各工作在不影响计划子目标或后续工作最早可能开始的情况下所具有的机动时间，即各工作最早可能结束的时间到其后续工作最早可能开始的时间间隔。

公式：$FF_{i-j} = TE_{-j} - (TE_i + D_{i-j}) = TE_{-j} - EF_{i-j} = ES_{j-k} - EF_{i-j}$

其中 FF_{i-j}：工作 $i-j$ 的局部时差。

同样，计算图 5-18 中各工作的局部时间，标注在箭线上方"++"的下边的第三个格子中。

工作名称		总时差
A	$1-1=0$	0
B	$5-5=0$	1
C	$5-4=1$	8
D	$11-3=8$	0
E	$11-11=0$	1
F	$16-16=0$	0
G	$16-14=2$	2

局部时差一般用于控制项目计划实施过程中的中间进度或形象进度。

（3）总时差与局部时差的关系

①总时差为"0"的工作为关键工作，或当工期有规定时，总时差最小的工作为关键工作。

②总时差等于或大于局部时差，总时差为"0"，局部时差必为"0"（工期没有限制时）。

③总时差（因不影响计划的完成时间）不但属于本工作，而且与前后工作都有关系，是一种线路时差，为该段线路上各工作所共有。使用局部时差对后续工作没有影响，后续工作仍可按最早可能开始的时间开始，具有局限性。

④以关键线路上的事件为终点事件的工作，总时差等于局部时差。

（4）关键工作

凡是总时差最小的工作均为关键工作，由关键工作组成的线路称为关键线路。

（5）网络图时间参数的表示方法

网络图时间参数的表示方法有很多，最常采用且表示比较全面的是：事件的时间参数表示为" $\underline{TE|TL}$ "，工作的时间参数表示为" $\frac{ES}{LS}\left|\frac{EF}{LI}\right|\frac{TF}{IF}$ "，如图 5-18 所示，有的时候，计算网络图的时间常数时，不一定计算事件的时间参数。

二、单代号搭接网络图的编制

单代号网络图是在工序流线图的基础上演绎而成的网络计划形式，具有绘图简便、逻辑关系明确、便于修改等优点。目前在国内外受到普遍重视，并不断发展其表达功能和扩大其应用范围。单代号网络图是一种利用节点代表活动，并利用表示依赖关系的箭线将节点联系起来的编制项目网络图的方法。

（一）单代号网络图的表达

1. 绘图编号

用一个圆圈或方框表示一项工作(活动)，工作的名称或内容以及工作所需要的时间(分、小时、班、天、周或月)都写在圆圈或方框内，而箭杆仅表示工作之间的先后顺序关系。圆圈或方框依次编上号码，作为各工作的代号，因此，这种表达方法称为单代号表达法。常见的绘图符号如图 5-19 所示。

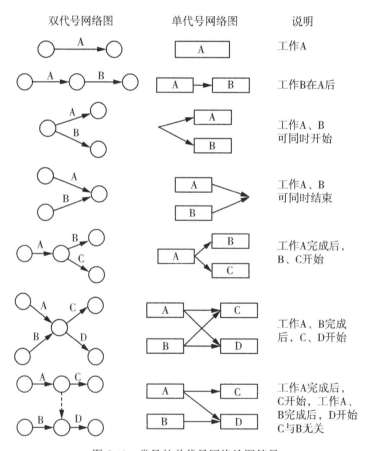

图 5-19　常见的单代号网络绘图符号

2. 图例比较

为简化起见，在下面的图例中，我们仅用字母表示工作的名称。工作代号与时间参数均予略去，读者在绘制实际网络计划时，可参照图 5-20 的内容进行设计。

3. 单代号网络图绘图原则

单代号网络图和双代号网络图所表达的计划内容是一致的，两者的区别仅在于绘图的符号不同，前者是单代号，后者为双代号。因此，在双代号网络图中所说明的绘图规则，

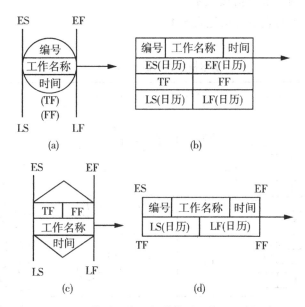

图 5-20　双代号网络图与单代号网络图图例比较

在单代号网络图中原则上都应遵守，比如一张网络图只能有一个开始节点和一个结束节点；工作互相之间应严格遵守工艺顺序和组织顺序的逻辑关系；不允许出现循环回路；节点的编号应满足 $i<j$ 的要求；搭接施工必须分段表达等。但是，根据工作结点网络图的特点，一般必须而且只须引进一个表示计划开始的虚工作(节点)和表示计划结束的虚工作(节点)，网络图中不再出现其他的虚工作。

4. 单代号搭接网络图的工作(活动)间的搭接关系

全面反映工作(活动)间搭接关系的单代号网络图称作单代号搭接网络图。搭接所需要的时间被称为时距，工作间搭接关系主要有五种类型的关系：

(1)结束到开始(finish-to-start，FTS)。两项工作之间的关系通过前项工作结束到后项工作开始之间的时距(LT)来表达。当时距为零时，表示两项工作之间没有间歇。这就是普通网络图中的逻辑关系。

(2)开始到开始的关系(start-to-start，STS)。前后两项工作关系用其相继开始的时距 LT_i 表达。就是说，前项工作 i 开始后，要经过 LT_i 时间后，后面工作 j 才能进行。

(3)结束到结束的关系(finish-to-finish，FTF)。两项工作之间的关系用前后工作相继结束的时距 LT_i 来表示。就是说，前项工作结束后，经过 LT_i 时间，后项工作 j 才能结束。

(4)开始到结束的关系(start-to-finish，STF)。两项工作之间的关系用前项工作开始到后项工作的结束之间的时距 LT_i 和 LT_j 来表达。就是说，后项工作 j 的最后一部分，它的延续时间 LT_j，要在前项工作 i 开始进行到 LT_i 时间后，才能接着进行。

(5)混合搭接关系。当两项工作之间同时存在上述四种基本关系中的两种关系时，这种具有双重约束的关系，叫"混合搭接关系"。除了常见的 STS 和 FTF 外，还有 STS 和

STF 以及 FTF 和 FTS 两种混合搭接关系。

五种基本搭接关系的表达方法见表 5-4。

表 5-4　　　　　　　　　　　　　　　**基本搭接关系的表达方法**

搭接关系	横道图	时距参数	单代号搭接网络图	实　例
FTS		LT		油漆干燥 2 天后安玻璃
STS		LT_i		开始抽水 1 天后挖基坑
FTF		LT_j		砌筑完成后 4 天吊装完成
STF		LT_i，LT_j		扎钢筋开始 2 天后， 铺电线管进行 3 天
混合 （例：STS、FTF）		LT_i，LT_j		挖沟 4 天后，开始铺管， 挖沟结束 2 天后，铺管结束

单代号搭接网络图的绘制除了与双代号网络图相同外，还不能出现违反逻辑的表示。图 5-21 为单代号搭接网络图。

（二）单代号搭接网络图的计算

搭接网络的计算内容主要包括：（1）计算最早开始及结束时间（ES 和 EF）；（2）计算"间隔时间"（LAG）；（3）计算局部时差（FF）；（4）计算总时差（TF）；（5）计算最迟开始及结束时间；（6）确定关键线路。

1. 计算最早开始及结束时间（ES 和 EF）

最早开始及结束时间有连续型和间断型两种算法。连续型算法用于连续进行的工作；间断型算法用于因工作间相互制约而不能连续进行的工作，它的最早开始时间到最早结束时间之间的时间并不等于它的实需时间，而等于它的持续时间。一项工作 j 的最早开始时间 ES_j 和最早结束时间 EF_j 取决于其紧前工作 i（一项或多项）的最早开始和结束时间以及它们之间的搭接关系和时距。它们的计算公式按不同的搭接关系分别列于表 5-5。

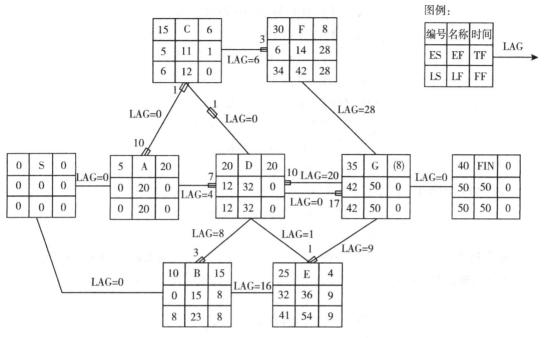

图 5-21　单代号搭接网络图计算

表 5-5　　　　　　　　　　　　　搭接网络时间计算公式

参数	连续型算法	间断型算法
ES_j	$ES_j = \max_{\forall i(i<j)} \begin{bmatrix} EF_i + LT & \|FTS \\ ES_i + LT_i & \|STS \\ EF_i + LT_j - D_j & \|FTF \\ ES_i + (LT_i + LT_j) - D_j & \|STF \end{bmatrix}$	$ES_j = \max_{\forall i(i<j)} \begin{bmatrix} EF_i + LT & \|FTS \\ ES_i + LT_i & \|STS \end{bmatrix}$
EF_j	$EF_j = ES_j + D_j$	$EF_j = \max_{\forall i(i<j)} \begin{bmatrix} ES_j + D_j & \|FTS\ STS \\ EF_i + LT_j & \|FTF \\ ES_i + LT_i + LT_j & \|STF \end{bmatrix}$

表 5-5 中 D_j 是工作的持续时间。计算 ES 和 EF 是从左到右进行的。以图 5-21 为例，先计算开始点 S，ES_0 和 EF_0 都等于零。

编号 5 的工作 A，A 与 S 是 FTS 的关系：$ES_5 = 0$　$EF_5 = ES_5 + D_5 = 0 + 20 = 20$

编号 10 的工作 B，B 与 S 是 FTS 的关系：$ES_{10} = 0$　$EF_{10} = ES_{10} + D_{10} = 0 + 15 = 15$

编号 15 的工作 C，C 与 A 是 STF 的关系：

$$ES_{15} = ES_5 + (LT_5 + LT_{15}) - D_{15} = 0 + (10 + 1) - 6 = 5$$

$$EF_{15} = 5 + 6 = 11$$

编号 20 的工作 D，D 与 A 是 FTF 的关系，与 B 是 STS 的关系，与 C 是 FTS 的关系：

$$ES_{20} = \max \begin{bmatrix} EF_5 + LT - D_{20} = 20 + 7 - 20 = 7 \\ ES_{10} + LT = 0 + 3 = 3 \\ EF_{15} + LT = 11 + 1 = 12 \end{bmatrix} = 12$$

$$EF_{20} = ES_{20} + D_{20} = 12 + 20 = 32$$

编号 25 的工作 E，E 与 B、D 的关系是 FTS 的关系：

$$ES_{25} = \max \begin{bmatrix} EF_{10} + LT = 15 + 0 = 15 \\ EF_{20} + LT = 32 + 0 = 32 \end{bmatrix} = 32$$

$$EF_{25} = ES_{25} + D_{25} = 32 + 4 = 36$$

编号 30 的工作 F、F 与工作 C 的关系是 FTF 的关系：

$$ES_{30} = EF_{15} + LT - D_{30} = 11 + 3 - 8 = 6$$

$$EF_{30} = ES_{30} + D_{30} = 6 + 8 = 14$$

编号 35 的工作 G，G 与 D 是 STS、FTF 的混合关系，与 E 的关系是 FTS 的关系，与 F 是 FTS 的关系，但工作 G 受工作之间的相互制约，不能连续作业，则只考虑 FTS、STS 的关系：

$$ES_{35} = \max \begin{bmatrix} EF_{20} + LT = 32 + 10 = 42 \\ ES_{25} + LT = 32 + 1 = 33 \\ EF_{30} + LT = 14 + 0 = 14 \end{bmatrix} \begin{matrix} STS \\ STS \\ FTS \end{matrix} = 42$$

$$EF_{35} = \max \begin{bmatrix} ES_{35} + D_{35} = 42 + 8 = 50 \\ EF_{20} + LT = 32 + 17 = 49 \end{bmatrix} \begin{matrix} STS \quad FTS \\ FTF \end{matrix} = 50$$

编号 40 的工作 FIN，FIN 与 G 是 FTS 的关系，其 ES_{40} 和 EF_{40} 都等于 48。

2. 计算"间隔时间"（LAG）

LAG_{i-j} 表示前面工作与后面工作的必要时距 LT 以外的时间间隔。LAG 的计算公式见表 5-6。

表 5-6　　　　　　　　　　两工作时间间隔计算公式

关系	算式	图例
FTS	$LAG_{i-j} = ES_j - EF_i - LT$	
STS	$LAG_{i-j} = ES_j - ES_i - LT$	
FTF	$LAG_{i-j} = EF_j - EF_i - LT$	

续表

关系	算　　式	图　　例
STF	$LAG_{i-j} = EF_j - ES_i - (LT_i + LT_j)$	

则图 5-21 中的 LAG 为：

$LAG_{0-5} = ES_5 - EF_0 - LT = 0 - 0 - 0 = 0$　　$LAG = 0$

$LAG_{0-10} = ES_{10} - EF_0 - LT = 0 - 0 - 0 = 0$

$LAG_{5-15} = EF_{15} - ES_5 - (LT_5 + LT_{15}) = 11 - 0 - (10 + 1) = 0$

$LAG_{5-20} = EF_{20} - EF_5 - LT = 31 - 20 - 7 = 4$

$LAG_{10-20} = ES_{20} - ES_{10} - LT = 11 - 0 - 3 = 8$

$LAG_{10-25} = ES_{25} - EF_{10} - LT = 31 - 15 - 0 = 16$

$LAG_{15-20} = ES_{20} - EF_{15} - LT = 12 - 11 - 1 = 0$

$LAG_{15-30} = EF_{30} - EF_{15} - LT = 14 - 5 - 3 = 6$

$LAG_{20-25} = ES_{25} - EF_{20} - LT = 32 - 31 - 0 = 1$

$LAG_{20-35} = ES_{35} - ES_{20} - LT = 42 - 12 - 10 = 20 \mid STS$

$LAG_{20-35} = EF_{35} - EF_{20} - LT = 49 - 32 - 17 = 0 \mid FTF$

$LAG_{25-35} = ES_{35} - ES_{25} - LT = 42 - 32 - 1 = 9$

$LAG_{30-35} = ES_{35} - EF_{30} - LT = 42 - 14 - 0 = 28$

$LAG_{35-40} = ES_{40} - EF_{35} - LT = 50 - 50 - 0 = 0$

3. 计算局部时差（FF）

局部时差是保持必要时距，且不影响所有紧后工作的最早开始时间和最早结束时间的条件下，该项工作最早时间允许变动的幅度。它等于该项工作 i 与各项紧后工作 j 之间各个间隔时间 LAG_{i-j} 中的最小值，即

$$FF_i = \min_{\forall j} [LAG_{i-j}] \quad i < j$$

例如图 5-21 中工作 D 的局部时差：

$$FF_{20} = \min \begin{vmatrix} LAG_{20-35} = 20 \mid STS \\ LAG_{20-35} = 0 \mid FTF \\ LAG_{20-25} = 1 \mid FTS \end{vmatrix} = 0$$

4. 计算总时差（TF）

一项工作总的机动时间就是这项工作的总时差。它等于各项紧后工作的总时差与相应的间隔时间 LAG_{i-j} 之和中的最小值，即

$$TF_i = \min_{\forall j} (TF_j + LAG_{i-j})$$

例如图 5-21 中工作 D 的总时差：

$$TF_{20} = \min \begin{vmatrix} 0+20 = 20 \,|\, STS \\ 0+0 = 0 \,|\, FTF \\ 9+1 = 10 \,|\, FTS \end{vmatrix} = 0$$

5. 计算最迟开始时间和结束时间(LS 和 LF)

一项工作最早开始和结束时间以及总时差计算出来以后，则其最迟开始时间(LS)和结束时间(LF)为：

$$LS_i = ES_i + TF_i$$

$$LF_i = EF_i + TF_i$$

例如图 5-21 中工作 D 的最迟开始时间和结束时间：

$$LS_{20} = 12+0 = 12$$

$$LF_{20} = 32+0 = 32$$

第四节　网络计划的优化

网络计划的优化就是利用时差不断改善网络计划的最初方案，在满足既定目标的条件下，按某一衡量指标来寻求最优方案。

例如：当人力、材料、设备和资金等资源有限条件下，寻求工期最短；在工期规定的条件下，寻求投入的人力、材料、设备和资金等资源的数量最小；在最短期限完成计划的条件下，寻求成本最低等。

对网络计划的调整优化，应综合考虑进度、成本费用和质量，以实现项目的目标，网络计划的优化一般有工期的优化、资源配置优化和工期-成本优化方法。

一、工期优化

采用工期优化主要是为了满足项目计划按规定的时间或提前完成而进行的调整，其工期为主要的优化目标，这时的约束条件又分为两种。

(一)资源不受限制的工期优化

由于资源不受限制，可采取的补救方法就有很多，例如增加人工、选用新技术和更多的设备等资源，以实现工期缩短满足要求为目的，但这样会增加资源的消耗即增加成本，同时在采用更多的资源时，还应考虑该项目是否能提供足够的工作面来加快工作的进展。

(二)资源有限的工期优化

由于资源受到限制，一般要求在合理使用和安排有限资源的条件下，满足规定的工期或使延长的工期时间最短，通常是调整工作的顺序解决资源供给与需求的矛盾。

1. 基本原理

假定 I、J、K 为某个项目的三个工作，网络的时间参数和资源需要量如表 5-7 所示，其资源为起重机且这三个工作只能提供两台起重机。

表 5-7　　　　　　　　　　　　工作 I、J、K 的时间参数及资源表

工作名称	D_{i-j}	ES_{i-j}	EF_{i-j}	LS_{i-j}	LF_{i-j}	起重机台数
I	5	8	13	8	13	1
J	4	7	11	9	13	1
K	5	9	14	10	15	1

按网络图的时间参数绘制横道图，如图 5-22 所示。

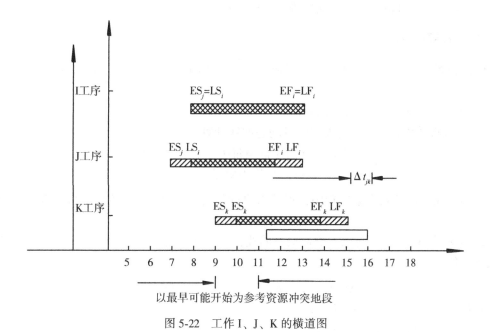

图 5-22　工作 I、J、K 的横道图

从图 5-22 中我们可以看出，如果以网络时间参数的最早可能时间作参考，在工作第 9 天到第 11 天，三个工作需同时进行，那么则同时需要起重机共 3 台，而这三项工作的资源只有两台，这时需停下一项工作延长一定的工期，才能满足条件，那么停下哪一个工作的延长时间最短呢？

按各工作的网络时间参数计算如下：

K 放在 J 后面，$\Delta t_{jk} = EF_j - LS_k = 11 - 10 = 1$ 天

J 放在 K 后面，$\Delta t_{kj} = EF_k - LS_j = 14 - 9 = 5$ 天

I 放在 J 后面，$\Delta t_{ji} = EF_j - LS_i = 11 - 8 = 3$ 天

J 放在 I 后面，$\Delta t_{ij} = EF_i - LS_j = 13 - 9 = 4$ 天

I 放在 K 后面，$\Delta t_{ki} = EF_k - LS_i = 14 - 8 = 5$ 天

K 放在 I 后面，$\Delta t_{ik} = EF_i - LS_k = 13 - 10 = 3$ 天

通过计算可知将工作 K 排在工作 J 后面可使工期延长最短时间 $\Delta t = 1$ 天，即找出一个最迟开始的工作排在最早完成工作之后，能够使得工期拖延最短。

2. 优化步骤

(1)将一般网络计划绘制成带有时间坐标的网络图及资源动态曲线。带有时间坐标的网络图即时标网络图，指带有工作日或日历天的进度计划中，按照各工作的先后顺序和相互关系及按照最早可能开始和最早可能结束的时间绘制各工作的箭杆和事件，工作箭杆长度与时间坐标是一致的。用该时标网络图可以找出关键线路和非关键线路，可以确定每个时间是否能满足资源条件的限制。

(2)按从左向右的顺序，计算发生资源冲突的时段内工作安排的顺序，即确定 $\min \Delta t$。

(3)按调整后的网络计算时间参数，重新绘制资源动态曲线。

(4)将延长工期和增加资源损失进行比较，选用最优方案。

二、资源配置优化

资源配置优化是通过改变工作的开始时间，使资源按时间的分配达到均衡合理的优化目标。

(一)衡量资源消耗均衡性的指标

1. 不均衡系数 K，根据资源需要量动态曲线计算

$$K = \frac{最高峰日期该资源每天总需要量}{每天平均需要量} = \frac{R_{\max}}{\overline{R}}$$

显然，在不同计划方案比较中，资源需要量不均衡系数越小，说明其资源配置的均衡性越好。

2. 极差值 ΔR，根据资源需要量动态曲线，每天计划需要量与每天平均需要量之差的最大绝对值

$$\Delta R = \max \left[\, | \, R_{(t)} - \overline{R} \, | \, \right] \quad 0 \leqslant t \leqslant T$$

其中：$R_{(t)}$——第 t 天的资源需要量；

T——该项目计划完成的时间。

同样，其极差值越小，资源配置的均衡性就越好。

3. 均方差值 σ^2，根据资源需要量动态曲线，每天计划需要量与每天平均需要量之差的平方和的平均值

$$\sigma^2 = \frac{1}{T} \sum_{t=1}^{T} (R_{(t)} - \overline{R})^2$$

$$= \frac{1}{T} \sum_{t=1}^{T} R_{(t)}^2 - \overline{R^2}$$

同样，均方差值越小，资源配置的均衡性就越好。要使均方差值最小，即使 $\sum_{t=1}^{T} R_{(t)}^2 = R_1^2 + {}_2^2 + \cdots + R_t^2 + \cdots + R_T^2$ 最小。

这三个指标从不同角度进行相同目标的优化，其解法也不相同。本书只介绍均方差值最小的近似解法。

(二)优化方法

1. 根据网络计划的最早可能的时间绘制时标网络和资源需要量动态曲线

为使计划的总持续时间不变，在调节资源均衡的过程中，一般不调节关键线路上的工作。

2. 按事件最早开始的后先顺序，从右向左进行调整

假定工作 i-j 为非关键工作，从第 k 天开始，到第 L 天结束，且 j 点为最右的一个事件，那么工作 i-j 向右移动一天，则第 k 天资源需要量将减少单位时间资源需要量 r_{i-j}，而第 $L+1$ 天资源需要量将增加单位资源需要量 r_{i-j}，即

$$R'_{k+1} = R_k - r_{i-j}$$
$$R'_{L+1} = R_{L+1} + r_{i-j}$$

工作 i-j 向右移一天后，均方差值的变化即 $R_1^2 + R_2^2 + \cdots R_{(t)}^2 + \cdots R_T^2$ 的变化值等于

$$\Delta\sigma^2 = [(R_{L+1} + r_{i,j})^2 - R_{L+1}^2] - [R_k^2 - (R_k - r_{i,j})^2]$$

化简后：$\Delta\sigma^2 = 2r_{i-j}(R_{L+1} - (R_{k-1} - r_{i-j}))$

若要知道 $\Delta\sigma^2$ 的变化，只需讨论 $[R_{L+1} - (R_k - r_{i-j})]$ 的变化。

当 $R_{L+1} - (R_k - r_{i-j}) < 0$ 时，即意味着工作 i-j 向右移一天的均方差值变小，那么工作 i-j 可以向右移一天，如果再能移动一天，那么就再右移一天，直到不能移动为止。

当 $R_{L+1} - (R_k - r_{i-j}) = 0$ 时，即意味着工作 i-j 向右移一天的均方差值没有变化，即资源的均衡性没有改善，当然工作 i-j 也可以向右移动。

当 $R_{L+1} - (R_k - r_{i-j}) > 0$ 时，即意味着工作 i-j 向右移一天的均方差值变大，那么工作 i-j 不能向右移一天，那么就考虑向右移 2 天(在总时差许可的范围内)继而可考虑向右移 3 天(在总时差许可的范围内)，直到不能移动为止。

3. 不断调整、循环，直到使均方差值最小

注意资源配置均衡优化时，要按事件最早可能开始的时间的先后顺序对非关键工作从右向左利用时差进行调整。当某事件前有几项非关键工作时，按局部时差大小的先后顺序调整，即局部时差大的工作先调整，局部时差小的工作后调整。

三、工期-成本优化

项目的优化总目标是成本低、工期短、质量优，其中工期与成本是相互联系和相互制约的，要加快进度，缩短工期，必须增加资源，必然导致增加成本。

(一)概念

1. 成本

成本一般由直接费用和间接费用组成，在正常的条件下，加快进度，会增加直接费用，减少间接费用，而由于拖延进度，会降低直接费用，增加间接费用。一般直接费用与工期成反比，且随着工期的缩短而更快地增加，间接费用与工期成正比，如图 5-23 所示。

2. 优化目的

寻求直接费用与间接费用总和(成本)最低的工期 T_R，以及与此相适应的网络计划中各工作的进度安排。在规定的工期条件下，寻求与此相适应的最低成本以及相应的网络计划中各工作的进度安排。

3. 工作的持续时间-费用曲线(即工作的直接费用率)

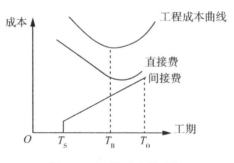

图 5-23　工期-成本关系图

这种费用曲线一般用于连续型工作，即介于正常持续时间与最短持续时间之间任意时间的费用可用数学方法推算出来的工作（图 5-24），则对于连续性时间-费用关系的任意工作 i-j 有

$$C_{i-j} = \frac{m_{i-j} - M_{i-j}}{D_{i-j} - d_{i-j}}$$

其中：C_{i-j}——工作 i-j 赶工单位时间增加的直接费用，即称工作的直接费用率；

　　　　m_{i-j} 和 d_{i-j}：采取措施后工作 i-j 可能增加的直接费用和最短持续时间；

　　　　M_{i-j} 和 D_{i-j}：正常条件下工作 i-j 的直接费用和持续时间。

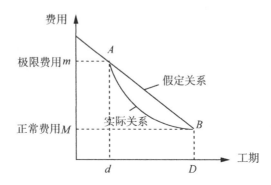

图 5-24　连续型工作工期-成本关系图

(二)基本原理

1. 工期-成本优化，主要是求出不同工期下的最小费用总和；

2. 因为关键线路是决定工期长短的依据，缩短工期，首先必须缩短关键工作的持续时间；

3. 采用"最低费用加快法"缩短工期，即缩短关键工作中直接费用率最小的持续时间；

4. "最低费用加快法"具体做法：

(1)关键线路只有一条时，压缩费用率最小的工作持续时间；

(2)关键线路有两条或两条以上时：

①每条线路都要压缩相同的持续时间 Δt 时，工期才能缩短，压缩 Δt。

②压缩工作的持续时间时，找出直接费用率总和 $\sum C_{i-j}$ 最小的工作组合，称为"最小切割"。

（3）关键线路上各工作持续时间压缩之和不能大于非关键线路的总时差，否则非关键线路就会变成关键线路。

（三）计算实例

例 5-2： 某工程的网络计划如图 5-25 所示，合同工期为 20 周，试用工期-成本优化的方法使该计划的工期满足合同要求。

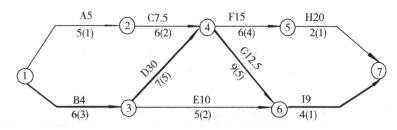

图 5-25　某工程的网络计划图

解：（1）按正常持续时间计算网络的时间参数，见表 5-8。

表 5-8　　　　　　　　　　　　　**工作的时间参数及资源表**

工作名称	工作代号	D_{i-j}	ES	EF	LS	LF	TF	FF_i	C_{i-j}
A	1-2	5	5	7	2	7	2	0	5
B	1-3	6	0	6	0	6	0	0	4
C	2-4	6	5	11	7	13	2	2	7.5
D	3-4	7	6	13	6	13	0	0	30
E	3-5	5	6	11	17	22	11	11	10
F	4-5	6	13	19	18	24	5	0	15
G	4-6	9	13	22	13	22	0	0	12.5
H	5-7	2	19	21	24	26	5	5	20
I	6-7	4	22	26	22	26	0	0	9

根据计算结果，确定网络的关键线路为 1-3-4-6-7，工期 $T = 26$ 周，对该网络计划进行优化。

第一次压缩关键工作的持续时间：

①确定原关键线路，找出关键工作即工作 B、D、G、I。

②找出关键工作直接费用率最小的工作为压缩对象。

$$minC_{i-j}=min(C_{1-3}, C_{3-4}, C_{4-6}, C_{6-7})$$
$$=min(4, 30, 12.5, 9)=C_{1-3}=4 \text{ 千元/周}$$

则选择工作 1-3 为压缩对象。

③确定工作 1-3 的压缩时间。

假设工作 1-3 压缩时间为 6-3＝3 周而工作 1-2 和工作 2-4 的总时差为 2 周，所以工作 1-3 压缩时间 $\Delta t_1 = 2$ 周，使得 $d_{1-3}=4$ 周。在网络图中，还可以看出，关键工作 1-3 压缩后，工作 1-3 的持续时间应满足：

$$d_{1-3} + d_{3-4} \geqslant d_{1-2} + d_{2-4}$$

即
$$d_{1-3} \geqslant d_{1-2} + d_{2-4} - d_{3-4}$$
$$= 5 + 6 - 7$$
$$= 4 \text{ 周}$$

④压缩后工期 $t_1 = t_{0-2} = 26 - 2 = 24$ 周；增加直接费用 $\Delta C_1 = 2 \times 4 = 8$ 千元。

第一次压缩后网络计划的时间参数变化见表 5-9 所示。

表 5-9　　　　　　　　　　第一次压缩后网络计划的时间参数变化及资源表

工作名称	工作代号	D_{i-j}	ES	EF	LS	LF	TF	FF	C_{i-j}
A	1-2	5	0	5	0	5	0	0	5
B	1-3	4	0	4	0	4	0	0	4
C	2-4	6	5	11	5	11	0	0	7.5
D	3-4	7	4	11	4	11	0	0	30
E	3-6	5	4	9	15	20	11	11	10
F	4-5	6	11	17	16	22	5	0	15
G	4-6	9	11	20	11	20	0	0	12.5
H	5-7	2	17	19	22	24	5	5	20
I	6-7	4	20	24	20	24	0	0	9

第二次压缩关键工作的持续时间：

①确定关键线路，即 1-2-4-6-7 和 1-3-4-6-7 找出关键线路关键工作为 A、C、G、I 和 B、D、G、I。

②用最小切割法压缩对象，见图 5-26。

切割 I-I，工作 1-2 和 1-3，$\sum C_{i-j} = 4 + 5 = 9$ 千元/周；

II-II，工作 1-2 和 3-4，$\sum C_{i-j} = 5 + 30 = 35$ 千元/周；

III-III，工作 2-4 和 1-3，$\sum C_{i-j} = 4 + 7.5 = 11.5$ 千元/周；

IV-IV，工作 2-4 和 3-4，$\sum C_{i-j} = 7.5 + 30 = 37.5$ 千元/周。

找出关键线路上最小关键工作或关键工作的组合为压缩对象，即

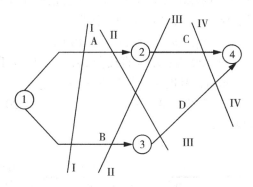

图 5-26 网络计划最小切割法

$$C_{i-j} = \min \begin{bmatrix} C_{1-2} + C_{1-3} \\ C_{1-2} + C_{3-4} \\ C_{2-4} + C_{3-4} \\ C_{4-6} \\ C_{6-7} \end{bmatrix} = \min \begin{bmatrix} 9 \\ 35 \\ 11.5 \\ 37.5 \\ 12.5 \\ 9 \end{bmatrix} = \min \begin{bmatrix} C_{1-2} + C_{1-3} \\ \\ \\ \\ C_{6-7} \end{bmatrix} = 9 \ 千元 / 周$$

则可同时压缩工作 1-2 和 1-3 组合，或压缩工作 6-7 的持续时间。

③确定工作 6-7 的压缩时间。假设工作 6-7 压缩时间为 4-1＝3 周，工作 4-5 和 5-7 的总时差为 5 周，允许在这部分关键线路上关键工作的压缩时间最多为 5 周，则工作 6-7 的压缩时间 Δt_2＝3 周，使 $d_{6-7}-1$ 周。

④压缩后工期 $t_2 = t_1 - 3 = 24 - 3 = 21$ 周；增加的直接费用 $\Delta C_2 = 9 \times 3 = 27$ 千元。

第二次压缩后网络计划的时间参数变化的只有工作 F、H、I，其参数见表 5-10。

表 5-10 　　　　　　　　　　**第二次压缩后网络计划的时间参数变化及资源表**

工作名称	工作代号	D_{i-j}	ES	EF	LS	LF	TF	FF	C_{i-j}
F	4-5	6	11	17	13	19	2	2	15
H	5-7	2	17	19	19	21	2	2	20
I	6-7	4	20	21	20	21	0	0	9

第三次压缩关键工作的持续时间：

①确定关键线路，即 1-2-4-6-7 和 1-3-4-6-7，找出关键线路的关键工作为 A、C、G、I 和 B、D、G、I。

②从第二次压缩中，我们可以知道关键工作 1-2 和 1-3 的组合直接费用率最小，即 C_{i-j}＝9 千元/周。

③确定工作 1-2 和 1-3 组合的压缩时间。

关键工作 1-2 和 1-3 要共同压缩相同的时间，才会使整个工期时间缩短，则应缩短工期 $\Delta t_3 = \min(\Delta d_{1-2}, \Delta d_{1-3}) = \min(4, 1) = 1$ 周，使得

$$d_{1-2} + d_{2-4} = d_{1-3} + d_{3-4} = 10 \text{ 周}$$

④压缩后，工期 $T_3 = 21 - 1 = 20$ 周；增加直接费 $\Delta C_3 = 9 \times 1 = 9$ 千元。

该网络计划经过三次压缩后，其网络计划见图 5-27 所示。

确定关键线路为 1-2-4-6-7 和 1-3-4-6-7 两条，工期 $t = 20$ 周，满足合同要求，增加直接费用 $C = 8 + 27 + 9 = 44$ 千元。

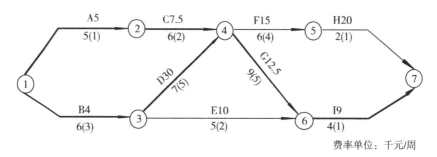

费率单位：千元/周

图 5-27　工期-成本优化后的网络计划

第五节　关键链技术

关键链技术是一种进度网络分析技术，可以根据有限的资源对项目进度计划进行调整。关键链技术是项目管理领域自关键路线法（Critical Path Method，CPM）和计划评审技术（Program Evaluation and Review Technique，PERT）以来最重要的进展之一。关键链技术结合了确定性与随机性办法。开始时利用进度模型中活动持续时间的估算，根据给定的依赖关系与限制条件绘制项目进度网络图，然后计算关键路径。在确定关键路径后，考虑资源的有无与多寡，确定资源限制进度计划。关键链技术的理论依据主要有约束理论、聚集原理及中心极限定理等。

一、关键链技术的核心思想

（一）工序工期的估计

与传统方法对工期的估算不同，关键链技术采用 50% 完工概率的工期作为工序活动的工期估计，将项目中的安全时间统一集中分配。在同样的完工率的情况下可大量减少项目所需时间，减少不确定因素对项目工期的影响。

（二）将关键链作为项目的约束

关键链是项目综合考虑资源约束和工序间紧前紧后关系后识别的总工期最长的活动集合。对于关键链的识别需要在 CPM 方法的基础上进行资源的再分配。由木桶原理可知，决定工期长短的是项目中的各个瓶颈因素。所以，首先要将约束理论加以应用，寻找出限制项目工期的资源约束，采用合理恰当的技术使得该因素的阻碍作用变小，将制约因素的

作用减少或消除，最终识别出的使得项目工期最小的任务链即为关键链。对于关键链的寻找，目前并未形成统一的意见，主要采用不同优先规则的启发式算法，通过实际情况的调查，找到关键链。

（三）缓冲区设置

为确保关键链和非关键链按照计划进行，在关键链技术中采用设置缓冲区的方法。该方法将各工序的安全时间提取出来统一进行管理，重点在于使项目运到全局最优，不是实现局部最优。缓冲区的设置可以减少或消除项目中可能出现的不确定因素的影响。在制定项目进度计划时可将设置的缓冲区看作一个只消耗时间的工序。项目缓冲区通常分为项目缓冲（PB）、汇入缓冲（FB）和资源缓冲（RB）。项目缓冲设置在关键链的末端，用于保障整个项目工期不被拖延，有意外的情况发生导致关键链上的工序无法按时完工，可以通过缓冲区来弥补，确保项目按时完工。汇入缓冲设置在非关键链与关键链的接合处，它的设置可确保非关键链上的工序如果延误不会对关键链上工序的正常执行造成影响。资源缓冲是针对可能发生资源紧缺或需要提前作相应准备的工序设置的。缓冲时间的设置是为了减少或消除项目中因意外情况发生时对工期的影响，设置的结果会对项目工期产生重要的影响，是项目计划工期中的一部分，缓冲设置值的大小在一定程度上能够体现项目中可能出现意外情况的多少及对项目影响的程度。

二、关键链技术与传统项目管理方法的比较

（一）传统的项目管理方法

传统项目管理方法采用 PERT/CPM 的技术。CPM 项目分析的重要目标是决定关键路径，它决定了项目完成的最少时间，它的计算分析包括前向分析和后向分析。前者决定网络中各个活动的最早开始时间和最早结束时间，而后向分析决定各个活动的最迟开始和最迟结束时间。

PERT 可以看作 CPM 技术的扩展。因为在许多情况下，估计项目活动时间是困难的。例如：在 R&D 项目中，就有许多不确定因素和未做过的工作；在建筑项目中，工序时间还会受到诸如天气等自然因素的影响，所以 PERT 正是针对这些不确定性引入项目规划中的。考虑到工序时间的不确定性，PERT 假定每个工序时间是一个随机变量，且服从 beta 分布，每个活动给出三个估计：乐观时间（a），最可能时间（m），悲观时间（b），所以某个活动的持续时间是：$T=(a+4m+b)/6$。同时 PERT 进一步假设某个项目总的完工时间是各个关键工序的平均时间之和，并且所有工序的时间相互独立，具有相同的分布。

传统的项目管理方法存在以下缺陷：

（1）CPM 只考虑了在无资源约束的工作包的时间依赖关系，而现实中资源冲突经常发生。一旦资源冲突存在，可利用 CPM 技术判断它是否发生在关键路径 CP 上；CPM 为了避免项目的延迟，有限的资源就必须分配给关键路线上的活动，需要加大资源的投入量，没有考虑资源是有限的，会造成资源过度负载。

（2）运用 PERT 技术进行历时估算，项目干系人一般会偏向悲观估计，PERT 在理论上又难以消除这个影响，必然影响了历时估算。随着关键路径的时间逐级累加，项目必然超期。项目干系人的能力和工作的不确定性对 PERT 预测的结果有很大的影响。

（3）CPM 对项目的控制是采用跟踪基准计划来实现的。由于不确定性的影响，项目执行过程中某些非关键因素可能会转化成关键因素，CP 会发生转化。对此变化，CPM 只能不停地通过修正计划来反映这种变化，结果造成计划不停地修改，项目经理疲于应付；CPM 认为项目中只有一条所需时间最长的路线是关键路径，其他路线成为关键路径的概率可以忽略不计，把 CP 理解为静态不变的。

（4）PERT 来源于概率统计，它排的计划刚性大，忽视人的主观能动性。人是最有创造力的资源，对人的管理要求有艺术性，刚性的计划压制了人的发挥。

（5）CPM 认为工序一定不能延误，否则延误得不到改善，会依次传递到下一道工序，形成多米诺骨牌效应，牵一发而动全身。任何工序延误都有可能造成项目的延期，而现实中工序延误是随时发生的。CPM 包含极大的项目失败风险。

（6）CPM 鼓励工序越早开始越好，从而减少项目延误的风险。现实中，工作提前开始有可能打破计划的节奏，资源的准备时间不够，匆忙上阵工作效率得不到提高。

（7）CPM 要求工序时间估计要精确，并在此基础上找出 CP，但 PERT 技术本身存在不确定性，过去经验只起参考作用，准确的工期是不存在的。一旦工期估计出现错误，就会错误地定义 CP。

（8）CPM 认为项目提前完工和纠正项目的延误是加班和赶工，但是在项目中长时间的加班和赶工会给项目干系人造成极大的压力和疲倦，工作效率降低。

（9）CPM 具有局部最优的思想，它认为只要做好每一个工作包，整个项目就能很好地完成，在这种思想指导下，项目干系人缺乏全局的观念，过于拘泥细节的完善。

（10）CPM 为了充分利用资源鼓励资源兼职，但是资源的兼职增加了资源的切换准备时间，对切换点的时间要求很高，出错机会较大。

（二）关键链技术

随着关键链理论的发展，其在项目管理领域上的应用已日益引起人们的关注。同传统的网络进度计划技术 CPM/PERT 相比，关键链技术具有如下优点：

（1）关键链技术强调全局、整体最优的观点，使人力和物力资源得到最充分的利用，强调找出项目的制约因素以找到造成项目延误的根本原因，从而保证项目的如期完成。

（2）在关键链进度计划中，任务的工期通常是平均情况下的估计工期，而关键路径进度计划中则通常使用最坏情况下的估计工期。这样，关键链技术编制的计划工期比关键路径方法可以缩短很多；另外关键链将分散在各工序中的安全时间聚集在一起进行管理，避免项目计划中的富余时间由于学生综合征、帕金森定律等人为因素白白浪费掉，提高了效率。

（3）在运用关键链技术管理项目时，在非关键链到关键链的入口处和关键链尾部设置缓冲区，通过项目缓冲、汇入缓冲和资源缓冲机制来消除项目中不确定因素对项目计划执行的影响，保证项目在进行过程中即使遇到意外情况也能按时完成。通过项目缓冲，即使关键链上的任务发生延迟，整个项目一般也不会延期；而且由于有缓冲去吸收任务时间的变化，项目的计划相对稳定，不用时时更新，降低了工期变更的频率，保证了项目计划在动态环境下的顺利贯彻执行。

（4）关键链技术不仅考虑了工作间的逻辑关系约束，而且考虑了工作间的资源冲突，因此更加符合实际情况。关键链标识了项目周期的制约因素和资源瓶颈，指出了项目中的关键因素，即关键链上的工作和瓶颈资源，有利于项目进程中的资源配置，降低因资源紧张而引起的进度风险，而且不需要加入额外的任务依赖关系，可以保持计划的简洁。

(5)关键链技术在项目计划编制和实施中着重考虑人的心理因素对计划顺利执行的影响，并采取相应措施克服传统进度管理方法实施过程中出现的项目计划工期过长、项目期容易延误等缺陷，更加客观真实地估计任务的持续时间。

小　结

项目进度管理是项目管理的一项核心管理职能。项目进度管理的目的，是有效地利用一切生产手段或资源来实现项目的目标，其目标是通过管理保证按时完成任务、合理分配资源、发挥最佳工作效率。首先，本章介绍了项目进度和项目进度管理的概念，项目进度的指标以及项目进度管理的步骤。其次，详细介绍了项目进度管理的各项过程，其主要过程包括：活动定义、活动排序、活动资源估算、活动持续时间估算、制定进度计划和进度控制。网络计划技术是编制进度计划的重要方法，这一技术涵盖了项目活动的顺序排列、项目施工时间的评估与计算、项目进度计划的制定、项目进度的监督与管理、项目进度的转变等有关的管理理念，同时还可以利用网络计划技术进行进度计划的优化。最后，介绍了关键链技术的核心思想并与传统项目管理方法进行了比较。

案例思考题

【案例一】

案例背景：

某信息系统集成公司在小型炼油企业有成功实施 MES 的经验，其针对炼油企业的 MES1.0 软件深受用户好评。公司去年承接了一家大型石化公司的 MES 项目，该石化公司下设很多分厂。赵经理为该项目的项目经理，这是他第一次管理大型项目，石化公司信息中心的程经理作为甲方项目经理负责实施配合。由于涉及分厂较多，石化公司从各分厂抽调了生产调度人员、计划统计人员、信息人员等技术骨干，组成各分厂的项目小组。赵经理带领的乙方项目组成员均为 MES 业务顾问，资深顾问安排到业务最复杂的炼油厂，其他顾问水平参差不齐，分别安排到了其他分厂。公司的软件开发部设在总部，项目实施顾问均在石化公司提供的现场集中办公，赵经理负责石化公司与自己公司总部之间的沟通，从总体上管理项目。

项目在 8 月初启动，赵经理按原 MES1.0 版本时的实施经验制定了项目开发计划，收集各分厂用户需求，组建了 MES 测试服务器环境等。初期较为顺利，但后来由于原 MES1.0 版本软件仅适用于单纯的炼油业务，而现在的化工业务在软件系统中并没有合适的模型，该石化公司规模很大，炼油厂的许多业务并不是直线式的，而是一种网状关系，所以 MES 软件的炼油装置模型也需要修改，而在赵经理的项目计划中，并没有炼油模型的修改计划，业务需求分析占用了很多时间，赵经理将这些需求提交给软件开发部抓紧开发，但在此情况下甲方的部分业务人员，如统计和信息人员却显得无事可做。当软件开发部将软件开发完成后，已经进入 12 月，项目进度已经远远落后于当初的计划，赵经理要求各分厂小组由顾问牵头分别对自己负责的模块进行测试，同时安排各小组中信息人员进行报表开发，MES 系统试运行的原计划安排在 12 月底，拟 1 月中旬正式上线，信息人员认为，以现在的可用时间开发这么多报表，肯定完不成，统计人员发现 MES 系统根本不能满足业务的需要。项目的进展进入混乱状态，各分厂的项目小组内也有不同的声音，有抱怨系统太烂的，也有用户反映在一些录入页面中找不到提交按钮，造成资料不能保存的，一些顾问迫于压力尝试修改系统，竟然造成了用户的数据丢失，引起很大不满，甚至一些成员开始嘲笑乙方顾问的水平，进而开始怀疑 MES 系统能否正常运转起来。根据实际情况，赵经理在用户同意的情况下，将系统的投用时间重新设在 1 月底。为了完成这个目标，赵经理要求各项目小组从 12 月中旬开始，每周六、周日和晚上必须加班。元旦期间，项目小组中的一些甲方成员并没有来加班，甚至有一个假日的中午，所在的宾馆居然没有提供足够的午餐，乙方项目小组中开始有人跳槽离去……赵经理受到公司总部的批评，但他认为，即使能准确估算出每个任务所需的时间，也无法确定项目的总工期，以项目现在的状态，到 1 月底根本完不成，2 月底也没有把握，具体什么时间完成，赵经理感觉遥遥无期。

思考题：

1. 从进度管理的角度出发，你认为此项目失控的原因可能是什么？
2. 假如你是赵经理，你会如何做以保证项目整体进度不拖延？
3. 你认为在进度管理中存在哪些因素会对项目的进度产生制约？

【案例二】

案例背景：

某高校某专业的 10 名学生准备利用暑假时间对北京、上海、武汉三地做一次关于环境保护的社会调查。他们分成三个组开展工作，成员分别为 4 人、3 人、3 人。第一组的同学到北京、上海和武汉进行调研，并通过 QQ 或 Email 及时将该地区的资料传送给第二组同学，在每一个地方持续的时间是 4 天(包括交通时间)；第二组同学留在本校做数据的整理和分析，每一个地方的数据整理和分析的持续时间是 2 天；第三组同学留在本校完成三个地方的调研报告，每一个地方完成调研报告的持续时间是 3 天。

思考题：

1. 请帮这些同学制定一个这次社会调查项目的计划(用双代号网络图表示)。
2. 应用网络计划时间参数计算确定其关键线路和完成项目所需要的时间。

思考练习题

1. 简述项目进度的概念和评价进度的指标。

2. 简述项目进度管理的过程。

3. 谈谈活动定义的过程管理。

4. 谈谈活动排序的过程管理。

5. 谈谈活动资源估算的过程管理。

6. 谈谈活动持续时间估算的过程管理。

7. 谈谈制定进度计划的过程管理。

8. 谈谈进度控制的过程管理。

9. 简述双代号网络计划与单代号搭接网络计划的绘制和参数计算。

10. 怎样进行工期-成本的优化？

11. 结合实际项目，绘制其进度计划。

12. 简述关键链技术的核心思想和优点。

第六章　项目成本管理

第一节　项目成本管理概述

一、基本概念

(一)费用的概念

费用是指企业在一定期间内生产经营过程所发生的、以货币形式表现的各种耗费。它包括与产品生产有直接联系的各项费用(直接成本和制造费用统称为制造成本)和与产品生产无直接联系的各项期间费用(销售费用、管理费用、财务费用)。

为了对各项费用进行有效的管理和监督,需要对企业的费用进行分类。按照经济内容不同,费用分为直接费用、制造费用、期间费用。

直接费用是指为生产经营产品或提供劳务等发生的各项直接耗费,包括直接人工、材料、商品进价和其他直接费用,直接费用期末直接计入生产经营成本。制造费用是指企业生产产品或提供劳务而发生的各项间接费用,制造费用期末按照一定的分配率分配计入生产经营成本。期间费用是指在一定会计期间内发生的只与该会计期间相联系的各项费用,它与产品生产无直接联系,包括销售费用、管理费用和财务费用,期间费用不计入生产经营成本,直接计入当期损益。

(二)成本的概念

成本是指为制造产品所发生的费用,即与生产产品有直接联系的各种耗费,是反映项目经营过程中资源消耗的一个主要基础数据,是形成产品价格的重要组成部分,是影响经济效益的重要因素。它包括为生产产品所耗费的直接人工、直接材料、其他直接费用及制造费用。成本是以企业生产的特定产品为对象归集和计算的,是为生产一定种类和一定数量的产品所应承担的生产费用。

(三)项目成本管理的概念

项目成本管理(project cost management)是指在保证工期和满足质量要求的情况下,利用组织措施、经济措施、技术措施、合同措施把费用控制在计划范围内,并进一步寻求最大限度的费用节约。项目的费用确定是项目费用控制的基础,项目成本管理的内容包括对工程项目费用进行预测、决策、计划、控制、核算、分析和检查等一系列工作。

本教材主要讨论计划与控制方法,在这里我们将"费用"与"成本"统一起来,如果没有特别说明,视为没有区别。

（四）项目成本管理的核心概念

项目成本管理重点关注完成项目活动所需资源的成本，但同时也应考虑项目决策对项目产品、服务或成果的使用成本、维护成本和支持成本的影响。例如，限制设计审查的次数可降低项目成本，但可能增加由此带来的产品运营成本。

成本管理的另一个方面是认识到不同的相关方会在不同的时间，用不同的方法测算项目成本。例如，对于某采购品，可在做出采购决策、下达订单、实际交货、实际成本发生或进行项目会计记账时，测算其成本。在很多组织中，预测和分析项目产品的财务效益是在项目之外进行的，但对于有些项目，如固定资产投资项目，可在项目成本管理中进行这项预测和分析工作。在这种情况下，项目成本管理还需使用其他过程和许多通用财务管理技术，如投资回报率分析、现金流贴现分析和投资回收期分析等。

二、项目费用的影响因素

影响项目费用的因素很多，主要有：

（一）项目范围

项目范围界定了完成项目所需要包括的工作内容，这些工作需要消耗一定的资源，因此，项目范围界定了成本发生的范围和数额。

（二）质量

质量与成本之间存在辩证统一的关系。在一定范围内，质量水平越低，项目成本就越小；如果质量要求定位高，则在完成项目时需要采用更好的资源、耗费更长的时间，成本也越大。但是，质量水平低到无法使项目投入正常使用，经常发生故障，则总的成本反而上升。

（三）工期

工期与成本之间也存在辩证统一的关系。在一定范围内，工期越长，不可预见的因素越多，风险越大，成本越高。

（四）价格

在项目范围确定的情况下，资源价格高成本就会提高。因此，项目在通货膨胀时期实施，成本往往较高。

（五）管理水平

在项目进行期间，较高的管理水平可以减少失误，降低间接成本，从而降低总成本。

三、项目成本管理的特点

（一）项目成本管理是贯穿于项目全生命周期的动态控制

对于项目的投资人来说，项目成本管理不仅贯穿于项目的启动过程、规划过程、执行过程、监控过程和收尾过程，而且贯穿于项目的运营或使用，资金的回收与增值，直到项目的生命周期结束。

（二）项目成本管理具有全面性

从项目成本管理的全面性出发，需要对项目形成的全过程开展成本管理，对影响成本的全部要素开展成本管理，由项目全体团队成员参加成本管理。因此，全面成本管理就是全员、全过程和全要素的成本管理。这是针对成本管理的内容和方法而言的。

（三）项目成本管理与质量管理和进度管理是不能完全分开的

项目成本与质量、进度之间具有密切的关系。在对项目成本进行管理时必须结合质量和进度进行管理。

第二节　项目成本管理的过程

项目成本管理过程包括为使项目在批准的预算内完成而对成本进行规划、估算、预算、融资、筹资、管理和控制的各个过程，从而确保项目在批准的预算内完工。项目成本管理过程包括：

（1）规划成本管理：确定如何估算、预算、管理、监督和控制项目成本的过程。

（2）估算成本：对完成项目活动所需货币资源进行近似估算的过程。

（3）制定预算：汇总所有单个活动或工作包的估算成本，建立一个经批准的成本基准的过程。

（4）控制成本：监督项目状态，以更新项目成本和管理成本基准变更的过程。

一、规划成本管理

规划成本管理是确定如何估算、预算、管理、监督和控制项目成本的过程。本过程的主要作用是，在整个项目期间为如何管理项目成本提供指南和方向。本过程仅开展一次或仅在项目的预定点开展。图6-1描述本过程的输入、工具与技术和输出。

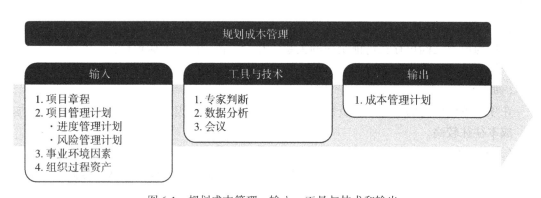

图6-1　规划成本管理：输入、工具与技术和输出

在项目规划阶段的早期对成本管理工作进行规划，建立各成本管理过程的基本框架，以确保各过程的有效性及各过程之间的协调性。成本管理计划是项目管理计划的组成部分，其过程及技术应记录在成本管理计划中。

（一）规划成本管理的依据

规划成本管理的依据包括项目章程、项目管理计划、事业环境因素和组织过程资产。

项目管理计划组件主要包括：（1）进度管理计划。进度管理计划确定了编制、监督和控制项目进度的准则和活动，同时也提供了影响成本估算和管理的过程及控制方法。

（2）风险管理计划。风险管理计划提供了识别、分析和监督风险的方法，同时也提供了影响成本估算和管理的过程及控制方法。

影响规划成本管理过程的事业环境因素主要包括：（1）能够影响成本管理的组织文化和组织结构；（2）市场条件，决定着在当地及全球市场上可获取哪些产品、服务和成果；（3）货币汇率，用于换算发生在多个国家的项目成本；（4）发布的商业信息，经常可以从商业数据库中获取资源成本费率及相关信息，而这些数据库动态跟踪具有相应技能的人力资源的成本数据，也提供材料与设备的标准成本数据；还可以从卖方公布的价格清单中获取相关信息；（5）项目管理信息系统，可为管理成本提供多种方案；（6）不同地区的生产率差异，可能会对项目成本造成巨大影响。

影响规划成本管理过程的组织过程资产主要包括：（1）财务控制程序（如定期报告、必需的费用与支付审查、会计编码及标准合同条款等）；（2）历史信息和经验教训知识库；（3）财务数据库；（4）现有的正式和非正式的与成本估算和预算有关的政策、程序和指南。

（二）规划成本管理的结果

规划成本管理的结果是成本管理计划。

成本管理计划是项目管理计划的组成部分，描述将如何规划、安排和控制项目成本。在成本管理计划中规定计量单位、精确度、准确度、组织程序链接、控制临界值、绩效测量规则、报告格式等。

二、估算成本

估算成本是对完成项目工作所需资源成本进行近似估算的过程。本过程的主要作用是确定项目所需的资金。本过程应根据需要在整个项目期间定期开展。图 6-2 描述本过程的输入、工具与技术和输出。

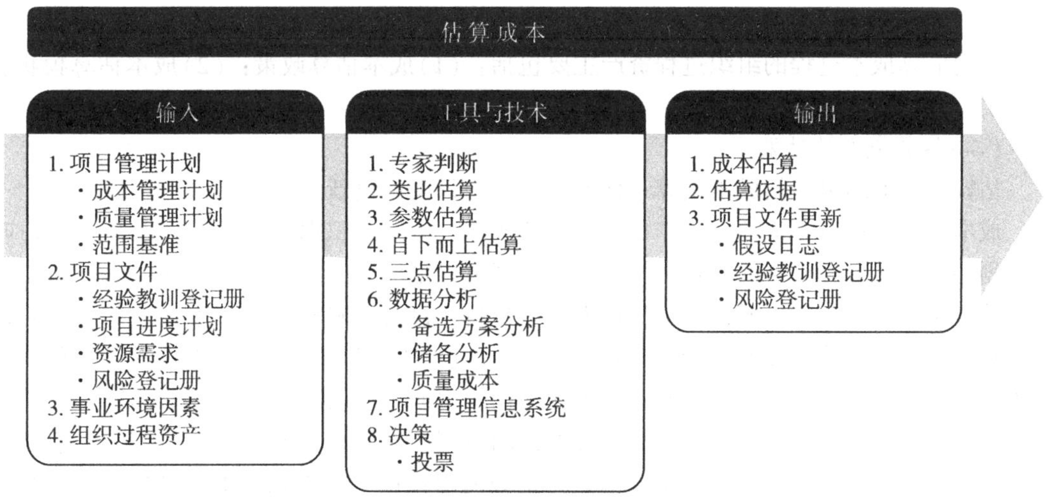

图 6-2　估算成本：输入、工具与技术和输出

成本估算是对完成活动所需资源的可能成本的量化评估，是在某特定时点，根据已知信息所做出的成本预测。在估算成本时，需要识别和分析可用于启动与完成项目的备选成本方案；需要权衡备选成本方案并考虑风险，如比较自制成本与外购成本、购买成本与租赁成本及多种资源共享方案，以优化项目成本。

通常用某种货币单位(如人民币、美元、欧元等)进行成本估算，但有时也可采用其他计量单位，如人时数或人天数，以消除通货膨胀的影响，便于成本比较。在项目实施过程中，应该随着更详细信息的呈现和假设条件的验证，对成本估算进行审查和优化。在项目生命周期中，项目估算的准确性亦将随着项目的进展而逐步提高。

进行成本估算，应该考虑将向项目收费的全部资源，包括人工、材料、设备、服务、设施，以及一些特殊的成本种类，如通货膨胀补贴、融资成本或应急成本。成本估算可在活动层级呈现，也可以汇总形式呈现。

(一)估算成本的依据

估算成本的依据包括项目管理计划、项目文件、事业环境因素和组织过程资产。

项目管理计划组件需要包括：(1)成本管理计划。成本管理计划描述了可使用的估算方法以及成本估算需要达到的准确度和精确度。(2)质量管理计划。质量管理计划描述了项目管理团队为实现一系列项目质量目标所需的活动和资源。(3)范围基准。范围基准包括项目范围说明书、WBS 和 WBS 词典。

估算成本过程的事业环境因素主要包括：(1)市场条件。可以从市场上获得什么产品、服务和成果，可以从谁那里、以什么条件获得。地区和/或全球性的供求情况会显著影响资源成本。(2)发布的商业信息。经常可以从商业数据库中获取资源成本费率及相关信息，而这些数据库动态跟踪具有相应技能的人力资源的成本数据，也提供材料与设备的标准成本数据；还可以从卖方公布的价格清单中获取相关信息。(3)汇率和通货膨胀率。对于持续多年、涉及多种货币的大规模项目，需要了解汇率波动和通货膨胀，并将其纳入估算成本过程。

影响估算成本过程的组织过程资产主要包括：(1)成本估算政策；(2)成本估算模板；(3)历史信息和经验教训知识库。

(二)估算成本的结果

估算成本的结果包括成本估算、估算依据和项目文件更新。

成本估算包括对完成项目工作可能需要的成本、应对已识别风险的应急储备，以及应对计划外工作的管理储备的量化估算。成本估算可以是汇总的或详细分列的。成本估算应覆盖项目所使用的全部资源，包括直接人工、材料、设备、服务、设施、信息技术，以及一些特殊的成本种类，如融资成本(包括利息)、通货膨胀补贴、汇率或成本应急储备。如果间接成本也包含在项目估算中，则可在活动层次或更高层次上计列间接成本。

成本估算所需的支持信息的数量和种类，因应用领域而异，不论其详细程度如何，支持性文件都应该清晰、完整地说明成本估算是如何得出的。成本估算的支持信息可包括：(1)关于估算依据的文件(如估算是如何编制的)；(2)关于全部假设条件的文件；(3)关于各种已知制约因素的文件；(4)有关已识别的、在估算成本时应考虑的风险的文件；(5)对估算区间的说明；(6)对最终估算的置信水平的说明。

三、制定预算

制定预算是汇总所有单个活动或工作包的估算成本，建立一个经批准的成本基准的过程。本过程的主要作用是确定可据以监督和控制项目绩效的成本基准。本过程仅开展一次或仅在项目的预定义点开展。图6-3描述本过程的输入、工具与技术和输出。项目预算包括经批准用于执行项目的全部资金，而成本基准是经过批准且按时间段分配的项目预算，包括应急储备，但不包括管理储备。

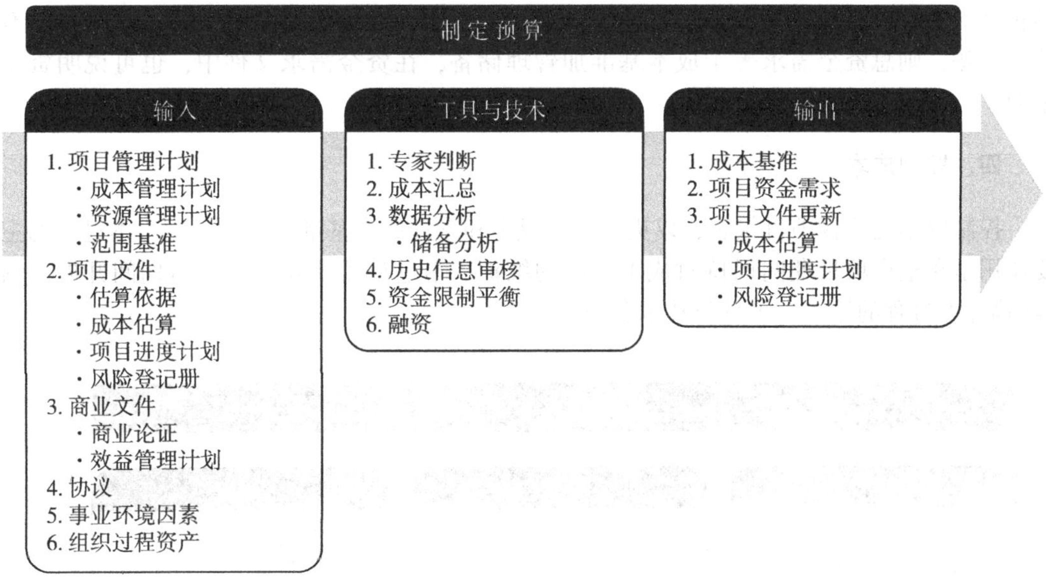

图 6-3　制定预算：输入、工具与技术和输出

（一）制定预算的依据

制定预算的依据包括项目管理计划、项目文件、商业文件、协议、事业环境因素和组织过程资产。

商业文件主要包括：（1）商业论证。商业论证识别了项目成功的关键因素，包括财务成功因素。（2）效益管理计划。效益管理计划包括目标效益，例如净现值的计算、实现效益的时限，以及与效益有关的测量指标。

事业环境因素主要包括：汇率。对于持续多年、涉及多种货币的大规模项目，需要了解汇率波动并将其纳入制定预算过程。

组织过程资产主要包括：（1）现有的正式和非正式的与成本预算有关的政策、程序和指南；（2）历史信息和经验教训知识库；（3）成本预算工具；（4）报告方法。

（二）制定预算的结果

制定预算的结果包括成本基准、项目资金需求和项目文件更新。

成本基准是经过批准的、按时间段分配的项目预算，不包括任何管理储备，只有通过正式的变更控制程序才能变更，用作与实际结果进行比较的依据。成本基准是不同进度活动经批准的预算的总和。先汇总各项活动的成本估算及其应急储备，得到相关工作包的成本；然后汇总各工作包的成本估算及其应急储备，得到控制账户的成本；接着再汇总各控制账户的成本，得到成本基准。由于成本基准中的成本估算与进度活动直接关联，因此就可按时间段分配成本基准，得到一条 S 曲线。对于使用挣值管理的项目，成本基准指的是绩效测量基准。最后，在成本基准之上增加管理储备，得到项目预算。当出现有必要动用管理储备的变更时，则应该在获得变更控制过程的批准之后，把适量的管理储备移入成本基准中。

根据成本基准，确定总资金需求和阶段性(如季度或年度)资金需求。成本基准中包括预计支出及预计债务。项目资金通常以增量的方式投入，并且可能是非均衡的，如果有管理储备，则总资金需求等于成本基准加管理储备，在资金需求文件中，也可说明资金来源。

四、控制成本

控制成本是监督项目状态，以更新项目成本和管理成本基准变更的过程。本过程的主要作用是在整个项目期间保持对成本基准的维护。本过程需要在整个项目期间开展。图6-4 描述本过程的输入、工具与技术和输出。

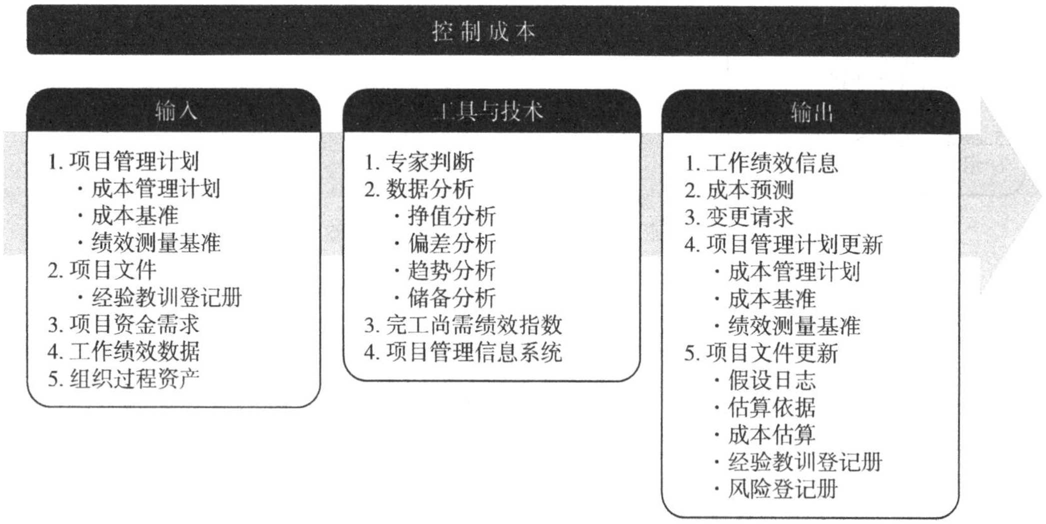

图 6-4　控制成本：输入、工具与技术和输出

更新预算需要了解截至目前的实际成本。只有经过实施整体变更控制过程的批准，才可以增加预算。只监督资金的支出，而不考虑由这些支出所完成的工作的价值，对项目没有什么意义，最多只能跟踪资金流，所以在成本控制中，应重点分析项目资金支出与相应完成的工作之间的关系。有效成本控制的关键在于管理经批准的成本基准。项目成本控制包括：(1)对造成成本基准变更的因素施加影响；(2)确保所有变更请求都得到及时处理；(3)当变更实际发生时，管理这些变更；(4)确保成本支出不超过批准的资金限额，既不

超出按时段、按 WBS 组件、按活动分配的限额，也不超出项目总限额；(5)监督成本绩效，找出并分析与成本基准间的偏差；(6)对照资金支出，监督工作绩效；(7)防止在成本或资源使用报告中出现未经批准的变更；(8)向相关方报告所有经批准的变更及其相关成本；(9)设法把预期的成本超支控制在可接受的范围内。

(一)控制成本的依据

控制成本的依据包括项目管理计划、项目文件、项目资金需求、工作绩效数据和组织过程资产。

项目资金需求包括预计支出及预计债务。

组织过程资产主要包括现有的正式和非正式的与成本控制相关的政策、程序和指南；成本控制工具；可用的监督和报告方法。

(二)控制成本的结果

控制成本的结果包括工作绩效信息、成本预测、变更请求和项目文件更新。

工作绩效信息包括有关项目工作实施情况的信息(对照成本基准)，可以在工作包层级和控制账户层级上评估已执行的工作和工作成本方面的偏差。

第三节　项目费用估算和费用预算的确定方法

项目的费用估算和费用预算既有区别，又有联系。费用估算的目的是估计项目的总成本和误差范围，而费用预算是将项目的总成本分配到各工作项上。费用估算的输出结果是费用预算的基础与依据，费用预算则是将已批准的估算(有时因为资金的原因需要砍掉一些工作来满足总预算要求，或因为追求经济利益而缩减成本额)进行分摊。

尽管费用估算与费用预算的目的和任务不同，但两者都以工作分解结构为依据，所运用的工具与方法类似，两者均是项目成本管理中不可或缺的组成部分。

一、类比法

(一)类比法的一般原理

类比法是通过新项目与已完成的一个或多个项目比较来进行估算的，运用类似项目的费用资料进行新项目的费用估算，然后根据新项目与类似历史项目之间的差异对估算进行调整以获得对新项目的费用估计值。

类比法依据相似项目的实际经验来估计，需要对以往项目的特性有清楚的了解，以便确定它们和新项目之间的匹配程度。因为已完成的项目和新项目在需求、生命周期阶段、项目限制条件、实现需求等方面都有可能不同，因此，确定项目间匹配程度至关重要。采用类似项目资料进行估算时，估算的对象可以是总体项目，也可以是子项目或子系统。这取决于用来识别和尝试估算新项目的已完成类似项目细节的可利用程度。

在新项目与已完成项目只有局部相似时，可行的方法是"分而治之"，即对新项目进行适当的分解，以得到的更小的任务、工作包或单元作为类比估算的对象。通过这些项目单元与已有项目单元对比后进行类比估算，最后，将各单元的估算结果汇总得出总的估计值。值得注意的是，使用类比法首先必须了解新项目与历史项目之间的异同之处。类比法本质上是一种直觉方法，很容易理解并便于向项目管理者或用户解释，故可以结合专家判断予以使用。

(二)常用的建设项目成本估算类比法

1. 生产规模指数估算法

生产规模指数估算法是利用已建成项目的投资额或其设备投资额，估算同类而不同生产规模的项目投资或其设备投资的方法，其估算数学式为

$$C_2 = C_1 \left(\frac{Q_2}{Q_1} \right)^n \times C_f$$

式中：C_2——拟建项目的投资额；

　　　C_1——已建同类型项目的投资额；

　　　Q_2——拟建项目的生产规模；

　　　Q_1——已建同类型项目的生产规模；

　　　C_f——增价系数；

　　　n——生产规模指数。

生产规模指数估算法中生产规模指数 n 是一个关键因素。不同行业、性质、工艺流程、建设水平、生产率水平的项目，应取不同的指数值。选取 n 值的原则是：靠增大设备或装置的尺寸扩大生产规模时，n 取 0.6~0.7；靠增加相同的设备或装置的数量扩大生产规模时，n 取 0.8~0.9；化工系统 n 取 0.6~0.7。另外，拟估投资项目的生产能力与原有已知资料项目的生产能力的比值有一定限制范围，一般这一比值不能超过 50 倍，而在 10 倍以内效果较好。

2. 分项比例估算法

分项比例估算法是将项目的固定资产投资分为设备投资、建筑物与构筑物投资、其他投资三部分，先估算出设备的投资额，然后再按一定比例估算建筑物与构筑物的投资及其他投资，最后将三部分投资加在一起。

(1)设备投资估算

设备投资按其出厂价格加上运输费、安装费等，其估算公式为：

$$K_1 = \sum_{i=1}^{n} Q_i \times P_i (1 + L_i)$$

式中：K_1——设备的投资估算值；

　　　Q_i——第 i 种设备所需数量；

　　　P_i——第 i 种设备的出厂价格；

　　　L_i——同类项目同类设备的运输、安装费系数；

　　　n——所需设备的种数。

(2)建筑物与构筑物投资估算

建筑物和构筑物投资估算计算公式为：

$$K_2 = K_1 \times L_b$$

式中：K_2——建筑物与构筑物的投资估算值；

　　　L_b——同类项目中建筑物与构筑物投资占设备投资的比例，露天工程取 0.1~0.2，

室内工程取 0.6~1.0。

（3）其他投资估算

其他投资估算公式为

$$K_3 = K_1 \times L_w$$

式中：K_3——其他投资的估算值；

L_w——同类项目其他投资占设备投资的比例。

项目固定资产投资总额的估算值 K 则为：

$$K = (K_1 + K_2 + K_3) \times (1 + S\%)$$

式中，$S\%$ 为考虑不可预见因素而设定的费用系数，一般为 10%~15%。

3. 资金周转率法

资金周转率法是利用资金周转率指标进行投资估算。先根据已建类似项目的有关数据计算资金周转率，然后根据拟建项目的预计年产量和单价估算拟建项目投资。计算公式如下：

$$资金周转率 = \frac{年销售总额}{总投资} = \frac{年产量 \times 单位产品售价}{总投资}$$

$$总投资 = \frac{预计年产量 \times 预计单位产品售价}{资金周转率}$$

该法简便易行，节约时间和费用。但投资估算的精度较低，因为项目相关数据的确定性较差。

4. 单位面积综合指标估算法

单位面积综合指标估算法适用于单项工程的投资估算，这类投资项目包括土建、给排水、采暖、通风、空调、电气、动力管道等。其计算公式为：

$$\frac{单项工程}{投资额} = \frac{建筑}{面积} \times \frac{单位面}{积造价} \times \frac{价格浮}{动指数} \pm \frac{结构和建筑标}{准部分的价差}$$

5. 单元指标估算法

单元指标指每个估算单位的投资额。例如：啤酒厂单位生产能力投资指标、饭店单位客户房间投资指标、冷库单位储藏量投资指标、医院每个床位投资指标等。单元指标估算法在实际工作中使用较多，工业建设项目和民用建设项目的投资估算公式如下：

工业建设项目单元指标估算法：

项目投资额 = 单元指标×生产能力×物价浮动指数

民用建设项目单元指标估算法：

项目投资额 = 单元指标×民用建筑功能×物价浮动指数

二、参数模型法

（一）参数模型法的一般原理

参数模型法指将项目特征（参数）用于数学模型来估算预测项目费用。模型可以是简单的，也可以是复杂的。如果建立模型所用的历史信息是精确的、项目参数容易定量化，并且模型就项目大小而言是灵活的，那么，这种情况下参数模型是最可靠的。

　　参数模型法需要积累数据，根据同类项目的管理状况和成本数据，运用建模技术建立模型，如回归分析和学习曲线。

（二）回归分析法

　　使用参数模型法首先要识别成本与项目特征之间的关系，即要识别项目成本的动因。项目可能会存在一个或多个成本动因，如项目设计成本与设计元素的数量、设计的变化有关，设备的维修成本与维修工时、设备已使用年限等有关，建筑物的建造成本与建筑面积、建筑体积、建筑结构类型有关。

　　对客观存在的现象之间相互依存关系进行分析研究，测定两个或两个以上变量之间的关系，寻求其发展变化的规律性，从而进行推算和预测，称为回归分析。显然，项目成本与项目特征之间的这种因果关系适合采用回归分析法。在进行回归分析时，不论变量的个数多少，必须选择其中的一个变量为因变量，而把其他变量作为自变量，然后根据已知的历史统计数据资料，研究测定因变量和自变量之间的关系。

　　回归分析是为了测定客观现象的因变量与自变量之间的一般关系所使用的一种数学方法。它根据现象之间相关关系的形式，拟合一定的直线或曲线，用这条直线或曲线代表现象间的一定数量变化关系。这条直线或曲线在数学上称为回归直线或曲线，表现这条直线或曲线的数学公式称为回归方程。

　　利用回归分析法进行预测，称为回归预测。在回归预测中，所选定的因变量是指需要求得预测值的那个变量，即预测对象。自变量则是影响预测对象变化的，与因变量有密切关系的那个或那些变量。在预测中，常用的回归预测法有一元回归预测和多元回归预测。这里仅介绍一元线性回归预测方法。

　　1. 一元线性回归预测法的基本原理

　　一元线性回归预测法是根据历史数据在直角坐标系上描绘出相应点，再在各点间作一直线，使直线到各点的距离最小，即偏差平方和为最小，因而，这条直线最能代表实际数据变化的趋势（或称倾向线），用这条直线适当延长来进行预测是合适的。

　　一元线性回归的基本公式是：

$$y = a + bx$$

式中：x ——自变量；

　　　　y ——因变量；

　　　　a、b ——回归系数，亦称待定系数。

　　2. 一元线性回归预测的步骤

　　从一元线性回归的基本公式中可以看出，当 $x = 0$ 时，$y = a$，a 是直线在 y 轴上的截距。y 是由 a 点起，随着 x 的变化开始演变的，a 是利用统计数据计算出来的经验常数，b 是直线的斜率，也是利用统计数据计算出来的经验常数，它用来表示自变量 x 与因变量 y 的比例关系。y 是按着 b 这个比值，随着 x 等比变化的。x 与 y 这两个变量之间的关系，将在 a、b 这两个回归系数的范围内，进行有规律的演变。因此，运用一元回归分析法的步骤是：

　　（1）先根据 x、y 两个变量的历史统计数据，把 x 与 y 作为已知数，寻求合理的 a、b 回归系数，然后，依据 a、b 回归系数来确定回归方程。这是运用回归分析法的基础。

　　（2）利用已求出的回归方程中 a、b 回归系数的经验值，把 a、b 作为已知数，根据具体条件，测算 y 值随着 x 值的变化而呈现的未来演变。这是运用回归分析法的目的。

3. 求回归系数 a 和 b

求解回归直线方程式中 a、b 两个回归系数要运用最小二乘法。具体的计算方法不再叙述，其结果如下：

$$b = \frac{\sum x_i y_i - \bar{x} \sum y_i}{\sum x_i^2 - \bar{x} \sum x_i}$$

$$a = \bar{y} - b \bar{x}$$

式中：x_i——自变量的历史数据；

y_i——相应的因变量的历史数据；

$\bar{x}$——x_i 的平均值，$\bar{x} = \dfrac{\sum x_i}{n}$；

y_i——y_i 的平均值，$\bar{y} = \dfrac{\sum y_i}{n}$；

n——所采用的历史数据组。

4. 回归检验

在利用一元线性回归方程预测时，需要对回归系数、回归方程进行检验，以判定预测模型的合理性和适用性。检验方法有方差分析、相关检验、t 检验等。

(三) 学习曲线法

学习曲线的思想来自一个历史性的发现，那就是当一个人重复多次做一件事情之后，会提高劳动的熟练程度，在下一次做这件事时，他必然能够把它做得更好，完成任务的速度也会加快。针对这种现象的非理论研究，我们可以得到三个基础性结论：

(1) 当一项任务被重复时，完成这项任务所需要的时间将会缩短。

(2) 随着更多的产品被生产出来，提高的幅度将会减少。

(3) 提高率会有充分的连续性，因此可以把它当做预测工具。

在生产了一定量的产品之后，接下来，生产同等数量的产品所需的时间会以一个固定的比率减少。通常说来，当一个公司生产一种产品的经验加倍时，再次生产时就能节省 10%~20% 的成本和时间。通过对累计生产量和劳动时间关系的说明，我们可以绘制出学习曲线，如图 6-5。例如，我们经常使用 75% 学习曲线，它意味着当产量增加一倍时，单位产量需要的工作时间为上一次的 75%——如果第一次需要 10 分钟，第二次就需要 7.5 分钟，这一比率被称为学习率。实际案例研究发现，学习率大多数在 80% 左右。

学习可以多种方式发生，新员工获得工作经验后会导致集体层面上的一组雇员提高生产率。值得注意的是，学习曲线的应用范围比我们目前讨论的更为广泛。

常用的表示学习曲线效用的公式为：$T_n = T_1 n^{\gamma}$

式中：T_n——第 n 单位产出所需的时间；

T_1——第 1 单位产出所需要的时间；

n——所生产的数量；

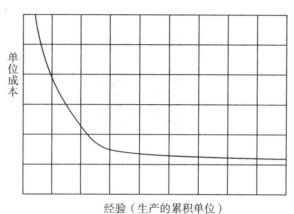

图 6-5   75%学习曲线

γ ——lg(学习率)/lg2。

则生产数量为 N 的产品所需要的总时间为：总时间 $= T_1 \sum_{n=1}^{N} n^{\lambda}$。

但是，尽管学习曲线能够明显提高我们对成本的分析和预测能力，但这种方法的应用却存在一定的缺陷：

(1)学习曲线最适用于有一定人力劳动比例的长期项目中，对于短期项目，学习曲线可能产生不了作用。

(2)学习比率被假定为不变显然也是不合理的，学习曲线不会一成不变。

(3)对学习曲线进行认真预测几乎是不现实的。这是因为生产率的变化不仅受到学习的影响，而且与其他因素也有关系。

三、费用预算总额的确定

批准的项目费用总估算成为项目费用预算总额。在确定费用预算总额时可以将目标成本管理与项目费用过程控制管理相结合，即在项目成本管理中采用目标成本管理的方法设置目标成本，并以此作为费用预算。

目标成本的确定方法可以分为四种，分别为目标利润法、技术进步法、按实计算法和历史资料法。

(一)目标利润法

目标利润法是根据项目产品的销售价格扣减目标利润后得到目标成本的费用方法。目标利润法确定目标费用的实施步骤为：

(1)获得合理的项目费用预算总额或合同价。

(2)基本总目标费用的设立。从项目费用预算总额或合同价中减去预期利润、税金、应上缴的管理费用等，剩下的是基本的总目标成本。

(二)技术进步法

技术进步法又可以称为技术节约措施法，是指以某项目计划采取的技术组织措施和节约措施所能取得的经济效果作为项目成本降低额，求项目的目标成本的方法。用公式来表示：

项目目标成本＝项目成本估算值－技术节约措施计划节约额（降低成本额）

式中，技术节约措施计划节约额是根据技术组织措施确定的。

一个项目要实现较高的经济效益，就必须在成本估算的基础上采取技术节约措施，以降低资源的消耗量，达到目标成本水平。因此，可以在成本估算的基础上，考虑结合技术节约措施计划，降低项目资源耗费水平。

（三）按实计算法

按实计算法就是以项目的实际资源消耗分析测算为基础，根据所需资源的实际价格，详细计算各项活动或各项成本组成的目标成本，包括人工费的目标成本、材料费的目标成本、机械使用费的目标成本、其他直接费用的目标成本和间接费用的目标成本。

（四）历史资料法

历史资料法也可以称为定率估算法，是当项目过于庞大或复杂，一个总项目包括几个子项时采用的方法。它先将项目分为若干个子项，然后参照同类项目的历史数据，采用算术平均数法计算子项目标成本降低率，然后算出子项成本降低额，汇总后得出整个项目成本降低额、成本降低率。子项目标成本降低率确定时，可采用加权平均法或三点估算法。

第四节　项目成本控制的方法

项目成本控制方法很多，这里介绍以下几种方法：成本累计曲线法和香蕉曲线法、绩效分析比较法、成本分析法、进度-成本同步法。

一、成本累计曲线法和香蕉曲线法

成本累计曲线又称时间-累计成本图，它是反映整个项目或其中某阶段开支状况的图件。它可以从成本计划中直接导出，也可以利用网络图等图件单独建立，其绘制步骤是：

（1）编制进度计划。

（2）根据每单位时间内完成的实物工作量或投入的人力、物力和财力，计算单位时间的成本，如表6-1所示。在时标网络图上按时间编制费用支出计划，如图6-6所示。

表6-1　　　　　　　　　　**某项目按月编制的费用计划表**

时间/月	1	2	3	4	5	6	7	8	9	10
成本/万元	40	60	100	120	160	190	150	120	50	30

（3）计算规定时间 t 计划累计完成的成本额，其计算方法是将各单位时间计划完成的费用额累加求和，按下式计算：

$$Q_t = \sum_{j=1}^{t} q_j$$

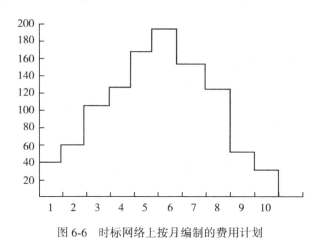

图 6-6　时标网络上按月编制的费用计划

其中：Q_t ——t 时刻内各子项目资金累计需要量；

　　　　q_j ——单位时间 j 的计划完成投资额；

　　　　t ——规定的计划时间。

（4）按各规定时间的 Q_t 值，绘制 S 形曲线，如图 6-7 所示。

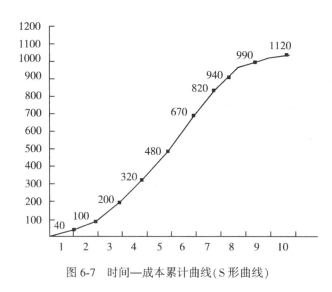

图 6-7　时间—成本累计曲线（S 形曲线）

从整个项目进展全过程的特征看，一般在开始和结尾时，单位时间投入的资源、成本较少，中间阶段单位时间投入的资源量较多，与其相关单位时间投入的成本或完成任务量也呈同样变化，因而随时间进展的累计成本呈 S 形变化，所以项目的成本模型又称为 S 形曲线。一般它是按工作（活动）的最早开始时间绘制，称 ES 曲线；也可以是按各项工作的最迟开始时间安排进度，而绘制的 S 形曲线，称为 LS 曲线。两条曲线都是从计划开始时刻开始，完成时刻结束，因此两条曲线是闭合的，形成一个形如香蕉的曲线，故将此称为香蕉曲线，详见图 6-8。在项目实施中任一时刻按进度-累计成本描述出的点所连成的曲线，称为实际成本进度曲线，其理想状况是落在香蕉形曲线的区域内。

一般而言，所有工作都按最迟开始时间开始，对节约业主方的建设资金贷款利息是有利的，但同时，也降低了项目按期竣工的保证率。因此，必须合理地确定成本支出预算，达到既节约费用支出，又控制项目工期的目的。

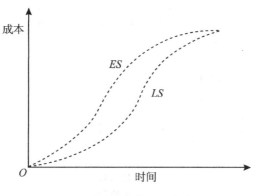

图 6-8　成本计划值的香蕉曲线

成本累计曲线图上实际支出与理想情况的任何一点偏差都是一种警告信号，但并不是说工作中一定发生了问题。图上的偏差只是反映了现实与理想情况的差别，发现偏差时要查明原因，判定是正常偏差还是不正常偏差，然后采取措施处理。

尽管成本累计曲线可以为工程项目成本管理提供重要的信息，但所有工序时间都是固定的。实际操作中，大量的工序开始和结束时间是需要调整的，此时可采用香蕉曲线法进行成本管理。

香蕉曲线表明了项目成本变化的安全区间，实际发生成本的变化如不超出两条曲线限定的范围，都属于正常的变化，可以通过调整开始和结束的时间使成本控制在计划的范围内。如果实际成本超出这一范围，就要重视，查清情况，分析出现的原因，并迅速采取纠正措施。

二、绩效分析法——挣值分析法

挣值分析法又称偏差分析法，是对项目进度和费用进行综合控制的一种有效方法。挣值分析法通过测量和计算已完工作计划费用、已完工作实际费用和拟完工作计划费用得到有关计划实施的进度偏差和费用偏差，从而判断项目执行状况。它的独特之处在于以预算和费用来衡量项目的进度。挣值分析法中用到一个关键数值——挣值，表示已完成工作的预算费用，其计算方法如表 6-2 所示。

表 6-2　　　　　　　　　　　　　　　**挣值计算汇总表**

			挣值分析		
缩写	名称	词汇定义	使用方法	公式	结果说明
计划价值	计划价值	为计划工作分配的经批准的预算。	某时间点(通常为数据日期或项目完成日期)计划完成的工作的价值。		
挣值	挣值	对已完成工作的测量,用该工作的批准预算来表示。	某时间点(通常为数据日期)所有已完成工作的计划价值(挣值),与实际成本无关。	EV=已完成工作的计划价值之和	
实际成本	实际成本	在给定时间段内,因执行项目活动而实际发生的成本。	某时间点(通常为数据日期)所有已完成工作的实际成本。		
完工预算	完工预算	为将要执行的工作新建立的全部预算的总和。	总计划工作的价值,项目成本基准。		
成本偏差	成本偏差	在某个给定时间点,预算亏空或盈余量,表示为挣值与实际成本之差。	某时间点(通常为数据日期)已完成工作的价值与同一时间点的实际成本之差。	CV=EV−AC	正值=低于计划成本 Q=按计划成本 负值=超出计划成本
进度偏差	进度偏差	在某个给定时间点,项目与计划交付日期相比的亏空或盈余量,表示为挣值与计划价值之差。	某时间点(通常为数据日期)已完成的工作与同一时间点计划完成的工作之差。	SV=EV−PV	正值=比进度计划提前 Q=按进度计划进行 负值=比进度计划滞后
完工偏差	完工偏差	对预算亏空量或盈余量的一种预测,是完工预算与完工估算之差。	项目完成时的成本估算差距。	VAC=BAC−EAC	正值=低于计划成本 Q=按计划成本 负值=超出计划成本
成本绩效指数	成本绩效指数	测量预算资源的成本效率的一种指标,表示为挣值与实际成本之比。	成本绩效指数(CPI)为1.0意味着项目完全按照预算进行,目前实际完成的工作与成本完全相同,其他值表示已完成工作的成本超出或低于预算的比例。	CPI=EV/AC	大于1.0=低于计划成本 正好1.0=按计划成本进行 小于1.0=超出计划成本
进度绩效指数	进度绩效指数	测量进度效率的一种指标,表示为挣值与计划价值之比。	进度绩效指数(SPI)为1.0意味着项目完全按进度计划进行,目前实际完成的工作与计划完成的工作完全相同,其他值表示计划的工作超出或低于预算成本的比例。	SPI=EV/PV	大于1.0=比进度计划提前 正好1.0=按进度计划进行 小于1.0=比进度计划滞后

			挣值分析		
缩写	名称	词汇定义	使用方法	公式	结果说明
完工估算	完工估算	完成所有工作所需的预期总成本，等于截至目前的实际成本加上完工所需估算。	如果预期项目剩余部分的CPI不变，完工估算（EAC）可利用以下方法进行： 如果未来工作将按计划进度完成，则使用： 如果最初计划不再有效，则使用； 如果CPI和SPI都会影响剩余工作，则使用；	$EAC = EAC/CPI$ $EAC = AC+(EAC-EV)$ $EAC = AC +$ 自下而上的 ETC $EAC = AC + ((BAC - EV)/(CPI{\times}SPI))$	
完工尚需估算	完工尚需估算	完成所有剩余项目工作的预计成本。	假设工作继续按计划进行，完成批准的剩余工作的成本可利用以下方法计算： 则需自下而上估算剩余工作。	$ETC = EAC-AC$ $ETC =$ 重新估算	
完工尚需绩效指数	完工尚需绩效指数	为了实现特定的管理目标，剩余资源的使用必须达到的成本绩效指标，是完成剩余工作所需成本与可用预算之比。	为完成计划必须保持的效率。 为完成当前完工估算必须保持的效率。	$TCPI = (BAC - EV)/(BAC-AC)$ $TCPI = (BAC - EV)/(EAC-AC)$	大于1.0=难以完成 正好1.0=等于完成 小于1.0=轻易完成 大于1.0=难以完成 正好1.0=等于完成 小于1.0=轻易完成

例如，对图6-6所示的某项目进度计划进行跟踪检查，记录实际费用支出（如表6-3所示），就可以在图6-9和图6-10上绘出工程实际费用支出曲线和实际费用支出累计曲线，将计划投资费用和实际费用进行对比，发现偏差。

表6-3　　　　　　　　　　　　　　某工程的实际成本支出

月份	1	2	3	4	5	6	…
当月成本支出	60	90	110	100	100	130	…
累计费用支出	60	150	260	360	460	590	…

从图6-9和图6-10可以看出，该项目在6月份以前，实际费用支出的累计值超过计划费用，表现为项目进度提前，如4月初超前天数为 Δt。同样，6月份以后，实际费用支出速度减慢，累计完成的投资额下降，低于计划目标，因此，造成8月中旬总进度拖延 Δt。

（一）挣值分析法参数

1. 拟完工作计划费用（budgeted cost for work scheduled，BCWS），是指项目实施过程中某阶段计划要求完成的工作量所需的预算费用，即计划费用，计算公式为：

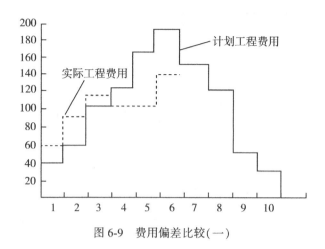

图 6-9 费用偏差比较(一)

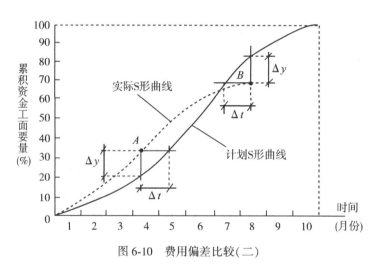

图 6-10 费用偏差比较(二)

拟完工作计划费用=计划工作量×预算定额

2. 已完工作实际费用(actual cost for work performed, ACWP),是指项目实施过程中某阶段实际完成的工作量所消耗的费用,计算公式为:

已完工作实际费用=已完工作量×实际单价

3. 已完工作计划费用(budgeted cost for work performed, BCWP),是指项目实施过程中某阶段按实际完成工作量及按预算定额计算出来的费用,即挣得值(earned value),也称挣值,计算公式为:

已完工作计划费用=已完工作量×预算定额

4. 费用偏差(cost variance, CV),是指检查期间已完工作计划费用与已完成实际费用之间的差异,计算公式为:

费用偏差=已完工作计划费用-已完工作实际费用

当 CV<0 时表示执行效果不佳，即实际消耗费用超过预算值即超支。反之，当 CV>0 时表示实际消耗费用低于预算值，表示有节余或效率高。

5. 进度偏差(schedule variance，SV)，是指检查日期的已完工作计划费用与拟完工作计划费用之间的差异，计算公式为：

$$进度偏差 = 已完工作计划费用 - 拟完工作计划费用$$

SV<0 表示进度延误；SV>0 表示进度提前。

6. 费用偏差程度(cost performed index，CPI)，是指费用实际值对计划值的偏离程度，是挣得值与实际费用值之比，计算公式为：

$$CPI = BCWP/ACWP$$

CPI>1 表示低于预算；CPI<1 表示超出预算；CPI=1 表示实际费用与预算费用吻合。

7. 进度偏差程度(schedule performed index，SPI)，将偏差程度与进度结合起来，引入进度偏差程度。SPI 是指项目挣得值与计划值之比，其计算式为：

$$SPI = BCWP/BCWS$$

SPI>1 表示进度提前；SPI<1 表示进度延迟；SPI=1 表示实际进度等于计划进度。

(二)EAC 的计算

EVA 不仅可以回答项目进展情况如何的问题，还可以预测项目完工时的成本情况。后者需要两个额外概念：完工预算(budget at completion，BAC)和完工估算(estimate at completion，EAC)。

完工预算指的是项目工作、工作分解结构组成部分或进度活动的所有预算之和，即项目的总计划价值；完工估算指的是为完成某进度活动、工作分解结构组成部分或整个项目所需的预期总成本。其中，预算指的是为完成 WBS 中的工作而经批准的成本估算，一旦确定，就成为该工作的成本控制目标。

根据对未来情况估计不同，EAC 有三种计算方式：

(1)EAC=实际支出+按目前情况对剩余预算所做的修改。此类估算通常使用在认为项目将按照目前的情况持续发展下去，而且现在的变化可以反映未来趋势的场合。如果计算出目前的费用绩效指数(CPI)，则 EAC=BAC/CPI。

(2)EAC=实际支出+对未来剩余工作的重新估算。当目前的项目执行情况表明原有的计划和假设等基本失效时，需要对未完成的工作重新估算，那么项目完工时总的估算成本就是实际支出与重新估算部分之和。

(3)EAC=实际支出+剩余的预算。当项目管理者认为目前情况仅仅是一种特殊情况，不必对项目剩下的预算进行变动时，可以使用此方法。

(三)费用偏差产生的原因

进行费用偏差分析的目的，就是要找出引起费用偏差的原因，进而采取针对性的措施，有效地控制造价。一般来说，引起费用偏差的原因是多方面的，既有客观方面的自然因素、社会因素，也有主观方面的人为因素，图6-11所示为一些常见情况分析。

为了对费用偏差进行综合分析，首先应将各种可能导致偏差的原因一一列举出来，并加以分类，再用 ABC 分类法、相关分析法、层次分析法等数理方法进行统计归纳，找出主要原因。

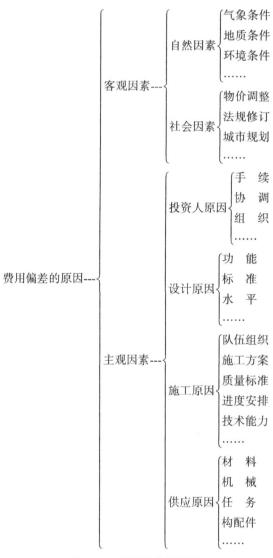

图 6-11 费用偏差的原因

（四）费用偏差的分析方法

常用的偏差分析方法有横道图法、表格法和曲线法。

1. 横道图法

用横道图进行偏差分析，是用不同的横道标识已完工作计划投资费用和实际投资费用以及拟完工作计划投资费用，横道的长度与其数额成正比。费用偏差和进度偏差数额可以用数字或横道表示，而产生偏差的原因则应经过认真分析后填入，见表 6-4。

表 6-4 投资费用偏差分析表（横道图法）

项目编码	项目名称	投资费用参数数额(万元)	费用偏差	进度偏差	原因
011	土方工程	70 / 50 / 60	−10	10	
012	打桩工程	80 / 60 / 100	20	34	
013	基础工程	80 / 80 / 60	−20	−20	
		20 40 60 80 100			
	合计	230 / 196 / 220	−10	24	
		100 200 300			

图例： ■ 已完工程实际费用　▨ 拟完工程计划费用　▨ 已完工程计划费用

横道图的优点是简单直观，便于了解项目投资费用的概貌，但这种方法的信息量较少，主要反映累计偏差和局部偏差，因而其应用有一定的局限性。

2. 表格法

表格法是进行偏差分析最常用的一种方法。可以根据项目的具体情况、数据来源、造价控制工作的要求等条件来设计表格，因而适用性较强，表格法的信息量大，可以反映各种偏差变量和指标，对全面深入地了解项目成本的实际情况非常有益。另外，表格法还便于用计算机辅助管理，提高成本控制工作的效率。见表 6-5。

表 6-5 费用偏差分析表

项目编号	(1)	011	012	013
项目名称	(2)	土方工程	打桩工程	基础工程
单位	(3)			
计划单价	(4)			
拟完工程量	(5)			
拟完工作计划费用	(6)=(4)×(5)	50	66	80

续表

已完工程量	(7)			
已完工作计划费用	(8)=(4)×(7)	60	100	60
实际单价	(9)			
其他款项	(10)			
已完工作实际费用	(11)=(7)×(9)+(10)	70	80	80
费用局部偏差	(12)=(8)-(11)	-10	20	-20
费用局部偏差程度	(13)=(8)÷(11)	0.86	1.25	0.75
费用累计偏差	(14)=∑(12)			
费用累计偏差程度	(15)=∑(8)÷∑(11)			
进度局部偏差	(16)=(8)-(6)	10	34	-20
进度局部偏差程度	(17)=(8)÷(6)	1.2	1.52	0.75
进度累计偏差	(18)=∑(16)			
进度累计偏差程度	(19)=∑(8)÷∑(6)			

3. 曲线法

曲线法是用费用-时间曲线进行偏差分析的一种方法。在用曲线法进行偏差分析时，通常有三条费用曲线，即已完工程实际费用曲线 a，已完工程计划费用曲线 b 和拟完工程计划费用曲线 p。如图 6-12 所示，图中曲线 a 与 b 的竖向距离表示费用偏差，曲线 b 与曲线 p 的水平距离表示进度偏差。图中所反映的是累计偏差。用曲线法进行偏差分析，具有形象直观的优点，但不能直接用于定量分析，如果能与表格法结合起来，则会取得较好的效果。

三、成本分析法

项目成本管理的成本分析表是利用表格的形式调查、分析、研究项目成本的一种方法。它包括成本日报、周报、月报表、分析表和成本预测报告表等。最常用的成本分析表有月成本分析表、成本日报或周报表以及月成本计算和最终预测报告。成本分析表的编制要求是简明、迅速、正确。

项目管理者应掌握每周的进度和成本，迅速发现工作上的弱点和困难，并采取有效措施，对主要工作(或活动)应该每日都做出成本分析表。这些成本日报或周报，比全部项目的月报表要详细、精确。其内容一般是对重要项目和进度快的每项作业分别写一份报告书，通常只记人工费、机械运营费和产品数量。对于日报和周报而言，最重要的是适时而不拖延，要使项目管理者清楚工作量和成本每天的变化情况，就必须及时报送日报。

项目实施过程中每月还应做出月成本分析表，对成本进行研究比较。在月成本分析表中要表明项目期限、成本费用项目、生产数量、项目成本、单价等。每月编制月成本计划

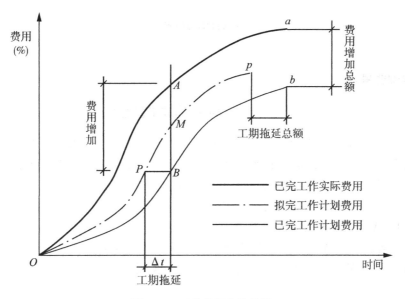

图 6-12　三种费用参数曲线

及最终成本预测报告是项目成本控制的重要内容之一。该报告书记载的主要事项包括项目名称、已支出金额、到完工尚需的预计金额、盈亏预计等。报告书应在月末会计账簿截止后立即完成，一般首先由会计人员填写各工程科目的"已支出金额"，其余工作由成本会计完成。月成本计算及最终成本预测报告随时间推移精确性不断增加。

四、进度-成本同步控制法

运用成本与进度同步跟踪的方法控制子项目、活动单元的成本。长期以来许多人误认为计划是为安排项目进度和组织流水作业服务的，与成本控制关系不大。事实上，成本控制与计划管理、成本与进度之间有着必然的同步关系，即项目进行到什么阶段，就应该发生相应的成本费用。如果成本与进度不对应，就要作为"不正常"现象进行分析，找出原因，并加以纠正。

小　　结

项目成本管理是项目管理的一项核心管理职能。项目成本管理主要目的是合理确定费用并有效控制以实现它。项目成本管理包括保证项目在已批准预算之内完成所必需的诸过程，其主要过程包括：费用估算、费用预算和费用控制。费用估算与费用预算有区别又有联系，但其确定方法类似，例如类比法、参数模型法等。费用控制的方法重点介绍了成本累计曲线法和香蕉曲线法、绩效分析比较法。

案例思考题

【案例一】

案例背景：

A井工程项目的成本管理①

1. A井是某国有石油天然气公司部署的一口重点探井，投资数额大，由C钻井工程有限公司承建。该国有石油天然气公司勘探项目部对工程费用和工期有明确要求，即钻井投资不超过2500万元，工期要保证在200天以内。

2. A井钻探施工项目费用管理方案

2.1　A井项目目标费用的确定

C公司在接到A井的施工任务后，公司项目组同经营计划科、财务资料科一道，根据A井的施工设计对项目的费用进行了仔细预测。钻井项目目标费用确定分为以下四步：

第一步项目费用估算。探井的费用主要受以下因素影响：预计施工工期、主要用材设计、工序设计、工艺要求、施工季节、物价6项因素，且主要由直接费用、间接费用、风险费、利润、定额编制费、税费等6项费用构成，最终估算工程总造价2227万元。

第二步项目费用预算。由于项目费用估算是依据过去的定额，不能简单地用来测算项目费用，需要充分考虑工期、主材价格现状后重新概算一次项目所需资金，并将结果作为项目费用的测算额。经过项目组的估算，按200天工期计，该钻井项目费用约为2200万元。

第三步项目利润的确定。为了保持原有市场并在危机中谋发展，C钻井公司与A井项目部一起制定了利润目标为200万元。

第四步项目目标费用的确定。该项目的投资2227万元，利润目标为200万元，故该项目的费用上限为2027万元。为了不突破这一数值，项目部制定了180天完成项目的施工目标，通过测算目标费用为1850万元。

2.2　A井项目的费用控制

（1）成本考核与奖惩

考核工作在项目部组织下进行，由经营、劳资、财务收集准确齐全的数据，按照相关办法进行考核，考核结果与项目人员工资、奖金挂钩。

（2）费用超预算控制

项目费用责任人对工程施工中投入的各项资源进行认真的分析和落实，特别是对关键、重点难点的工序要调查清楚，严格控制费用成本，不要超出预算。如果出现费用超出预算的情况，则按照费用节超预算控制流程执行。

---

①　本案例采编自宋金波等主编的《项目管理案例》。

2.3　A 井项目的费用降低措施

(1)实行目标费用控制

①科学编制工程施工预算,制定 A 井费用降低目标。按人工费、材料费、机械使用费、管理费及其他直接费逐项分解,以此作为项目费用控制与考核的主要依据。

②施工中严格执行 A 井各种材料消耗、人工费等定额,加强施工现场人财物的管理与控制,加强核算与分析,及时进行节超兑现。

(2)实行 A 井目标费用管理责任制度

①成立 A 井项目费用管理与控制网络体系。A 井项目经理为目标费用管理第一责任人,项目的材料员、会计人员、调度人员等对费用全程监控,及时发现超支隐患。建立健全费用节余全员受惠机制,调动全体项目人员的积极性。

②加强现场质量管理,严格执行质量标准,杜绝一切质量事故,实现质量降本。

③强化 A 井安全管理,消除安全隐患,杜绝事故,实现安全降本。

④加强 A 井材料管理,实行项目经理一支笔审批领料制度,避免材料流失,严控大众民用料等非生产物资的领取。

⑤加强油料管理,制定专项奖惩制度,以定额为基准进行节超重奖重罚。

3. A 井项目的费用控制结果

A 井钻探施工项目历时 175 天实现井筒交井。施工周期比项目要求提前了 5 天,钻井实际成本为 1880 万元,实现利润 170 万元。

从最终费用对照表中发现实际费用与计划费用发生的偏差项主要有钻头费用、柴油费用、钻井液费用以及设备修理费用。这几项费用发生偏差的原因如下:

(1)钻头费用比计划额超支 56.9 万元。是由于临时决定使用了两只高效 PDC 钻头以及普遍提高了下井牙轮钻头的品级所致。

(2)柴油费用比计划少耗 29 万元。主要是采取了以下措施:①科学使用设备,合理匹配动力设备。②实际工期比计划工期短。③施工过程井下负荷小于预期。④加强了油料使用全过程管理。

(3)钻井液费用比计划超支 60 万元。工期保证的重要前提是项目施工过程的连续、不做无用功。连续的钻井施工作业是由井下安全来保障的,井下安全首先是要依赖优质钻井液来实现。项目部充分认识到了这一点,加大了对钻井液的投入,采购了高效防渗漏材料等。

(4)设备修理费用节省 17 万元。项目部严格对投入设备的使用和管理,加强了用前保养和维护,引进使用优质润滑油,科学合理使用设备,保证了设备完好率,既保证了工期又节省了设备修理费用。

思考题:

1. 结合本案例,在工程项目费用估算和预算制定中需要考虑哪些因素?

2. 如何评价该项目的费用控制？并给出其他切实可行的费用控制措施。

【案例二】

案例背景：

某工程计划进度与实际进度如下表所示。表中实线表示计划进度(计划进度线上方的数据为每周计划投资)，虚线表示实际进度(实际进度下方的数据为每周实际投资)，各分项工程每周计划完成和实际的工程量相等。试用挣值法对第8周末、第12周末进行进度状态分析。

分项工程	计划进度与实际进度(周)											
	1	2	3	4	5	6	7	8	9	10	11	12
A	15	15	15									
	15	15	15									
B		14	14	14	14	14						
		14	14	14		13	13					
C				19	19	19	19					
					19	18			17	17		
D						15	15	15	15			
						12	13			10	11	13
E								3	3	3		
										3	3	3

思考练习题

1. 简述费用、成本、成本管理的概念。
2. 影响项目费用的因素有哪些？
3. 简述项目成本管理的过程。
4. 谈谈费用估算的过程管理。
5. 谈谈费用预算的过程管理。
6. 简述类比估算法和参数模型法的原理和应用。
7. 简述项目费用控制的方法。

第七章　项目质量管理

第一节　项目质量管理概述

一、基本概念

(一)质量的概念

1. 质量的概念

成熟的组织普遍认为无法对质量给予精确的定义,因为质量是由用户定义的。下面给出一些常见的质量概念:

ISO9000 的定义是:产品或服务能满足规定或潜在需求的特性和特征的集合。

柯达公司的定义是:在一个可产生显著效益的成本水平上,产品或服务可以满足或超过用户的需要和期望。

美国质量协会(2000 年)的质量定义是:项目内在系列特征满足要求的程度。明确或隐含的需求是项目开发的依据。质量主要包括三个方面:

(1)项目的产品质量,即项目的最终可交付成果的质量。项目产品质量是指项目的使用价值及其属性,是一个综合性指标,体现符合项目任务书或合同中明确提出的,以及隐含的需要和要求的功能。它通过项目产品的适用性、耐久性、安全性、可靠性、经济性与环境的协调性体现出来。

(2)项目的工序质量,即人、机器、材料、方法和环境对项目质量综合起作用过程中所形成的产品质量。不同工种的作业程序尽管不同,但都由一道一道工序加工制作出来,每一道工序的质量是下一道工序要求的相应属性。

(3)项目的工作质量,即参与项目的实施者和管理者,为了保证项目质量所从事工作的水平和完善程度,它反映项目的实施过程对产品质量的保证程度。它通过项目范围内所有阶段、子项目、工作单元的实施质量和项目过程中的管理工作和决策工作的质量体现出来。

这三个方面的质量必须满足项目目标,任何一个不满足要求,都会对项目产品、项目的相关者及项目组织产生重大影响,损害项目总目标。

2. 质量与等级的区别

"质量"与"等级"不是相同的概念。质量作为实现的性能或成果,是"一系列内在特性满足要求的程度"(ISO9000)。等级作为设计意图,是对用途相同但技术特性不同的可交付成果的级别分类。项目经理及项目管理团队负责权衡,以便同时达到所要求的质量与等级水平。质量水平未达到质量要求肯定是个问题，而低等级产品不一定是个问题。例如：一个低等级(功能有限)产品具备高质量(无明显缺陷)，也许不是问题。该产品适合一般使用。一个高等级(功能繁多)产品质量低(有许多缺陷)，也许是个问题。该产品的功能会因质量低劣而无效和(或)低效。

另外质量的精确度与准确度也不能等同。精确度系指重复测量的结果呈现聚合而非离散的一致程度，准确度系指测量值与真实值非常接近的准确性。精确不一定准确，准确不一定精确，项目管理团队必须确定所需要的精确度或准确度如何。

(二)项目质量管理的概念

1. 项目质量管理的概念

项目质量管理(project quality management)是为了保障项目的产出物，能够满足项目业主/客户以及项目各方面相关利益者的需要所开展的对于项目产出物的质量和项目工作质量的全面管理工作，包括保证项目能满足原先规定的各项要求所需要的过程。

项目质量管理必须考虑项目管理和项目产品两方面。项目质量管理适用于所有项目，而无论项目性质如何，产品质量措施和技术是针对项目生产的具体类型产品。例如，软件产品的质量管理方法和措施不同于核电厂的质量方法和措施，而项目质量管理方法对两者都适用。在任何一种情况下，只要两者之一不合质量要求，就会给某个或所有项目利害关系者带来严重的消极后果。

2. 项目质量管理的发展

项目质量管理是以社会对质量的要求为原动力而发展起来的。按照质量管理在工业发达国家实践中的特点，可分为三个阶段：

(1)质量检验阶段。从20世纪初至20世纪30年代末，是质量管理的初级阶段。其主要特点是以事后检验为主。在此之前，工厂的产品检验都是通过工人自检而进行的。

(2)统计质量控制阶段(SQC)。从20世纪40年代至50年代末。其主要特点是从单纯依靠质量检验事后把关，发展到工序控制，突出了质量的预防性控制与事后检验相结合的管理方式，为严格的科学管理和全面质量管理奠定了扎实的基础。

(3)全面质量管理阶段(TQM)。从20世纪60年代开始至今。随着社会科学技术突飞猛进，大规模系统制造开始涌现，国际贸易竞争不断加剧，这些都促进了全面质量管理的诞生。全面质量管理即"三全"管理，分别是：

①全面的质量，即不限于产品质量，而包括服务质量和工作质量等在内的广义的质量。

②全过程，即不限于生产过程，而包括市场调研、产品研发、制造、检验、销售、售后服务等质量环的全过程。

③全员参加，即不限于领导和管理干部，而是全体工作人员都要参加。质量第一，人人有责。

同时1997年项目管理国际标准ISO10006颁布，它不仅是项目质量检验的标准，也是一种提高项目管理水平和企业信誉的有效手段，现在已经被越来越多的企业和项目工作组接受。

二、项目质量管理的原则

项目质量管理原则是在 2000 版 ISO9000 标准体系基础上，结合项目工作的实际情况，总结项目质量管理的实践经验，而高度概括的最基本、最通用的一般性规律。它也是组织、领导和实施项目质量管理的基本原则，是提高项目管理水平，实现其项目质量改进和获得不断成功的基础。

(一)以顾客为中心原则

项目工作组的生存依赖于顾客的需求。理解顾客当前和未来的需求，满足其合理的要求，并不断超越其期望是项目工作组的首要任务。在项目质量管理过程中，顾客的需求是每一个项目质量的标准和前提。所以，项目工作组应仔细调查和研究顾客的需求与期望，并把它转化为项目质量标准与要求，同时采取有效措施去积极实现。此原则是项目经理的职责，必须在整个项目工作组中被坚决贯彻与执行。

(二)领导导向作用原则

作为项目工作组的最高领导，项目经理必须使本组织的宗旨、外部环境和内部条件有机地相互统一，制订出工作组的长远规划和近期目标，并营造一个使员工能够充分参与其中的组织环境。在项目质量管理过程中，项目经理是整个项目质量的最高管理者，决策、领导并监督一个项目的质量工作。为了营造一个良好的环境，项目经理应该确立项目质量方针和质量目标，建立并实施一个有效的质量管理体系，确保业主需求得到满足。同时，项目经理应该在质量管理过程中做到透明、务实并以身作则，树立"项目质量第一"的信念。

(三)全员共同参与原则

项目的质量管理不仅需要项目经理的正确领导，更有赖于项目工作组全体成员的积极参与，没有他们对项目质量的保证，难以有符合标准的项目。所以，不仅要对全体员工进行项目质量知识体系、职业道德、以客户需求为中心的意识和敬业精神的教育，更要激发他们对质量管理的积极性和责任感。

(四)实行过程方法原则

对项目质量管理所需的相关资源与活动作为过程进行管理，可以更高效地得到期望的结果。项目管理国际标准 ISO10006 提供了 10 个过程，在项目质量管理过程中，根据顾客的实际需求，通过资源合理配置、职责协调分配及业务流程的管理以及信息的及时反馈，提供给顾客一个满足其质量要求并符合质量标准的项目结果。

(五)运用系统理论原则

针对所设定的项目质量目标，把从项目质量计划、质量保证到质量控制，以及最终项目质量审核的一系列过程视为一个相互关联的系统过程。在整个系统过程中，实施全面质量管理，有助于提高项目实施的效率和有效性。最后，所实施的项目既能达到有关的规定和标准，同时又能满足业主的需求。

(六)基于事实为基础原则

在项目质量保证和控制过程中，对于每一个实际发生的质量问题应及时采取措施，并记录在案，作为文档保存下来，这有助于改进今后的项目开发工作。

（七）持续改进质量原则

持续改进质量是项目工作组的一个永恒目标。在项目开发前，首先应明确顾客的质量要求，制订相应的项目质量计划；其次，在项目开发过程中，依据此计划书和相关项目质量标准和规则，项目工作组进行必要的项目质量保证和控制、审核，以及不断消除项目实施过程中产生的质量问题，最终达到顾客所需的程度，使项目工作组获得成功。

（八）互利的供方关系原则

供方是项目供应链上的第一个环节，供方的供货过程是质量形成过程的组成部分。供货的质量影响项目质量，在组织的质量效益中包含有供方的贡献，供方应按组织的要求也建立质量管理体系。通过互利关系，可以增强组织及供方创造价值的能力，也有利于降低成本和优化资源配置，并增强应对风险的能力。

三、项目质量管理的作用

项目质量管理是围绕有关项目质量而进行的计划、组织、协调、控制和改进等一系列活动。其作用在于：

（一）有利于节约项目开发的成本

项目质量管理的目标是确保所实施的项目达到既定的要求与标准。进行有效的项目质量管理，降低所实施项目在质量上的未达标的可能，从而减少项目返工的次数并弥补项目质量上的损失和项目开发和实施的成本。简而言之，提高项目质量本身就意味着提高项目的效能和节约劳动消耗。

（二）有利于增强员工的凝聚力

质量是所开发并实施的项目成功的保证，员工的凝聚力则是项目经理部保证质量的基础。在项目开发过程中，工作流程的程序化、标准化和规范化，不仅能提高所开发项目的质量，而且通过协调更能提高项目经理部成员的士气，增加凝聚力。

（三）有利于提高项目经理部的声誉

提高项目的质量，积极开展项目质量管理工作，发现项目质量上的问题并加以改进，使项目的实用性得到改善，将能树立起项目经理部良好的社会声誉。

（四）有利于更好地满足顾客的需求

项目质量管理的目标是交付满足顾客质量需求的项目。对项目质量的事前、事中和事后控制，可以全面提高项目质量，更好地满足顾客的需求。

第二节　项目的质量管理过程

项目质量管理包括把组织的质量政策应用于规划、管理、控制项目和产品质量要求，以满足相关方目标的各个过程。项目质量管理过程包括以下三个过程：规划质量管理、管理质量和控制质量。

（1）规划质量管理：识别项目及其可交付成果的质量要求和/或标准，并书面描述项目将如何证明符合质量要求和/或标准的过程。

（2）管理质量：管理质量是把组织的质量政策用于项目，并将质量管理计划转化为可执行的质量活动的过程。

(3)控制质量：为了评估绩效，确保项目输出完整、正确，并满足客户期望，而监督和记录质量管理活动执行结果的过程。

一、规划质量管理

规划质量管理是识别项目及其可交付成果的质量要求和(或)标准，并书面描述项目将如何证明符合质量要求和(或)标准的过程。本过程的主要作用是为在整个项目期间如何管理和核实质量提供指南和方向。本过程仅开展一次或仅在项目的预定义点开展。图7-1描述本过程的输入、工具与技术和输出。

规划质量管理

输入	工具与技术	输出
1.项目章程	1.专家判断	1.质量管理计划
2.项目管理计划	2.数据收集	2.质量测量指标
·需求管理计划	·标杆对照	3.项目管理计划更新
·风险管理计划	·头脑风暴	·风险管理计划
·相关方参与计划	·访谈	·范围基准
·范围基准	3.数据分析	4.项目文件更新
3.项目文件	·成本效益分析	·经验教训登记册
·假设日志	·质量成本	·需求跟踪矩阵
·需求文件	4.决策	·风险登记册
·需求跟踪矩阵	·多标准决策分析	·相关方登记册
·风险登记册	5.数据表现	
·相关方登记册	·流程图	
4.事业环境因素	·逻辑数据模型	
5.组织过程资产	·矩阵图	
	·思维导图	
	6.测试与检查的规划	
	7.会议	

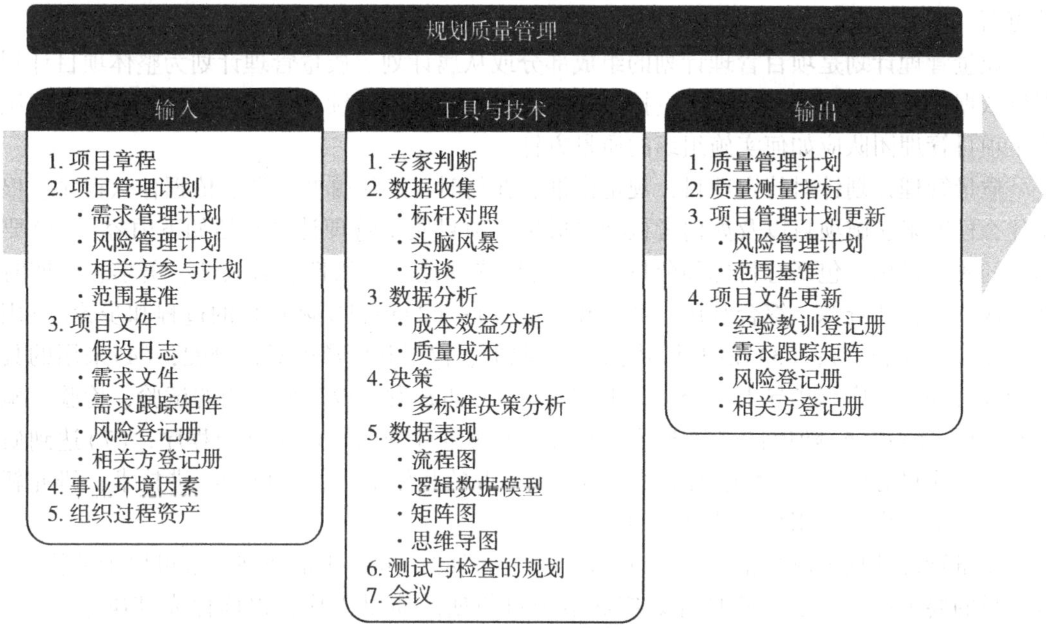

图 7-1 规划质量管理：输入、工具与技术和输出

(一)规划质量管理的依据

规划质量管理的依据包括项目章程、项目管理计划、项目文件、事业环境因素和组织过程资产。

项目管理计划组件包括：(1)需求管理计划。需求管理计划提供了识别、分析和管理需求的方法，以供质量管理计划和质量测量指标借鉴。(2)风险管理计划。风险管理计划提供了识别、分析和监督风险的方法。将风险管理计划和质量管理计划的信息相结合，有助于成功交付产品和项目。(3)相关方参与计划。相关方参与计划提供了记录相关方需求和期望的方法，为质量管理奠定了基础。(4)范围基准。在确定适用于项目的质量标准和目标时，以及在确定要求质量审查的项目可交付成果和过程时，需要考虑 WBS 和项目范围说明书中记录的可交付成果。(5)范围说明书包含可交付成果的验收标准。该标准的界定可能导致质量成本并进而导致项目成本的显著升高或降低。满足所有的验收标准意味着满足相关方的需求。

能够影响规划质量管理过程的事业环境因素包括(但不限于)：政府法规；特定应用领域的相关规则、标准和指南；地理分布；组织结构；市场条件；项目或可交付成果的工作条件或运行条件；文化观念。

能够影响规划质量管理过程的组织过程资产包括(但不限于)：(1)组织的质量管理体系，包括政策、程序及指南；(2)质量模板，例如核查表、跟踪矩阵及其他；(3)历史数据库和经验教训知识库。

(二)规划质量管理的结果

质量规划的结果包括质量管理计划、质量测量指标、项目管理计划(更新)、项目文件更新。

质量管理计划是项目管理计划的组成部分或从属计划。质量管理计划为整体项目计划提供依据，并且必须考虑项目质量控制、质量保证和过程持续改进问题。质量管理计划说明了项目管理团队应如何实施组织的质量方针。

质量管理计划针对特定项目，规定由谁、在何时、利用哪些资源、依据什么程序、根据什么标准来实施项目以及如何考核项目成果。项目质量管理计划包括如下内容：(1)要达到的质量目标，包括总目标和分目标(如特性或规范、一致性、有效性、美学、周期时间、成本、自然资源、综合利用、产品和可信性)；(2)项目实际运作的过程和步骤(可用流程图或图表表示)；(3)在项目不同阶段，职责、权限和资源的具体分配；(4)采用的具体形成文件的程序和指导书；(5)项目不同阶段，如开发、设计所适用的试验、检验、检查和审核大纲；(6)随项目进展进行更改和完善质量计划的形成文件的程序；(7)达到质量目标的测量方法；(8)为达到质量目标必须采取的其他措施，如更新改进技术、研究新的工艺方法和设备、用户的监督和验证等。

质量管理计划可以是正式的，也可以是非正式的，可以非常详细，也可以十分概括，因项目的要求而异。质量管理计划应涵盖项目前期的质量工作，以确保先期决策(如概念、设计和试验)正确无误。质量管理计划一般包括质量管理计划的编制、质量管理计划的审核与认可、质量管理计划的批准和修订。这些质量工作应通过独立审查方式进行，具体工作实施人不得参加，这种审查可降低成本并减少因为返工造成的进度延迟。

质量测量指标系指一项工作定义，具体描述一件东西是什么，以及如何以质量控制过程对其进行度量。测量值系指实际值。例如，只提到按计划进度规定日期完成是衡量项目管理质量的标准是不够的。项目管理团队还必须交代清楚各项活动是要求按时开始，还是只要求按时完成；是要求测量每个单项活动，还是只要求测量某些可交付成果；如果是后者，是哪些可交付成果。质量保证和质量控制过程都将用到质量测量指标。例如，质量测量指标可以是缺陷密度、故障率、可用性、可靠性和试验范围等。

二、管理质量

管理质量是把组织的质量政策用于项目，并将质量管理计划转化为可执行的质量活动的过程。本过程的主要作用是提高实现质量目标的可能性，以及识别无效过程和导致质量低劣的原因。管理质量使用控制质量过程的数据和结果向相关方展示项目的总体质量状态。本过程需要在整个项目期间开展。图 7-2 描述本过程的输入、工具与技术和输出。

```
┌─────────────────────────────────────────────────────────────┐
│                         管理质量                              │
└─────────────────────────────────────────────────────────────┘

┌──────────────────┐  ┌──────────────────┐  ┌──────────────────┐
│      输入         │  │    工具与技术      │  │      输出         │
├──────────────────┤  ├──────────────────┤  ├──────────────────┤
│ 1.项目管理计划     │  │ 1.数据收集        │  │ 1.质量报告        │
│  ·质量管理计划    │  │  ·核对单         │  │ 2.测试与评估文件   │
│ 2.项目文件         │  │ 2.数据分析        │  │ 3.变更请求        │
│  ·经验教训登记册  │  │  ·备选方案分析    │  │ 4.项目管理计划更新 │
│  ·质量控制测量结果│  │  ·文件分析        │  │  ·质量管理计划    │
│  ·质量测量指标    │  │  ·过程分析        │  │  ·范围基准        │
│  ·风险报告        │  │  ·根本原因分析    │  │  ·进度基准        │
│ 3.组织过程资产     │  │ 3.决策            │  │  ·成本基准        │
│                   │  │  ·多标准决策分析  │  │ 5.项目文件更新     │
│                   │  │ 4.数据表现        │  │  ·问题日志        │
│                   │  │  ·亲和图          │  │  ·经验教训登记册  │
│                   │  │  ·因果图          │  │  ·风险登记册      │
│                   │  │  ·流程图          │  │                   │
│                   │  │  ·直方图          │  │                   │
│                   │  │  ·矩阵图          │  │                   │
│                   │  │  ·散点图          │  │                   │
│                   │  │ 5.审计            │  │                   │
│                   │  │ 6.面向X的设计     │  │                   │
│                   │  │ 7.问题解决        │  │                   │
│                   │  │ 8.质量改进方法    │  │                   │
└──────────────────┘  └──────────────────┘  └──────────────────┘
```

图 7-2　管理质量：输入、工具与技术和输出

（一）管理质量的依据

管理质量的依据包括项目管理计划、项目文件和组织过程资产。

项目管理计划组件包括（但不限于）质量管理计划。质量管理计划定义了项目和产品质量的可接受水平，并描述了如何确保可交付成果和过程达到这一质量水平。质量管理计划还描述了不合格产品的处理方式以及需采取的纠正措施。

能够影响管理质量过程的组织过程资产包括（但不限于）：政策、程序及指南的组织质量管理体系；质量模板，例如核查表、跟踪矩阵、测试计划、测试文件及其他模板；以往审计的结果；包含类似项目信息的经验教训知识库。

（二）管理质量的结果

管理质量的结果包括请求的变更、推荐的纠正措施、组织过程资产（更新）和项目管理计划（更新）。

纠正措施系指在进行质量保证活动（如审计和分析过程）后立即推荐采取的措施。质量改进包括推荐措施，提高实施组织的效率和效力。

更新后的质量标准为实施组织的质量过程和满足要求的效率和效力的情况进行验证。在实施质量控制过程中将用到质量标准。

项目管理计划将根据实施质量保证过程产生的质量管理计划变更进行更新。这些更新

包括纳入已经完成过程持续改进循环须从头开始的过程，以及已识别、确定并准备就绪有待实施的过程改进。申请的项目管理计划及其从属计划的变更（修改、增添或删除）通过整体变更控制过程进行审查和处理。

三、控制质量

控制质量是指监视项目的具体结果，确定其是否符合相关的质量标准，并判断如何杜绝造成不合格结果的根源。控制质量应贯穿于项目的始终。质量标准涵盖项目过程和产品目标。项目结果包括可交付成果和项目管理结果，如成本与进度绩效。

项目管理团队应当具备关于质量控制的必要统计知识，尤其是关于抽样与概率的知识，以便评估质量控制的结果。在质量控制过程中，要区别预防（保证过程中不出现错误）与检查（保证错误不落到顾客手中）、属性抽样（结果合格或不合格）与变量抽样（衡量符合或合格程度）、特殊原因（异常事件）与随机原因（正常过程差异）、允差（在允差范围内的结果可以接受）与控制范围（结果在控制范围之内，则过程处于控制之中）的概念。图7-3描述本过程的输入、工具与技术和输出。

控制质量		
输入	工具与技术	输出
1. 项目管理计划 　·质量管理计划 2. 质量管理计划 　·经验教训登记册 　·质量测量指标 　·测试与评估文件 3. 批准的变更请求 4. 可交付成果 5. 工作绩效数据 6. 事业环境因素 7. 组织过程资产	1. 工具与技术 　·核对单 　·核查表 　·统计抽样 　·问卷调查 2. 数据分析 　·绩效审查 　·根本原因分析 3. 检查 4. 测试/产品评估 5. 数据表现 　·因果图 　·控制图 　·直方图 　·散点图 6. 会议	1. 质量控制测量结果 2. 核实的可交付成果 3. 工作绩效信息 4. 变更请求 5. 项目管理计划更新 　·质量管理计划 6. 项目文件更新 　·问题日志 　·经验教训登记册 　·风险登记册 　·测试与评估文件

图 7-3　控制质量：输入、工具与技术和输出

（一）控制质量的依据

控制质量的依据包括质量管理计划、质量测量指标、质量核对表、工作绩效信息、批准的变更请求、可交付成果、事业环境因素、组织过程资产。

可交付成果指的是在某一过程、阶段或项目完成时，必须产出的任何独特并可核实的产品、成果或服务能力。作为指导与管理项目工作过程的输出的可交付成果将得到检查，并与项目范围说明书定义的验收标准作比较。

（二）控制质量的结果

控制质量的结果包括质量控制衡量、确认的缺陷补救、质量基准（更新）、推荐的纠正措施、推荐的预防措施、请求的变更、推荐的缺陷补救、组织过程资产（更新）、确认的可交付成果和项目管理计划（更新）。

质量控制衡量是质量控制活动的结果，依据质量保证过程用以对实施组织的质量标准和过程进行重新评估和分析。确认的缺陷补救是对被补救项目进行重新检验，在做出决策通知之前决定是否接受或拒绝。纠正措施指质量控制量度结果表明制造或开发过程超出既定参数，为纠正这种情况而采取的行动。预防措施指为预防制造或开发过程超出既定参数通过质量控制量度结果反映而采取的行动。请求的变更是指如果根据推荐的纠正措施或预防措施，需要对项目进行变更，则应按照既定的整体变更控制过程启动变更请求。缺陷系指一个部件不满足要求或规范，需对其进行补救或替换，识别缺陷并推荐由质量控制部门或类似部门进行处理。项目管理团队应尽可能地最大程度降低需要补救的缺陷数量，可通过缺陷记录单的形式，征集补救建议。该项通常在问题自动跟踪系统中实施，从而形成推荐的缺陷补救。组织过程（更新）包括完成的核对表和经验教训文档。确认的可交付成果是指实施质量控制过程的结果是可交付成果并得以验证。对项目管理计划进行更新，以反映实施质量控制过程产生的质量管理计划变更。

第三节　项目质量管理的方法

一、规划质量管理的方法

（一）专家判断

专家应具有质量保证、质量控制、质量测量结果、质量改进和质量体系的专业知识或是接受过相关培训的个人或小组。

（二）数据收集

适用于本过程的数据收集技术主要包括：

1. 标杆对照

标杆对照是将实际或计划的项目实践或项目的质量标准与可比项目的实践进行比较，以便识别最佳实践，形成改进意见，并为绩效考核提供依据。作为标杆的项目可以来自执行组织内部或外部，或者来自同一应用领域或其他应用领域。标杆对照也允许用不同应用领域或行业的项目做类比。

2. 头脑风暴

通过头脑风暴可以向团队成员或主题专家收集数据，以制定最适合新项目的质量管理计划。

3. 访谈

访谈有经验的项目参与者、相关方和主题专家有助于了解他们对项目和产品质量的隐性和显性、正式和非正式的需求和期望。应在信任和保密的环境下开展访谈，以获得真实可信、不带偏见的反馈。

（三）数据分析

适用于本过程的数据分析技术主要包括：

1. 成本效益分析

质量计划编制过程必须考虑收益/成本之间的平衡，这意味着项目质量的改进既会带来收益的增加，同时也会导致成本增加。质量管理的基本原则是收益高于成本，成本效益分析可帮助项目经理确定规划的质量活动是否有效利用了成本。达到质量要求的主要效益包括减少返工、提高生产率、降低成本、提升相关方满意度及提升赢利能力。对每个质量活动进行成本效益分析，就是要比较其可能成本与预期效益。

根据经济学的边际收益递减和边际成本递增的原理，可以得到如图 7-2 所示的成本质量曲线和收益成本曲线。从图 7-4 可见，当质量等级改进为 Δq 时，质量效益会增加 ΔI，质量成本也会增加 ΔC。令 $\Delta\beta = \dfrac{\Delta I}{\Delta C}$。显然，当 $\Delta\beta > 1$ 时，质量改进是可取的；当 $\Delta\beta < 1$ 时，质量改进则是不可取的；当 $\Delta\beta = 1$ 时，如果这种质量改进是对社会有益的，也是可取的，否则就是不必要的。

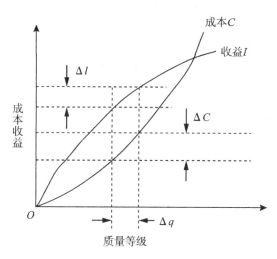

图 7-4　质量等级提高的成本效益分析

2. 质量成本

质量成本是指项目组织为了保证和提高产品质量而支出的有关费用，即为达到预先规定的质量水平而造成的一切损失费用的总和，包括为了保证和提高产品质量所支出的费用和因未达到质量标准所造成的损失和处理质量缺陷所发生的费用。

（1）质量成本构成

与项目有关的质量成本（COQ）包含以下一种或多种成本：

①预防成本：预防特定项目的产品、可交付成果或服务质量低劣所带来的相关成本。

②评估成本：评估、测量、审计和测试特定项目的产品、可交付成果或服务所带来的相关成本。如：测试费用、检查费用、破坏性试验损失等。

③失败成本(内部/外部)：因产品、可交付成果或服务与相关方需求或期望不一致而导致的。其中内部失败成本是项目中发现的失败所造成的成本，如返工成本、报废成本等；外部失败成本是客户发现的失败所造成的成本，如债务、保修工作和失去业务等。

(2)质量成本数据的收集、整理与预算

质量成本数据收集，即在质量成本产生阶段收集数据，以统计、调查资料为主，以会计资料为辅。可以从现有的账户中直接收集，也可以从现有账户中通过分析而收集，还可以从原始凭证、原始记录中收集。在质量成本全面开展阶段，需要建立质量成本的统计、核算、分析、报告和控制等方法，并将数据纳入会计科目。

质量成本数据整理，即质量成本数据可按成本类型、责任部门、质量成本项目、时间进行归纳和整理。

质量成本核算，即以项目作为质量成本的核算单位，为使质量成本核算搞准、搞好，必须抓好基础工作，健全各类作为核算依据的原始记录凭证。

(3)质量成本分析

建立质量成本概念和确定质量成本项目，目的是为了进行质量成本分析，以确定最佳的质量成本。

第一确定最佳质量成本。在不同项目之间，质量成本的四项成本的比例是不相同的，但它们的发展趋势总带有一定的规律性，如在开展质量成本活动的初期，质量水平不高，一般鉴定成本和预防成本较低；随着质量要求的提高，这两项质量管理费用就会逐渐增加；当质量达到一定水平后，如再需提高，这两项质量管理费用将增长较高。内部故障成本和外部故障成本的情况正好相反，当合格率较低时，内、外损失较大，随着质量要求的提高，质量损失的费用会逐步下降。因此，当四项成本之和为最低时，即为最佳质量成本，如图7-5。从图中可看出质量成本分为三个区：质量改进区即表示故障成本占主导地位，应寻求质量改进措施，降低质量成本；至善区即表明鉴定成本和预防成本占主导地位，可适当降低原来的质量标准，降低鉴定成本；适用区即表示质量成本最低，是合适的质量成本。

第二确定质量成本报告。质量成本报告是为项目经理和各有关质量部门提供制定质量方针和目标的依据，并作为支持质量改进计划的有力凭证。质量成本报告的主要内容：提出全部质量成本总额及其构成的主要项目；提出由于质量缺陷而造成损失的项目与预算成本比较的技术偏差；对质量成本进行详细分析；质量成本构成项目的分析；质量成本和既定的比较基数进行比较分析。

(4)决策

适用于本过程的决策技术包括(但不限于)多标准决策分析。多标准决策分析工具(如优先矩阵)可用于识别关键事项和合适的备选方案，并通过一系列决策排列出备选方案的优先顺序。先对标准排序和加权，再应用于所有备选方案，计算出各个备选方案的数学得分，然后根据得分对备选方案排序。在本过程中，它有助于排定质量测量指标的优先顺序。

(5)数据表现

适用于本过程的数据表现技术包括(但不限于)流程图、逻辑数据模型、矩阵图、思

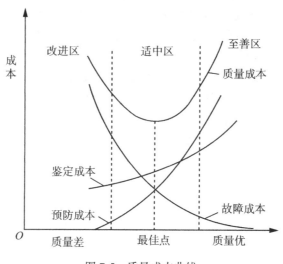

图 7-5　质量成本曲线

维导图。

　　质量思维导图通常是基于单个质量概念创建的，是绘制在空白的页面中央的图像，之后再增加以图像、词汇或词条形式表现的想法。思维导图技术可以有助于快速收集项目质量要求、制约因素、依赖关系和联系。

　　（6）测试与检查的规划

　　在规划阶段，项目经理和项目团队决定如何测试或检查产品、可交付成果或服务，以满足相关方的需求和期望，以及如何满足产品的绩效和可靠性目标。不同行业有不同的测试与检查，可能包括软件项目的 α 测试和 β 测试、建筑项目的强度测试、制造和实地测试的检查，以及工程的无损伤测试。

　　二、管理质量的方法

　　质量保证的工具与技术包括质量规划工具与技术、质量审计、过程分析和质量控制工具和技术以及实施质量保证体系。质量规划的工具与技术及质量控制的工具和技术详见相关内容。

　　（一）实施质量保证体系

　　实施质量保证体系是质量管理的基础，一个项目团队只有建立起有效的质量保证体系，才能全面地开展项目质量管理活动，从而实现项目的质量目标。如某项目为了提高质量水平，设立了质量保证部门，该部门又下设了质保材料、质保检验、质保管理、质保工程和质保审计五个部门，这五个部门相互协调、相互制约，形成了一套有效的实施质量保证体系，从而提高了该项目的质量水平。

　　（二）质量审计

　　质量审计指进行系统的独立审查，确定项目活动是否符合组织和项目政策、过程和程序依据。质量审计的目标在于识别项目中使用的低效率和低效率的政策、过程和程序。随后就此采取的纠正措施将降低质量成本，提高实施组织内部客户或发起人验收产品或服务的比率。质量审计可以事先安排，也可以随机进行；由组织内部经过恰当培训的审计人员或由第三方进行。质量审计用以确认已实施批准的变更请求、纠正措施、缺陷补救和纠正措施。

质量审计是一个大的概念，它包括质量管理体系审计、项目质量审计、过程质量审计和服务质量审计、内部质量审计(内部质量管理体系审核、内部项目质量审核、内部过程质量审核)等内容。

1. 质量管理体系审计

质量管理体系审计是确定质量管理体系及其各要素活动和有关结果是否符合有关标准和文件，质量管理体系文件中的各项规定是否得到有效贯彻并适合于达到质量目标的系统的、独立的审查。

质量管理体系审计的特点，就其审计的内容来说是其"符合性""有效性"和"适合性"，就审核的方式来说是其"系统性"和"独立性"。

质量管理体系的审计可以分为文件审计和现场审计两个阶段。在文件审计阶段，主要对质量管理体系文件，如质量手册及各种体系程序文件是否符合特定标准或合同要求进行审计，这种审计有时也称为"符合性"审计。

在现场审计阶段要对实际的质量管理体系活动是否与质量保证标准、质量手册或程序文件的规定相一致进行审计，以及对是否得到有效的实施进行审计，这就是"有效性"的含义。

"系统性"的含义就是说审计工作要求正规化，有程序可遵循。为了求得审计的客观性和公正性，对审计样本的选定、客观依据的收集、市场结论的得出等都要有一套行之有效的程序和方法，这些已成为一套正规的国际通行做法。

"独立性"的含义就是说进行质量管理体系审计的审计员应独立于被审计的部门或组织之外，即审计应由与被审对象无直接责任关系的人员进行。

2. 项目质量审计

项目质量审计就是抽检已经验收合格的项目及其组成部分，进行定量(或定性)检查、分析其符合规定质量特性的程度。

项目质量审计的目的是通过对项目的客观评价获得项目实施的质量信息，以确定项目质量水平。项目质量审计的结果可作为质量管理体系是否有效、过程是否处于受控状态的验证。项目质量审计的依据是项目的标准或技术规范。项目质量审计应由具有资格并经组织管理者授权的内部审核员进行。

3. 过程质量审计

过程质量审计是通过对过程的检查、分析评价过程质量控制的正确性、有效性的活动。

过程质量审计是审计项目形成的各个阶段、各个环节的输入，经过过程活动达到增值的效果。过程质量的审计对象包括所有过程，既可以是一个大过程，也可以是一个大过程中的子过程。如果审计对象是一个具体工序，此时也可称为工序质量审核。

4. 内部质量审计

内部质量审计包括内部质量管理体系审计、内部产品质量审计、内部过程质量审计。内部质量管理体系审计的目的是评价质量管理体系的符合性、有效性，依据是质量手册及其程序文件，采用现场评审方法，审核结果是使质量管理体系要素得到改进，执行者是内审员。

内部质量审计应有计划、有系统的进行。一般在每年适当时间要制定全年审计计划，内部质量审计可以集中一段时间进行，也可以逐要素、逐部门分别进行。质量管理体系建立运行初期审计次数多些，当体系结构有重大变化或发生重大不合格时，要及时审计。

（三）过程分析

过程分析系指按照过程改进计划中列明的步骤，从组织和技术角度识别所需的改进。其中，也包括对遇到的问题、约束条件和无价值活动进行检查。过程分析包括根源分析，即分析问题或情况，确定促成该问题或情况产生的根本原因，并为类似问题制定纠正措施。

三、控制质量的方法

控制质量的工具与技术包括因果图、控制图、流程图、直方图、帕累托图、趋势图、散点图、统计抽样、检验和缺陷补救审查、全面质量管理的 PDCA 循环法等方法。

（一）因果图

因果图，也称逻辑图或鱼刺图，它反映了潜在问题或结果与各种因素之间的因果关联关系。因果分析图由若干个枝干组成，枝干分为大枝、中枝、小枝和细枝，它们分别代表大大小小的不同原因，一般从人、设备、材料、方法、环境等方面进行分析，这几方面就是大原因，要找到解决问题的办法，还需要对上述几个方面进一步分解，这就是中原因，中原因还可以分解为小原因。图 7-6 是一个质量因果分析的例子。

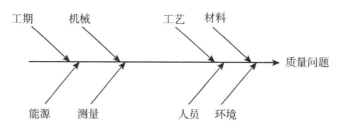

图 7-6 质量分析因果图

（二）流程图

流程图，也称过程图，用来显示在一个或多个输入转化成一个或多个输出的过程中，所需要的步骤顺序和可能分支。它通过映射水平价值链的过程细节来显示活动、决策点、分支循环、并行路径及整体处理顺序。

流程图是将项目的全部生产过程，按内在的逻辑联系通过线条勾画出来，可针对流程中质量的关键环节和薄弱环节进行分析，反映一个过程中各相关步骤或环节之间逻辑与顺序关系的图。

流程图给出了执行项目中各项任务的步骤程序和处理质量问题的步骤，是项目质量保证的基础。质量保证过程的流程图既规定了各项工作的执行步骤，又是质量问题追溯的依据。它既可以通过程序化和过程标准化来改善项目执行效果，还可以在发现问题后帮助管理人员分析问题可能出现在哪个环节。图 7-7 是一个流程图的例子，图中虚线表示并行对应关系。

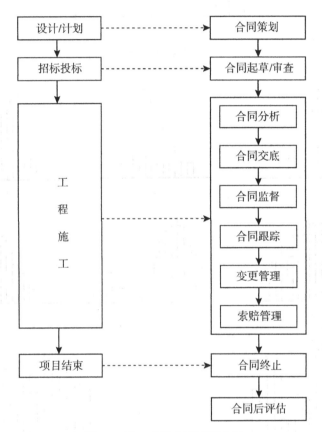

图 7-7 施工项目合同管理流程

(三) 直方图法

1. 直方图的用途

直方图又称频率分布直方图，用来分析质量的稳定程度，如图 7-8 所示。将产品质量频率的分布状态用直方图形来表示，根据直方图的分布形状和与公差界限的距离观察，探索质量分布规律，分析和判断整个生产过程是否正常。

利用直方图可以制订质量标准，确定公差范围，可以判明质量分布情况是否符合标准的要求。

2. 直方图的分析

直方图有以下几种分布形式，如图 7-9 所示。

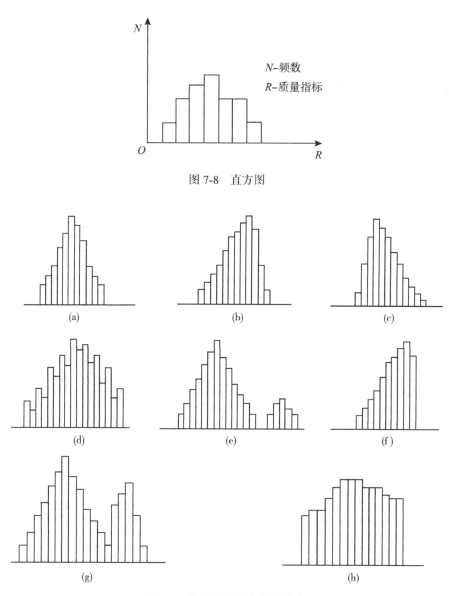

图 7-8　直方图

图 7-9　常见的几种直方图形式

对称型，说明生产过程正常，质量稳定，如图 7-9(a)所示。

左右缓坡型，主要是在质量控制中对上限或下限控制过严，如图 7-9(b)、(c)所示。

锯齿型，原因一般是分组不当或组距确定不当，如图 7-9(d)所示。

孤岛型，原因一般是材质发生变化或他人临时替班所造成，如图 7-9(e)所示。

绝壁型，一般是剔除下限以下的数据造成的，如图 7-9(f)所示。

双峰型，把两种不同的设备或工艺的数据混在一起造成的，如图 7-9(g)所示。

平峰型，生产过程中有缓慢变化的因素起主导作用，如图 7-9(h)所示。

3. 注意事项

（1）直方图属于静态的，不能反映质量的动态变化；

（2）画直方图时，数据不能太少，一般应大于 50 个数据，否则画出的直方图难以正确反映总体的分布状态；

（3）直方图出现异常时，应注意将收集的数据分层，然后再画直方图；

（4）直方图呈正态分布时，可求平均值和标准差。

（四）帕累托法

帕累托法又称排列图法、主次排列图法，用来分析各种因素对质量的影响程度，如图 7-10 所示。横坐标列出影响质量的各个因素，按影响程度大小排列；纵坐标表示质量问题的频数（如次品件数或次品损失的金额等）和累计频率（%）。按累计频率可将影响因素分类：累计频率 0%~80% 的因素为主要因素；80%~95% 为次要因素；95%~100% 为一般因素。

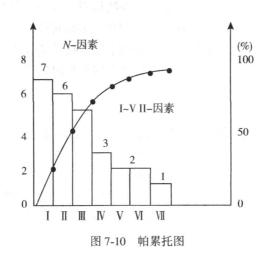

图 7-10 帕累托图

（五）控制图法

控制图又称管理图，它可以有效地分析正常波动（在工程上不可能要求任何一种产品的质量完全相同，只要能使代表产品质量的特征参数以一定的概率落在规定的范围内，就可以认为它们是合格的产品，因此产生的数据上的波动称为正常波动），及时地发现异常波动影响控制的因素，掌握生产过程的波动状况，如图 7-11 所示。控制图的纵坐标是质量指标，有一根中心线 C 代表质量的平均指标，一根上控制线 U 和一根下控制线 L，代表质量控制的允许波动范围。横坐标为质量检查的批次（时间）。在生产过程中，定期抽取试样，测得其样品的质量特性值，将测得的数据用点，按时间序列一一描绘在具有坐标的控制图上即可。

观察这些点落在图中的位置变化。若各点落在控制界限内，表示施工处于稳定控制状态；若超出界限或排列异常，则判断有异常原因存在，需要及时解决。在采用该方法时应注意，图中的点必须具有一定的数量，以减小误差。若将控制图与静态直方图等方法比较使用，更有利于对工程质量进行控制。

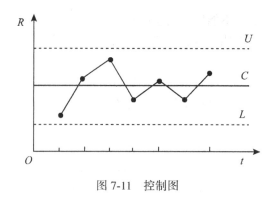

图 7-11　控制图

（六）趋势图

趋势图可反映偏差的历史和规律。它是一种线形图，按照数据发生的先后顺序将数据以圆点形式绘制成图形。趋势图可反映一个过程在一定时间段的趋势、一定时间段的偏差情况，以及过程的改进或恶化。趋势分析往往用于监测技术绩效和费用与进度绩效，趋势分析是借助趋势图来进行的。趋势分析指根据过去的结果用数学工具预测未来的成果，例如回归分析法。

利用回归分析法主要解决下列问题：

（1）找出给定变量之间合适的数学表达式，进行显著性及其他项目的统计检验，确定变量之间是否存在相关关系以及这种关系的密切程度。

（2）利用回归方程，根据一个或几个变量的值，预测或控制另一个变量在一定概率要求下的取值。如它们之间相关程度很大，可以对其中一个变量的观察来代替对另一个的观察，从而达到简便的目的。根据预测和控制所提出的要求，选择实验点和满足实验设计的取值。

（七）散点图

它用来分析影响质量原因之间的相关关系，如图 7-12 所示。纵坐标代表某项质量指标，横坐标代表影响质量的某种原因。由于质量指标和原因之间不一定存在确定的关系，故散布图中的点可能比较分散，但可以通过相关分析，确定指标和原因之间的相关关系。

（八）缺陷补救审查

缺陷补救审查是质量控制部门或类似部门采取的措施，目的在于确保产品缺陷得以补救并使之与要求或规范相符。

（九）全面质量管理的 PDCA 循环法

1. PDCA 循环阶段划分

第一阶段是计划阶段（即 plan，P 阶段）。这个阶段的主要工作任务是制订质量管理目标、活动计划和管理项目的具体实施措施。这阶段的具体工作步骤分为四步：第一步是分析现状，找出存在的质量问题。这一步要有重点地进行。首先，分析企业范围内的质量通病，其次，要特别注意工程中的一些技术复杂、难度大、质量要求高的项目，以及新工艺、新结构和新材料等项目的质量分析。要依据大量数据和情报资料，用数据说话，用数

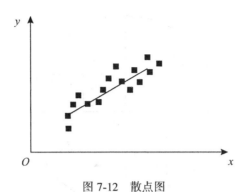

图 7-12　散点图

理统计方法来分析、反映问题。第二步是分析产生质量问题的原因和影响因素。要召开有关人员对有关问题的分析会议，绘制因果分析图。第三步是从各种原因和影响因素中找出影响质量的主要原因或影响因素。其方法有两种：一是利用数理统计的方法和图表；二是由有关工程技术人员、生产管理人员和工人讨论确定或用投票的方式确定。第四步是针对影响质量的主要原因或因素，制定改善质量的技术组织措施，提出执行措施的计划，并预计效果。在进行这一步时要反复考虑明确回答以下 5W1H 的问题：①为什么要提出这样的计划，采取这样的措施？为什么要这样改进？回答采取措施的原因(why)；②改进后要达到什么目的？有什么效果(what)？③改进措施在何处(哪道工序、哪个环节、哪个过程)执行(where)？④计划和措施在什么时间执行和完成(when)？⑤由谁来执行和完成(who)？⑥用什么方法怎样完成(how)？

　　第二阶段是实施阶段(即 do，D 阶段)。这个阶段的主要工作任务是按照第一阶段制订的计划措施，组织各方面的力量认真贯彻执行。这是管理循环的第五步，即执行措施和计划。首先要做好计划措施的交底和落实，落实包括组织落实、技术落实和物质落实。有关人员要经过训练、实习、考核达到要求后再执行计划。其次，要依靠质量体系来保证质量计划的执行。

　　第三阶段是检查阶段(即 check，C 阶段)。这个阶段的主要工作任务是将实施效果与预期目标对比，检查执行的情况否达到了预期效果，即检查效果，发现问题，这是管理循环的第六步。

　　第四阶段是处理阶段(即 action，A 阶段)。这个阶段的主要工作任务是对检查结果进行总结和处理。这个阶段分为两步，即是管理循环的第七、第八步。第七步总结经验、纳入标准，第八步把遗留问题，转入到下一个管理循环，为下一期计划提供数据资料和依据。

　　2. PDCA 循环的特点

　　(1)各级质量管理都有一个 PDCA 循环，形成一个大环套小环，一环扣一环，互相制约，互为补充的有机整体，如图 7-13 所示。在 PDCA 循环中，一般地说，上一级循环是下一级循环的依据，下一级循环是上一级循环的落实和具体化。

　　(2)每个 PDCA 循环，都不是在原地周而复始运转，而是像爬楼梯那样，每一循环都

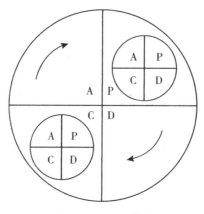

图 7-13　PDCA 循环

有新的目标和内容，这意味着质量管理，经过一次循环，解决了这一批问题，质量水平有了新的提高，如图 7-14 所示。

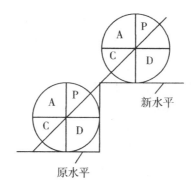

新水平

原水平

图 7-14　PDCA 循环上升图

（3）在 PDCA 循环中，目标是一个循环的关键，这是因为在一个循环中，从质量目标计划的制定，质量目标的实施和检查，到找出差距和原因，只有通过采取一定措施，使这些措施形成标准和制度，才能在下一个循环中贯彻落实，质量水平才能步步高升。

小　　结

项目质量管理要求保证该项目能够兑现它的关于满足各种需求的承诺，如产品需求等，它通过适当的政策和程序，采用持续的过程改进活动来实施。项目质量管理有利于节约项目开发的成本、增强员工的凝聚力、提高项目经理部的声誉、更好地满足顾客的需求。本章首先由质量的定义引出项目质量管理的概念，结合项目工作的实际情况，提炼出项目质量管理的八大原则，并阐述了项目质量管理的作用。其次，详细的介绍了项目质量管理的三个过程：规划质量管理、管理质量和控制质量，包括过程的依据、方法和成果。

最后，对质量管理阶段的方法进行介绍，主要介绍了因果图、流程图、直方图、帕累托图、控制图、趋势图、散点图、全面质量管理的 PDCA 循环法方法。

案例思考题

【案例一】

案例背景：

某信息技术有限公司中标某大型餐饮连锁企业集团的信息系统项目，该项目包含单点管理、物流系统和集团 ERP 等若干子项目，由该信息技术有限公司的高级项目经理张强全面负责项目的实施，张强认为此项目质量管理的关键在于系统的测试。

张强制订了详细的测试计划用来管理项目的质量，在项目实施过程当中，他通过定期发给客户测试报告来证明质量是有保证的，可是客户总觉得有什么不对劲，对项目的质量还是没有信心。

思考题：

1. 客户对项目没有信心的原因可能是什么？

2. 张强应该如何实施项目的质量保证？

3. 在这个项目中，质量控制与质量保证有哪些区别与联系？

【案例二】

案例背景：

某施工单位承接的某工程主体结构混凝土的强度等级为 C_{30}，对其现场混凝土搅拌系统进行抽样统计结果显示，配制同一品种混凝土标准偏差为 $\delta = 4.0 \text{Mpa}$（规范建议的配制 C_{30} 混凝土标准差一般可取 $\delta = 5.0 \text{Mpa}$）。

思考题：

1. 混凝土施工配制强度按《混凝土结构工程施工及验收规范》要求为：

$$f_{cu, 0} = f_{cu, k} + 1.645\delta$$

试问本工程的混凝土施工配制强度为多少？为什么？

2. 按正确配制强度配制的混凝土用到主体工程结构上后，第一批抽取了 30 组样本，其强度值如下表所示。绘制样本强度的正态分布图。

组号	1	2	3	4	5	6	7	8	9	10
强度（Mpa）	36.8	37.4	33.4	40.3	35.4	38.1	39.1	32.4	25.5	38.6
组号	11	12	13	14	15	16	17	18	19	20
强度（Mpa）	38.3	36.5	33.0	40.4	38.0	39.2	32.2	37.5	38.8	30.3
组号	21	22	23	24	25	26	27	28	29	30
强度（Mpa）	36.7	37.6	36.1	25.1	41.2	39.4	37.9	38.3	36.6	39.0

3. 从样本强度正态分布规律看，该现场混凝土搅拌系统生产状态是否正常？为什么？

思考练习题

1. 简述质量和质量管理的概念。质量体现在哪几个方面？
2. 质量和等级有什么区别？精确度与准确度有什么区别？
3. 谈谈项目质量管理的原则。
4. 谈谈项目质量管理的作用。
5. 简述项目质量管理的过程。
6. 谈谈规划质量管理、管理质量和控制质量的不同。
7. 规划质量管理可以使用的技术与工具有哪些？
8. 谈谈质量成本的概念及构成。
9. 谈谈质量审查的重要性。
10. 项目质量控制的工具有哪些？

第八章 项目沟通管理

第一节 项目沟通管理概述

一、沟通的模式

沟通是一种人与人之间传递信息的活动过程。人在社会上生存，不可能不和其他人进行沟通。沟通是组织协调的手段，是解决组织成员间障碍的基本方法。组织协调的程度和效果常常依赖于各项目参加者之间沟通的程度。通过沟通，不但可以解决各种协调的问题，而且还可以解决各参加者心理的和行为的障碍。

(一)沟通的基本模式

沟通的基本模式是：谁向谁说了什么而产生了效果。根据这个模式，有三个沟通要素被认为会对沟通的效果产生重要影响：沟通者(communicator)，内容(content)，接受者(receiver)。

1. 沟通者

对任何沟通效果而言，信息发送者都是很关键的。沟通的信息发送者所发送的信息源的可信赖性、意图和属性都很重要。研究的证据表明，对沟通的反应常受到以下暗示的重要影响：沟通者和意图，专业水平和可信赖性。

2. 内容

影响沟通效果的另一个重要因素就是信息的内容。信息的内容可以用两种方法构筑出来。

(1)利用情感诉求。从总体来看，现有的证据表明，当听众的情感强度上升时，对沟通者所提建议的接受程度并不一定相应地上升。对任何类型的劝说性沟通而言，这种关系更可能是曲线性的。当情感强度从零增至一个中等程度时，接受性也增加；但是情感强度再增强至更高水平时，接受性反而会下降。这就表明情感强度在高与低的两头时都可能有钝化的作用。中等情感强度是最有效的。然而，在现实中，对某信息应施用多少程度的情感诉说还要靠主观判断。

(2)沟通信息内容可构筑在理性诉求的基础之上。有一个研究报告给出以下建议，在劝说型的沟通中，通常明确地给出结论比让听众自己得出结论更为有效，特别是听众一开始不同意评论者的主张的时候更应如此。

3. 接受者

接受者是沟通中的第三个重要因素。个人的个性及他所处的群体都很重要。个人所处的社会群体会对沟通产生重要的影响，特别当这种沟通违背这个群体的文化惯例时，表现尤为强烈。

(二)项目实施过程中的沟通

1. 组织部门沟通

组织部门沟通是指项目组织各个部门之间的信息传递。组织内部的信息沟通有正式渠道和非正式渠道。正式渠道是指组织内部按正规的方式建起来的渠道，信息既可以从上级部门向下级部门传递(如政策、规范、指令)，也可以从下级部门向上级部门反映(如报告、请求、建议、意见)，还可以是同级部门之间的信息交流。非正式渠道是由组织内部成员之间因彼此的共同利益而形成的。这些利益既可能因工作而产生，也可能因组织外部的各种条件而产生。通过非正式渠道传递的信息有时经常会被曲解，而与正式渠道相矛盾，有时又会成为正式渠道的有效补充。

2. 人际沟通

人际沟通就是将信息由一个人传递给另一个人或多个人，同时也包括人与人之间的相互理解，如项目经理与团队成员之间的沟通。人际沟通不同于组织部门的沟通，比如，人际沟通主要通过语言交流来完成，并且这种沟通不仅仅是信息的交流，还包括感情、思想、态度等的交流。并且，人际沟通的障碍还有一个特殊的方面，就是人所特有的心理。因此，对人际沟通，要特别注意沟通的方法和手段。

二、项目沟通

(一)项目沟通的重要性

1. 沟通是项目决策和计划的基础

项目管理班子要想制定科学的计划，必须以准确、完整和及时的信息作为基础。通过项目内外部环境之间的信息沟通，可以获得众多的变化的信息，从而为科学计划及正确决策提供依据。

2. 沟通是项目组织和控制的依据和手段

项目管理班子没有良好的信息沟通，就无法实施科学的管理。只有通过信息沟通，掌握项目班子内的各方面情况，才能为科学管理提供依据，从而有效提高项目班子的组织效能。

3. 沟通是建立和改善人际关系的必需条件

信息沟通、意见交流，将各个成员组织贯通起来，成为一个整体。信息沟通是人的一种重要的心理需要，是人们用以表达思想、感情和态度的手段。畅通的信息沟通，可以减少人与人之间不必要的冲突，改善人与人之间、组织之间的关系。

4. 沟通是项目经理成功领导的重要措施

项目经理通过各种途径将意图传递给下级人员并使下级人员理解和执行。如果沟通不畅，下级人员就无法正确理解和执行项目经理的意图，从而就无法使项目顺利进行下去，最终导致项目管理混乱甚至失败。因此，只有提高项目经理的沟通能力，项目成功的把握才会比较大。

（二）项目沟通的原则

1. 准确性原则

当信息沟通所用的语言和传递方式能被接收者所理解时，这才是准确的信息，这个沟通才具有价值。沟通的目的是要使发送者信息准确地被接收者理解，这看起来似乎很简单，但在实际工作中，常会出现接收者对发送者非常严谨的信息缺乏足够的理解。信息发送者的责任是将信息加以综合，无论是笔录或口述，都要求用容易理解的方式表达。这要求发送者有较高的语言或文字表达能力，并熟悉下级、同级和上级所用的语言。这样，才能克服沟通过程中的各种障碍，而对表达不当、解释错误、传递错误给予澄清。

当然，在注意了准确性原则之后，沟通并不一定能正常进行，这是由于要注意的信息太多，人的注意力有限，所以接收者必须集中精力，克服思想不集中、记忆力差等问题，才能够对信息有正确的理解。

2. 完整性原则

当项目经理为了达到组织目标，而要实现和维持良好的合作时，与员工之间就要进行沟通，以促进他们的相互了解。在管理中进行沟通只是手段不是目的。这项原则的一个特别需要注意的地方，即信息的完整性部分取决于项目经理对下级工作的支持。项目经理位于信息交流的中心，应运用这个中心的职位和权力，起到这个中心的作用。但在实际工作中，有些项目经理往往忽视了这一点，越过下级主管人员而直接向有关人员发指示、下命令，使下级主管人员处于尴尬境地，并且违反了统一指挥的原理。如果确实需要这样做，则上级主管应事先同下级主管进行沟通，只有在时间不允许的情况下，例如紧急动员完成某一项任务，下令撤离某一个危险场所等，采用这个方法才是必要的。

3. 及时性原则

在沟通的过程中，不论是项目经理向下级沟通信息，还是下级主管人员或员工向项目经理沟通信息，除注意到准确性、完整性原则外，还应注意及时性原则。这样可以使组织新近制定的政策、组织目标、人员配备等情况尽快得到下级主管人员或员工的理解和支持，同时可以使项目经理及时掌握其下属的思想、情感和态度，从而提高管理水平。在实际工作中，信息沟通常因发送者不及时传递或接收者的理解、重视程度不够，而出现滞后，或从其他渠道了解信息，使沟通渠道起不到正常作用。当然，信息的发送者出于某种意图，而对信息交流进行控制也是可行的，但在达到控制的目的后应及时进行信息的传递。

4. 非正式组织策略性运用原则

这一原则的性质就是，只有当项目经理使用非正式的组织来补充正式组织的信息沟通时，才会产生最佳的沟通效果。非正式组织传递信息的最初原由，是出于一些信息不适合由正式组织来传递。所以，在正式组织之外，应该鼓励非正式组织传达并接收信息，以辅助正式组织做好组织的协调工作，共同为达到组织目标作出努力。

一般说来，非正式渠道的消息，对完成组织目标也有不利的一面。小道消息盛行，往往反映了正式渠道的不畅通，因而加强和疏通正式渠道，在不违背组织原则的前提下，尽可能通过各种渠道把信息传递给员工，是防止那些不利于或有碍于组织目标实现的小道消息传播的有效措施。

三、项目沟通管理

（一）项目沟通管理的概念

项目沟通管理（project communication management）是指在项目的进程中，为了确保及时恰当地创建、收集、发布、储存与最终处理项目信息所需的过程。项目沟通管理确保每个参与项目的人员都及时准确地发送与接收信息，并且懂得他们作为个人所参与的沟通对于项目整体的影响。

PMI 在 PMBOK Guide 第 6 版中，对项目沟通管理的定义是这样的：项目沟通管理包括通过开发工件，以及执行用于有效交换信息的各种活动，来确保项目及其相关方的信息需求得以满足的各个过程。项目沟通管理由两个部分组成：第一部分是制定策略，确保沟通对相关方行之有效；第二部分是执行必要活动，以落实沟通策略。它是对传递项目信息的内容、传递项目信息的方法、传递项目信息的过程等几个方面的综合管理。每个参与项目的人员都要准备发送与接收信息，并且懂得他们作为个人所参与的沟通对于项目整体的影响。

在项目管理中，沟通是一个软指标，所起的作用不好量化，对项目的影响往往也是隐形的。然而，在项目的整个生命周期中，项目的沟通与协调起着不可估量的作用。项目团队与客户的沟通，项目团队与主管单位的沟通，团队与供应商之间的沟通，团队队员内部的沟通，所有这些沟通贯穿在项目生命周期的始终。当项目发生变化和变更时需要沟通，当项目发生冲突时也需要沟通，在项目的生命周期中，所有信息输入、输出的过程，都是项目的沟通与协调过程，没有项目的沟通与协调就没有项目的成功。

（二）项目沟通管理的特点

项目沟通管理是为了确保项目信息合理收集、传输和处理所需实施的一系列过程。因项目的特殊性，项目沟通管理除具有一般沟通管理特点外，还具有以下一些特征。

1. 沟通范围广

每一个项目的实施都与诸如客户、上级组织、公司职能部门和下属承包商等众多项目干系人密切相关。项目沟通既包括项目团队与众多项目干系人间的沟通，也包括项目团队内部的沟通。

2. 沟通内容多

项目沟通首先必须保证有关项目实施的各类信息能够为相关人员获得。同时为保证项目能顺利完成，必须加强项目团队内部成员之间、团队与母公司上级或职能部门间、团队与项目出资方等的情感沟通、冲突沟通，创造出最有利于项目实施的环境。

3. 沟通层次复杂

对一个项目而言，既有对上级组织、下级组织的沟通，也有与同级部门、平行团体的沟通，项目各相关干系人从不同的利益出发，所关注的目标和期望也不尽相同，项目管理者应考虑不同人员获取不同信息的类型。

4. 沟通过程贯穿始终

处于一个复杂多变的环境之中，项目根据实际进展情况有所调整，变更要求也时有出现，这就要求建立一个有效的沟通管理体系，保证变更前后不会对项目产生某种动荡；同时因项目众多相关干系人利益的不同，存在着各种各样的冲突，团队的建设也是一种具有尖端特征(组建、磨合、正规、实施和扫尾)的成长过程，这些都需要通过有效地沟通来解决。

第二节　项目沟通管理的过程

项目的沟通管理应从项目的整体利益出发，运用系统的思想和分析方法，通过科学、系统的规划，运用适当的沟通工具、方法、技巧，全过程、全方位地进行有效的管理。项目沟通管理的过程同时也是项目利益相关者管理的过程。通过对项目利益相关者的沟通进行管理，可以满足利益相关者的需求并与之一起解决项目进行中存在的问题。

项目沟通管理的过程包括：

(1)规划沟通管理：基于每个相关方或相关方群体的信息需求、可用的组织资产，以及具体项目的需求，为项目沟通活动制定恰当的方法和计划的过程。

(2)管理沟通：确保项目信息及时且恰当地收集、生成、发布、存储、检索、管理、监督和最终处置的过程。

(3)监督沟通：确保满足项目及其相关方的信息需求的过程。

一、规划沟通管理

规划沟通管理是基于每个相关方或相关方群体的信息需求、可用的组织资产，以及具体项目的需求，为项目沟通活动制定恰当的方法和计划的过程。本过程的主要作用是为及时向相关方提供相关信息，引导相关方有效参与项目，而编制书面沟通计划。本过程应根据需要在整个项日期间定期开展。图 8-1 描述本过程的输入、工具与技巧和输出。

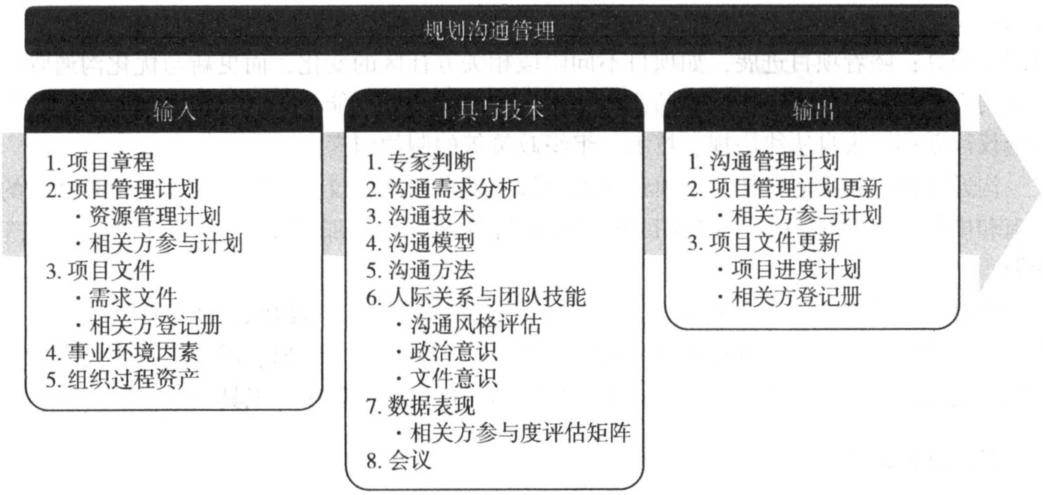

图 8-1　规划沟通管理：输入、工具与技巧和输出

（一）规划沟通管理的依据

规划沟通管理的依据包括项目章程、项目管理计划、项目文件、事业环境因素和组织过程资产。

项目管理计划组件主要包括：（1）资源管理计划。它指导如何对项目资源进行分类、分配、管理和释放。团队成员和小组可能有沟通要求，应该在沟通管理计划中列出。（2）相关方参与计划。相关方参与计划确定有效吸引相关方参与所需的管理策略，而这些策略通常通过沟通来落实。

可作为本过程输入的项目文件主要包括：（1）需求文件。需求文件可能包含项目相关方对沟通的需求。（2）相关方登记册。相关方登记册用于规划与相关方的沟通活动。

能够影响规划沟通管理过程的事业环境因素主要包括：组织文化、政治氛围和治理框架；人事管理政策；相关方风险临界值；已确立的沟通渠道、工具和系统；全球、区域或当地的趋势、实践或习俗；设施和资源的地理分布。

能够影响规划沟通管理过程的组织过程资产主要包括：组织的社交媒体、道德和安全政策及程序；组织的问题、风险、变更和数据管理政策及程序；组织对沟通的要求；制作、交换、储存和检索信息的标准化指南；历史信息和经验教训知识库；以往项目的相关方及沟通数据和信息。

（二）规划沟通管理的结果

规划沟通管理的结果包括沟通管理计划、项目管理计划更新和项目文件更新。

沟通管理计划是项目管理计划的组成部分，描述将如何规划、结构化执行与监督项目沟通，以提高沟通的有效性。该计划包括如下信息：相关方的沟通需求；需沟通的信息，包括语言、形式、内容和详细程度；上报步骤；发布信息的原因；发布所需信息、确认已收到，或作出回应（若适用）的时限和频率；负责沟通相关信息的人员；负责授权保密信息发布的人员；接收信息的人员或群体，包括他们的需要、需求和期望；用于传递信息的方法或技术，如备忘录、电子邮件、新闻稿，或社交媒体；为沟通活动分配的资源，包括时间和预算；随着项目进展，如项目不同阶段相关方社区的变化，而更新与优化沟通管理计划的方法；通用术语表；项目信息流向图、工作流程（可能包含审批程序）、报告清单和会议计划等；来自法律法规、技术、组织政策等的制约因素。

沟通管理计划中还包括关于项目状态会议、项目团队会议、网络会议和电子邮件等的指南和模板。如果项目要使用项目网站和项目管理软件，那就要把它们写进沟通管理计划。

项目管理计划的任何变更都以变更请求的形式提出，且通过组织的变更控制过程进行处理。可能需要变更的项目管理计划组件主要包括相关方参与计划。需要更新相关方参与计划，反映会影响相关方参与项目决策和执行的任何过程、程序、工具或技术。

二、管理沟通

管理沟通是确保项目信息及时且恰当地收集、生成、发布、存储、检索、管理、监督和最终处置的过程。本过程的主要作用是，促成项目团队与相关方之间的有效信息流动。本过程需要在整个项目期间开展。图8-2描述本过程的输入、工具与技术和输出。

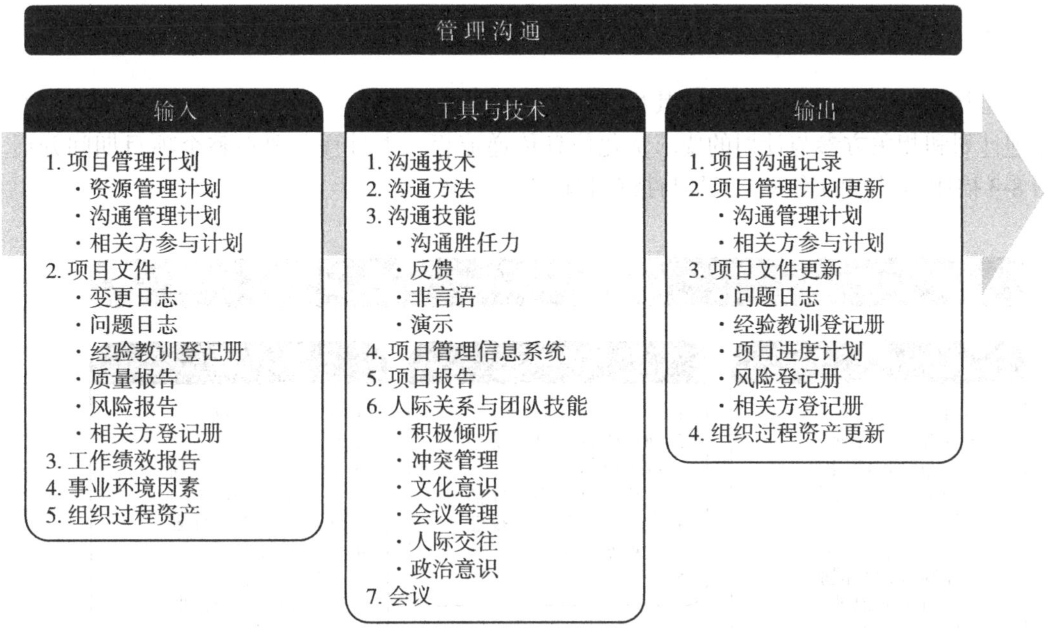

图 8-2　管理沟通：输入、工具与技术和输出

（一）管理沟通的依据

管理沟通的依据包括项目管理计划、项目文件、工作绩效报告、事业环境因素和组织过程资产。

根据沟通管理计划的定义，工作绩效报告会通过本过程传递给项目相关方。工作绩效报告的典型示例包括状态报告和进展报告。工作绩效报告可以包含挣值图表和信息、趋势线和预测、储备燃尽图、缺陷直方图、合同绩效信息以及风险概述信息。可以表现为有助于引起关注、制定决策和采取行动的仪表指示图、热点报告、信号灯图或其他形式。

会影响本过程的事业环境因素主要包括：组织文化、政治氛围和治理框架；人事管理政策；相关方风险临界值；已确立的沟通渠道、工具和系统；全球、区域或当地的趋势、实践或习俗；设施和资源的地理分布。

会影响本过程的组织过程资产主要包括：企业的社交媒体、道德和安全政策及程序；企业的问题、风险、变更和数据管理政策及程序；组织对沟通的要求；制作、交换、储存和检索信息的标准化指南；以往项目的历史信息，包括经验教训知识库。

（二）管理沟通的结果

管理沟通的结果包括项目沟通记录、项目管理计划更新、项目文件更新和组织过程资产更新。

项目沟通文件主要包括绩效报告、可交付成果的状态、进度进展、产生的成本、演示，以及相关方需要的其他信息。

更新的组织过程资产主要包括项目记录，例如往来函件、备忘录、会议记录及项目中使用的其他文档；计划内的和临时的项目报告和演示。

三、监督沟通

监督沟通是确保满足项目及其相关方的信息需求的过程。本过程的主要作用是按沟通管理计划和相关方参与计划的要求优化信息传递流程。本过程需要在整个项目期间开展。图 8-3 描述本过程的输入、工具与技巧和输出。

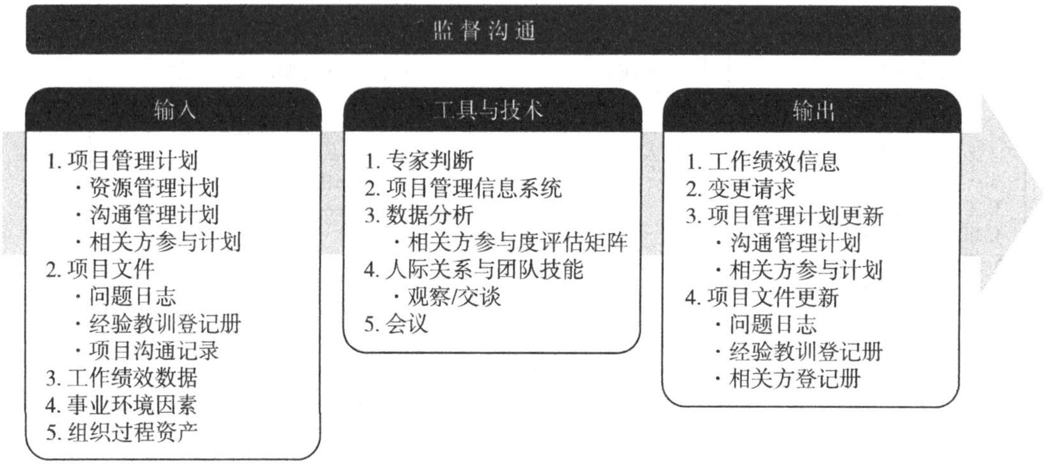

图 8-3　监督沟通输入、工具与技巧和输出

（一）监督沟通的依据

监督沟通的依据主要包括项目管理计划、项目文件、工作绩效数据、事业环境因素和组织过程资产。

能够影响监督沟通过程的事业环境因素主要包括：组织文化、政治氛围和治理框架；已确立的沟通渠道、工具和系统；全球、区域或当地的趋势、实践或习俗；设施和资源的地理分布。

可能影响监督沟通过程的组织过程资产主要包括：企业的社交媒体、道德和安全政策及程序；组织对沟通的要求；制作、交换、储存和检索信息的标准化指南；以往项目的历史信息和经验教训知识库；以往项目的相关方及沟通数据和信息。

（二）监督沟通的结果

监督沟通的结果包括工作绩效信息、变更请求、项目管理计划更新和项目文件更新。

工作绩效信息包括与计划相比较的沟通的实际开展情况；它也包括对沟通的反馈，例如关于沟通效果的调查结果。

监督沟通过程往往会导致需要对沟通管理计划所定义的沟通活动进行调整、采取行动和进行干预。变更请求需要通过实施整体变更控制过程进行处理。

项目管理计划的任何变更都以变更请求的形式提出，且通过组织的变更控制过程进行处理。可能需要变更的项目管理计划组件主要包括沟通管理计划和相关方参与计划。

第三节　项目沟通管理的方法

一、项目沟通的方式

(一)书面沟通和口头沟通

书面沟通就是以书面形式进行信息的传递和交流，比如通知、文件、报刊、备忘录等，其优点是可以作为资料长期保存，反复查阅。口头沟通就是通过口头表达进行信息交流，比如谈话、游说、演讲等，优点是灵活，速度快，双方可以自由交换意见，且传递消息较为准确。

(二)言语沟通和体语沟通

言语沟通是利用语言、文字、图画等进行信息的传递和交流，其优点是简洁明了，通俗易懂。体语沟通是利用动作、表情姿态等非语言方式进行的，其优点是一个动作、一个表情、一个姿势就可以向对方传递某种信息。

(三)上行沟通、下行沟通和平行沟通

上行沟通是指下级的意见和建议向上级反映。项目经理应鼓励项目成员积极反映情况，只有上行沟通渠道畅通，项目经理才能真正掌握全面情况，正确决策。上行沟通包括两种形式：一是逐级传递，即根据最初制定的组织活动原则逐级向上级反映；二是越级反映，即减少中间层次，让项目最高决策者与一般组织成员直接沟通。

下行沟通是指项目经理对组织成员进行的自上而下的信息沟通。如项目经理将项目目标、计划方案等传达给组织成员，对组织面临的一些具体问题提出处理方案。

平行沟通是指组织中各平行部门之间的信息交流。在项目运行过程中，经常会在各部门之间发生矛盾和冲突，其中很大一个原因就是部门之间的信息沟通不灵。平行沟通渠道的畅通可以有效减少部门之间的冲突。

(四)单项沟通和双向沟通

单项沟通是指信息发送者与接收者之间，一方只发送信息，另一方只接收信息。双方无论在感情上还是在语言上都不需要作出信息反馈，如发布指令、作报告等。这种方式，信息传递速度快，但信息的客观性较差，容易使接收者产生抗拒心理。

双向沟通是指信息发送者和接收者之间交换信息，发送者以协商和讨论的姿态面对接收者，信息发出以后还需要及时听取对方的反馈意见，必要时双方可进行多次信息往来，直到双方共同明确和满意为止，如交谈、协商等。这种方式可以提高信息的准确性，产生平等参与感，双方可以充分了解彼此的意图，从而增加双方的自信心和责任感。但是，有时因为沟通的双向进行，信息的传递速度也较慢。

(五)正式沟通和非正式沟通

正式沟通是指通过项目组织明文规定的渠道进行信息传递和交流的方式，如组织规定的会见制度、会议制度、报告制度和组织之间的公函往来。这种方式，信息可靠性强，有较强的约束力；但信息传递要通过多个层次，速度较慢，且有些信息不适宜通过此方式沟通，比如组织成员对项目经理的意见等。

非正式沟通是指在正式沟通渠道之外进行的信息传递和交流，如员工之间的私下交谈、小道消息等。这种方式，沟通方便，且能沟通一些在正式沟通中难以获得的信息，但沟通的信息容易失真。

案例：AT公司高层决定暂停一个已经开发了4年的研发项目，当时共有几千名员工在该项工作中，对这个项目的动作对公司影响甚大！来看看在这个事件的处理过程中，管理层采取了怎样的沟通方式，把员工的抱怨和公司的损失减少到最小。

首先，提前一个月，利用非正式渠道透出风声：该项目可能会被取消。用1个月的时间给了大家充分的思想准备；同时，管理层尽量收集各种反馈意见，对可能出现的问题研究对策。尤其应当注意的是，公司宣布该项目暂停，而不是取消，保护了很多在项目中投入了大量的时间和精力的员工的感情。其次，公司提出了若干业内前沿研究的新课题，并将一个项目的级别提高到公司项目，为员工提供了大量新的工作机会，安定了人心。然后，采用逐层传达的方法，正式宣布该项目暂停。最后，公司分部门召开了几次全员大会，公司领导出席并回答员工提问。其实，对于这些问题的回答，早就从收集到的反馈意见中做好了准备。

事实证明对这件事情的处理是非常成功的。几乎没有员工因为项目暂停而跳槽，对公司管理层的抱怨也随着新项目的开始而逐渐消失了。

二、沟通的艺术和障碍

(一)沟通的艺术

沟通不仅仅是简单的信息传递，也是一种对资源的控制。恰当的沟通会提高双方的工作积极性，双方都需要知道和理解。所以，沟通是需要讲究艺术的。一般来说，整个沟通过程需要经过以下几个步骤：通盘考虑你所期望实现的问题—决定你沟通的方式—想办法引起对方与你沟通的兴趣—鼓励和支持对方与己方的沟通—想方设法获得对方的支持。

另外，沟通还需要注意技巧：允许得到各种不同形式的反馈；建立多种沟通渠道，重视双向沟通；尽量面对面地沟通；敏锐地判断对方对于己方的沟通的敏感程度；察言观色、随机应变改变沟通的方式；选择适当的场合和时间进行沟通；使用简单的语言和平易近人的语气；如果获得对方的支持，则在后来的行动中要努力实现承诺。

(二)沟通的障碍

沟通中的第一类障碍主要是有关信息发送者的，第二类主要是有关信息的传递的，第三类则主要是有关信息接收者的。

1. 缺少沟通的计划

良好的沟通不是偶然得来的。人们往往是在事先对表达某个信息的目的未经思考、计划或说明的情况下就开始说话或写作了。但是，如果能说明下达指示的理由、选择最恰当的渠道和适宜的时机，就能大大有助于对信息的理解，从而减少抵制变动的阻力。

2. 未加澄清的假设

一个常被忽视但却很重要的问题是在沟通的信息中没有传递它所依据的基本假设。未予澄清的假设，无论责任在谁，都会引起混乱和徒伤感情。

3. 语意曲解

有效沟通的另一种障碍可以说是语意曲解。这种曲解可能是故意的，也可能是无意的。有些词也会引起不同的反应。对有些人来说，"政府"这个词可能意味着干涉、财政赤字，但对另外一些人来说，它可能意味着帮助、平等和正义。

4. 信息表达不佳

一个想法在信息发送者的脑子里不论多么清楚，但在表达时，仍然可能受到用字不当、遗漏、条理不清、语序紊乱、陈腔滥调、生造术语、意思不全等毛病的影响。这种表达不清和不准的毛病造成的损失可能很严重，但这只要在表达信息时多加小心就能避免。

5. 信息在传递中的损失和遗忘

信息从一个人到另外一个人的接连多次的传递之后，就会变得越传越不准确。因此组织往往使用多种渠道来传递同一个信息。健忘则是信息传递中的另一个严重问题。例如，某项研究发现，员工们只能记住接收信息的50%，而主管人员则只能记住60%。这一数据充分说明对一个信息有必要反复地传递和使用多种渠道传递。

6. 听而不闻和判断草率

天底下的人是言者多闻者少。每个人大概都见到过，有些人喜欢在别人谈话当中突然插进一些不相干的话题。原因之一是这些人脑子里正在想着自己的问题，如维护他们以我为中心的地位，或者使别人对自己有个好印象等，而根本没在听别人的谈话内容。

聆听别人谈话需要注意力集中和自我约束。也就是说，要避免过分急于对别人的谈话作评价，一般的倾向是急于对别人的谈话作判断，表示赞同或反对，而不是设法了解谈话者的基本观点。然而，不带评判地聆听别人的谈话有时却能提高组织的效能。以认真的态度聆听别人的谈话能够减少组织生活中常见的烦恼，并能导致较好的沟通。

7. 猜疑、威胁和恐惧

猜疑、威胁和恐惧都会破坏沟通。在这种气氛下，人们对任何信息都会持怀疑态度。猜疑可能是由于上级行为的矛盾所造成的，也可能是由于下属过去曾因诚实地向上级报告了不利的但却是真实的情况而受到惩罚的教训所造成的。同样，在威胁（不论是真实存在的还是想像的）面前，人们一般是多保留、处处防卫和谎报情况。为此，需要一种信任的气氛，这样才有助于真实的信息得以畅通地流动。

8. 缺乏适应变化的时间

正如沟通的含义所示，沟通的目的常常是为了引起一些变化，而这又可能对员工有重大影响：如工作的时间、地点、工种、工作顺序的变化，或者是小组的组成和所用的技术的变化等。又有些沟通的目的则旨在必须作进一步的训练、职业调整或职位安排等的变化。变化以不同的方式影响着人们，而这可能需要花相当一段时间才能充分认识到某个信息的含义。因此，为了讲究效率，绝不应该在人们能够适应变化的影响之前，就强制变革。

三、沟通模型

（一）基本的发送方和接收方沟通模型示例

此模型将沟通描述为一个过程，并由发送方和接收方两方参与；其关注的是确保信息送达，而非信息理解。基本沟通模型中的步骤为：

（1）编码。把信息编码为各种符号，如文本、声音或其他可供传递（发送）的形式。

（2）传递信息。通过沟通渠道发送信息。信息传递可能受各种物理因素的不利影响，如不熟悉的技术，或不完备的基础设施。可能存在噪音和其他因素，导致信息传递和（或）接收过程中的信息损耗。

（3）解码。接收方将收到的数据还原为对自己有用的形式。

模型如图 8-4 所示。

图 8-4　基本的发送方和接收方沟通模型

（二）互动沟通模型示例

此模型也将沟通描述为由发送方与接收方参与的沟通过程，但它还强调确保信息理解的必要性。此模型包括任何可能干扰或阻碍信息理解的噪音，如接收方注意力分散、接收方的认知差异，或缺少适当的知识或兴趣。互动沟通模型中的新增步骤有：

（1）确认已收到。收到信息时，接收方需告知对方已收到信息（确认已收到）。这并不一定意味着同意或理解信息的内容，仅表示已收到信息。

（2）反馈/响应。对收到的信息进行解码并理解之后，接收方把还原出来的思想或观点编码成信息，再传递给最初的发送方。如果发送方认为反馈与原来的信息相符，代表沟通已成功完成。在沟通中，可以通过积极倾听实现反馈。

作为沟通过程的一部分，发送方负责信息的传递，确保信息的清晰性和完整性，并确认信息已被正确理解；接收方负责确保完整地接收信息，正确地理解信息，并需要告知已收到或作出适当的回应。在发送方和接收方所处的环境中，都可能存在会干扰有效沟通的各种噪音和其他障碍。构建的沟通模型如图 8-5 所示。

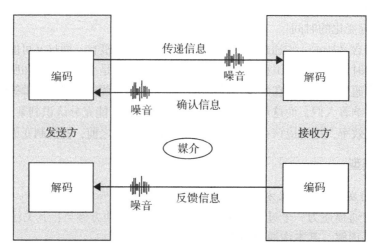

图 8-5　互动沟通模型

第四节　项目冲突管理

冲突就是项目中各因素在整合过程中出现的不协调的现象。冲突管理就是项目管理者利用现有的技术方法，对出现的不协调现象进行处置或对可能出现的不协调的现象进行预防的过程。

一、项目冲突类型

(一)项目组织部门之间的冲突

项目组织部门之间由于各种原因而发生的对立情形包括以下几种类型：

1. 纵向冲突

纵向冲突是指组织中通过纵向分工形成的不同层次间的冲突，也就是上级部门与下级部门之间的冲突，如董事长与总经理、总经理与项目经理之间的冲突。这些冲突可能是由于下级部门的"次级目标内化"造成的，也可能是上级部门对下级部门监督过于严格造成的；可能是由于缺乏交流造成的，也可能是掌握的信息不同导致认识上的差异(误会)造成的。

2. 横向冲突

横向冲突是指组织中通过横向分工形成的不同职能部门间的冲突，也称为功能冲突。组织中的工作人员往往因为各自所执行的职能不同，表现出一定的差异，如不同部门的人员对时间的看法就不一样，不同部门中的人际关系复杂程度也不一样，所以，极易导致功能冲突。其产生的原因关键在于过分强调本部门的目标，忽略了对其他部门和组织整体的影响。

3. 指挥系统与参谋系统的冲突

参谋人员经常抱怨，己方被要求理解指挥人员的需要，给他们建议，但指挥人员往往会忽略了参谋人员的存在。也就是说，参谋人员的成功必然依赖于指挥人员接受己方的建议；但是指挥人员并不一定需要参谋人员的建议。这种不对称的相互依赖关系是两者冲突的主要原因。

(二)项目成员的角色冲突

有的项目成员在项目中可能同时扮演多种角色，角色冲突通常在一个人被要求扮演两种或两种以上的不一致的、矛盾的或相互排斥的角色时发生。一个典型的处于角色冲突之间的职位就是工头，工头经常面临作为上级领导和作为下属两种不同的角色要求。一般来说，角色冲突的类型包括：

1. 同一指令的矛盾要求

这是指同一个指令者要求角色接受者同时充当两种或者两种以上的矛盾的或不一致的角色。如要求下属做在不违反规定的情况下无法完成的工作，但同时又要严格维护规定。

2. 来自不同指令者的矛盾要求

这是指当不同的指令者对同一个指令接受者的行为要求不一致时，指令接受者就很难做出选择。

3. 个人充当不同角色的矛盾

当个人同时充当了两种或两种以上的角色，而且对两种角色的期望不一致时，就会出现冲突。从某种意义上来说，这一类冲突是由于资源有限引起的。

4. 角色要求与个体之间的矛盾

当角色的要求与个人的能力、态度、价值观或行为不一致时，就会出现这类冲突。这可能是个人的能力超过了角色要求而出现的要求不足，也可能是由于角色要求过度而出现的一种情况。

二、项目中常见的冲突

（一）项目进度冲突

围绕项目相关人物的时间确定、次序安排和时间计划会产生不一致，这主要是因为项目经理对这些部门只有有限的权力。比如，当项目团队需要本公司中其他团队来完成项目中某些辅助任务时，由于项目经理不易控制其他团队，这便导致项目进度不能如期推进。又如，当项目经理把项目的若干子项目承包给分包商完成时，也会发生类似的情形。这类冲突的强度最大。

（二）项目优先权的冲突

项目参加者经常对实现项目成功和完成应该执行的活动和任务的次序有不同的看法。优先权冲突不仅发生在项目管理班子与其他支持队伍之间，在项目管理班子内也有发生。这种冲突之所以经常发生，是因为项目组织对当前的项目实施没有经验，因此项目优先权的安排与最初的预测相比就可能发生一定的变化。当已经建立一定时间计划和工作方式的其他合作方被这一变化所困扰时，优先权问题往往就发展为冲突。

（三）人力资源的冲突

对来自其他职能部门或参谋部门人员的项目管理班子而言，围绕着用人会有冲突，当人员支配权在职能部门或参谋部门的领导手中时仍要求使用这些人员就会带来冲突。项目经理们常在这方面感到为难，当项目组织需某方面的专业人才，而职能部门难以调配时，人力资源冲突随即发生。

（四）技术意见和性能权衡的冲突

通常，支持项目的职能部门主要负责技术标准和性能标准，而项目经理主要负责费用、时间计划和性能目标。因为公司的职能部门通常只对项目部分负责，所以他们可能不具备整个项目管理的全局观。职能部门常常会把技术问题推给项目经理来决定，而项目经理会因为费用或时间计划的限制而必须否决技术方案。

（五）管理程序的冲突

这包括可能发生于项目经理权力职责、报告关系、管理支持、状况审查、不同项目团队间或项目团队与协作方合作上的冲突。其中项目经理如何发挥作用、如何与公司的高级管理层接触是管理冲突最主要的部分。

（六）项目成员的个性冲突

项目成员的个性冲突是最难解决的。个性冲突往往也会被沟通问题和技术争端所掩盖。比如，一个项目成员在技术方案上可能坚持与项目经理不一致的意见，但真正的争端却是个性间的相互冲突(故意作对)。

(七)费用的冲突

费用冲突往往在费用估算上。像时间计划一样,成本费用经常是项目管理目标能否完成的度量标准。当项目经理与其他部门磋商,让该部门完成项目的一些任务时,费用冲突经常就会发生。由于紧张的预算限制,项目经理希望尽量减少费用,但实际执行者都希望项目在预算中扩大他的那一部分。另外,技术问题(技术更新改造)和进度的调整也会引起费用的增加,从而引起冲突。

三、项目冲突处理

(一)处理冲突的方式

常见的项目冲突处理方式包括:

建立公司范围内的冲突解决政策与程序。但是,这种方式可能会忽略各个不同项目之间的差异,试图用相同的办法解决不同的冲突,无法做到具体情况具体分析。

预先建立项目冲突解决程序,通常通过使用线性责任图来拟定冲突解决程序。

当项目经理和职能经理中间有冲突时,希望利用他们共同的上级在维护公司最大利益的基础上解决他们的冲突。但是,这种方式无法解决项目经理负责的低一级的冲突。

(二)冲突的管理模式

冲突的管理包括五种模式。

1. 回避

主要指有意忽略冲突并且希望冲突尽快解决;以缓慢的程序来平息冲突;以沉默来避免面对面的冲突;以官僚政策作为解决冲突的方式。这种模式适用于以下情况:当冲突微不足道且有更重要的问题等待解决时,当知道毫无机会可满足所关心的事时,当潜在的分裂超过解决所带来的利益时,当搜集资料比立刻决定更重要时,当需要冷静重新认识整个事态时。

2. 妥协

主要指谈判;寻求交易;寻找满意或可接受的解决方案。这种模式适用的情况:当目标明显但不值得努力,有瓦解的趋势时;当势均力敌的对手致力于相互排斥目标时;当时间成本很大时;当合作与竞争都不成功时。

3. 竞争

主要指产生输赢;敌对竞争;利用权威以达到目的。这种模式适用于:快速、决定性的行为是必需的,例如紧急事件;强制重要但执行不受欢迎的行为,例如减少成本;当知道己方是正确时,如有关公司福利的重要议题;对抗那些利用非竞争行为的人。

4. 迎合

主要指强迫服从;让步;顺从。这种模式适用于:当发现己方错误时,并愿意虚心改正;当议题对别人比对己方重要时,保持合作态度满足别人;将损失减到最低;允许下属从错误中学习。

5. 合作

主要指解决问题的姿态;面对差异且分享意念与知识;寻找完整的解决方案;寻找双

赢的局面；视问题与冲突为挑战。这种模式适用于：当双方所关心的事很重要，以致不能妥协时，寻求一个整合的解决方案；当目标很确定时，吸纳那些与己方有不同看法的见识。

<h1 align="center">小　结</h1>

沟通是指用各种可能的方式来发送或接收信息，或者通过沟通活动(如会议和演讲)，或者以工件的方式(如电子邮件、社交媒体、项目报告或项目文档)。项目沟通管理包括通过开发工件，以及执行用于有效交换信息的各种活动，来确保项目及其相关方的信息需求得以满足的各个过程。本章首先介绍了沟通的概念和基本模式，项目沟通和项目沟通管理的原则、特点和意义。其次，从规划沟通管理(基于每个相关方或相关方群体的信息需求、可用的组织资产，以及具体项目的需求，为项目沟通活动制定恰当的方法和计划的过程)、管理沟通(确保项目信息及时且恰当地收集、生成、发布、存储、检索、管理、监督和最终处置的过程)、监督沟通(确保满足项目及其相关方的信息需求的过程)三个过程讨论了项目沟通管理的具体过程。最后，说明了项目沟通的方式，其需要克服的沟通障碍，以及与沟通相关的模型。作为沟通管理的重要一环，本章在最后对冲突管理进行了详细的介绍，包括项目冲突类型、常见的冲突以及项目冲突处理方法。

<h2 align="center">案例思考题</h2>

案例背景：

陈某为某系统集成公司项目经理，负责某国有企业信息化项目的建设。陈某在带领项目成员进行业务需求调研期间，发现客户的某些部门对于需求调研不太配合，时常上级推下级，下级在陈述业务时经常因为工作原因在关键时候被要求离开去完成其他工作，而某些部门对于需求调研只是提供一些日常票据让其进行资料收集，为此陈某非常苦恼。勉强完成了需求调研后，项目组进入了软件开发阶段，在软件开发过程中，客户经常要求增加某个功能或对某个表进行修改，这些持续不断的变更给软件开发小组带来了巨大的修改压力，软件开发成员甚至提到该项目就感觉没动力。项目期间由于客户需求变更频繁，陈某采取了锁定需求的办法，即在双方都确认变更后，把变更内容一一列出，双方盖上公司印章生效。然而，这样做还是避免不了需求变更，客户的变更列表要求对方遵守承诺，客户却认为这些功能是他们要求的，如果需要新的变更列表，他们可以重新制作并加盖印章。陈某对此很无奈。最终在多次反复修改后，项目勉强通过验收，而陈某对于该项目的后期维护仍然感到担忧。

思考题：

1. 请分析案例中沟通管理存在的问题。
2. 如果你是陈某，可以采取哪些措施解决陈某遇到的问题？

思考练习题

1. 什么是沟通？项目沟通主要有哪几种方式？

2. 项目沟通时应注意什么技巧？怎样克服心理障碍？

3. 冲突一般包括哪些类型，最普遍的解决方法有哪些？

4. 在解决项目冲突问题过程中，项目经理应当发挥什么作用？

5. 项目沟通管理有哪些过程？简述这些过程的内容。

6. 沟通有哪些艺术？需要克服什么障碍？

7. 项目沟通管理的定义是什么？

8. 简述项目沟通三个过程各自的作用。

第九章　项目风险管理

第一节　项目风险管理概述

一、风险的概念

风险管理的经典著作 *Risk Management and Insurance* 将风险定义为"给定情况下存在的可能结果的差异性"。保险理论中有关风险的定义为：风险是对被保险人的权益产生不利影响的意外事故发生的可能性。有人还认为：风险是活动或事件消极的，人们不希望的后果发生的潜在可能性。对风险概念可以从以下几方面进行理解：

(一)风险是预期和后果之间的差异

活动或事件的后果同人们的期待预想之间总是存在着不一致和偏离。后果偏离预期越大，风险也越大。所以，风险是实际后果偏离预期有利结果的可能性。

(二)风险既是机会又是威胁

人们从事经济社会活动既有可能获得预期的利益，也有可能蒙受意料不到的损失或损害。正是风险蕴含的机会引诱人们从事包括项目在内的各种活动，而风险蕴含的威胁，则唤醒人们的警觉，设法回避、减轻、转移或分散。人们对于风险这种二重性的态度因人、因时、因地和因环境而异。

(三)风险是损失或损害

说风险是损失或损害，一方面是因为人们从事各种活动的确有可能蒙受损失或损害，告诫人们提高警惕。另一方面，这种观点强调人类活动的不利后果，关心的重点是如何处理不利后果。

二、风险的分类

为了深入、全面地认识项目风险，并有针对性地进行管理，有必要将风险分类。分类可以从不同角度进行。

(一)按风险后果划分

按照后果的不同，风险可划分为纯粹风险和投机风险。

1. 纯粹风险

纯粹风险系指只会造成损失而不会带来收益的风险。例如自然灾害，一旦发生，将会造成重大损失，甚至人员死亡。如果不发生，只是不造成损失而已，但不会带来额外的收益。这种风险总是和威胁、损失和不幸相联系。

2. 投机风险

投机风险系指既可能带来机会、获得利益，又隐含威胁、造成损失的风险。投机风险有三种可能的后果：造成损失、不造成损失和获得利益。一项重大投资活动可能因决策错误或因碰上不测事件而使投资者蒙受灾难性的损失，但如果决策正确，经营有方或赶上大好机遇，则有可能给投资人带来巨大利润。

(二) 按风险来源划分

按风险产生的来源可将风险划分为政治风险、经济风险、技术风险、组织风险、自然风险和社会风险等。

1. 政治风险

政治风险系指因政治方面的各种事件和原因而导致项目蒙受意外损失的风险。

2. 经济风险

经济风险系指人们在从事经济活动中，由于经营管理不善、市场预测失误、价格波动、供求关系发生变化、通货膨胀、汇率变动等所导致经济损失的风险。

3. 技术风险

技术风险系指伴随科学技术的发展而来的风险。如核燃料出现之后产生了核辐射风险；伴随宇宙火箭技术而来的卫星发射的风险。这些风险会影响整个项目的工期和造价。

4. 组织风险

组织风险系指由于项目有关各方关系不协调以及其他不确定性而引起的风险。例如许多合资、合营或合作项目组织形式非常复杂，有的单位既是项目的发起者，又是投资者，还是承包商。由于项目有关各方参与项目的动机和目标不一致，在项目进行过程中常常出现一些不愉快的事情，影响合作者之间的关系、项目进展和项目目标的实现。组织风险还包括项目发起组织内部的不同部门由于对项目的理解、态度和行动不一致而产生的风险。

5. 自然风险

自然风险系指由于自然力的作用，造成财产毁损或人员伤亡的风险。例如，水利工程施工过程中因发生洪水或地震而造成的工程损害、材料和器材损失等。

6. 社会风险

社会风险包括项目所处的社会背景、秩序、宗教信仰、风俗习惯及人际关系等形成的影响项目经营的各种束缚或不便。

(三) 按风险的可预测性划分

按风险的可预测性可将风险分为已知风险、可预测风险和不可预测风险。

1. 已知风险

已知风险系指在认真严格地分析项目及其计划之后就能够明确的那些经常发生的，而且其后果亦可预见的风险。已知风险发生概率高，但一般后果轻微，不严重。项目管理中已知风险的例子有：项目目标不明确，过分乐观的进度计划，设计或施工变更，材料价格波动等。

2. 可预测风险

可预测风险系指根据经验，可以预见其发生，但不可预见其后果的风险。这类风险的后果有可能相当严重。项目管理中的例子有：业主不能及时审查批准，分包商不能及时交工，施工机械出现故障，不可预见的地质条件等。

3. 不可预测风险

不可预测风险系指有可能发生，但其发生的可能性即使最有经验的人亦不能预见的风险。不可预测风险有时也称未知风险或未识别的风险。它们是新的、以前未观察到的风险。这些风险一般是外部因素作用的结果，例如地震、百年不遇的暴雨、通货膨胀、政策变化等。

此外，按风险影响范围可将风险划分为局部风险和总体风险。局部风险影响的范围小，而总体风险影响范围大。按风险后果的承担者可将风险划分为项目业主风险、政府风险、承包商风险、投资方风险、设计单位风险、监理单位风险、供应商风险、担保方风险和保险公司风险等。这样划分有助于合理分配风险，提高项目对风险的承受能力。

三、项目风险

项目的立项、分析、研究、设计和计划都是基于对将来情况(政治、经济、社会、自然等各方面)预测基础上的，基于正常的、理想的技术、管理和组织之上的。在实际实施以及项目的运行过程中，这些因素都有可能会产生变化。这些变化会使得原定的计划、方案受到干扰，使原定的目标不能实现。对这些事先不确定的内部和外部的干扰因素，人们将它称为项目风险。风险是项目系统中的不可靠因素。

风险在任何项目中都存在。项目作为集合经济、技术、管理、组织各方面的综合性社会活动，它在各个方面都存在着不确定性。这些风险造成项目实施的失控现象，如工期延长、成本增加、计划修改等，最终导致项目经济效益降低，甚至项目失败。而且现代项目的特点是规模大、技术新颖、持续时间长、参加单位多、与环境接口复杂，可以说在项目过程中危机四伏。许多领域，由于它的项目风险大，危害性大，例如国际工程承包、国际投资和合作，所以被人们称为风险型事业。

四、项目风险管理

所谓项目风险管理(project risk management)是项目组织通过风险识别、风险估计和风险评价，合理地使用多种管理方法、技术和手段对项目活动涉及的风险实行有效的控制，采取主动行动，创造条件，尽量扩大风险事件的有利结果，妥善地处理风险事故造成的不利后果，以最少的成本保证安全、可靠地实现项目的总目标。项目风险管理的目标在于提高正面风险的概率和(或)影响，降低负面风险的概率和(或)影响，从而提高项目成功的可能性。

项目风险管理概念的要点主要表现在以下几个方面：

(1)项目风险管理是一项综合性的管理活动，其理论和实践涉及自然科学、社会科学、工程技术、系统科学、管理科学等多门学科。

(2)管理项目风险的主体是项目管理班子，特别是项目经理。项目风险管理要求项目管理班子采取主动行动，而不应仅仅在风险事件发生之后被动地应付。项目管理人员在认识和处理错综复杂、性质各异的多种风险时，要统观全局，抓主要矛盾，创造条件，因势利导，将不利转化为有利，将威胁转化为机会。

（3）项目风险管理的基础是调查研究、调查和收集资料，必要时还要进行实验或试验。只有认真地研究项目本身和环境以及两者之间的关系、相互影响和相互作用，才能识别项目面临的风险。

（4）风险识别、风险估计和风险评价是项目风险管理的重要内容。但是，仅仅完成这部分工作还不能做到以最少的成本保证安全、可靠地实现项目的总目标。还必须在此基础上对风险实行有效的控制，妥善地处理风险事件造成的不利后果。

第二节　项目风险管理过程

项目风险管理的过程是：

（1）规划风险管理：定义如何实施项目风险管理活动的过程。

（2）识别风险：识别单个项目风险，以及整体项目风险的来源，并记录风险特征的过程。

（3）实施定性风险分析：通过评估单个项目风险发生的概率和影响以及其他特征，对风险进行优先级排序，从而为后续分析或行动提供基础的过程。

（4）实施定量风险分析：就已识别的单个项目风险和其他不确定性的来源对整体项目目标的综合影响进行定量分析的过程。

（5）规划风险应对：为处理整体项目风险敞口，以及应对单个项目风险，而制定可选方案、选择应对策略并商定应对行动的过程。

（6）实施风险应对：执行商定的风险应对计划的过程。

（7）监督风险：在整个项目期间，监督商定的风险应对计划的实施、跟踪已识别风险、识别和分析新风险，以及评估风险管理有效性的过程。

一、规划风险管理

规划风险管理是定义如何实施项目风险管理活动的过程。本过程的主要作用是确保风险管理的水平、方法和可见度与项目风险程度，以及项目对组织和其他相关方的重要程度相匹配。本过程仅开展一次或仅在项目的预定义点开展。图 9-1 描述本过程的输入、工具与技术和输出。

（一）规划风险管理的依据

规划风险管理的依据包括项目章程、项目管理计划、项目文件、事业环境因素和组织过程资产。

项目章程记录了高层级的项目描述和边界、高层级的需求和风险。

在规划项目风险管理时，应该考虑所有已批准的子管理计划，使风险管理计划与之相协调；同时，其他项目管理计划组件中所列出的方法论可能也会影响规划风险管理过程。

项目文件主要包括：相关方登记册，它包含项目相关方的详细信息，并概述其在项目中的角色和对项目风险的态度；可用于确定项目风险管理的角色和职责，以及为项目设定风险临界值。

会影响规划风险管理过程的事业环境因素主要包括由组织或关键相关方设定的整体风

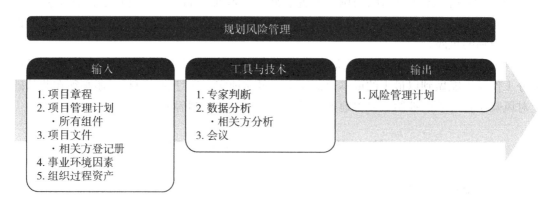

图 9-1 规划风险管理：输入、工具与技术和输出

险临界值。

会影响规划风险管理过程的组织过程资产主要包括组织的风险政策；风险类别，可能用风险分解结构来表示；风险概念和术语的通用定义；风险描述的格式；风险管理计划、风险登记册和风险报告的模板；角色与职责；决策所需的职权级别；经验教训知识库，其中包含以往类似项目的信息。

(二)规划风险管理的结果

规划风险管理的结果包括风险管理计划。

风险管理计划是项目管理计划的组成部分，描述如何安排与实施风险管理活动。风险管理计划可包括：(1)风险管理战略。描述用于管理本项目的风险的一般方法。(2)方法论。确定用于开展本项目的风险管理的具体方法、工具及数据来源。(3)角色与职责。确定每项风险管理活动的领导者、支持者和团队成员，并明确他们的职责。(4)资金。确定开展项目风险管理活动所需的资金，并制定应急储备和管理储备的使用方案。(5)时间安排。确定在项目生命周期中实施项目风险管理过程的时间和频率，确定风险管理活动并将其纳入项目进度计划。(6)风险类别。确定对单个项目风险进行分类的方式。通常借助风险分解结构(RBS)来构建风险类别(见表 9-1)。风险分解结构是潜在风险来源的层级展现。风险分解结构有助于项目团队考虑单个项目风险的全部可能来源，对识别风险或归类已识别风险特别有用。组织可能有适用于所有项目的通用风险分解结构，也可能针对不同类型项目使用几种不同的风险分解结构框架，或者允许项目量身定制专用的风险分解结构。如果未使用风险分解结构，组织则可能采用某种常见的风险分类框架，既可以是简单的类别清单，也可以是基于项目目标的某种类别结构。

二、识别风险

识别风险是识别单个项目风险以及整体项目风险的来源，并记录风险特征的过程。本过程的主要作用是记录现有的单个项目风险，以及整体项目风险的来源；同时，汇集相关信息，以便项目团队能够恰当应对已识别的风险。本过程需要在整个项目期间开展。图 9-2 描述本过程的输入、工具与技术和输出。

表 9-1　　　　　　　　　　　　　**风险分解结构（RBS）**

RBS 0 级	RBS 1 级	RBS 2 级
0. 项目风险所有来源	1. 技术风险	1.1　范围定义
		1.2　需求定义
		1.3　估算、假设和制约因素
		1.4　技术过程
		1.5　技术
		1.6　技术联系
		等等
	2. 管理风险	2.1　项目管理
		2.2　项目集/项目组合管理
		2.3　运营管理
		2.4　组织
		2.5　提供资源
		2.6　沟通
		等等
	3. 商业风险	3.1　合同条款和条件
		3.2　内部采购
		3.3　供应商与卖方
		3.4　分包合同
		3.5　客户稳定性
		3.6　合伙企业与合资企业
		等等
	4. 外部风险	4.1　法律
		4.2　汇率
		4.3　地点/设施
		4.4　环境/天气
		4.5　竞争
		4.6　监管
		等等

　　识别风险时，要同时考虑单个项目风险，以及整体项目风险的来源。风险识别活动的参与者包括：项目经理、项目团队成员、项目风险专家（若已指定）、客户、项目团队外部的主题专家、最终用户、其他项目经理、运营经理、相关方和组织内的风险管理专家。虽然这些人员通常是风险识别活动的关键参与者，但是还应鼓励所有项目相关方参与单个项目风险的识别工作。项目团队的参与尤其重要，以便培养和保持他们对已识别单个项目风险、整体项目风险级别和相关风险应对措施的主人翁意识和责任感。应该采用统一的风险描述格式，来描述和记录单个项目风险，以确保每一项风险都被清楚、明确地理解，从而为有效的分析和风险应对措施制定提供支持。可以在识别风险过程中为单个项目风险指定风险责任人，待实施定性风险分析过程确认。也可以识别和记录初步的风险应对措施，

待规划风险应对过程审查和确认。在整个项目生命周期中，单个项目风险可能随项目进展而不断出现，整体项目风险的级别也会发生变化。因此，识别风险是一个迭代的过程。迭代的频率和每次迭代所需的参与程度因情况而异，应在风险管理计划中做出相应规定。

识别风险		
输入	**工具与技术**	**输出**
1.项目管理计划 ·需求管理计划 ·进度管理计划 ·成本管理计划 ·质量管理计划 ·资源管理计划 ·风险管理计划 ·范围基准 ·进度基准 ·成本基准 2.项目文件 ·假设日志 ·成本估算 ·持续时间估算 ·问题日志 ·经验教训登记册 ·需求文件 ·资源需求 ·相关方登记册 3.协议 4.采购文档 5.事业环境因素 6.组织过程资产	1.专家判断 2.数据收集 ·头脑风暴 ·核对单 ·访谈 3.数据分析 ·根本原因分析 ·假设条件和制约因素分析 ·SWOT分析 ·文件分析 4.人际关系与团队技能 ·引导 5.提示清单 6.会议	1.风险登记册 2.风险报告 3.项目文件更新 ·假设日志 ·问题日志 ·经验教训登记册

图 9-2　识别风险：输入、工具与技术和输出

（一）识别风险的依据

项目风险识别的主要依据包括：项目管理计划、项目文件、协议、采购文档、事业环境因素、组织过程资产。

如果需要从外部采购项目资源，应该审查初始采购文档，因为从组织外部采购商品和服务可能提高或降低整体项目风险，并可能引发更多的单个项目风险。随着采购文档在项目期间的不断更新，还应该审查最新的文档，例如，卖方绩效报告、核准的变更请求和与检查相关的信息。

会影响识别风险过程的事业环境因素包括：已发布的材料，它包含商业风险数据库或核对单；学术研究资料；标杆对照成果；类似项目的行业研究资料。

会影响识别风险过程的组织过程资产包括：项目文档，它包含实际数据；组织和项目的过程控制资料；风险描述的格式；以往类似项目的核对单。

（二）识别风险的结果

识别风险的结果包括风险登记册、风险报告、项目文件更新。

风险登记册记录已识别单个项目风险的详细信息。随着实施定性风险分析、规划风险应对、实施风险应对和监督风险等过程的开展,这些过程的结果也要记进风险登记册。取决于具体的项目变量(如规模和复杂性),风险登记册可能包含有限或广泛的风险信息。

当完成识别风险过程时,风险登记册的内容可能包括:(1)已识别风险的清单。在风险登记册中,每项单个项目风险都被赋予一个独特的标识号。要以所需的详细程度对已识别风险进行描述,确保明确理解。可以使用结构化的风险描述,把风险本身与风险原因及风险影响区分开来。(2)潜在风险责任人。如果已在识别风险过程中识别出潜在的风险责任人,就要把该责任人记录到风险登记册中。随后将由实施定性风险分析过程进行确认。(3)潜在风险应对措施清单。如果已在识别风险过程中识别出某种潜在的风险应对措施,就要把它记录到风险登记册中。随后将由规划风险应对过程进行确认。

风险报告提供关于整体项目风险的信息,以及关于已识别的单个项目风险的概述信息。在项目风险管理过程中,风险报告的编制是一项渐进式的工作。随着实施定性风险分析、实施定量风险分析、规划风险应对、实施风险应对和监督风险过程的完成,这些过程的结果也需要记录在风险登记册中。在完成识别风险过程时,风险报告的内容可能包括:(1)整体项目风险的来源。它说明哪些是整体项目风险敞口的最重要驱动因素。(2)关于已识别单个项目风险的概述信息,例如已识别的威胁与机会的数量、风险在风险类别中的分布情况、测量指标和发展趋势。根据风险管理计划中规定的报告要求,风险报告中可能还包含其他信息。

更新的项目文件主要包括:(1)假设日志。在识别风险过程中,可能做出新的假设,识别出新的制约因素,或者现有的假设条件或制约因素可能被重新审查和修改。应该更新假设日志,记录这些新信息。(2)问题日志。应该更新问题日志,记录发现的新问题或当前问题的变化。(3)经验教训登记册。为了改善后期阶段或其他项目的绩效,而更新经验教训登记册,记录关于行之有效的风险识别技术的信息。

三、实施定性风险分析

实施定性风险分析是通过评估单个项目风险发生的概率和影响以及其他特征,对风险进行优先级排序,从而为后续分析或行动提供基础的过程。本过程的主要作用是重点关注高优先级的风险。本过程需要在整个项目期间开展。图9-3描述本过程的输入、工具与技术和输出。

(一)实施定性风险分析的依据

实施定性风险分析的依据包括项目管理计划、项目文件、事业环境因素和组织过程资产。

项目管理计划组件包括风险管理计划。本过程中需要特别注意的是风险管理的角色和职责、预算和进度活动安排,以及风险类别(通常在风险分解结构中定义)、概率和影响定义、概率和影响矩阵和相关方的风险临界值。通常已经在规划风险管理过程中把这些内容裁剪成适合具体项目的需要。如果还没有这些内容,则可以在实施定性风险分析过程中编制,并经项目发起人批准之后用于本过程。

能够影响实施定性风险分析的事业环境因素包括:类似项目的行业研究资料;已发布

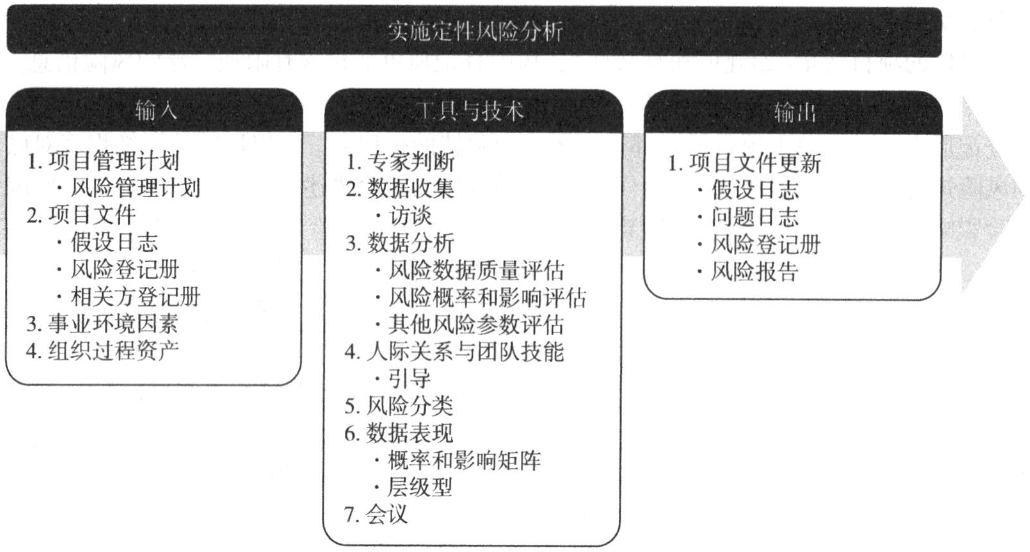

图 9-3　实施定性风险分析：输入、工具与技术和输出

的材料，包含商业风险数据库或核对单。

（二）实施定性风险分析的结果

实施定性风险分析的结果包括项目文件更新。

项目文件主要包括：（1）假设日志。在实施定性风险分析过程中，可能做出新的假设、识别出新的制约因素，或者现有的假设条件或制约因素可能被重新审查和修改。应该更新假设日志，记录这些新信息。（2）问题日志。应该更新问题日志，记录发现的新问题或当前问题的变化。（3）风险登记册。用实施定性风险分析过程生成的新信息，去更新风险登记册。风险登记册的更新内容可能包括：每项单个项目风险的概率和影响评估、优先级别或风险分值、指定风险责任人、风险紧迫性信息或风险类别，以及低优先级风险的观察清单或需要进一步分析的风险。（4）风险报告。更新风险报告，记录最重要的单个项目风险（通常为概率和影响最高的风险）、所有已识别风险的优先级列表以及简要的结论。

四、实施定量风险分析

实施定量风险分析是就已识别的单个项目风险和不确定性的其他来源对整体项目目标的影响进行定量分析的过程。本过程的主要作用是量化整体项目风险敞口，并提供额外的定量风险信息，以支持风险应对规划。本过程并非每个项目必需，但如果采用，它会在整个项目期间持续开展。图 9-4 描述了本过程的输入、工具与技术和输出。

并非所有项目都需要实施定量风险分析。能否开展稳健的分析取决于是否有关于单个项目风险和其他不确定性来源的高质量数据，以及与范围、进度和成本相关的扎实项目基准。定量风险分析通常需要运用专门的风险分析软件，以及编制和解释风险模式的专业知识，还需要额外的时间和成本投入。项目风险管理计划会规定是否需要使用定量风险分析，定量分析最可能适用于大型或复杂的项目、具有战略重要性的项目、合同要求进行定量分析的项目，或主要相关方要求进行定量分析的项目。通过评估所有单个项目风险和其他不确定性来源对项目结果的综合影响，定量风险分析就成为评估整体项目风险的唯一可靠的方法。

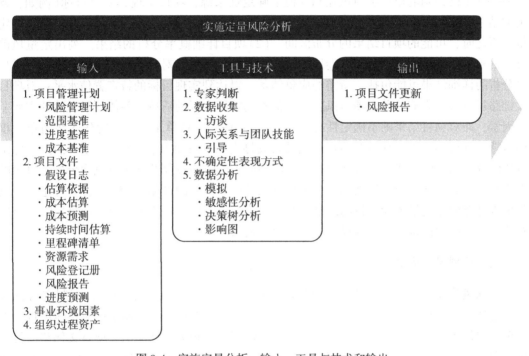

图 9-4　实施定量分析：输入、工具与技术和输出

(一)实施定量风险分析的依据

实施定量风险分析的依据包括项目管理计划、项目文件。

项目文件主要包括：(1)假设日志。如果认为假设条件会引发项目风险，那么就应该把它们列作定量风险分析的输入。在定量风险分析期间，也可以建立模型来分析制约因素的影响。(2)估算依据。开展定量风险分析时，可以把用于项目规划的估算依据反映在所建立的变异性模型中，可能包括估算目的、分类、准确性、方法论和资料来源。(3)成本估算。成本估算提供了对成本变化性进行评估的起始点。(4)成本预测。成本预测包括项目的完工尚需估算(ETC)、完工估算(EAC)、完工预算(BAC)和完工尚需绩效指数(TCP)。把这些预测指标与定量成本风险分析的结果进行比较，以确定与实现这些指标相关的置信水平。(5)持续时间估算。持续时间估算提供了对进度变化性进行评估的起始点。(6)里程碑清单。项目的重大事件决定着进度目标。把这些进度目标与定量进度风险分析的结果进行比较，以确定与实现这些目标相关的置信水平。

能够影响实施定量风险分析过程的事业环境因素包括类似项目的行业研究资料；已发布的材料，包括商业风险数据库或核对单。

（二）实施定量风险分析的结果

实施定量风险分析的结果包括项目文件更新。

项目文件主要为风险报告。更新风险报告，反映定量风险分析的结果，包括：（1）对整体项目风险敞口的评估结果。整体项目风险有两种主要的测量方式：项目成功的可能性——基于已识别的单个项目风险和其他不确定性来源，项目实现其主要目标(例如，既定的结束日期或中间里程碑、既定的成本目标)的概率；项目固有的变异性——在开展定量分析之时，可能的项目结果的分布区间。（2）项目详细概率分析的结果。列出定量风险分析的重要输出，如S曲线、龙卷风图和关键性指标，以及对它们的叙述性解释。定量风险分析的详细结果可能包括：所需的应急储备，以达到实现目标的特定置信水平；对项目关键路径有最大影响的单个项目风险或其他不确定性来源的清单；整体项目风险的主要驱动因素，即对项目结果的不确定性有最大影响的因素。（3）单个项目风险优先级清单。根据敏感性分析的结果，列出对项目造成最大威胁或产生最大机会的单个项目风险。（4）定量风险分析结果的趋势。随着在项目生命周期的不同时间重复开展定量风险分析，风险的发展趋势可能逐渐清晰。发展趋势会影响对风险应对措施的规划。（5）风险应对建议。风险报告可能根据定量风险分析的结果，针对整体项目风险敞口或关键单个项目风险提出应对建议。这些建议将成为规划风险应对过程的输入。

五、规划风险应对

规划风险应对是为处理整体项目风险敞口，以及应对单个项目风险，而制定可选方案、选择应对策略并商定应对行动的过程。本过程的主要作用是，制定应对整体项目风险和单个项目风险的适当方法；分配资源，并根据需要将相关活动添加进项目文件和项目管理计划。本过程需要在整个项目期间开展。图9-5描述本过程的输入、工具与技术和输出。

有效和适当的风险应对可以最小化单个威胁，最大化单个机会，并降低整体项目风险敞口；不恰当的风险应对则会适得其反。一旦完成对风险的识别、分析和排序，指定的风险责任人就应该编制计划，以应对项目团队认为足够重要的每项单个项目风险。这些风险会对项目目标的实现造成威胁或提供机会。项目经理也应该思考如何针对整体项目风险的当前级别做出适当的应对。风险应对方案应该与风险的重要性相匹配、能经济有效地应对挑战、在当前项目背景下现实可行、能获得全体相关方的同意，并由一名责任人具体负责。往往需要从几套可选方案中选出最优的风险应对方案。应该为每个风险选择最可能有效的策略或策略组合。可用结构化的决策技术来选择最适当的应对策略。对于大型或复杂项目，可能需要以数学优化模型或实际方案分析为基础，进行更加稳健的备选风险应对策略经济分析。

（一）规划风险应对的依据

规划风险应对的依据包括项目管理计划、项目文件、事业环境因素和组织过程资产。

能够影响规划风险应对过程的事业环境因素主要为关键相关方的风险偏好和风险临界值。

能够影响规划风险应对过程的组织过程资产主要包括风险管理计划、风险登记册和风

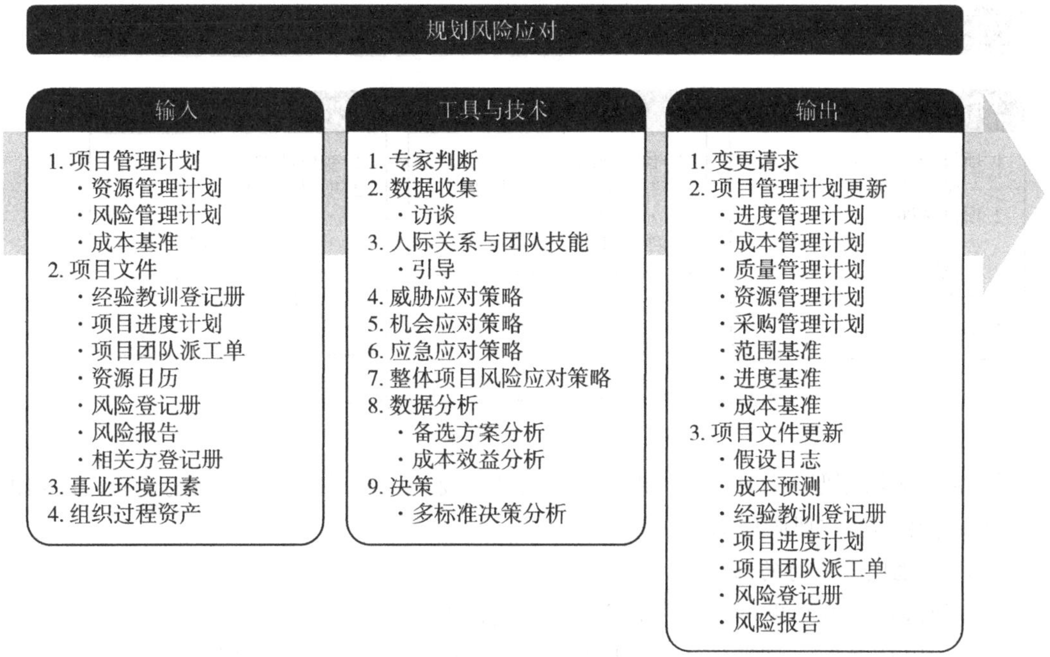

图 9-5 的内容：

规划风险应对

输入	工具与技术	输出
1.项目管理计划 ·资源管理计划 ·风险管理计划 ·成本基准 2.项目文件 ·经验教训登记册 ·项目进度计划 ·项目团队派工单 ·资源日历 ·风险登记册 ·风险报告 ·相关方登记册 3.事业环境因素 4.组织过程资产	1.专家判断 2.数据收集 ·访谈 3.人际关系与团队技能 ·引导 4.威胁应对策略 5.机会应对策略 6.应急应对策略 7.整体项目风险应对策略 8.数据分析 ·备选方案分析 ·成本效益分析 9.决策 ·多标准决策分析	1.变更请求 2.项目管理计划更新 ·进度管理计划 ·成本管理计划 ·质量管理计划 ·资源管理计划 ·采购管理计划 ·范围基准 ·进度基准 ·成本基准 3.项目文件更新 ·假设日志 ·成本预测 ·经验教训登记册 ·项目进度计划 ·项目团队派工单 ·风险登记册 ·风险报告

图 9-5 规划风险应对：输入、工具与技术和输出

险报告的模板、历史数据库、类似项目的经验教训知识库。

（二）规划风险应对的结果

规划风险应对的结果包括变更请求、项目管理计划更新和项目文件更新。

规划风险应对后，可能会就成本基准和进度基准，或项目管理计划的其他组件提出变更请求，应该通过实施整体变更控制过程对变更请求进行审查和处理。

六、实施风险应对

实施风险应对是执行商定的风险应对计划的过程。本过程的主要作用是确保按计划执行商定的风险应对措施，来管理整体项目风险敞口、最小化单个项目威胁，以及最大化单个项目机会。本过程需要在整个项目期间开展。图 9-6 描述本过程的输入、工具与技术和输出。

（一）实施风险应对的依据

实施风险应对的依据包括项目管理计划、项目文件。

项目管理计划组件主要为风险管理计划。风险管理计划列明了与风险管理相关的项目团队成员和其他相关方的角色和职责。应根据这些信息为已商定的风险应对措施分配责任人。风险管理计划还会定义适用于本项目的风险管理方法论的详细程度，还会基于关键相关方的风险偏好规定项目的风险临界值。风险临界值代表了实施风险应对所需实现的可接受目标。

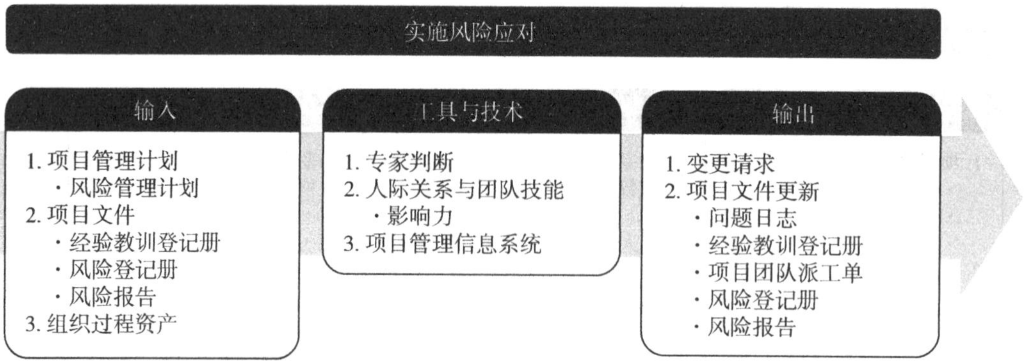

图 9-6　实施风险应对：输入、工具与技术和输出

能够影响实施风险应对过程的组织过程资产主要为已完成的类似项目的经验教训知识库，其中会说明特定风险应对的有效性。

（二）实施风险应对的结果

实施风险应对的结果包括变更请求、项目文件更新。

实施风险应对后，可能会就成本基准和进度基准，或项目管理计划的其他组件提出变更请求。应该通过实施整体变更控制过程对变更请求进行审查和处理。

可在本过程更新的项目文件有：问题日志、经验教训登记册、项目团队派工单、风险登记册和风险报告。

七、监督风险

监督风险是在整个项目期间，监督商定的风险应对计划的实施、跟踪已识别风险、识别和分析新风险，以及评估风险管理有效性的过程。本过程的主要作用是使项目决策都基于关于整体项目风险敞口和单个项目风险的当前信息。本过程需要在整个项目期间开展。图 9-7 描述本过程的输入、工具与技术和输出。

（一）监督风险的依据

监督风险的依据包括项目管理计划、项目文件、工作绩效数据和工作绩效报告。

项目管理计划组件主要为风险管理计划。风险管理计划规定了应如何及何时审查风险，应遵守哪些政策和程序，与本监督过程有关的角色和职责安排，以及报告格式。

工作绩效数据包含关于项目状态的信息，例如，已实施的风险应对措施、已发生的风险、仍活跃及已关闭的风险。

工作绩效报告是通过分析绩效测量结果而得到的，能够提供关于项目工作绩效的信息，包括偏差分析结果、挣值数据和预测数据。在监督与绩效相关的风险时，需要使用这些信息。

（二）监督风险的结果

监督风险的结果包括工作绩效信息、变更请求、项目管理计划更新、项目文件更新和

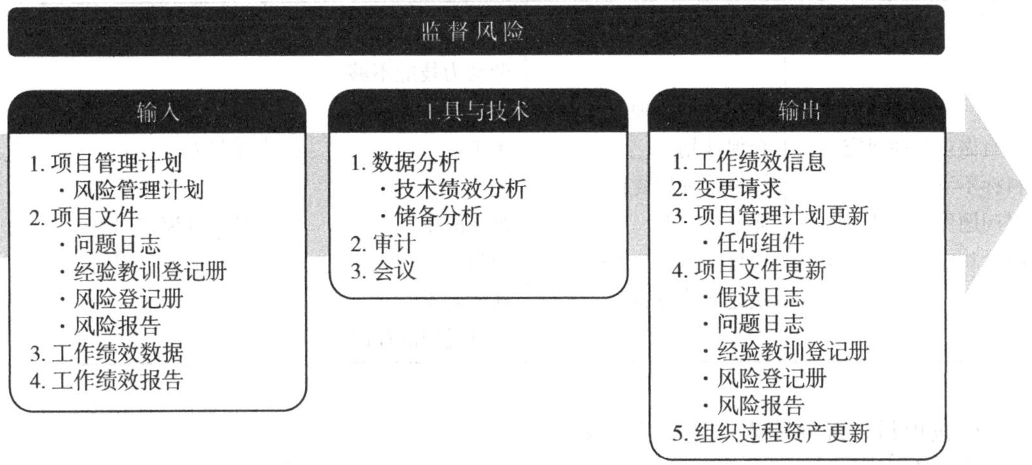

图 9-7　监督风险：输入、工具与技术和输出

组织过程资产更新。

　　工作绩效信息是经过比较单个风险的实际发生情况和预计发生情况，所得到的关于项目风险管理执行绩效的信息。它可以说明风险应对规划和应对实施过程的有效性。

　　执行监督风险过程后，可能会就成本基准和进度基准，或项目管理计划的其他组件提出变更请求，应该通过实施整体变更控制过程对变更请求进行审查和处理。变更请求可能包括：建议的纠正与预防措施，以处理当前整体项目风险级别或单个项目风险。

　　可在本过程更新的组织过程资产有：风险管理计划、风险登记册和风险报告的模板、风险分解结构。

第三节　项目风险管理的方法

一、项目风险识别方法

（一）项目风险因素分析

　　风险因素分析是确定一个项目风险范围，即有哪些风险存在，将这些风险因素逐一列出，以作为风险管理对象。罗列风险因素通常要从多角度、多方面进行，形成对项目系统风险的多方位的透视。风险因素分析可以采用结构化分析方法，即由总体到细节、由宏观到微观，层层分解。通常可以从以下几个角度进行分析。

　　1. 项目寿命周期内各阶段主要风险因素

　　现代项目管理理论将项目寿命周期划分为四个主要阶段，即项目定义与决策阶段、项目计划与设计阶段、项目实施与控制阶段和项目完工与交付阶段。这四个阶段可能出现的风险因素如表 9-2 所示。

表 9-2   项目四个阶段内常见的风险因素

定义与决策阶段	计划与设计阶段	实施与控制阶段	完工与交付阶段
没有做可行性研究 目标不清 对问题界定不清 缺少相应专业的专家	没有风险管理计划 仓促计划 缺少管理层支持 职能界定差 项目队伍缺乏经验 缺乏准确参数	劳动力技能不够 材料短缺 罢工 天气 范围改变 项目进度改变 环境要求 没有适当的控制体系	质量差 客户不能接受 基础规模出现更改 现金流量出现问题

2. 按项目管理职能来描述风险因素

可以从定义、计划、组织、领导、控制等管理职能来识别项目风险因素，如表 9-3
所示。

表 9-3   项目管理职能存在的风险

职能	常见风险	职能	常见风险
定义	技术太复杂 目标不明 项目范围不清 不断变化的需要 工作表述不全面 不现实的目标	计划	成本预算不精确 时间预算不精确 项目计划不全面 工作分解结构（WBS）不全面 资源没有很好地分配 不现实的计划
组织	通信基础设施不完善 缺少资源 缺少学科专家 没有制定过程或步骤文件 任务分配不合理 项目管理软件选择错误	领导	团队中重要成员大变动 犹豫不决 没有客户参与 没有高层管理者的支持 项目经理权力有限 没有合作精神 沟通不够 参与者缺少主观能动性
控制	项目管理步骤少或没有 没有对变化做影响分析 项目计划不灵活 不断变化的市场条件 项目结果没有估算好 管理缺乏变化 没有能力及时采取正确的行为		

资料来源：拉尔夫·L. 克莱因，欧文·S. 路丁. 项目风险管理. 唐健，译. 北京：中国宇航出版
社，2002.

3. 按风险的直接行为主体分析风险因素

(1)业主和投资者

业主的支付能力差，企业的经营状况恶化，资信不好，企业倒闭，撤走资金，或改变投资方向，改变项目目标；业主违约、苛求、刁难、随便改变主意，但又不赔偿，错误的行为和指令，非程序地干预项目；业主不能完成他的合同责任，如不及时供应他负责的设备、材料，不及时交付场地，不及时交付工程款。

(2)承包商(分包商、供应商)

承包商(分包商、供应商)技术能力和管理能力不足，没有适合的技术专家和项目经理，不能积极地履行合同，由于管理和技术方面的失误，造成项目中断；没有得力的措施来保证进度、安全和质量要求；财务状况恶化，无力采购和支付工资，企业处于破产境地；工作人员罢工、抗议或软抵抗；错误理解业主意图和招标文件，方案错误，报价失误，计划失误；设计承包商设计错误，项目技术系统之间不协调、设计文件不完备、不能及时交付图纸，或无力完成设计工作。

(3)项目管理者

项目管理者的管理能力、组织能力、工作热情和积极性、职业道德、公正性差；管理风格、文化偏见，可能会导致他不正确地执行合同，在工程中苛刻要求；在项目中起草错误的招标文件、合同条件，下达错误的指令。

(4)其他方面

例如中介人的资信、可靠性差；政府机关工作人员、城市公共供应部门(如水、电等部门)的干预、苛求和个人需求；项目周边或涉及的居民或单位的干预、抗议或苛刻的要求等。

(二)核对表法

核对表法是管理中用来记录和整理数据的常用方法。

风险识别实际是关于将来风险事件的设想，是一种预测。如果把人们经历过的风险事件及其来源罗列出来，写成一张核对表，那么，项目管理人员看了就容易开阔思路，容易想到本项目会有哪些潜在的风险。核对表可以包含多种内容，例如以前项目成功和失败的原因、项目其他方面规划的结果(范围、成本、质量、进度、采购与合同、人力资源与沟通等计划成果)、项目产品或服务的说明书、项目班子成员的技能、项目可用的资源等。

(三)项目工作分解结构图

风险识别要减少项目结构上的不确定性，就要弄清项目的组成、各个组成部分的性质、它们之间的关系、项目同环境之间的关系等。项目工作分解结构图是完成这项任务的有力工具。项目管理的其他方面，例如范围、进度和成本管理，也要使用项目工作分解结构。因此，在风险识别中利用这个已有的现成工具并不会给项目班子增加额外的工作量。借助于项目工作分解结构图可以帮助项目风险识别人员去分析和了解项目风险所处的具体项目环节、项目各个环节之间存在的风险以及项目风险的起因和影响，以及项目各个环节对风险影响的大小。

(四)专家分析法

专家分析法常有两种具体方法：头脑风暴法和德尔菲法。

1. 头脑风暴法

头脑风暴法又叫集思广益法，它是通过营造一个无批评的自由的会议环境，使与会者畅所欲言、充分交流、互相启迪，产生出大量创造性意见的过程。

头脑风暴法以共同目标为中心，参会人员在他人的看法上提出自己的意见。它可以充分发挥集体的智慧，提高风险识别的正确性和效率。

应用头脑风暴法要遵循一个原则，即在发言过程中不进行判断性评论。

2. 德尔菲法

德尔菲法是一种反馈匿名函询法。其做法是：在对所要预测的问题征得专家意见之后，进行整理、归纳、统计，再匿名反馈给各专家，再次征求意见，再集中，再反馈，直至得到稳定的意见。

（五）数据分析

（1）根本原因分析。根本原因分析常用于发现导致问题的深层原因并制定预防措施。可以用问题陈述（如项目可能延误或超支）作为出发点，来探讨哪些威胁可能导致该问题，从而识别出相应的威胁。也可以用收益陈述（如提前交付或低于预算）作为出发点，来探讨哪些机会可能有利于实现该效益，从而识别出相应的机会。

（2）假设条件和制约因素分析。每个项目及其项目管理计划的构思和开发都基于一系列的假设条件，并受一系列制约因素的限制。这些假设条件和制约因素往往都已纳入范围基准和项目估算。开展假设条件和制约因素分析，来探索假设条件和制约因素的有效性，确定其中哪些会引发项目风险。从假设条件的不准确、不稳定、不一致或不完整，可以识别出威胁，通过清除或放松会影响项目或过程执行的制约因素，可以创造出机会。

（3）SWOT 分析。这是对项目的优势、劣势、机会和威胁（SWOT）进行逐个检查。在识别风险时，它会将内部产生的风险包含在内，从而拓宽识别风险的范围。首先，关注项目、组织或一般业务领域，识别出组织的优势和劣势；然后，找出组织优势可能为项目带来的机会、组织劣势可能造成的威胁。还可以分析组织优势能在多大程度上克服威胁，组织劣势是否会妨碍机会的产生。

（4）文件分析。通过对项目文件的结构化审查，可以识别出一些风险。可供审查的文件包括（但不限于）计划、假设条件、制约因素、以往项目档案、合同、协议和技术文件。项目文件中的不确定性或模糊性，以及同一文件内部或不同文件之间的不一致，都可能是项目风险的指示信号。

4. 提示清单

提示清单是关于可能引发单个项目风险以及可作为整体项目风险来源的风险类别的预设清单。在采用风险识别技术时，提示清单可作为框架用于协助项目团队形成想法。可以用风险分解结构底层的风险类别作为提示清单，来识别单个项目风险。某些常见的战略框架更适用于识别整体项目风险的来源，如 PESTLE（政治、经济、社会、技术、法律、环境）、TECOP（技术、环境、商业、运营、政治），或 VUCA（易变性、不确定性、复杂性、模糊性）。

二、项目风险分析方法

(一)主观评分法

主观评分法是评价人员，为每一单个风险赋予一个权值，例如从 0 到 10 之间的一个数。0 代表没有风险，10 代表风险最大。然后把各个风险的权值加起来，再同风险评价基准进行比较。

主观评分的优点是简便且容易使用。缺点依然是可靠性完全取决于项目管理人员的经验与水平，因此，其用途的大小就取决于项目管理人员对项目各阶段各种风险的分析的准确性。

(二)等风险图法

等风险图包括两个因素：失败的概率和失败的后果。这种方法把已识别的风险分为低、中、高三类。低风险指对项目目标仅有轻微不利影响、发生概率也小(小于 0.3)的风险。中等风险指发生概率大(从 0.3 到 0.7)，且影响项目目标实现的风险。高风险指发生概率很大(0.7 以上)，对项目目标的实现有非常不利影响的风险。

用 P_f 和 P_s 分别表示项目失败和成功的概率。于是有 $P_s = 1 - P_f$。再用 C_f 和 C_s 分别表示项目失败的后果非效用值和成功的后果效用值。根据效用理论，C_f 和 C_s 满足联系；$C_f + C_s = 1$，$0 < C_f < 1$，$0 < C_s < 1$。等风险图法用风险系数评价项目风险水平。项目风险系数用 R 表示，其定义是：

$$R = 1 - P_s C_s = 1 - (1 - P_f)(1 - C_f)$$
$$= P_f + C_f - P_f C_f \tag{9-1}$$

显然有 $0 < R < 1$。等风险图可按下法绘出：先让 R 取 $0 \sim 1$ 的一个数。比如 0.1，接着，让 P_f 和 C_f 在 $0 \sim 1$ 取多种不同组合。然后把不同的组合点画在以 C_f 为横轴、P_f 为竖轴的平面坐标图上。把各点连起来就可以得到一条曲线。曲线连出后，让 R 换取一个数，接着，再让 P_f 和 C_f 在 $0 \sim 1$ 取多种不同组合。然后再把这不同的组合点画在同一个平面坐标图上。把各点连起来又可以得到一条曲线，如此下去，就可以画出如图 9-8 的等风险图。

有了等风险图，就可以把具体项目的风险系数拿来与之对照。项目的风险系数按公式 (9-1)计算。

公式(9-1)中的 P_f 和 C_f 的计算：

首先把项目各个风险的发生概率算出来，然后让 P_f 取其平均。即

$$P_f = (P_{f1} + P_{f2} + \cdots + P_{fn}) / n \tag{9-2}$$

其中 n 是风险个数。

对于 C_f，也同样处理。首先把项目的各风险后果非效用值算出来，然后让 C_f 取其平均，即

$$C_f = (C_{f1} + C_{f2} + \cdots + C_{fm}) / m \tag{9-3}$$

其中 m 是风险的后果个数。

等风险图法的主要工作量就是根据历史数据估计风险的概率分布和各种不良后果的严重程度分布。但是，历史数据常常不易找到，在缺乏数据时，就不得不求助于主观判断。因此，使用等风险图法也同样要避免主观因素的影响。

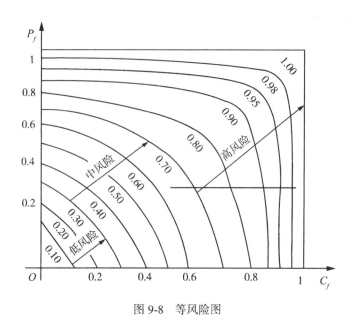

图 9-8 等风险图

三、实施定量风险分析

(一)不确定性表现方式

要开展定量风险分析,就需要建立能反映单个项目风险和其他不确定性来源的定量风险分析模型,并为之提供输入。如果活动的持续时间、成本或资源需求是不确定的,就可以在模型中用概率分布来表示其数值的可能区间。概率分布可能有多种形式,最常用的有三角分布、正态分布、对数正态分布、贝塔分布、均匀分布或离散分布。应该谨慎选择用于表示活动数值的可能区间的概率分布形式。

(二)模拟

在定量风险分析中,使用模型来模拟单个项目风险和其他不确定性来源的综合影响,以评估它们对项目目标的潜在影响。模拟通常采用蒙特卡洛分析。对成本风险进行蒙特卡洛分析时,使用项目成本估算作为模拟的输入;对进度风险进行蒙特卡洛分析时,使用进度网络图和持续时间估算作为模拟的输入。开展综合定量成本-进度风险分析时,同时使用这两种输入。其输出就是定量风险分析模型。

(三)敏感性分析

敏感性分析有助于确定哪些单个项目风险或其他不确定性来源对项目结果具有最大的潜在影响。它在项目结果变异与定量风险分析模型中的要素变异之间建立联系。

(四)决策树分析

用决策树在若干备选行动方案中选择一个最佳方案。在决策树中,用不同的分支代表不同的决策或事件,即项目的备选路径。每个决策或事件都有相关的成本和单个项目风险(包括威胁和机会)。决策树分支的终点表示沿特定路径发展的最后结果,可以是负面或正面的结果。

（五）影响图

影响图是不确定条件下决策制定的图形辅助工具。它将一个项目或项目中的一种情境表现为一系列实体、结果和影响，以及它们之间的关系和相互影响。如果因为存在单个项目风险或其他不确定性来源而使影响图中的某些要素不确定，就在影响图中以区间或概率分布的形式表示这些要素；借助模拟技术（如蒙特卡洛分析）来分析哪些要素对重要结果具有最大的影响。运用影响图分析，可以得出类似于其他定量风险分析的结果，如 S 曲线图和龙卷风图。

四、风险应对策略

实施风险分析后的结果有两种可能：一种可能是项目风险超过了项目相关方的容忍水平；另一种可能是项目风险在项目相关方可以接受的范围之内。对于前一种情况，如果项目风险极大地超出了项目相关方的容忍水平，且无论采取何种措施都无法避免可能发生的重大损失，那么就应该停止甚至取消该项目；如果项目风险接近项目相关方的容忍水平，则可以通过采取适当的应对措施来拯救项目，以避免或减弱项目风险所带来的损失。对于后一种情况，虽然项目风险在项目相关方可接受的风险水平内，为了能够将由项目风险造成的损失控制在最小的范围内，也应该采取相应的措施加以应对。

有些风险应对措施可能由直属项目团队以外的人员去执行，或由存在其他竞争性需求的人员去执行。这种情况下，负责引导风险管理过程的项目经理或人员就需要施展影响力，去鼓励指定的风险责任人采取所需的行动。

风险应对策略的选择标准可能包括：应对成本、应对策略在改变概率和（或）影响方面的预计有效性、资源可用性、时间限制（紧迫性、邻近性和潜伏期）、风险发生的影响级别、应对措施对相关风险的作用、导致的次生风险等。如果原定的应对策略被证明无效，可在项目后期采取不同的应对策略。应对项目风险的策略主要有以下几种：

（一）消极风险的应对策略

1. 风险回避

风险回避主要是中断风险源，使其不致发生或遏制其发展。回避风险有时可能不得不做出一些必要的牺牲，但较之承担风险，这些牺牲比起风险真正发生时可能造成的损失要小得多，甚至微不足道，如回避风险大的项目、选择风险小或适中的项目。因而在项目决策时要注意，放弃明显导致亏损的项目。对于风险超过自己的承受能力，成功把握不大的项目，不参与投标，不参与合资。甚至有时在工程进行到一半时，预测后期风险很大，必然有更大的亏损，不得不采取中断项目的措施。

回避风险虽然是一种风险防范措施，但应该承认这是一种消极的防范手段。因为回避风险固然能避免损失，但同时也失却了获得的机会。处处回避，事事回避，其结果只能是停止生存。如果企业家想生存图发展，又想回避其预测的某种风险，最好的办法是采用除回避以外的其他手段。

2. 损失控制

损失控制是指要减少损失发生的机会或降低损失的严重性，设法使损失最小化。主要有以下两方面的工作：

（1）预防损失

预防损失系指采取各种预防措施以杜绝损失发生的可能。例如房屋建造者通过改变建筑用料以防止用料不当而倒塌；供应商通过扩大供应渠道以避免货物滞销；承包商通过提高质量控制标准以防止因质量不合格而返工或罚款；生产管理人员通过加强安全教育和强化安全措施，减少事故发生的机会等。在商业交易中，交易的各方都把损失预防作为重要事项。业主要求承包商出具各种保函就是为了防止承包商不履约或履约不力；而承包商要求在合同条款中赋予其索赔权利也是为了防止业主违约或发生种种不测事件。

（2）减少损失

减少损失系指在风险损失已经不可避免地发生的情况下，通过种种措施以遏制损失继续恶化或限制其扩展范围使其不再蔓延或扩展，也就是说使损失局部化。例如承包商在业主付款误期超过合同规定期限情况下采取停工或撤出队伍并提出索赔要求其至提起诉讼；业主在确信某承包商无力继续实施其委托的工程时立即撤换承包商；施工事故发生后采取紧急救护，安装火灾警报系统；投资商控制内部核算；制定种种资金运筹方案等都是为了达到减少损失的目的。

3. 风险分离

风险分离系指将各风险单位分离间隔，以避免发生连锁反应或互相牵连。这种处理可以将风险局限在一定的范围内，从而达到减少损失的目的。

风险分离常用于承包工程中的设备采购。为了尽量减少因汇率波动而遭受的汇率风险，承包商可在若干不同的国家采购设备，付款采用多种货币。比如在欧洲采购支付欧元，在日本采购支付日元，在美国采购支付美元等。这样即使发生大幅度波动，也不会全部导致损失风险。

4. 风险分散

风险分散与风险分离不一样，后者是对风险单位进行分隔、限制以避免互相波及，从而发生连锁反应；而风险分散则是通过增加风险单位以减轻总体风险的压力，达到共同分摊集体风险的目的。

一个项目总的风险有一定的范围，这些风险必须在项目参加者（例如投资者、业主、项目管理者、各承包商、供应商等）之间进行分配。每个参加者都必须有一定的风险责任，才有管理和控制的积极性和创造性。风险分配通常在任务书、责任证书、合同、招标文件等中定义，在起草这些文件的时候都应对风险做出预计、定义和分配。只有合理地分配风险，才能调动各方面的积极性，才能有项目的高效益。

5. 风险转移

风险转移是风险控制的另一种手段。经营实践中有些风险无法通过上述手段进行有效控制，经营者只好采取转移手段以保护自己。风险转移并非损失转嫁。这种手段也不能被认为是损人利己有损商业道德，因为有许多风险对一些人的确可能造成损失，但转移后并不一定同样给他人造成损失。其原因是各人的优劣势不一样，因而对风险的承受能力也不一样。

风险转移的手段常用于工程承包中的分包、技术转让或财产出租。合同、技术或财产的所有人通过分包工程、转让技术或合同、出租设备或房屋等手段将应由其自身全部承担的风险部分或全部转移至他人，从而减轻自身的风险压力。

6. 风险自留

风险自留即是将风险留给自己承担，不予转移。这种手段有时是无意识的，即当初并不曾预测到，不曾有意识地采取种种有效措施，以致最后只好由自己承受；但有时也可以是主动的，即经营者有意识、有计划地将若干风险主动留给自己。后种情况下，风险承受人通常已做好了处理风险的准备。

主动的或有计划的风险自留是否合理明智取决于风险自留决策的有关环境。风险自留在一些情况下是唯一可能的对策。有时企业不能预防损失，回避又不可能，且没有转移的可能性，企业别无选择，只能自留风险。例如，在河谷中建厂的企业发现已没有其他可能的方法来处理洪水风险，而放弃建厂和损失控制的成本都极其昂贵，而且在这一特定领域投保洪灾险也不可能，投资人骑虎难下，只好采取自留风险的对策。但是如果风险自留并非唯一可能的对策时，风险管理人应认真分析研究，制定最佳决策。

(二) 积极风险的应对策略

1. 利用风险

利用风险的目的在于消除与某个特定积极风险相关的不确定性。当项目组织为了确保机会得以实现时，就可以对具有积极影响的风险采用该策略。如分配更多的资源以保证项目在较短的时间内达到目标或超预期高质量实现目标；采用全新或改进的技术来节约成本，缩短实现项目目标的持续时间。

2. 分享风险

分享风险是指将应对机会的部分或全部责任分配给最能为项目带来利益的一方，通过建立风险合作关系来实现项目风险向项目机会的转变。如建立合作(合资)企业、动态联盟项目组织(公司)等。

3. 促进风险

促进风险是指通过提高机会的发生概率或积极影响，最大程度地激发对项目有利的机会，促进项目有利机会的发生概率，强化风险触发条件，提高项目的成功机会，为项目成功带来积极影响。

小　结

项目的立项、分析、研究、设计和计划都是基于对将来情况(政治、经济、社会、自然等各方面)的预测之上的，基于正常的、理想的技术、管理和组织之上的。在实际实施以及项目的运行过程中，这些因素都有可能会产生变化，各个方面都存在着不确定性。这些变化会使得原定的计划、方案受到干扰，使原定的目标不能实现。这些事先不能确定的内部和外部的干扰因素，人们将它称为项目风险。项目风险管理合理地使用多种管理方法、技术和手段对项目活动涉及的风险实行有效的控制，尽量扩大风险事件的有利结果，妥善地处理风险事故造成的不利后果，以最小的成本保证安全、可靠地实现项目的总目标。本章首先介绍了风险的概念及其不同条件下的分类。其次，详细介绍了规划风险管理、识别风险、实施定性风险分析、实施定量风险分析、规划风险应对、实施风险应对、监督风险这七个项目风险管理过程，呈现了各个过程的依据、方法与工具、成果。最后，基于风险管理过程的划分，分别介绍了项目风险识别、项目风险分析的常用方法，以及一般的风险应对策略。

案例思考题

案例背景：

塔科马海峡吊桥①

　　1940 年，塔科马海峡吊桥仅仅在建成 4 个月之后就戏剧性地坍塌了，这对大跨度桥梁的设计和施工是一次沉重的打击。塔科马海峡吊桥的坍塌被视作工程学历史上里程碑式的失败，事实上也是大多数土木工程项目中一个深刻的教训。对于吊桥坍塌事件，项目失败的一个重要原因是：在工程学中，错误地估计了各种自然力量对工程项目(特别是在建筑行业中)的影响。

　　塔科马海峡吊桥于 1940 年 7 月通车，耗资 640 万美元，主要由美国联邦政府的公共管理处拨资修建。在通车之前，吊桥就已经表现出了一些奇怪的问题，但被及时发现。例如，最轻微的风都能使桥身产生持续的摆动。另外，安装在吊桥外部的重钢电缆是尝试用来减少由风引起的摆动效应，但事实上，随着时间由夏转秋，吊桥的晃动变得更糟了。在第 1 次尝试中，电缆被安装在预定位置之后就被扭断。秋后进行了第 2 次尝试，这次尝试最初看起来似乎缓和了这种摇晃。但不幸的是，结果证明重型电缆对于这种由动力(风)引起的摆动还是无能为力，最后它们在关键的扭转振荡之前扭断了，而这种扭转震荡正是导致吊桥坍塌的罪魁祸首。

　　1940 年 11 月 7 日，差不多在吊桥通车 4 个月以后，吊桥主体出现明显的扭动，并出现了一系列垂直方向上的扭转震荡。令人震惊的是，振幅持续增大，吊梁开始松动，支撑结构发生变形，主体开始断裂。转眼间，波浪形的震动变得极其猛烈，吊桥已经经受不住这种重创而四分五裂。

　　在这次灾难性事故后，由 3 名科学家组成的委员会被立即召集起来负责调查这次塔科马海峡吊桥坍塌的原因。委员会由当时世界上顶尖的科学家和工程师组成，他们分别是奥特马尔·安曼、冯·卡门和格伦·伍德拉夫。尽管已经确定吊桥的基本设计是安全的，建造过程也符合要求，然而他们却依然迅速查明了吊桥坍塌的潜在原因。

　　(1)设计特点。吊桥的物理构造直接导致了它的失败，同时也是自完工后不断出现问题的根源。与其他吊桥不同，塔科马海峡吊桥的一个显著特点是宽度和长度的比例太小，这个比例表明，相对于长度来说，桥的宽度太窄，因而桥身显得极其狭窄，这在很大程度上导致桥梁的剧烈震动。

　　(2)建造材料。构造上的另一个特点也是导致吊桥坍塌的重要原因，那就是替换

---

　　①　本案例采编自宾图编著的《项目管理》。

了关键的结构部件。最初的方案要求在建造两侧面时使用敞开的大梁。但当地的一个建筑工程师换用了扁平、实心的大梁，这种大梁使风向发生偏转，而不是像敞开的大梁那样让风通过。从工程学的角度看，扁平的两侧面不能让风通过，降低了它抗风的能力。实心、扁平的桥梁两侧面将桥梁推向一边，直到它的摆动幅度足以让风通过。

（3）吊桥选址。关于初始计划的最后一个问题是修造吊桥的实际选址。尽管调查委员会并没有将吊桥的物理选址视作它坍塌的原因之一，选址确实通过它对风流的影响在吊桥坍塌中扮演了辅助角色。由于河两侧的土地慢慢变窄，建造于塔科马海峡上的吊桥特别容易遭受强风的袭击，且桥梁所在之处的独特地形特征实际上使风速加倍。在这次坍塌之前，人们对吊桥结构上的动态负荷影响所知甚少，那时候，人们理所当然地认为，在修建桥梁时静态负荷和大型构造足以保护桥梁免受强风的影响。这次事故在工程设计师的脑海中留下了深刻的印象，他们认为动态的而非静态的负荷，才是设计的关键因素。

吊桥坍塌之后，调查委员会的最终报告随即将其直接归咎于设计上的缺陷，即它被认为是一个纯粹的静态设计问题，而未将风力的动态性质纳入考虑。尽管纵向振荡已经被充分理解并且已经在吊桥建造的初期经历过，但是直到吊桥经历了额外的扭转翻滚运动之后，它的坍塌才变得不可避免。

思考题：

1. 设计者何时开始承担未知或不必要的风险？讨论该项目的风险管理中的项目约束和风险特点。

2. 对这个项目进行定性或定量风险分析，识别你认为的对吊桥来说最重要的风险因素，你如何评估这个项目风险？

3. 你认为这个项目可以采用哪些措施来缓解或消除风险？

思考练习题

1. 风险按其来源有哪些类型？
2. 何谓项目风险管理，项目风险管理的要点何在？
3. 项目风险识别的方法有哪些？
4. 简述项目风险分析的内容。
5. 简述项目风险管理的过程。
6. 项目风险应对的策略有哪些？
7. 简述项目风险监控的输入、工具与技术和输出。
8. 简述项目风险管理分析的方法。
9. 结合实际项目，试对项目风险因素进行分析。

第十章　项目采购管理

第一节　项目采购管理概述

一、项目采购的概念

项目采购管理(project procurement management)的采购，与一般概念上的商品购买含义不同。它指以不同方式从项目组织外部获得货物、工程和服务的整个采购过程，它的标的是货物、工程与服务。

（一）货物采购

货物采购属于有形采购，是指购买项目所需的投入物，如机械、设备、仪器、仪表、办公设备、建筑材料(钢材、水泥、木材等)、农用生产资料等，并包括与之相关的服务，如运输、保险、安装、调试、培训、初期维修等。大宗货物，如药品、种子、农药、化肥、教科书、计算机等专项合同采购，采用不同的标准合同文本，也属于货物采购。这类采购可以通过招标完成，也可以通过询价完成。

（二）工程采购

工程采购，也是有形采购，是指通过招标或其他商定的方式选择工程承包单位，即选定合格的承包商承担项目工程施工任务。如改扩建西直门立交桥、小浪底的土建工程、建筑商业大厦、污水处理工程等，与之相关的服务，如人员培训、维修等也包括在内。这类采购一般通过招标完成。

（三）咨询服务采购

咨询服务采购不同于一般的货物或工程采购，它属于无形采购。咨询服务采购包括聘请咨询公司或单个咨询专家。咨询服务的范围很广，大致可分为以下四类：

(1)项目立项阶段的咨询服务，如项目的可行性研究；

(2)项目设计工作和招标文件编制任务；

(3)项目管理、施工监理等执行性服务；

(4)项目技术援助和培训等服务。

二、采购方式分类

（一）按采购对象分类可分为有形采购和无形采购

(1)有形采购，指采购对象具有实物形体，如货物采购、工程采购。

(2)无形采购，指采购对象不具有实物形体，如咨询服务采购。

采购方式分类如图 10-1 所示。

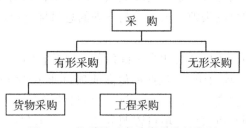

图 10-1　按采购对象分类采购的类型

(二) 按采购方式可分为招标采购和非招标采购

(1) 招标采购主要包括国际竞争性招标、有限国际招标和国内竞争性招标。

(2) 非招标采购主要包括国际、国内询价采购，单一来源采购，竞争性谈判采购，自营工程等。

采购方式分类如图 10-2 所示。

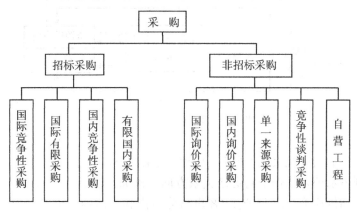

图 10-2　按采购规模分类采购的类型

(三) 按采购规模分类可分为小额采购方式、批量采购方式、大额采购方式

(1) 小额采购方式：指对单价不高、数量不大的零散物品的采购。

(2) 批量采购方式：指小额物品的集中采购。

(3) 大额采购方式：指单项采购金额达到招标采购标准的采购。

(四) 按采购手段分类可分为传统采购方式和现代化采购方式

(1) 传统采购方式：指依靠人力来完成整个采购过程的采购。

(2) 现代化采购方式：指依靠现代科学技术的成果来完成采购过程的采购，例如采购卡采购方式和电子贸易方式。

三、项目采购管理的概念

项目采购管理是指为达到项目的目标而从项目组织的外部获取货物、工程和咨询服务所需的过程。项目采购管理是保证项目成功实施的关键活动，如果采购的货物、工程和咨询服务没有达到项目规定的标准，必然会降低项目的质量，影响项目的成本、进度等目标的实现，甚至导致整个项目的失败。项目采购管理的总目标是以最低的成本及时地为项目提供满足其需要的产品。

在项目的采购管理中，主要涉及四个关键角色，以及它们之间的角色互动。这四个关键角色是项目业主/客户、项目组织(包括承包商或项目业主/客户组织内部的项目团队)、资源供应商以及项目的分包商。项目业主/客户是项目的发起方、出资方，是项目最终成果的所有者或使用者，同时也可以是项目资源的购买者。承包商或项目团队是项目业主/客户的代理方，它对项目业主/客户负责，完成项目采购任务，然后从项目业主/客户那里获得补偿。资源供应商是为项目组织提供项目所需资源的工商企业组织，它直接与承包商或项目团队交易，满足项目的资源需求。当项目组织缺少某种专长人才或资源去完成某些项目任务时，分包商可以直接对项目组织负责，也可以直接对业主/客户负责，他们从项目组织或项目业主/客户那里获得劳务报酬。这四个角色在项目采购管理中的关系如图10-3所示。

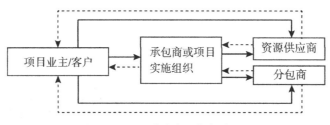

图 10-3　项目采购中的角色关系图

图中实线箭头的指向既表示"委托—代理"关系的方向，也表示项目资金的流向。虚线箭头的指向则表示项目采购中的责任关系方向。例如，项目业主/客户与项目组织、项目组织与分包商和供应商、项目业主/客户与分包商和供应商之间都会有委托代理关系，而项目组织与资源供应商之间则是产品买卖关系，或者说是采购关系。在项目的采购管理中，管理的主要内容的是这种资源采购关系的管理。

在项目的采购管理中，这四个主要角色之间有效的沟通、积极的互动可以使项目实施获得成功，反之就会发生项目因为资源不到位而产生实施进度受阻或项目失败的风险。

项目采购管理过程涉及买卖双方之间的合同是法律文件。合同系指对双方都具约束力的协议书，使卖方有义务提供规定的产品、服务或成果，使买方有义务提供货币或其他有价值的对价。合同书既可以简单也可以比较复杂，并可反映可交付成果的简单或复杂性。项目管理团队负责促使合同符合项目的具体要求。因应用领域的不同，合同也可被称作协议、分包合同或采购订单。多数组织都制定了具体的政策和程序，规定谁可代表组织签署和管理协议。

项目采购管理过程涉及的各种活动构成合同的生命期。通过对合同生命期进行积极管理，并认真斟酌合同条款和条件的措辞，可避免或缓解一些可识别的项目风险。就产品或服务签订合同，是管理或假定潜在风险的一种责任分配方式。

第二节 项目采购管理的过程

项目采购管理包括项目团队外部购买或获得为完成工作所需的产品、服务或成果的过程，其主要过程包括规划采购管理、实施采购和控制采购。

一、规划采购管理

规划采购管理是记录项目采购决策、明确采购方法，及识别潜在卖方的过程。本过程的主要作用是确定是否从项目外部获取货物和服务，要确定将在什么时间、以什么方式获取什么货物和服务。货物和服务可从执行组织的其他部门采购，或者从外部渠道采购。本过程仅开展一次或仅在项目的预定义点开展，它涉及是否需要采购、如何采购、采购什么么、采购多少，以及何时采购。图 10-4 显示了该过程的输入、工具与技术和输出。

当项目从实施组织之外取得项目履行所需的产品、服务和成果时，每项产品或者服务都必须经历从规划采购到合同收尾的各个过程。

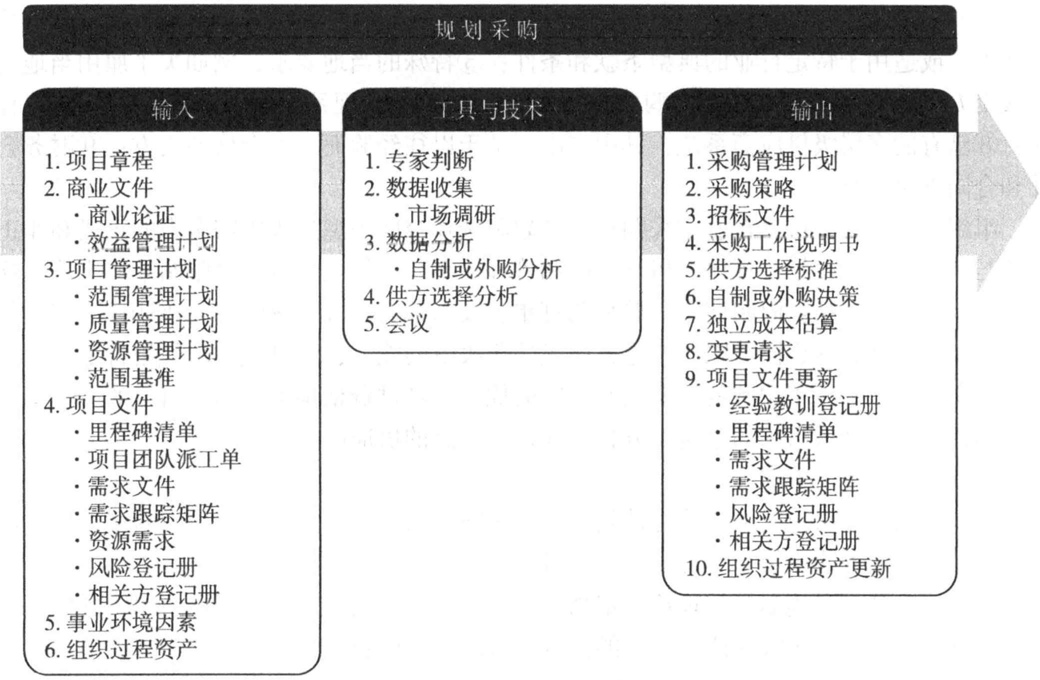

规划采购		
输入	工具与技术	输出
1. 项目章程 2. 商业文件 · 商业论证 · 效益管理计划 3. 项目管理计划 · 范围管理计划 · 质量管理计划 · 资源管理计划 · 范围基准 4. 项目文件 · 里程碑清单 · 项目团队派工单 · 需求文件 · 需求跟踪矩阵 · 资源需求 · 风险登记册 · 相关方登记册 5. 事业环境因素 6. 组织过程资产	1. 专家判断 2. 数据收集 · 市场调研 3. 数据分析 · 自制或外购分析 4. 供方选择分析 5. 会议	1. 采购管理计划 2. 采购策略 3. 招标文件 4. 采购工作说明书 5. 供方选择标准 6. 自制或外购决策 7. 独立成本估算 8. 变更请求 9. 项目文件更新 · 经验教训登记册 · 里程碑清单 · 需求文件 · 需求跟踪矩阵 · 风险登记册 · 相关方登记册 10. 组织过程资产更新

图 10-4 规划采购的输入、工具与技术和输出

项目进度计划可对采购规划过程造成重大影响，在制定采购管理计划过程中形成的决策也会影响项目进度计划，并与进度制定、活动资源估算和自制或外购决策过程交互作用。

（一）采购规划的依据

采购规划的依据包括项目章程、商业文件、项目管理计划、项目文件、事业环境因素和组织过程资产。

在商业论证和效益管理计划中，可以找到关于项目目标以及项目对业务目标的贡献的相关信息。虽然商业文件是在项目之前制定的，但需要定期审核。（1）经批准的商业论证或类似文件是最常用于制定项目章程的商业文件。商业论证从商业视角描述必要的信息，并且据此决定项目的期望结果是否值得所需投资。高于项目级别的经理和高管们通常使用该文件作为决策的依据。一般情况下，商业论证会包含商业需求和成本效益分析，以论证项目的合理性并确定项目边界。商业论证的编制可由以下一个或多个因素引发：市场需求、组织需求、客户要求、技术进步、法律要求、生态影响、社会需要。（2）项目效益管理计划描述了项目实现效益的方式和时间，以及应制定的效益衡量机制。项目效益指为发起组织和项目预期受益方创造价值的行动、行为、产品、服务或成果的结果。制定效益管理计划需要使用商业论证和需求评估中的数据和信息，它描述了效益的关键要素，包括目标效益、战略一致性、实现效益的时效、效益责任人、测量指标、假设和风险，作为商业论证、项目章程和项目管理计划的补充性文件。

能够影响规划采购管理过程的事业环境因素包括：①市场条件；②可从市场获得的产品、服务和成果；③卖方，包括其以往绩效或声誉；④关于产品、服务和成果的典型条款和条件，或适用于特定行业的典型条款和条件；⑤特殊的当地要求，例如关于雇用当地员工或卖方的法规要求；⑥关于采购的法律建议；⑦合同管理系统，包括合同变更控制程序；⑧已有的多层级供应商系统，其中列出了基于以往经验而预审合格的卖方；⑨财务会计和合同支付系统。

组织过程资产可提供在制定采购管理计划和选择合同类型过程中需考虑的正式和非正式的与采购相关的政策、程序、指导原则和管理体系。组织政策常常会限制采购决策。这些政策制约因素包括：限制使用简单采购订单，要求超过一定金额的采购使用长式合同，要求使用特定格式的合同，限制制定自制或外购决策的能力，限制或要求使用特定类型或规模的卖方。一些应用领域的企业设有既定的优选或经过资格预审的卖方组成的多层供应商结构体系，以降低组织的直接卖方数量并建立广泛的供应链。

（二）采购规划的结果

采购规划的结果包括采购管理计划、采购策略、招标文件、采购工作说明书、供方选择标准、自制或外购决策、变更请求、项目文件更新和组织过程资产更新。

采购管理计划描述如何管理从制定采购文件到合同收尾的采购过程。根据项目需要，采购管理计划可以是正式的或非正式的，可详可略。其内容可包括采用的合同类型、由谁进行采购估算、项目管理团队的行动、标准的采购文件（如果需要）、管理多个供应商、协调采购与项目的其他方面（如进度制定与绩效报告）、对规划的采购造成影响的制约因素和假设条件、从卖方购买产品所需的提前订货期，并就其与项目进度计划制定过程进行协调并与活动资源需求和进度计划制定过程相关联。同时，在每个合同中规定合同可交付成果的进度，并与进度计划制定过程和控制过程相协调，确定履约保函或保险合同以降低一些项目风险，制定提供给卖方的有关如何制定和维持合同工作分解结构的指导说明，确定合同工作说明书应使用的格式和形式，确定经过资格预审的优选卖方（如有）和用于管理合同和评估卖方使用的采购测量指标。

应该在采购策略中规定项目交付方法、具有法律约束力的协议类型，以及如何在采购阶段推动采购进展。(1)交付方法。对专业服务项目和建筑施工项目，应该采用不同的交付方法。专业服务项目的交付方法包括买方或服务提供方不得分包、买方或服务提供方可以分包、买方和服务提供方设立合资企业、买方或服务提供方仅充当代表。工业或商业施工项目的交付方法包括交钥匙式、设计-建造（DB）、设计-招标-建造（DBB）、设计-建造-运营（DBO）、建造-拥有-运营-转让（BOOT），及其他方法。(2)合同支付类型。合同支付类型与项目交付方法无关，需要与采购组织的内部财务系统相协调。它们包括总价、固定总价、成本加奖励费用、成本加激励费用、工料、目标成本等合同类型。总价合同适用于工作类型可预知、需求能清晰定义且不太可能变更的情况；成本补偿合同适用于工作不断演进、很可能变更或未明确定义的情况；激励和奖励费用可用于协调买方和卖方的目标。(3)采购策略。采购策略也可以包括与采购阶段有关的信息，包括：①采购工作的顺序安排或阶段划分，每个阶段的描述，以及每个阶段的具体目标；②用于监督的采购绩效指标和里程碑；③从一个阶段过渡到下一个阶段的标准；④用于追踪采购进展的监督和评估计划；⑤向后续阶段转移知识的过程。

招标文件用于向潜在卖方征求建议书。如果主要依据价格来选择卖方（如购买商业或标准产品时），通常就使用标书、投标或报价等术语；如果其他考虑因素（如技术能力或技术方法）至关重要，则通常使用建议书之类的术语，具体使用的采购术语也可能因行业或采购地点而异。按照所需的货物或服务，招标文件可以是信息邀请书、报价邀请书、建议邀请书，或其他适当的采购文件。买方拟定的采购文件不仅应便于潜在卖方做出准确、完整的应答，还要便于买方对卖方应答进行评价。采购文件会包括规定的应答格式、相关的采购工作说明书，以及所需的合同条款。采购文件的复杂和详细程度应与采购的价值及相关的风险相符。采购文件既需要具备足够详细的信息，以确保卖方做出一致且适当的应答，同时它又要有足够的灵活度，让卖方为满足相同的要求而提出更好的建议。

依据项目范围基准，为每次采购编制工作说明书（SOW），仅对将要包含在相关合同中的那一部分项目范围进行定义。工作说明书会充分详细地描述拟采购的产品、服务或成果，以便潜在卖方确定是否有能力提供此类产品、服务或成果。根据采购品的性质、买方的需求，或拟采用的合同形式，工作说明书的详细程度会有较大不同。工作说明书的内容包括：规格、所需数量、质量水平、绩效数据、履约期间、工作地点和其他要求。

采购工作说明书应力求清晰、完整和简练。它需要说明所需的附加服务，例如，报告绩效，或对采购品的后续运营支持。在采购过程中，应根据需要对工作说明书进行修订，直到它成为所签协议的一部分。对于服务采购，可能会用"工作大纲（TOR）"这个术语。与采购工作说明书类似，工作大纲通常包括以下内容：(1)承包商需要执行的任务，以及所需的协调工作；(2)承包商必须达到的适用标准；(3)需要提交批准的数据；(4)由买方提供给承包商的，将用于合同履行的全部数据和服务的详细清单（若适用）；(5)关于初始成果提交和审查（或审批）的进度计划。

在确定评估标准时，买方要努力确保选出的建议书将提供最佳质量所需的服务。供方选择标准可包括能力和潜能；产品成本和生命周期成本；交付日期；技术专长和方法；具体的相关经验；用于响应工作说明书的工作方法和工作计划；关键员工的资质、可用性和胜任力；公司的财务稳定性；管理经验；知识转移计划，包括培训计划。

对于大型的采购，采购组织可以自行准备独立估算，或聘用外部专业估算师做出成本估算，并将其作为评价卖方报价的对照基准。如果二者之间存在明显差异，则可能表明采购工作说明书存在缺陷或模糊，或者潜在卖方误解了或未能完全响应采购工作说明书。

作为规划采购管理过程的结果，需要更新的组织过程资产包括关于合格卖方的信息。对于采购次数少且相对简单的项目，作为本过程输出的有些文件可以合并。不过，对于采购规模较大、较复杂，而且大部分工作需由承包商完成的项目，就需要使用几种不同类型的文件。组织、环境和法律规定会决定项目具体需要的文件类型和内容。

二、实施采购

实施采购是指根据规划采购管理中的对产品、服务或成果的要求，确定潜在的供应商，根据投标人提供的相关信息，最终选定供应商，并与供应商洽谈并签订书面合同。在制定了规划采购管理之后，项目团队要了解市场行情，获得供应商报价单、投标申请书等文件，并根据规划采购管理所制定的供应商选择标准，从众多的供应商中选择一个或多个作为项目的供应来源。图 10-5 显示了该阶段的输入、工具与技术和输出。

实施采购		
输入	**工具与技术**	**输出**
1. 项目管理计划 　·范围管理计划 　·需求管理计划 　·沟通管理计划 　·风险管理计划 　·采购管理计划 　·配置管理计划 　·成本基准 2. 项目文件 　·经验教训登记册 　·项目进度计划 　·需求文件 　·风险登记册 　·相关方登记册 3. 采购文档 4. 卖方建议书 5. 事业环境因素 6. 组织过程资产	1. 专家判断 2. 广告 3. 投标人会议 4. 数据分析 　·建议书评价 5. 人际关系与团队技能 　·谈判	1. 投标人会议 2. 协议 3. 变更请求 4. 项目管理计划更新 　·需求管理计划 　·质量管理计划 　·沟通管理计划 　·风险管理计划 　·采购管理计划 　·范围基准 　·进度基准 　·成本基准 5. 项目文件更新 　·经验教训登记册 　·需求文件 　·需求跟踪矩阵 　·资源日历 　·风险登记册 　·相关方登记册 6. 组织过程资产更新

图 10-5　实施采购的输入、工具与技术和输出

（一）实施采购的依据

实施采购的依据包括项目管理计划、项目文件、采购文档、卖方建议书、事业环境因素和组织过程资产。

采购文档是用于达成法律协议的各种书面文件，其中可能包括当前项目启动之前的较旧文件。采购文档可包括：（1）招标文件。招标文件包括发给卖方的信息邀请书、建议邀请书、报价邀请书，或其他文件，以便卖方编制应答文件。（2）采购工作说明书。采购工作说明书（SOW）向卖方清晰地说明目标、需求及成果，以便卖方据此做出量化应答。（3）独立成本估算。独立成本估算可由内部或外部人员编制，用于评价投标人提交的建议书的合理性。（4）供方选择标准。此类标准描述如何评估投标人的建议书，包括评估标准和权重。为了减轻风险，买方可能决定与多个卖方签署协议，以便在单个卖方出问题并影响整体项目时，降低由此导致的损失。

卖方为响应采购文件包而编制的建议书，其中包含的基本信息将被评估团队用于选定一个或多个投标人（卖方）。如果卖方将提交价格建议书，最好要求他们将价格建议书与技术建议书分开。评估团队会根据供方选择标准审查每一份建议书，然后选出最能满足采购组织需求的卖方。

能够影响实施采购过程的事业环境因素包括：（1）关于采购的当地法律和法规；（2）确保主要采购涉及当地卖方的当地法律和法规；（3）制约采购过程的外部经济环境；（4）市场条件；（5）以往与卖方合作的相关经验，包括正反两方面；（6）之前使用的协议；（7）合同管理系统。

能够影响实施采购过程的组织过程资产包括：（1）预审合格的优先卖方清单；（2）会影响卖方选择的组织政策；（3）组织中关于协议起草及签订的具体模板或指南；（4）关于付款申请和支付过程的财务政策和程序。

（二）实施采购的结果

实施采购的结果包括选定的卖方、协议、变更请求、项目管理计划更新、项目文件更新、组织过程资产更新。

选定的卖方是在建议书评估或投标评估中被判断为最有竞争力的投标人。对于较复杂、高价值和高风险的采购，在授予合同前，要把选定的卖方报给组织高级管理人员审批。

合同是对双方都有约束力的协议。它强制卖方提供规定的产品、服务或成果，强制买方向卖方支付相应的报酬。合同建立了受法律保护的买卖双方的关系。协议文本的主要内容会有所不同，包括：（1）采购工作说明书或主要的可交付成果；（2）进度计划、里程碑，或进度计划中规定的日期；（3）绩效报告；（4）定价和支付条款；（5）检查、质量和验收标准；（6）担保和后续产品支持；（7）激励和惩罚；（8）保险和履约保函；（9）下属分包商批准；（10）一般条款和条件；（11）变更请求处理；（12）终止条款和替代争议解决方法。

三、控制采购

控制采购是管理采购关系、监督合同执行情况，并根据需要实施变更和采取纠正措施的过程。本过程的主要作用是确保买卖双方履行法律协议，满足采购需求。本过程应根据需要在整个项目期间开展。图 10-6 描述本过程的输入、工具与技术和输出。

控制采购

输入	工具与技术	输出
1.项目管理计划 ·需求管理计划 ·风险管理计划 ·采购管理计划 ·变更管理计划 ·进度基准 2.项目文件 ·假设日志 ·经验教训登记册 ·里程碑清单 ·质量报告 ·需求文件 ·需求跟踪矩阵 ·风险登记册 ·相关方登记册 3.协议 4.采购文档 5.批准的变更请求 6.工作绩效数据 7.事业环境因素 8.组织过程资产	1.专家判断 2.索赔管理 3.数据分析 ·绩效审查 ·挣值分析 ·趋势分析 4.检查 5.审计	1.结束的采购 2.工作绩效信息 3.采购文档更新 4.变更请求 5.项目管理计划更新 ·风险管理计划 ·采购管理计划 ·进度基准 ·成本基准 6.项目文件更新 ·经验教训登记册 ·资源需求 ·需求跟踪矩阵 ·风险登记册 ·相关方登记册 7.组织过程资产更新

图 10-6 控制采购的输入、工具与技术和输出

买方和卖方都出于相似的目的而管理采购合同。每方都必须确保双方履行合同义务，确保各自的合法权利得到保护。合同关系的法律性质，要求项目管理团队清醒地意识到其控制采购的各种行动的法律后果。对于有多个供应商的较大项目，合同管理的一个重要方面就是管理各个供应商之间的界面。

由于组织结构不同，许多组织把合同管理当作与项目组织相分离的一种管理职能。虽然采购管理员可以是项目团队成员，但他通常向另一部门的经理报告。对于为外部客户实施项目的卖方(也是执行组织)，情况通常都是这样的。

在控制采购过程中，需要把适当的项目管理过程应用于合同关系，并把这些过程的输出整合进项目的整体管理中。如果项目有多个卖方，涉及多个产品、服务或成果，这种整合就经常需要在多个层次上进行。需要应用的项目管理过程主要包括：

(1)指导与管理项目工作。授权卖方在适当时间开始工作。

(2)控制质量。检查和核实卖方产品是否符合要求。

(3)实施整体变更控制。确保合理审批变更，以及干系人员都了解变更的情况。

(4)控制风险。确保减轻风险。

在控制采购过程中，还需要进行财务管理工作，监督向卖方的付款。该工作旨在确保合同中的支付条款得到遵循，并按合同规定确保卖方所得的款项与实际工作进展相适应。

向供应商支付时，需要重点关注的一个问题是，支付金额要与已完成工作紧密联系起来。

在控制采购过程中，应该根据合同来审查和记录卖方当前的绩效或截至目前的绩效水平，并在必要时采取纠正措施。可以通过这种绩效审查，考察卖方在未来项目中执行类似工作的能力。在需要确认卖方未履行合同义务，并且买方认为应该采取纠正措施时，也应进行类似的审查。控制采购还包括记录必要的细节以管理任何合同工作的提前终止（因各种原因、求便利或违约）。这些细节会在结束采购过程中使用，以终止协议。

在合同收尾前，经双方共同协商，可以根据协议中的变更控制条款，随时对协议进行修改。这种修改通常都要书面记录下来。

（一）控制采购的依据

控制采购的依据包括项目采购管理计划、采购文件、协议、采购文档、批准的变更请求、工作绩效数据、事业环境因素和组织过程资产。

其中协议是双方之间达成的谅解，包括对各方义务的一致理解，对照相关协议，确认其中的条款和条件的遵守情况。批准的变更请求可能包括对合同条款和条件的修改，例如，修改采购工作说明书、定价，以及对产品、服务或成果的描述。与采购相关的任何变更，在通过控制采购过程实施之前，都需要以书面形式正式记录，并取得正式批准。在复杂的项目和项目集中，变更请求可能由参与项目的卖方提出，并对参与项目的其他卖方造成影响，项目团队应该有能力去识别、沟通和解决会影响多个卖方的工作的变更。工作绩效数据包含与项目状态有关的卖方数据，例如，技术绩效，已启动、进展中或已结束的活动，已产生或投入的成本，还可能包括已向卖方付款的情况。

（二）控制采购的结果

控制采购的结果包括结束的采购、工作绩效信息、采购文档更新、变更请求、项目管理计划更新、项目文件更新和组织过程资产更新。

买方通常通过其授权的采购管理员，向卖方发出合同已经完成的正式书面通知。关于正式关闭采购的要求，通常已在合同条款和条件中规定，并包括在采购管理计划中。一般而言，这些要求包括：已按时按质按技术要求交付全部可交付成果，没有未决索赔或发票，全部最终款项已经付清。项目管理团队应该在关闭采购之前批准所有的可交付成果。

工作绩效信息为发现当前或潜在问题提供依据，支持后续索赔或开展新的采购活动。通过报告供应商的绩效情况，项目组织能够加强对采购绩效的认识，有助于改进预测、风险管理和决策，也有助于处理与供应商之间的纠纷。

采购文档更新可包括用于支持合同的全部进度计划、已提出但未批准的合同变更，以及已批准的变更请求。采购文档还包括由卖方编制的技术文件，以及其他工作绩效信息，例如可交付成果的状况、卖方绩效报告和担保、财务文件（包括发票和支付记录），以及与合同相关的检查结果。

采购实施过程可导致就项目管理计划及其从属计划和其他组成部分，如项目进度计划和项目采购管理计划提出变更请求。请求的变更内容可以包括：当项目组织发出的指令或供应商采取行动时另一方对之存有的质疑。由于任何一方可对这类变更请求持有争议并可能引起索赔，所以项目组织务必利用项目往来函件对这类变更请求进行独特识别和记录。

作为控制采购过程的结果，需要更新的组织过程资产包括：（1）支付计划和请求。所有支付都应按合同条款和条件进行。(2)卖方绩效评估文件。卖方绩效评估文件由买方准备，用于记录卖方继续执行当前合同工作的能力，说明是否允许卖方承接未来的项目，或对卖方现在的项目执行工作或过去的执行工作进行评级。(3)预审合格卖方清单更新。预审合格卖方清单是以前已经通过资格审查(获得批准)的潜在卖方的清单。因为卖方可能因绩效不佳而被取消资格并从清单中删除，所以应该根据控制采购过程的结果来更新这个清单。(4)经验教训知识库。经验教训应该归档到经验教训知识库中，以改善未来项目的采购工作。在合同执行终了时，应把采购的实际成果与原始采购管理计划中的预期成果进行比较。应该在经验教训中说明项目目标是否达成；若未达成，则说明原因。(5)采购档案。应该准备好带索引的全套合同文档，包括已关闭的合同，并将其纳入最终的项目档案。

第三节　项目采购管理的方法

在项目采购管理的过程中，一般会使用到以下工具和方法：

一、自制或外购分析

自制或外购分析是一种通用的管理技术，是项目采购规划过程的一部分，用以确定某项具体产品或服务是由项目团队自行生产还是采购。在进行自制或外购决策过程中，应考虑项目预算的任何制约因素。如果决定购买，则应继续做出购买或租赁决策。此项分析包括直接费用与间接费用。例如，在考虑"外购"时，分析应包括购买该项产品的实际支出的直接费用，也应包括管理采购过程所需的间接费用。

1. 项目经理决定自制或外购的考虑因素

(1)购买可直接使用的产品(或被授权使用)；

(2)购买"具有完全经验"或"具有部分经验"的产品构件，然后进行修改和集成，以满足特定的需求；或者由一个外部承包商根据买方的规约定制开发。

2. 针对比较昂贵的产品的购买决策因素

(1)建立所需产品的功能及性能规约，定义任何可能的可测量特性。

(2)估算内部开发的成本及交付日期。

(3)选择 3~4 个最符合需求的候选产品，或者选择有助于建造所需产品的可复用产品构件。

(4)建立一个比较矩阵，对关键功能进行仔细比较；或者进行基准测试，以比较候选产品。

(5)根据以前的产品质量、开发商支持、产品方向及其名声等，来评估候选产品或构件。

(6)联系该外购产品的其他用户并询问其意见。

3. 自制外购决策的决定因素

(1)产品的交付日期是否比内部开发要快？

(2)购买的成本加上定制的成本是否比内部开发的成本要低？

(3)外部支持的成本(如一个维护合约)是否比内部支持的成本要少？

这些条件可以用于上述的每一个可选的获取方案中。

外购的决策可以从战略及战术两个级别进行考虑。在战略级，项目管理者要考虑工作是否绝大部分可以承包给其他厂商；在战术级，项目管理者要确定是否项目的部分或全部能够通过外包部分工作的方式而被很好地完成。若不考虑其他因素，则外购的决策常常是财政的决策。

从概念上讲，外购非常简单。项目的这部分活动被承包给第三方厂商，他们能够以较低的成本和较高的质量来完成这项工作。公司内部需要做的工作仅仅是合同管理活动。在自制或外购分析中，如果决定外购，则反映了实施组织的长远规划和项目的当前需要。例如，决定购置某项固定资产(包括任何物品，如从施工吊车到个人电脑)，而不是租用或者租赁，从项目经济效益上看可能合算，也可能不合算。但是如果实施组织需要长期使用该项固定资产，则分摊到项目上的那部分购置费用就有可能低于租赁费用。可根据边际分析进行成本的分摊。

实施组织的长远战略也是自制或外购分析中应考虑的内容。组织内可能不具备实施项目所需的产品。然而，组织可能预期将来需要这些产品，或组织计划将来生产这种产品。尽管现有项目可能存在相关的制约因素或要求，上述考虑可能会促使做出自制决策。在这种情况下，记入项目的费用可能少于实际费用，其间的差值代表了组织为未来做出的投资。

二、供方选择分析

在确定选择方法前，有必要审查项目竞争性需求的优先级。由于竞争性选择方法可能要求卖方在事前投入大量时间和资源，因此，应该在采购文件中写明评估方法，让投标人了解将会被如何评估。常用的选择方法包括：

(一)最低成本

最低成本法适用于标准化或常规采购。此类采购有成熟的实践与标准，有具体明确的预期成果，可以用不同的成本来取得。

(二)仅凭资质

仅凭资质的选择方法适用于采购价值相对较小，不值得花时间和成本开展完整选择过程的情况。买方会确定短名单，然后根据可信度、相关资质、经验、专业知识、专长领域和参考资料选择最佳的投标人。

(三)基于质量或技术方案得分

邀请一些公司提交建议书，同时列明技术和成本详情；如果技术建议书可以接受，再邀请它们进行合同谈判。采用此方法，会先对技术建议书进行评估，考察技术方案的质量。如果经过谈判，证明它们的财务建议书是可接受的，那么就会选择技术建议书得分最高的卖方。

(四)基于质量和成本

在基于质量和成本的方法中，成本也是用于选择卖方的一个考虑因素。一般而言，如果项目的风险和(或)不确定性较高，相对于成本而言，质量就应该是一个关键因素。

(五)独有来源

买方要求特定卖方准备技术和财务建议书，然后针对建议书开展谈判。由于没有竞争，因此仅在有适当理由时才可采用此方法，而且应将其视为特殊情况。

（六）固定预算

固定预算法要求在建议邀请书中向受邀的卖方披露可用预算，然后在此预算内选择技术建议书得分最高的卖方。因为有成本限制，所以卖方会在建议书中调整工作的范围和质量，以适应该预算。买方应该确保固定预算与工作说明书相符，且卖方能够在该预算内完成相关任务。此方法仅适用于工作说明书定义精确、预期不会发生变更，而且预算固定且不得超出的情况。

三、专家判断

评估该过程的依据或成果往往需要专家的技术判断，也可依据专家采购判断制定或修改评标标准。采购专家就是具有专门知识或经过训练的单位和个人，咨询公司、事业团体、有发展前景的承包商以及项目实施组织内部的其他单位（如果有专门从事采购的职能部门，例如合同部）可能都具备关于采购的专业知识。项目组织可以聘请采购专家作为顾问，甚至邀请他们直接参与采购过程。专家法律判断可能要求律师提供相关服务，协助做出非标准采购条款和条件方面的判断，该判断和专业特长（包括商业和技术特长）不仅适用于采购的产品、服务或成果的技术细节，而且也适用于采购管理过程的各个方面。

四、卖方选择的方法

（一）加权系统

加权系统指把定性数据加以量化，以减少个人偏见对卖方选择的影响的方法。多数加权系统包括对每项评估标准赋予一个数字权重；为潜在卖方评定每项评估标准的得分；把得分乘以权重；再把所得乘积相加，求出总得分。

加权方法常用于选择一个卖方，并要求卖方签署标准合同；或把所有的建议书按加权评估得分顺序排列，以确定谈判的顺序。

（二）独立估算

对于许多采购事项而言，采购组织可以制定自己的独立估算，或由第三方准备一个独立估算，用以核对卖方提出的要价。这个独立估算有时被称为"合理费用"估算或"标底"。如费用估算之间存在明显的差异，则表明工作的合同说明不充分；潜在卖方对工作合同说明书产生了误解，或未对工作合同说明书的全部要求做出相应回答；或者市场条件已经发生变化。

（三）筛选系统

筛选系统指为一项或多项评估标准建立最低的绩效要求，并可应用加权系统和独立估算。例如，要求潜在卖方首先提名一位具备特殊资历的项目经理，然后才能进一步考虑其建议书的其余部分。通过筛选系统对所有提交建议书的卖方，按照从最好到最糟糕的顺序进行加权排序。

（四）合同谈判

合同谈判是指在合同签字之前，对合同的结构与要求加以澄清，取得一致意见。合同的最后措辞应尽可能反映所有双方达成的一致意见。谈判的主题一般包括责任和权限，适用的条款和法律，技术和经营管理方法，专有权利，合同资金筹集，技术解决方案，总体进度计划，付款以及价格。

合同谈判过程以买卖双方签署合同而结束。最终的合同可以是卖方修订的要约或买方提出的反要约。对于复杂的采购事项，合同谈判可能是个独立的过程，有自己的依据(如一份问题或未决事项清单)和成果(如记录的决策)。对于简单的采购事项，合同的条件和条款可以是固定不变、不可洽谈、卖方只能接受的。

五、数据分析

用于监督和控制采购的数据分析技术包括：

(一)绩效审查

对照协议，对质量、资源、进度和成本绩效进行测量、比较和分析，以审查合同工作的绩效。其中包括确定工作包提前或落后于进度计划、超出或低于预算，以及是否存在资源或质量问题。

绩效审查即对项目的绩效进行审查，包括把项目的实际状况与计划进行对比和分析，从而发现差距，并确定是否需要采取纠正措施。进度绩效审查包括对进度绩效的度量、对比和分析进度，如：实际完工日期与计划完工日期的对比、工作完成百分比、剩余工作尚需时间估算等。对项目进度绩效进行审查时，通常用到的方法包括：趋势分析、关键路径法、关键链法和挣值分析等。

(二)挣值分析

挣值分析(earned value analysis, EVA)是将范围、进度和资源综合起来，进而客观测量项目进展的一种绩效管理方法。EVA 需要获取三种不同的费用值，分别是计划价值(planned value, PV)、挣值/挣得值(earned value, EV)和实际成本(actual cost, AC)，通过这些值构造进度和费用上的绩效指标，来度量项目当前实施情况，并对项目未来结果进行预测。

(三)趋势分析

趋势分析根据以往结果预测未来绩效，它可以预测项目的进度延误，提前让项目经理意识到，按照既定趋势发展，后期进度可能出现的问题。应该在足够早的项目时间进行趋势分析，使项目团队有时间分析和纠正任何异常。可以根据趋势分析的结果，提出必要的预防措施建议。趋势分析可用于编制关于成本绩效的完工估算(EAC)，以确定绩效是正在改善还是恶化。

第四节　项目的合同管理

一、项目合同

(一)合同的概念及其法律特征

合同又称契约，是指平等的自然人和法人及其他组织之间，关于订立、变更、解除民事权利和义务关系的协议。从合同的定义来看，合同具有下列法律上的特征：

1. 合同是当事人的法律行为

合同的订立本质上是一种合意，是合同当事人意思的表示一致的民事法律行为，当事人的意思表示一致必须合法，合同才具有法律约束力。

2. 当事人在合同中具有平等的地位

当事人应当以平等的民事主体地位来协商制定合同，任何一方不得把自己的意志强加于另一方，任何单位机构不得非法干预，这是当事人自由表达其意志的前提，也是合同当事人权利、义务相互对等的基础。

3. 合同应是一种合法的法律行为

合同是国家规定的一种法律制度，当事人按照法律规范的要求达成协议，从而产生双方所预期的法律后果。合同必须遵循国家法律、行政法规的规定，并为国家所承认和保护，这是合同具有法律效力的前提。

4. 合同关系是一种法律关系

这种法律关系不是一般的道德关系。合同制度是一项重要的民事法律制度，它具有强制的性质，不履行合同要受到国家法律的制裁。

综上所述，合同是当事人依照法律的规定而达成的协议。合同依法成立，即具有法律约束力，在合同当事人之间产生权利和义务的法律关系。合同正是通过这种权利和义务的约束，促使签订合同的当事人认真全面地履行合同。

(二)项目合同的构成基本要素

项目合同的类型比较多，但其构成的基本要素有以下几点：

(1)合同的彼此一致性。根据合同的特征，当事人意思表达一致且合法才能达成协议。

(2)报酬原则。项目合同要有一个当事人认可的计算方法和支付报酬的方式。

(3)合同规章。合同的各项条款对当事人都具有约束力，同时也保护当事人的合法权益。

(4)合法的合同目的。实现合同的目的必须是合法的，不能是法律禁止的，这也是合同最基本的特征。

(5)依据法律确定的合同类型。项目合同要反映合同当事人的权利义务，这将作用于合同的最终结果，而合同的类型也取决于此。

(三)项目合同的特点与作用

1. 项目合同的特点

项目合同除了具有一般合同所具有的特点，还具有其自身的特点，概括如下：

(1)合同标的(物)的多样性。所谓标的(物)多样化，就是指凡属于项目规定的任何内容都可以成为项目合同的标的(物)。

(2)合同涉及面广。由于合同中的标的(物)的多样性，所以项目合同一般涉及各方面的项目当事人和项目关系人，同样项目合同的签订必然也要涉及方方面面的当事人和关系人。其主要包括：客户(即委托方)、承包商(被委托方)、投资方、贷款方、分包商、供应商、设计方、咨询顾问、政府有关部门、保险公司、社会公众等。尤其是在大型的工程项目中，合同涉及面更加广泛，往往会出现几家甚至几十家分包商、供应商，因而也就产生了更为复杂的关系，这些关系联系的方法便是合同。

（3）合同条款多。由于项目规模复杂程度高，且项目涉及的当事人、关系人较广，会受到多方面、多条件的约束和影响，因此项目的合同条款一般较多，合同中除了有规定工作范围、工期质量、造价成本等一般条款外，还有许多特殊的条款，其内容包括保险、税收、专利、索赔等，复杂的项目条款能达上百条。因此在签订项目合同时，一定要综合、全面地考虑多种关系和多方面的因素，仔细斟酌每一条款，如果不慎，可能会导致合同履行的失败。

（4）签订形式正规。由于项目的标的（物）金额一般都较为巨大，项目当事人及关系人间的关系较为复杂，因此合同的签订必是采用书面形式，且要严格符合要求，一般不同的项目合同都形成了自己较为规范的合同文件。

2. 项目合同的作用

（1）明确合同当事人的权力、义务和责任，有利于改善项目工作的管理。项目合同主要是当事人间的行为准则，对当事人都起着制约作用。项目合同形式的出现，使得项目的实施、管理更为有效和更为合理。

（2）为项目顺利实施和实现项目目标提供法律依据。通过项目合同的条款的周密规定，可以保证项目按计划实施，约束和促进当事人及关系人认真履行职责，并且依法得到法律的保护，解决项目合同执行过程中的各种纠纷，提高工作效率，进行科学管理，顺利完成项目且实现项目目标。

（3）项目合同有利于国际间的相互交流与协作。项目合同的规范化，有利于我国项目管理企业进入国际市场，参与国际竞争，也利于我国引进外资、引进国外的技术项目，加强国际合作。

二、合同管理

项目合同是项目买卖双方为了实现项目特定目的而签订的确定相互之间权利和义务关系的协议。双方签订合同之后，项目采购管理便进入合同管理阶段。项目合同管理是确保供应商或承包商兑现合同要求、提供合格的商品与劳务的过程。

（一）项目合同类型

项目合同有许多种分类方法。例如，按照签约各方的关系，可分为工程总承包合同、工程分包合同、货物购销合同、转包合同、劳务分包合同和联合承包合同；按照承包范围，可分为交钥匙合同、设计-采购-施工合同、设计-采购合同、设计合同、施工合同和管理合同；按照计价方式，可分为总价合同、单价合同和成本补偿合同。这里重点介绍第三种分类方式。

1. 总价合同

总价合同也称为固定价合同，或包干合同。这种合同一般要求投标者按照招标文件要求报一个总价，并在这个价格下完成合同规定的全部工作。总价合同一般要求购买的产品是能够严格定义的，否则，买卖双方都会面临风险——买方可能因为情况的变化而多付了钱，卖方也可能因为情况的变化而多付出了一些额外的费用。总价合同还可以增加激励措施，达到或超过预定的项目目标。

总价合同一般有以下四种形式。

（1）固定总价合同

在固定总价合同中，承包商或供应商以设计图纸为基础，并考虑一些费用的上涨因素，报一个合同总价。在设计图纸和工程要求不变的情况下，合同总价是固定的。但是，当设计图纸或工程质量要求发生变更，或者项目工期要求提前时，合同总价则相应地发生改变。这种合同使承包商几乎承担了所有的风险，因而一般报价较高。固定总价合同一般适用于风险不大，技术不太复杂，工期比较短（一般不超过 1 年），对工程要求比较明确的项目。

（2）调价总价合同

在调价总价合同中，按照招标文件的要求及当时的物价计算合同总价。调价总价合同与固定总价合同的不同之处在于，前者在合同条款中规定：如果在执行合同的过程中，由于通货膨胀因素引起工料成本增加并达到某一限度时，合同总价则作出相应的调整。在这种合同中，买方承担了通货膨胀的风险。一般而言，工期较长（如 1 年以上）的项目，可采用这种形式。

（3）固定工程量总价合同

在固定工程量总价合同中，买方要求投标者在投标时，按照单价合同的办法分别填报项目各分项工程单价，以此为依据计算出项目总价。原定项目工作全部完成后，根据合同总价付款给承包商或供应商。如果设计方案发生变更或增加新项目，则用新的工程量乘以合同中已确定的单价，对合同总价进行调整。这种方式一般适用于工程量变化不大的项目。

（4）管理费总价合同

管理费总价合同是指项目业主或发起人雇用某一公司的管理专家对发包合同的工程项目进行管理和协调，由业主或发起人支付一笔总的费用的一种劳务合同。采用这种合同时要明确具体的工作范畴。对于上述各种总价合同，投标者在投标时必须报出各单项工程的价格。在合同执行过程中，对较小的单项工程，在完工后一次支付工程款；对较大的单项工程，则按照施工过程分阶段支付或按完成工程量的百分比支付（即赢得值）。

2. 单价合同

如果招标时项目的范围和设计指标不是十分确定，或者项目的工程量可能会有较大的出入，为了降低不确定性给双方带来的风险，一般采用单价合同。单价合同主要可以分为以下三种形式。

（1）估计工程量单价合同

买方在准备此类合同的招标文件时，需要委托咨询单位分项列出工程量表并填入估算的工程量。投标者在投标时仅在工程量表中填入各项的单价，以此为依据计算出总价并作为合同报价。在项目实施过程中业主每月向承包商支付进度款时，按实际完成并经双方确认合格的工程量进行结算。在项目全部完成时，按竣工图最终结算项目的总价格。

由于项目中会出现实际工程量与招标文件中所提供的估计工程量有较大出入的现象，有的估计工程量单价合同中规定，当某一单项工程的实际完成工程量与招标文件中的工程量之差超过一定百分比（一般为±15%～±30%）时，双方可以讨论改变单价。为了避免以后发生纠纷，单价调整的方法最好在签订合同时写明。这种合同由业主与承包商共同承担风险，是一种比较常见的合同形式。

（2）纯单价合同

纯单价合同在招标文件中只向投标者提供各分项工程的工作项目一览表、工程范围及必要的说明，不提供工程量。投标者只要给出表中各工作项目的单价即可，将来施工按实际工程量计算合同价款。有时也可以由买方在招标文件中列出单价，投标者提出修改意见，双方磋商后确定合同价款。

（3）单价与包干混合式合同

这种合同以单价合同为基础，对于能够计算工程量的分项工程，均要求报单价，按实际完成工程量及合同单价结算。但对其中某些不易计算工程量的分项工程（如施工导流、小型设备购置与安装调试）采用包干的办法。很多大型土木工程项目都采用这种方式。

对于买方而言，单价合同的主要优点在于可以减少招标准备工作，缩短招标准备时间，与成本补偿合同相比可以鼓励承包商通过提高工效等手段从成本节约中提高利润。买方只按照工程量表中的项目支付工程款（对于少量遗漏的项目在执行合同过程中通过再报价确定价格），可以减少意外开支。单价合同的缺点是在具体工程量的计量上比较烦琐。另外，一直到项目结束之前，项目总造价都是一个未知数，这会给买方带来风险。特别是当设计师对工程量的估算偏低，或者遇到了一个有经验的善于运用不平衡报价的承包商时，这种风险就会更大。对于承包商或供应商而言，单价合同避免了总价合同中的许多风险因素，风险相对比较小。

3. 成本加酬金合同

成本加酬金合同也是一种通过招标方式取得的合同形式。在这种合同形式下，业主向承包商支付实际成本（或称可报销成本）并按事先约定的某一种方式支付酬金。

成本加酬金合同适用于工程内容和技术经济指标尚未完全确定，而又急于上马的工程或完全崭新的工程，以及项目风险很大的项目。在业主及承包人均有较丰富的工程施工经验及管理经验的条件下，这种方式可以允许随着设计的深入而进行施工。

对于这类合同，业主需承担项目实际发生的一切费用，承担项目的全部风险，而承包人无风险，其报酬往往也较低。这类合同的缺点是业主对工程总造价不易控制，承包人往往不注意降低项目成本。

国际上，这种合同还分为两种形式：

（1）成本加固定或比例酬金合同

在成本加固定或比例酬金合同中，业主的最终费用开支等于各种直接费总和再加上付给承包商酬金。公司管理费和利润、酬金的数额或比例由承包商和业主双方事先谈妥。工程的直接费，即对人工、材料、机械台班费等直接成本实报实销。这样总价会随着实际成本的增加而增加，显然不利于承包商关心成本，现在已较少采用。

（2）限额成本加酬金合同

一般成本加酬金合同的固有缺点是承包商不关心工程成本。限额成本加酬金合同为克服这种缺点，将酬金与双方商定的估价限额挂钩。根据一套图纸和技术规范，或工程量清单估计限额。双方规定当工程量发生变化时可对估算限额进行调整。实际支付的酬金数额通过已定的酬金基础上增减一个双方一致同意的数额或百分比来确定。酬金增减的数额或百分比可以根据工程的实际费用与考虑所有变更之后经过调整的估算限额之间的节余或超支计算出。这种合同可以在一定程度上控制成本，但合同当事人很难在项目成本上达成一致。

（二）合同的履行与违约责任

1. 合同的履行

合同的履行是合同目的实现的过程，是指当事人双方按合同规定的内容，全面地完成各自承担的义务，实现合同规定的权利。严格履行合同是当事人双方的义务。合同当事人必须共同按计划履行合同，实现合同所要达到的各类预定目标。

2. 违约责任

违约责任是指合同当事人违反合同约定，不履行义务或者履行义务不符合约定所应承担的责任。违反合同必须承担违约责任，这是我国合同法中规定的一项重要的法律制度。没有违约责任制度，合同就不具有法律效力。当合同一方不履行合同义务时，另一方有权请求他方履行合同，并支付违约金或者赔偿损失。对于违约惩罚的方式主要有支付违约金、罚款、终止合同、重新招标和取消承包资格等几种。

（三）项目合同的变更、解除与终止

1. 项目合同的变更

项目合同的变更通常是指由于一定的法律事实而改变合同的内容和标的的法律行为。它具有以下特征：

（1）项目合同当事人双方必须协商一致。

（2）改变合同的内容和标的，一般是修改合同条款。

（3）其法律后果是产生新的债权和债务关系。

很多项目都会发生变更，为了保证项目目标的实现，必须在根据合同条款对项目变更加以控制的基础上对合同进行变更。合同变更可分为正常的、必要的变更和失控的变更两类。正常的、必要的合同变更是指为了保证顺利地完成项目，实现项目目标，由合同双方当事人根据项目目标的需要，对项目设计方案进行修改或对项目工作范围进行调整，并在充分协商的基础上对原定合同条款作适当的修正或补充。这种变更是一种积极的变更，有利于项目目标的实现。失控的合同变更则是在迫不得已的情况下，未经当事人双方充分协商一致而作出的变更，这种变更往往会导致项目利益的损失及合同执行的困难。

2. 项目合同的解除

项目合同的解除是指消灭既存的合同效力的法律行为。其主要特征如下：

（1）项目合同双方当事人必须协商一致。

（2）合同双方当事人负恢复原状之义务。

（3）其法律后果是消灭原合同的效力。

合同的变更和解除是两种法律行为。二者的相同之处在于都必须经过双方当事人协商一致，改变原合同法律关系；不同之处是前者产生新的法律关系，后者消灭原合同关系而并不产生新的法律关系。

3. 项目合同变更、解除的条件

　　根据有关法律法规以及从经济生活与司法实践来看，项目合同的变更或解除应当符合下列情况之一：

　　(1)双方当事人经协商同意，并且不因此损害国家利益和社会公共利益。

　　(2)由于不可抗力致使项目合同的全部义务不能履行。

　　(3)由于另一方在合同约定的时间内没有履行合同，且在被允许推迟履行的合理期限内仍未履行。

　　(4)由于项目合同当事人的一方违反合同，以至于严重影响订立项目合同时所期望实现的目的或致使项目合同的履行成为不必要。

　　(5)项目合同约定的解除合同的条件已经出现。

　　4. 项目合同的终止

　　合同签订以后，因一方的法律事实的出现而终止合同关系，为合同的终止。合同签订以后，是不允许随意终止的。根据我国现行法律和有关司法实践，合同的法律关系可以因为下列原因而终止：

　　(1)因履行而终止。合同的履行，意味着合同规定的义务已经完成，权利已经实现，合同的法律关系也应相应地自行消灭。所以，合同履行是实现合同、终止合同法律关系的最基本的方法，也是合同终止的最常见的原因。

　　(2)因双方当事人混同为一人而终止。混同是指权利人和义务人合为一人。如果合同双方当事人合为一人，原有的合同也就没有履行的必要，因而自行终止。

　　(3)因不可抗力原因而终止。当不可抗力发生，导致无法履行合同时，应当终止合同。

　　(4)因双方当事人协商同意而终止。当事人双方通过协议解除或免除义务人的义务，合同也即告终止。

　　(5)仲裁机构裁决或者法院判决终止合同。

　　(四)项目合同纠纷的处置

　　发生合同纠纷是一种正常和常见的现象。如何解决项目合同纠纷对于双方当事人都极为重要。作为一种民事纠纷，项目合同纠纷的解决方式主要有协商、调解、仲裁和诉讼四种方式。

　　1. 协商

　　所谓协商解决合同纠纷是指在发生合同纠纷时，双方当事人在自愿互谅的基础上，按照有关法律和合同条款的规定，通过协商自行解决合同纠纷的一种方式。采用协商方式解决合同纠纷应坚持以下原则。

　　(1)合法的原则

　　双方当事人只有按照法律规定经过协商达成的新协议才具有法律效力，才受到法律保护。因此，双方当事人通过协商的方式解决项目合同纠纷，必须坚持合法的原则。一方面，须由法人代表出面与对方协商，或者由法人代表授权法人所属成员作为代理人出面协商；另一方面，当事人协商的内容要符合法律的规定。

　　(2)平等、自愿的原则

　　在合同的签订过程中，双方当事人的地位是平等的。同样，在协商的过程中，双方当事人的地位也应该是平等的。任何一方不得强迫对方同意自己的提议。双方必须是自愿的。

协商与调解、仲裁和诉讼的区别在于无第三者参加，完全靠双方当事人自行解决，达成协议。其优点是不必经过仲裁机构或司法程序，可以节省时间和费用；双方可以在一种比较友好的气氛中通过友好协商解决纠纷，有利于以后的合作。因而，很多合同中有关纠纷解决的条款一般都写明"凡由于在执行合同中所引起的或与合同有关的一切争议，双方当事人应通过友好协商解决"。当事人双方遇到纠纷时一般都愿意先以协商的方式解决。但如果双方都不愿意作出较大的让步，或者经过反复协商无法达成一致的协议，或者一方没有协商的诚意时，就必须通过调解、仲裁或诉讼的方式来解决。

2. 调解

所谓调解就是合同纠纷双方当事人在第三人的协调下，由双方当事人自愿达成协议，解决合同纠纷的一种方式。采用调解方式解决合同纠纷应坚持以下原则。

(1) 坚持双方自愿的原则

也就是说，对于是否采取调解的方式解决项目合同纠纷，必须要由双方当事人共同决定，双方必须是自愿的。如果有任何一方不同意，就不能采取调解的方式解决项目合同纠纷。

(2) 第三人坚持公正的原则

第三人作为调解人，应该坚持公正的原则，站在第三人的立场上，客观、公正地调解双方之间的矛盾、分歧，以促使双方当事人达成协议，而不应该袒护、偏向任何一方。

(3) 合法的原则

同自行协商的方式一样，经过调解，当事人双方所达成协议的内容必须合法。

调解这种解决合同纠纷的方式有它自身的优越性：一是同仲裁和诉讼相比，调解的方式比较灵活，不需要经过复杂的程序；二是同双方当事人自行协商相比，调解的方式由于第三人的介入，能够比较客观地看待双方当事人的分歧，容易明辨是非，以便于促使双方当事人达成协议。

3. 仲裁

仲裁是指双方当事人依据争议发生前或发生后所达成的仲裁协议，自愿将争议交付给独立的第三方(仲裁委员会)，由其按照一定的程序进行审理并作出对争议双方都有约束力的裁决的一种非司法程序。仲裁裁决尽管不是国家裁判行为，但是同法院的终审判决一样有效。采用仲裁方式解决项目合同纠纷应坚持以下原则：

(1) 自愿原则

自愿原则是现代仲裁制度的一条基本原则。该原则的主要内容包括：当事人采用仲裁方式解决纠纷，必须出于双方自愿，并以书面表示；仲裁地点和仲裁机构，均由双方当事人共同选定，不再实行法定管辖；当事人可以约定交由仲裁解决的争议事项；仲裁是否开庭与公开进行，由当事人协议决定；在仲裁过程中，当事人可以自行和解和自愿调解；裁决书是否写明争议事实和裁决理由，由当事人协议决定等。

(2) 独立原则

该原则是指仲裁机构的仲裁，依法独立进行，不受行政机关、社会团体和个人的干涉。这一原则首先表现在仲裁机构的独立性上。仲裁机构之间没有上下级之分,仲裁机构与行政机关之间没有隶属关系。其次表现在仲裁员办案的独立性上。仲裁员主要依据自己的专业知识和法律知识,独立进行各自的是非判断,某种程度上有一定的"自由裁量权"。仲裁庭对案件的裁决是独立作出的,无须获得任何机关的批准,仲裁庭作出的生效裁决,任何机关不得非法撤销。

(3)根据事实和法律,公平合理地解决纠纷的原则

以事实为根据、以法律为准绳是实施法律所必须坚持的基本原则,也比较容易理解。对于"公平合理"原则,主要有两层含义。一是仲裁庭在进行仲裁活动时,必须处于公正的第三方立场上,平等地对待双方当事人,公平合理地作出裁决。另一层含义是仲裁作为解决民事纠纷的法定方式之一,不必像诉讼那样严格地"以事实为根据,以法律为准绳",只要仲裁员本着公平合理的精神审理案件,当事人也认为裁决公平合理,即使部分事实未查清,或未依法律而依据贸易惯例或行业惯例作出裁决,也会得到承认和执行。这是仲裁与诉讼的一个显著区别,也是仲裁优越性的具体体现。

(4)一裁终局的原则

一裁终局,意味着裁决一经作出即发生法律效力,一方当事人不履行裁决,另一方当事人可以据此向法院申请强制执行。一方当事人对裁决不服,就同一纠纷再申请仲裁或者向人民法院起诉的,仲裁机构或人民法院不予受理。一裁终局可以方便、迅速、及时、公正地解决纠纷,既有利于提高解决纠纷的效率,也有利于保证仲裁裁决的权威性。

4. 诉讼

诉讼是指人民法院、案件当事人(原告和被告)以及其他诉讼参与人(证人、鉴定人、翻译人员)在处理案件中所进行的全部活动。根据案件的性质不同,诉讼可以分为民事诉讼、刑事诉讼和行政诉讼。项目合同中一般包括广义上的民事诉讼(即民事诉讼和经济诉讼)。

项目合同当事人因合同纠纷而提起的诉讼一般属于经济合同纠纷的范畴。一般由各级法院受理并审判。根据合同的特殊情况,还可能由专门的法院进行审理,如铁路运输法院、水上运输法院、森林法院以及海事法院等。在提起诉讼以前,当事人应为诉讼做好充分的准备,收集各类证据,进行必要的取证工作,如收集有关对方违约的各类证据,整理双方往来的所有财务凭证、信函、电报等。另外,诉讼当事人还应注意诉讼管辖地和诉讼时效问题。例如,A 公司需兴建高层办公楼,通过广告发布招标公告,B 公司以最低报价中标,但是 B 公司认为报价过低难以按照要求完成,拒绝与 A 公司签订合同,经多次协商无效,A 公司遂向法院提起诉讼。

(五)合同交底工作

项目的实施过程实质上是项目相关的各个合同的执行过程。要保证项目正常、按计划、高效率地实施,必须正确地执行各个合同。按照法律和工程惯例,项目管理者负责各个相关合同的管理和协调,并承担由于协调失误而造成的损失责任。例如工程项目中土建承包商、安装承包商、供应商都与业主签订了合同,由于供应商不能及时交付设备,造成土建和安装工程的推迟,这时安装和土建承包商就直接向业主索赔。所以,在工程现场需委托专人来负责各个合同的协调和控制,通常监理工程师的职责就是合同管理。

在合同实施前，必须对相关合同进行分析和交底，这包括如下内容：

(1)合同履行分析。它主要对合同的执行问题进行研究，将合同中的规定落实到相关的项目实施的具体问题和活动上，这常常与项目结构的分解同步运行。合同履行分析的基本要求是要做到分析结果的准确性和客观性以及易于所有管理人员接受，理解合同的透彻性和双方的一致性，并且做到全面分析合同。

(2)合同交底。这是将合同和合同分析文件下达落实到具体的责任人，例如各职能人员，相关的负责人和分包商等。对项目管理班子、相关的负责人宣讲合同精神，落实合同责任，使参加的各个实施人都了解相关合同的内容，并能熟练地掌握它。在项目组织的建立、管理系统的建立过程中，落实各合同规定。

(六)合同控制

1. 合同实施监督

在项目实施过程中必须对合同实施进行监督，检查合同履行过程中的漏洞和错误，以积极合作的精神，协助各个方面完成各个合同。

(1)落实合同计划，督促检查合同各项条款的落实，发现问题及时采取措施。

(2)经常进行工作指导，对合同分析并正确解释。

(3)协调合同范围内的工作关系，解决合同实施中出现的问题。

(4)认真对待和处理合同纠纷和索赔。

2. 合同控制

(1)合同控制是实现项目目标的根本保证，项目的成本、质量和进度控制都离不开合同。

(2)合同双方当事人要通过合同控制更加明确自身的权力和责任。例如：质量要求、进度计划、保修责任、按时支付和收取进度款、履行担保、有索赔和反索赔的权力等。

(3)合同的动态性是合同控制的最大特点。项目的完成需要一个过程，项目合同的实施和完成常常受到外界干扰，常偏离目标，需不断调整，有时甚至合同目标本身也在不断变化，所以对合同的控制也随着条件和目标的变化而变动着，具有动态性。

(七)索赔管理

1. 索赔的起因

索赔是指合同的一方未履行或不完全履行合同时，另一方提出的经济或工期的补偿，一般指承包商向业主的要求，而业主向承包商提出的要求为反索赔。

在有些项目如工程项目中索赔是经常发生的。项目各参加者属于不同的单位，其经济利益并不一致。而合同是在项目实施前签订的，合同规定的进度和价格是基于对环境状况和项目特点预测的基础上，同时又假设合同各方面都能正确地履行合同所规定的责任。在项目实施中常常会由于如下原因产生索赔：

(1)由于客户或其他最终用户没能正确地履行合同义务，例如：未及时交付场地、提供图纸；未及时交付由其负责的材料和设备；下达了错误的指令，或错误的图纸、招标文件；超出合同规定干预承包商的施工过程等。

(2)由于客户或最终用户因行使合同规定的权力而增加了项目组的花费和延误了解，按合同规定应该给予补偿。例如增加工作量，要求项目组作合同中未规定的检查，而检查结果表明项目组的工程(或材料)完全符合合同要求。

(3)工程中经常发生的情况,由于某一个工作组完不成合同责任而造成的连锁反应,例如工程项目中由于设计单位未及时交付图纸,造成土建、安装工程中断或推迟,土建和安装承包商向业主提出索赔。

(4)由于环境的变化。例如出现战争、动乱、市场物价上涨、法律变化、反常的气候条件、异常的地质状况等,则按照合同规定应该延长进度,调整相应的合同价格。

(5)合同缺陷。例如,合同条款不严谨,甚至产生矛盾,合同中的错误或遗漏。

2. 索赔管理

由于有些项目技术和环境的复杂性,索赔是不可能完全避免的。在现代工程中索赔额通常都很大,一般都相当于10%~20%的合同价。在国际工程中甚至超过合同价100%的索赔要求也不罕见。而且,业主与承包商、承包商与分包商、业主与供应商、承包商与其供应商、承包商与保险公司之间都可能发生索赔。

(1)在项目的实施中,一般按索赔的目的将索赔分为两类:

①延长工期索赔,即要求延长完成项目时间。由于非承包商原因,要求业主和监理人延长施工期限,拖后竣工日期,这种要求也称"工期索赔"。在一般合同中,都会明确规定延长工期的条款。

②经济索赔。由于施工客观条件改变而增加开支时,承包商人向业主和监理人要求补偿额外开支。在具体实践中,一般承包商既提工期索赔,也提经济索赔,但这两种索赔要独立提出。

(2)索赔管理工作过程

索赔管理工作过程涉及的工作包括两个层次:一是合同双方索赔的提出,常常会导致索赔无效。二是项目组织内部的索赔(或反索赔)管理工作。

总体上,按照国际惯例(例如 FIDIC 合同)索赔工作过程包括:索赔意向通知、起草并提交索赔报告、解决索赔等。

①索赔意向通知

在引起索赔的事件发生后,承包商必须迅速做出反应,在一定时间内(FIDIC 规定为28 天),向业主(或监理工程师)发出书面索赔意向通知,声明要对索赔事件提出索赔。这个意向通知书采用函件的形式,一般包括下述资料:索赔编号和索赔名称,索赔依据的合同条款,简要说明索赔的基本依据,索赔事件是否有长期连续性的影响,索赔的大致金额,索赔依据的有关活动或条件的开始日期。

②起草并提交索赔报告

在提交索赔意向通知后一定时间内(FIDIC 规定 28 天),项目单位必须提交正规的索赔报告(包括索赔报告、账单、各种书面证据)。在这个阶段的管理工作:

(a)事态调查,即对索赔事件的起因、过程、状况进行调查。这样可以了解索赔事件的前因后果,只有存在索赔事件,才可能提出索赔。索赔管理工作过程,见图10-7。

(b)索赔事件的原因分析。分析索赔事件起因,明确发生事件的责任,只有事件的责任而不是自己的责任的时候才可能提出索赔。

(c)索赔根据分析和评价。索赔要求必须符合合同,必须有合同的支持,即按合同条款规定应该赔偿。在此常常要作全面的合同分析。

（d）损失调查、索赔是以赔偿实际损失为原则，如果没有损失，则没有索赔。这主要通过对索赔事件的影响分析，对关键线路和工程成本的分析得到。

（e）收集证据。没有证据，索赔要求是不能成立的。这里的证据包括广泛的内容，主要为反映索赔事件发生、影响的各种工程文件和支持其索赔理由的各种合同文件及各种分析文件，而不能是口头上的，必须有文字依据。

（f）起草索赔报告。索赔报告是上述工作的总结。

（g）提交索赔报告。

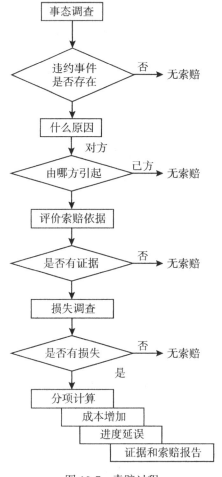

图 10-7　索赔过程

3. 解决索赔

从递交索赔报告到最终获得（或支付）赔偿是索赔的解决过程。一般业主或监理工程师接到索赔报告一定时间内（例如 FIDIC 规定 28 天）要提出索赔处理意见，否则按索赔报告的结果看待。从项目管理的角度来说，索赔应得到合理解决，无论是不符合实际情况的超额赔偿，或通过强词夺理，对合理的索赔要求赖着不赔，都不是索赔的合理解决。

由于双方的利益不一致，对索赔的解决会有许多争执，通常可以通过协调、调解、仲裁等手段解决。

（八）合同后评价

为了更好地进行项目合同管理，不断提高管理水平，在合同执行后，合同管理者要对合同签订和履行过程中合同管理情况进行分析总结，进行合同后评价。如可以判断合同管理目标是否正确，合同谈判时涉及的主要内容是否全面、正确，是否有合同缺陷。对于合同的执行，分析实际情况和计划是否存在差异，相应采取的措施是否有效，哪种措施或方法更经济等。

合同后评价一般包括合同签订情况评价、合同执行情况评价、合同管理工作评价、合同条款分析等。

小　结

项目采购管理是项目管理的一项核心管理职能。项目采购管理的总目标是以最低的成本及时地为项目提供满足其需要的产品，是指为达到项目的目标而从项目组织的外部获取货物、工程和咨询服务所需的过程，其主要过程包括规划采购管理、实施采购和控制采购。项目合同是连接项目采购各方的关键，是具有法律性质的文件。本章对项目合同的类型、主要内容，项目合同的履行和违约责任，项目合同的变更、解除与终止，项目合同纠纷的处置、合同控制、索赔管理及合同管理的后评价等内容等问题进行了介绍。

案例思考题

【案例一】

案例背景：

水电 EPC 项目①

1. 赞比亚水电 EPC 项目 A

1.1　采购管理难点

（1）采购与设计和施工间的协调。EPC 项目各方面业务相互关系密切，EPC 项目总承包商如何协调好机电设备和物资材料采购与设计、施工之间的衔接关系。

（2）设计方有效参与采购全过程。EPC 项目设计工作是永久机电设备采购的基础，如何使设计方全程有效参与永久机电设备的采购工作，包括编制采购进度计划、招投标、供应商选择、设备监造、安装交付、竣工验收和运营。

（3）国内外标准差异。项目主要采用欧洲和美国标准，国内供应商不熟悉国内外标准差异会导致所提交的机电设备技术资料难以获得咨询工程师认可，文件批复

---

① 采编自《项目管理技术》2018 年第 9 期石宣喜等编写的《国际工程 EPC 项目采购管理案例研究》。

率低。

（4）主材采购。水泥和木材可以在当地采购，但其他主材，如外加剂、粉煤灰和钢筋等需要从国内或第三国采购，存在运输距离远、采购周期长和价格波动大等问题。

1.2 采购管理策略

（1）加强不同专业间的接口管理。例如，该项目的变压器在国内采购，为了降低国内外标准差异的影响，加快变压器的设计图批复，总承包商邀请业主/咨询工程师到国内进行设计审查，与供应商直接沟通，显著提升了采购效率。

（2）与供应商建立伙伴关系。例如，总承包商与当地唯一一家合格的水泥供应商建立伙伴关系，使项目获得优先供货，确保当地市场水泥供应满足施工需求；与第三国南非粉煤灰供应商的合作关系，使承包商能够提前获得价格变动信息，及时进行采购决策。

（3）建立完善的物流管理机制。对于国内和第三国采购的设备和物资，选择合适的运输公司，提高运输和清关效率，保证运输质量；对设备物资制定针对性的运输管理措施，包括考虑包装质量、防潮和大型设备装船位置等。

2. 斐济水电 EPC 项目 B

2.1 采购管理难点

（1）国内外标准差异。项目要求机电设备参照澳新标准，而国内机电供应商对澳新标准基本不了解，机电设备制造难以满足标准要求。压力容器必须严格按照 ASME 的标准执行，采购难度加大，采购周期延长，生产成本增高。消火栓、灭火器等消防物品，因其特殊要求，我国的产品难以满足项目的消防标准。项目初期从国内采购了一批电缆和电线，其颜色与斐济国际电网标准规定的颜色不同，导致无法使用电网供电，只好采用柴油发动机供电。为应对台风，澳新标准对屋顶和建筑结构有特殊要求，因不熟悉澳新标准，施工至相应部位时，才发现需从澳大利亚或新西兰购买特殊材料，造成工期延误。项目要求的螺纹钢采用美国标准，由于中国大陆生产的螺纹钢不能满足要求，项目所使用的螺纹钢主要从中国台湾省采购。

（2）全球化采购。斐济市场较小、工业不发达，大部分材料与设备无法在当地采购，即使当地市场能够采购，价格也往往高出国内价格 3 至 4 倍。除水泥外，主要物资都需要从国内或第三国市场采购，存在诸多风险，例如，国内外采购法律法规的协调问题。

2.2 采购管理策略

（1）合同管理。将 EPC 总承包合同相关章节作为永久机电设备招标文件技术部分的附件，对供应商加以约束。

（2）成本控制。对于合同中明确规定了供应商的设备，仍邀请与规定供应商实力接近的供应商投标，并将投标价格作为与合同规定供应商进行合同谈判的依据。

（3）质量控制。聘请设备制造咨询公司，全程参与招标文件的审核、评标和合同谈判，并负责设备监造过程中的设备检验、出厂验收等。

（4）技术风险管理。注重与业主/咨询工程师沟通，变更水轮发电机组的加权平均效率要求，降低履约风险。

（5）全球化采购。关注采购市场动向，选择在材料供应充足、经济发展稳定、市场价格较低、交通运输方便以及汇率合适的时间进行采购。例如，说服业主/咨询工程师同意从国内购买炸药以替代从澳大利亚的进口，采购成本显著降低；钢筋全部从中国台湾购买，而中国台湾只需 500 美元/t 且全部免检。

3. 赤道几内亚水电 EPC 项目 C

3.1 采购管理难点

（1）交通条件。赤道几内亚经济发展水平较低，物资匮乏且价格较高。项目所在地为原始森林深处，交通不便，运输周期长，通信不畅，与设计、采购方沟通困难。

（2）全球化采购全过程风险。全球化采购过程中，面临着采购与设计和施工间的衔接、通货膨胀、海关进出口法律规定与限制、库存等方面的风险。

3.2 采购管理策略

（1）制订采购进度计划时，综合考虑各种制约因素；使计划准确、及时、详细，符合实际需求，尤其是注意瓶颈物资和易失效材料。

（2）建立采购与设计、施工的接口管理流程，要求设计工程师合理掌握设计方案的渐进明细尺度，为设备制造争取时间；建立驻厂监造制度。

（3）制订详细的物资运输计划、规范的物流管理流程；建立规范的物资存放及管理机制，进行信息化仓储管理，加强预警管理；与同一海外市场的中国承包商发展合作关系，以调剂项目施工紧缺的物资。

（4）依托业主获取材料和设备运输的公路及港口设施优先使用权，提高物流效率；同港口管理局建立良好的合作关系，从而避免清关手续繁杂等风险。

思考题：

以上三个水电 EPC 项目的采购管理给予我们哪些启示？

【案例二】

案例背景：

合同管理

某施工单位根据领取的某 50000m² 单层厂房工程项目招标文件和全套施工图纸，采用低报价策略编制了投标文件，并获得了中标。该施工单位于 2014 年 5 月 10 日与建设单位（业主）签订了该工程项目的固定价格施工合同。合同工期为 12 个月。工程招标文件参考资料中提供的使用回填土距工地 7m。但是开工后，检查该土质量不符合要求，施工单位只得从另一距工地 20m 的土源采购。由于供土距离的增大，必然引起费用的增加，施工单位经过仔细计算后，在业主指令下达的第三天，向业主提交了每立方米土提高人民币 7 元的索赔要求。工程进行了 1 个月后，因业主资金短缺，无法如期支付工程款，口头要求施工单位暂停施工 1 个月。施工单位亦口头答应。恢复施工后不久，在一个关键工作面上又发生了几种原因造成的临时停工：7 月 20 日至 7 月 25 日施工设备出现了故障；8 月 10 日至 8 月 12 日施工现场出现特大暴雨，造成了 8 月 13 日至 14 日该地区供电中断。针对上述两次停工，承包商(施工单位)向业主提出要求顺延工期共 40 天。

思考题:

1. 该工程用固定价格合同是否合适?

2. 该合同的变更形式是否适当? 为什么?

3. 施工单位索赔要求成立的条件是什么?

思考练习题

1. 什么是项目的采购? 采购方式的类型有哪些?

2. 分析项目采购管理的关键角色以及相互关系。

3. 试述项目采购管理的过程。

4. 谈谈规划采购的成果。

5. 有哪几种采购策略? 如何选择采购策略?

6. 实施采购过程中运用了哪些方法?

7. 谈谈控制采购的作用。

8. 谈谈控制采购的过程管理。

9. 试述合同类型的优缺点和适用范围。

10. 怎样进行索赔?

第十一章　项目相关方管理

第一节　项目相关方管理概述

一、项目相关方概述

相关方是指能影响项目决策、活动或结果的个人、群体或组织，以及会受或自认为会受项目决策、活动或结果影响的个人、群体或组织。相关方可能主动参与项目，或他们的利益会因项目实施或完成而受到积极或消极的影响。不同的相关方可能有相互竞争的期望，因而会在项目中引发冲突。为了取得能满足战略业务目标或其他需要的期望成果，相关方可能对项目、项目可交付成果及项目团队施加影响。

相关方包括所有项目团队成员，以及组织内部或外部与项目有利益关系的实体。为了明确项目要求和各参与方的期望，项目团队需要识别内部和外部、正面和负面、执行工作和提供建议的相关方。

不同相关方在项目中的责任和职权各不相同，并且可随项目生命周期的进展而变化。他们参与项目的程度可能差别很大，有些只是偶尔参与项目调查或焦点小组活动，有些则为项目提供全方位的资助，包括资金支持、政治支持或其他支持。有些相关方可能被动或主动地干扰项目取得成功。正如相关方可能积极或消极地影响项目目标，相关方也可能认为项目会产生积极或消极的结果。例如，社区商业领袖将从工业扩建项目中受益，他们就会看到项目给社区带来的经济利益，如就业机会、基础设施和税收。对项目抱有积极期望的相关方，会通过促进项目成功来实现自己的利益。相反，受项目负面影响的相关方，会通过阻碍项目进展来保护自己的利益，例如，附近的房主或者小企业主，他们可能失去财产、被迫搬迁，或者被迫接受当地环境的变化。忽视消极相关方的利益，会提高项目失败、延误或出现其他不利结果的可能性。

主要的项目相关方有：

（1）发起人。发起人是为项目提供资源和支持的个人或团队，负责为成功创造条件。发起人可能来自项目经理所在组织的内部或外部。从提出初始概念到项目收尾，发起人一直都在推动项目的进展，包括游说更高层的管理人员，以获得组织的支持，并宣传项目给组织带来的利益。在整个启动过程中，发起人始终领导着项目，直到项目正式批准。同时，发起人对制定项目初步范围与章程也起着重要的作用。对于那些超出项目经理控制范围的事项，将向上汇报给发起人而发起人可能还参与其他重要事项，如范围变更审批、阶段评审，以及当风险很大时对项目是否继续进行做出决定。项目发起人还要保证项目结束后项目可交付成果能够顺利移交给相关组织。

（2）客户和用户。客户是将要批准和管理项目产品、服务或成果的个人或组织。用户是将要使用项目产品、服务或成果的个人或组织。客户和用户可能来自项目执行组织的内部或外部，也可能是多层次的。例如，某些新药的客户包括开处方的医生、用药的病人和为之付款的保险公司。在某些应用领域，客户与用户是同义词；而在另一些领域，客户是指项目产品的购买者，用户则指项目产品的直接使用者。

（3）卖方。卖方又称为供应商、供方或承包方，是根据合同协议为项目提供组件或服务的外部公司。

（4）业务伙伴。业务伙伴是与本企业存在某种特定关系的外部组织，这种关系可能是通过某个认证过程建立的。业务伙伴为项目提供专业技术或填补某种空白。例如：提供安装、定制、培训或支持等特定服务。

（5）组织内的团体。组织内的团体是受项目团队活动影响的内部相关方。例如，市场营销、人力资源、法律、财务、运营、制造和客户服务等业务部门，都可能受项目影响。它们为项目执行提供业务环境，项目活动又对它们产生影响。因此，在为实现项目目标而共同努力的过程中，业务部门和项目团队之间通常都有大量的合作。为了使项目成果能顺利移交生产或运营，业务部门可以对项目需求提出意见，并参与项目可交付成果的验收。

（6）职能经理。职能经理是在行政或职能领域（如人力资源、财务、会计或采购）承担管理角色的重要人物。他们配有固定员工，以开展持续性工作，他们对所辖职能领域中的所有任务有明确的指挥权。职能经理可为项目提供相关领域的专业技术，或者，职能部门可为项目提供相关服务。

二、项目相关方管理的概念

每个项目都有相关方，他们会受项目的积极或消极影响，或者能对项目施加积极或消极的影响。有些相关方影响项目工作或成果的能力有限，而有些相关方可能对项目及其期望成果有重大影响。关于重大项目灾难的学术研究及分析强调了结构化方法对识别所有相关方、进行相关方优先级排序，以及引导相关方参与的重要性。项目经理和团队正确识别并合理引导所有相关方参与的能力，能决定着项目的成败。为提高成功的可能性，应该在项目章程被批准、项目经理被委任，以及团队开始组建之后，尽早开始识别相关方并引导相关方参与。

项目相关方管理（project stakeholder management）的目的是通过获得他们对于项目所需要的投入，以及通过增强该项目的关键相关方对成功的信心来提高项目成功的可能性。基于 Eskerod 和 Jepsen（2013）的理论，本书将项目相关方管理定义为"有目的地实施所有与相关方相关的活动，以提高项目成功的可能性"。项目相关方管理主要包括两类活动：相关方分析；与相关方有目的的互动。

项目相关方分析必须包括关于（关键）相关方对项目的需求、期望、关注和其对成功的标准及其对项目的潜在帮助或危害。根据项目相关方分析的信息，进而有目的地鼓励相关方参与或退出。这两类活动互相交错，因为要为适当的相关方提供所需的信息，相关方的参与非常必要。对于在项目过程中参与的相关方，需要进行新的相关方分析。

三、项目相关方管理的挑战

1. 相关方识别问题

识别(关键)相关方可能很困难,因为许多个人、团体和实体都可能对项目有潜在的影响或将会被项目影响。

2. 信息获取问题

获得有关相关方的需求、期望、关注和成功标准的正确信息可能非常困难,其原因是相关方可能对这些信息没有充分的认识或无法表达。另外,相关方的这些信息可能互相矛盾,在项目过程中不断变化。

3. 相关方冲突问题

各相关方的要求、期望、关注和成功标准可能互相矛盾,这就需要相关方之间进行谈判,得出一个能够被普遍接受的方案。

4. 资源问题

项目组织成员进行相关方分析,与相关方互动交流所使用的资源不可能是无限的,为了提高项目成功的可能性,必须找出利用有限的资源对相关方进行有效管理的方法。

第二节　项目相关方管理过程

项目相关方管理的过程是:

识别相关方:识别相关方是定期识别项目相关方,分析和记录他们的利益、参与度、相互依赖性、影响力和对项目成功的潜在影响的过程。

规划相关方参与:规划相关方参与是根据相关方的需求、期望、利益和对项目的潜在影响,确定项目相关方参与项目的方法的过程。

管理相关方参与:管理相关方参与是与相关方进行沟通和协作,以满足其需求与期望,处理问题,并促进相关方合理参与的过程。

监督相关方参与:监督项目相关方关系,并通过修订参与策略和计划来引导相关方合理参与项目的过程。

一、识别相关方

识别能影响项目决策、活动或结果的个人、群体或组织,以及被项目决策、活动或结果所影响的个人、群体或组织,并分析和记录他们的相关信息的过程。这些信息包括他们的利益、参与度、相互依赖、影响力及对项目成功的潜在影响等。其主要作用是,帮助项目经理建立对各个相关方或相关方群体的适度关注。

在项目或阶段的早期就应识别相关方,并分析他们的利益层次、个人期望、重要性和影响力,对项目成功非常重要。应该定期审查和更新早期所做的初步分析。由于项目的规模、类型和复杂程度不尽相同,大多数项目会有形形色色且数量不等的相关方。由于项目经理的时间有限,必须尽可能有效利用,因此,应该按相关方的利益、影响力和参与项目的程度对其进行分类,并注意到有些相关方可能直到项目或阶段的较晚时期才对项目产生影响或显著影响。通过分类，项目经理就能够专注于那些与项目成功密切相关的重要关系。图 11-1 描述了该过程的输入、工具与技术和输出。

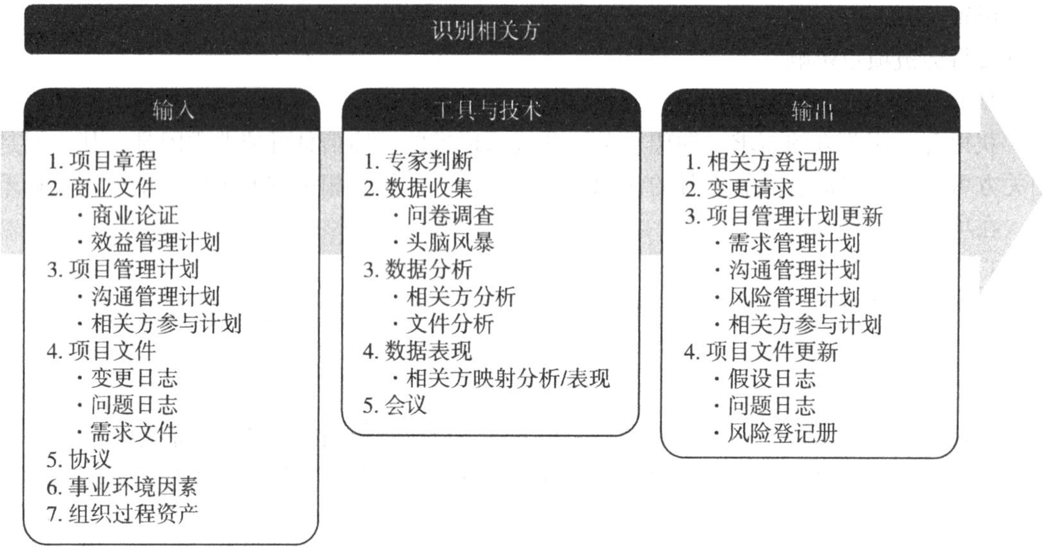

图 11-1　识别相关方：输入、工具与技术和输出

（一）识别相关方的依据

识别相关方的输入包括项目章程、商业文件、项目管理计划、项目文件、协议、事业环境因素和组织过程资产。

在首次开展识别相关方过程时，商业文件和收益管理计划是项目相关方信息的来源。包括：（1）商业论证。商业论证确定项目目标，以及受项目影响的相关方的最初清单。（2）收益管理计划。收益管理计划描述了如何实现商业论证中所述收益。它可能指出将从项目成果交付中获益并因此被视为相关方的个人及群体。

在首次识别相关方时，项目管理计划并不存在；不过，一旦编制完成，项目管理计划组件主要包括：（1）沟通管理计划：沟通与相关方参与之间存在密切联系，沟通管理计划中的信息是了解项目相关方的主要依据；（2）相关方参与计划：相关方参与计划确定了用于有效引导相关方参与的管理策略和措施。

协议的各方都是项目相关方，还可涉及其他相关方。

影响识别相关方过程的事业环境因素主要包括组织文化、政治氛围，以及治理框架；政府或行业标准（法规、产品标准和行为规范）；全球、区域或当地的趋势、实践或习惯；设施和资源的地理分布。

影响识别相关方过程的组织过程资产主要包括相关方登记册模板及说明；以往项目或阶段的经验教训；经验教训知识库，包括与相关方偏好、行动和参与有关的信息。

（二）识别相关方的结果

识别相关方的结果包括相关方登记册、变更请求、项目管理计划更新和项目文件更新。

相关方登记册是识别相关方过程的主要输出，用于记录已识别的相关方的所有详细信息，包括以下内容：(1)身份信息：姓名、职位、地点、项目角色、联系方式。(2)评估信息：主要需求、主要期望、对项目的潜在影响、与生命周期的哪个阶段最密切相关。(3)相关方分类：用内部或外部、作用、影响、权力或利益、上级、下级、外围或横向，或者项目经理选择的其他分类模型，进行分类的结果。应定期查看并更新相关方登记册，因为在整个项目生命周期中相关方可能发生变化，也可能识别出新的相关方。

首次开展识别相关方过程，不会提出任何变更请求。随着在后续项目期间继续识别相关方，新出现的相关方或关于现有相关方的新信息可能导致对产品、项目管理计划或项目文件提出变更请求。应该通过实施整体变更控制过程对变更请求进行审查和处理。

二、规划相关方参与

规划相关方参与是根据相关方的需求、期望、利益和对项目的潜在影响，制定项目相关方参与项目的方法的过程。本过程的主要作用是提供与相关方进行有效互动的可行计划。本过程应根据需要在整个项目期间定期开展。

在分析项目将如何影响相关方的基础上，规划相关方管理的过程制订不同方法，来有效调动相关方参与项目，管理相关方的期望，从而最终实现项目目标。相关方管理的内容比改善沟通更多，也比管理团队更多。相关方管理是在项目团队和相关方之间建立并维护良好关系，以期在项目边界内满足相关方的各种需要和需求。

这个过程将产生相关方管理计划，它是关于如何实现相关方有效管理的详细计划。随着项目的进展，相关方及其参与项目的程度可能发生变化，因此，规划相关方管理是一个反复的过程，应定期开展。图11-2描述了本过程的输入、工具与技术和输出。

(一)规划相关方参与的依据

规划相关方参与的依据主要包括项目章程、项目管理计划、项目文件、协议、事业环境因素、组织过程资产。

在规划承包商及供应商参与时，协议通常涉及与组织内的采购小组和(或)合同签署小组开展合作，以确保对承包商和供应商进行有效管理。

所有事业环境因素都是本过程的依据，因为对相关方的管理应该与项目环境相适应。其中，组织文化、组织结构和政治氛围特别重要，因为了解这些因素有助于制订最具适应性的相关方管理方案。

所有组织过程资产都是本过程的依据。其中，经验教训数据库和历史信息特别重要，因为能够从中了解以往的相关方管理计划及其有效性。这些信息可用于规划当前项目的相关方管理活动。

(二)规划相关方参与的结果

规划相关方参与的结果包括相关方参与计划。

相关方参与计划是项目管理计划的组成部分，为有效调动相关方参与而规定所需的管理策略。根据项目的需要，相关方参与计划可以是正式或非正式的，也可以是非常详细或高度概括的。除了相关方登记册中的资料，相关方参与计划通常还包括以下内容：(1)关

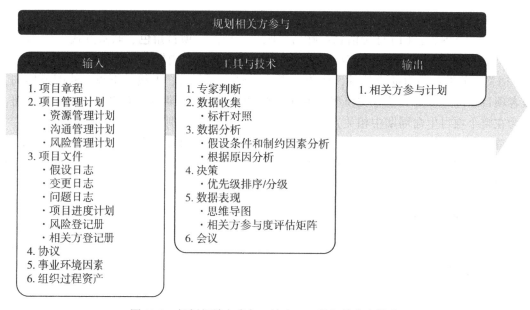

图 11-2　规划相关方参与：输入、工具与技术和输出

键相关方所需参与程度和当前参与程度；（2）相关方变更的范围和影响；（3）相关方之间的相互关系和潜在交叉；（4）项目现阶段的相关方沟通需求；（5）需要分发给相关方的信息，包括语言、格式、内容和详细程度；（6）分发相关信息的理由，以及可能对相关方参与所产生的影响。

三、管理相关方参与

管理相关方参与是与相关方进行沟通和协作以满足其需求与期望、处理问题，并促进相关方合理参与的过程。本过程的主要作用是让项目经理能够提高相关方的支持，并尽可能降低相关方的抵制。本过程需要在整个项目期间开展。图 11-3 描述本过程的输入、工具与技术和输出。

（一）管理相关方参与的依据

管理相关方参与的依据主要包括项目管理计划、项目文件、事业环境因素和组织过程资产。

能够影响管理相关方参与的事业环境因素主要包括：（1）组织文化、政治氛围，以及组织的治理结构；（2）人事管理政策；（3）相关方风险临界值；（4）已确立的沟通渠道；（5）全球、区域或当地的趋势、实践或习惯；（6）设施和资源的地理分布。

能够影响管理相关方参与过程的组织过程资产主要包括：（1）企业的社交媒体、道德和安全政策及程序；（2）企业的问题、风险、变更和数据管理政策及程序；（3）组织对沟通的要求；（4）制作、交换、储存和检索信息的标准化指南；（5）以往类似项目的历史信息。

（二）管理相关方参与的结果

管理相关方参与的结果包括变更请求、项目管理计划更新和项目文件更新。

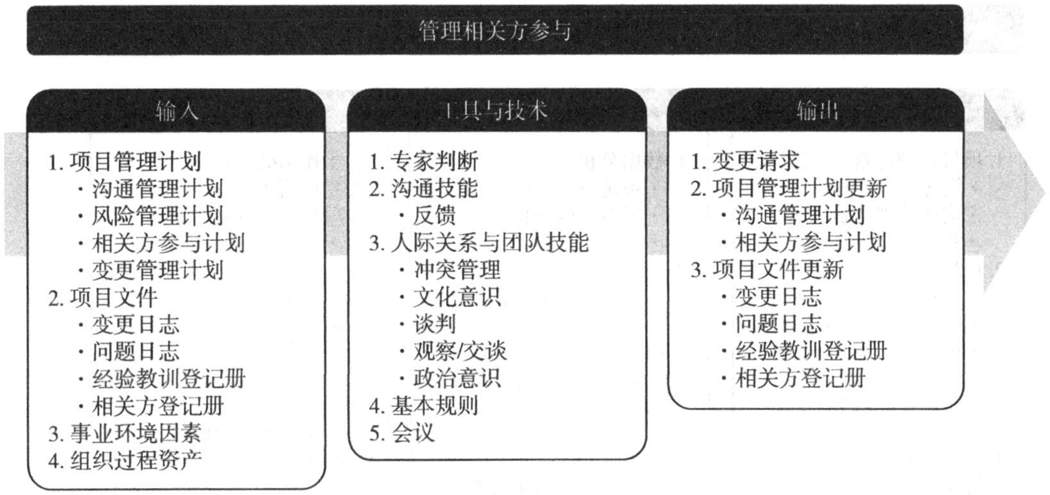

管理相关方参与		
输入	工具与技术	输出
1. 项目管理计划 　·沟通管理计划 　·风险管理计划 　·相关方参与计划 　·变更管理计划 2. 项目文件 　·变更日志 　·问题日志 　·经验教训登记册 　·相关方登记册 3. 事业环境因素 4. 组织过程资产	1. 专家判断 2. 沟通技能 　·反馈 3. 人际关系与团队技能 　·冲突管理 　·文化意识 　·谈判 　·观察/交谈 　·政治意识 4. 基本规则 5. 会议	1. 变更请求 2. 项目管理计划更新 　·沟通管理计划 　·相关方参与计划 3. 项目文件更新 　·变更日志 　·问题日志 　·经验教训登记册 　·相关方登记册

图 11-3 管理相关方参与：输入、工具与技术和输出

作为管理相关方参与的结果，项目范围或产品范围可能需要变更。应该通过实施整体变更控制过程对所有变更请求进行审查和处理。

项目管理计划的任何变更都以变更请求的形式提出，且通过组织的变更控制过程进行处理。

四、监督相关方参与

监督相关方参与是监督项目相关方关系，并通过修订参与策略和计划来引导相关方合理参与项目的过程。本过程的主要作用是，随着项目进展和环境变化，维持或提升相关方参与活动的效率和效果。本过程需要在整个项目期间开展。图 11-4 描述本过程的输入、工具与技术和输出。

（一）监督相关方参与的依据

监督相关方参与的依据主要包括项目管理计划、项目文件、工作绩效数据、事业环境因素和组织过程资产。

工作绩效数据包含项目状态数据，例如，哪些相关方支持项目、他们的参与水平和类型。

（二）监督相关方参与的结果

监督相关方参与的结果包括工作绩效信息、变更请求、项目管理计划更新和项目文件更新。

工作绩效信息包括与相关方参与状态有关的信息，例如，相关方对项目的当前支持水平，以及与相关方参与度评估矩阵、相关方立方体或其他工具所确定的期望参与水平相比较的结果。

项目管理计划的任何变更都以变更请求的形式提出，且通过组织的变更控制过程进行处理。可能需要变更的项目管理计划组件包括：（1）资源管理计划。可能需要更新团队对

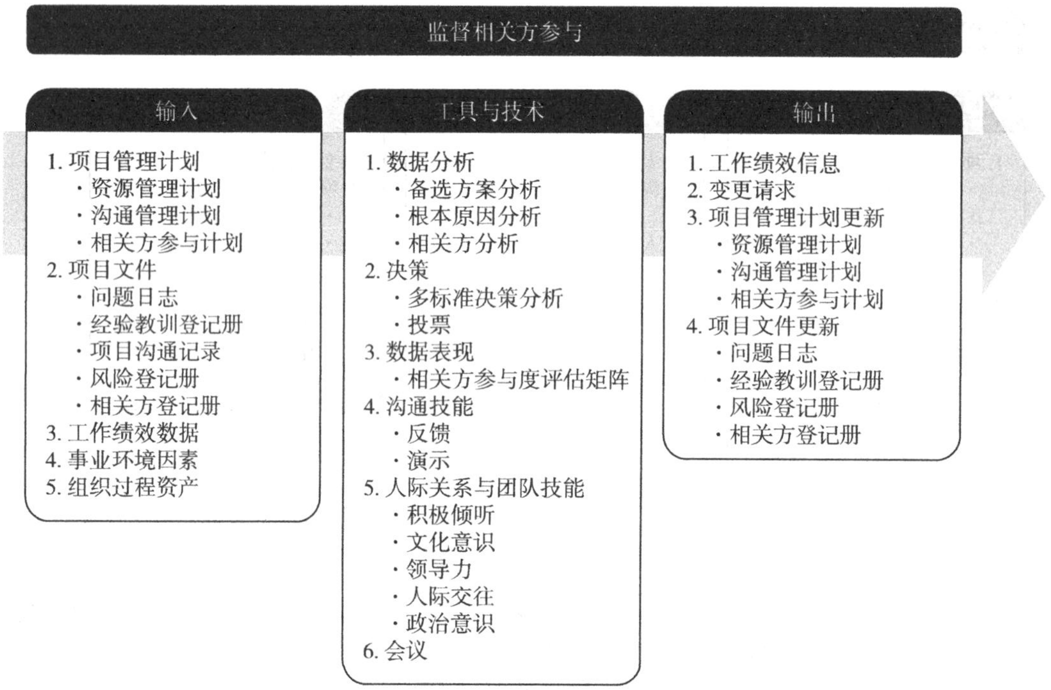

监督相关方参与		
输入	**工具与技术**	**输出**
1.项目管理计划 　·资源管理计划 　·沟通管理计划 　·相关方参与计划 2.项目文件 　·问题日志 　·经验教训登记册 　·项目沟通记录 　·风险登记册 　·相关方登记册 3.工作绩效数据 4.事业环境因素 5.组织过程资产	1.数据分析 　·备选方案分析 　·根本原因分析 　·相关方分析 2.决策 　·多标准决策分析 　·投票 3.数据表现 　·相关方参与度评估矩阵 4.沟通技能 　·反馈 　·演示 5.人际关系与团队技能 　·积极倾听 　·文化意识 　·领导力 　·人际交往 　·政治意识 6.会议	1.工作绩效信息 2.变更请求 3.项目管理计划更新 　·资源管理计划 　·沟通管理计划 　·相关方参与计划 4.项目文件更新 　·问题日志 　·经验教训登记册 　·风险登记册 　·相关方登记册

图 11-4　监督相关方参与：输入、工具与技术和输出

引导相关方参与的职责。(2)沟通管理计划。可能需要更新项目的沟通策略。(3)相关方参与计划。可能需要更新关于项目相关方社区的信息。

可能需要更新的项目文件包括：(1)问题日志。可能需要更新问题日志中与相关方态度有关的信息。(2)经验教训登记册。在质量规划过程中遇到的挑战及其本可采取的规避方法需要更新在经验教训登记册中。调动相关方参与效果好以及效果不佳的方法也要更新在经验教训登记册中。(3)风险登记册。可能需要更新风险登记册，以记录相关方风险应对措施。(4)相关方登记册。更新相关方登记册，以记录从监督相关方参与中得到的信息。

第三节　项目相关方管理的方法

一、规划相关方管理的分析技术

应该比较所有相关方的当前参与程度与计划参与程度(为项目成功所需的)。在整个项目生命周期中，相关方的参与对项目的成功至关重要。

相关方的参与程度可分为如下类别：

(1)不知晓。对项目和潜在影响不知晓。

(2)抵制。知晓项目和潜在影响，抵制变更。

（3）中立。知晓项目，既不支持，也不反对。

（4）支持。知晓项目和潜在影响，支持变更。

（5）领导。知晓项目和潜在影响，积极致力于保证项目成功。

可在相关方参与评估矩阵中记录相关方的当前参与程度，如表11-1所示。其中，C表示当前参与程度，D表示所需参与程度。项目团队应该基于可获得的信息，确定项目当前阶段所需要的相关方参与程度。

表 11-1 相关方参与评估矩阵

相关方	不知晓	抵制	中立	支持	领导
相关方 1	C			D	
相关方 2			C	D	
相关方 3				D、C	

在表11-1的例子中，相关方3已处于所需要的参与程度，而对于相关方1和2，则需要做进一步沟通，采取进一步行动，使他们达到所需的参与程度。

通过分析，识别出当前参与程度与所需参与程度之间的差距。项目团队可以使用专家判断来制定行动和沟通方案，以消除上述差距。

二、分析研讨会

相关方管理要求必须正确地确定相关方的需求、兴趣、愿望、关注和期望。可以召开分析研讨会邀请更多的人，目的是了解更多的不同观点，获得更多的信息用于分析，从而使分析更全面。出席研讨会的人，可以是项目组织成员、选定的相关方和专家。

三、明确共同期望

相关方管理中重要的一点是从项目以及相关方角度来制定明确而一致的期望。可以将期望做成表格文档。图11-5是Huemann等（2013）提供的一份项目期望和相关方期望的表格。注意，该表格包含确定这些期望是否涉及可持续发展中各项衡量方法的内容。例如，是否包括经济、生态、社会、地方、区域和全球等方面的影响。可以将这些衡量方法中与在建项目无关的条目删除，或将其更换成相关度更高的内容。

四、相关方反馈

即使意图良好，项目相关方管理也可能很难让相关方透露他们的需求、兴趣、期望和关注。可以采用一种经典方法，即要求相关方介绍他们的过往经验。当开始讨论规划项目过程的时候，这些介绍尤其具有价值。反馈问题例如：描述以往项目中三个好的和三个坏的经验——在以往项目的沟通中，你最喜欢和最不喜欢的是什么？在其中可能会找到与本项目有关的信息。

通过讨论他们的个人经验，相关方可能会发现更容易识别和表达出自己的要求、愿望

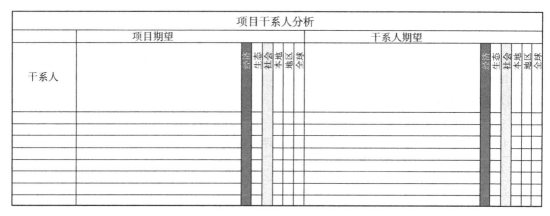

图 11-5　有共同期望的项目相关方分析表

和关注。同时，项目组织的全体成员可能更容易理解他们的意思。研讨会中的反馈很有好处，其他与会人员可以从中受益，对特定相关方全面了解，并反思自己如何回答相关方提出的反馈问题。

五、相关方分析模型

有多种分类模型可用于相关方分析，如：

（1）权力/利益方格。根据相关方的职权（权力）大小及对项目结果的关注（利益）程度进行分类。

（2）权力/影响方格。根据相关方的职权（权力）大小及主动参与（影响）项目的程度进行分类。

（3）影响/作用方格。根据相关方主动参与（影响）项目的程度及改变项目计划或执行的能力（作用）进行分类。

（4）凸显模型。根据相关方的权力（施加自己意愿的能力）、紧急程度（需要立即关注）和合法性（有权参与），对相关方进行分类。

（5）驱动模型。根据相关方的驱动因素的不同对相关方进行分类。

图 11-6 是一个权力/利益方格的例子，用 A～H 代表相关方的位置。

六、数据分析方法

（一）数据收集

数据收集技术主要包括：（1）问卷和调查。问卷和调查可以包括一对一调查、焦点小组讨论，或其他大规模信息收集技术。（2）头脑风暴。用于识别相关方的头脑风暴技术包括头脑风暴和头脑写作。

（二）数据分析

数据分析技术主要包括：（1）相关方分析。相关方分析会产生相关方清单和关于相关方的各种信息，例如，在组织内的位置、在项目中的角色、与项目的利害关系、期望、态

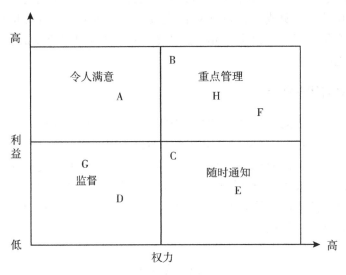

图 11-6 一个权力/利益方格的例子

度(对项目的支持程度),以及对项目信息的兴趣。相关方的利害关系主要包括兴趣、权利(合法权利或道德权利)、所有权、知识、贡献的组合。(2)文件分析。评估现有项目文件及以往项目的经验教训,以识别相关方和其他支持性信息。

(三)数据表现

数据表现技术主要包括相关方映射分析/表现。相关方映射分析和表现是一种利用不同方法对相关方进行分类的方法。对相关方进行分类有助于团队与已识别的项目相关方建立关系。分类方法主要包括:(1)权力利益方格、权力影响方格,或作用影响方格。基于相关方的职权级别(权力)、对项目成果的关心程度(利益)、对项目成果的影响能力(影响),或改变项目计划或执行的能力,每一种方格都可用于对相关方进行分类。这些模型非常适用于小型项目、相关方与项目的关系很简单的项目,或相关方之间的关系很简单的项目。(2)相关方立方体。这是对权力利益方格、权力影响方格,或作用影响方格模型的改良形式。本立方体把上述方格中的要素组合成三维模型,项目经理和团队可据此分析相关方并引导相关方参与项目。作为一个多维模型,它将相关方视为一个多维实体,更好地加以分析,从而有助于沟通策略的制定。第一凸显模型。通过评估相关方的权力(职权级别或对项目成果的影响能力)、紧迫性(因时间约束或相关方对项目成果有重大利益诉求而导致需立即加以关注)和合法性(参与的适当性),对相关方进行分类。在凸显模型中,也可以用邻近性取代合法性,以便考察相关方参与项目工作的程度。这种凸显模型适用于复杂的相关方大型社区,或在相关方社区内部存在复杂的关系网络。凸显模型可用于确定已识别相关方的相对重要性。第二影响方向。可以根据相关方对项目工作或项目团队本身的影响方向,对相关方进行分类。可以把相关方分类为:向上(执行组织或客户组织、发起人和指导委员会的高级管理层);向下(临时贡献知识或技能的团队或专家);向外(项目团队外的相关方群体及其代表,如供应商、政府部门、公众、最终用户和监管部门);

横向(项目经理的同级人员,如其他项目经理或中层管理人员,他们与项目经理竞争稀缺项目资源或者合作共享资源或信息);(3)优先级排序。如果项目有大量相关方、相关方社区的成员频繁变化,相关方和项目团队之间或相关方社区内部的关系复杂,可能有必要对相关方进行优先级排序。

七、人际关系与团队技能

管理相关方参与过程的人际关系与团队技能主要有:(1)冲突管理。项目经理应确保及时解决冲突。(2)文化意识。文化意识有助于项目经理和团队通过考虑文化差异和相关方需求,实现有效沟通。(3)谈判。谈判用于获得支持或达成关于支持项目工作或成果的协议,并解决团队内部或团队与其他相关方之间的冲突。(4)观察和交谈。通过观察和交谈,及时了解项目团队成员和其他相关方的工作和态度。(5)政治意识。通过了解项目内外的权力关系,建立政治意识。

监督相关方参与过程的人际关系技能包括:(1)积极倾听。通过积极倾听,减少理解错误和沟通错误。(2)文化意识。文化意识和文化敏感性有助于项目经理依据相关方和团队成员的文化差异和文化需求对沟通进行规划。(3)领导力。成功的相关方参与,需要强有力的领导技能,以传递愿景并激励相关方支持项目工作和成果。(4)人际交往。通过人际交往了解关于相关方参与水平的信息。(5)政治意识。有助于理解组织战略,理解谁能行使权力和施加影响,以及培养与这些相关方沟通的能力。

小　　结

项目相关方是能够影响或者将要受到项目成果或项目过程影响的所有个人、团体或者实体。每个项目都有相关方,他们会受项目的积极或消极影响,或者能对项目施加积极或消极的影响。项目相关方管理就是有目的地实施所有与相关方相关的活动,以提高项目成功的可能性。本章首先介绍了项目相关方与项目相关方管理的知识要点,项目相关方包括发起人、客户和用户、卖方、业务伙伴、职能经理等。其次,阐述了项目相关方管理的四个过程:识别相关方、规划相关方管理、管理相关方参与和监督相关方参与。其中识别相关方是定期识别项目相关方;规划相关方管理是制定项目相关方参与项目的方法的过程;管理相关方参与是管理相关方以满足其需求与期望并处理问题;监督相关方参与是监督项目相关方关系的过程。最后,详细介绍了项目相关方管理的一些方法,主要有分析研讨会、明确共同希望、相关方反馈、相关方分析模型等。

案例思考题

案例背景:

杭州九峰村垃圾焚烧发电厂项目

根据《杭州市环境卫生专业规划修编(2008—2020)修改完善稿》,杭州余杭区中泰乡九峰村将规划建造垃圾焚烧发电厂。因规划的垃圾焚烧发电厂毗邻众多水源地，并且当地也是重要的龙井茶产地，引发当地村民对环境污染的担忧。但是，由于未考虑到附近居民这一潜在相关方的诉求，在未对该相关方进行有效管理的情况下，项目按计划进行。

2014 年 5 月 8 日晚上，当地村民发现有车辆运输测量仪器到预定的垃圾焚烧发电厂厂区，于是开始不断有人到九峰村抗议。5 月 10 日下午 3 时许，有居民爬到穿过九峰村的省道和高速路上，想让过往车辆看到他们的抗议，造成车辆拥堵。大批警力到现场维持秩序，警方在高速公路想要驱散抗议的群众，双方为此发生了言语、肢体冲突，一些群众受伤，被送往当地医院。

5 月 10 日，杭州市余杭区政府网站发布《余杭区人民政府关于九峰环境能源项目通告》，对近日发生的市民聚集事件作出正面回应。通告称，九峰项目是杭州市重点环保项目和民生项目，在项目没有履行完法定程序和征得大家理解支持的情况下，一定不开工，九峰矿区也停止一切与项目有关的作业活动。通告称，九峰项目前期过程中，将邀请当地群众全程参与，充分听取和征求大家意见，保证广大群众的知情权和参与权。针对项目附近居民的疑虑，如九峰项目究竟是否安全、为何要选址在这里、后续的监管问题等诸多问题，杭州市九峰垃圾焚烧项目建设推进领导小组办公室进行了一一解答，部分地消除了大家的顾虑，也为项目的顺利开展消除了一些障碍。

思考题：

1. 试分析本案例中的项目相关方有哪些？
2. 结合本案例，说明在项目的相关方识别过程中应该注意哪些问题？
3. 结合实际，你认为在项目实施过程中如何协调好项目各相关方的利益？

思考练习题

1. 什么是项目相关方？
2. 什么是项目相关方管理？
3. 简述项目相关方管理的四个过程的具体内容。
4. 项目相关方管理的核心挑战有哪些？
5. 项目相关方管理的发展趋势是什么？
6. 识别相关方有哪些技术和工具？
7. 监督相关方参与的输出有哪些？
8. 谈谈相关方管理的一些具体方法。

第十二章　组织级项目管理

第一节　概　　述

项目组合、项目集和项目均需符合组织战略，或由组织战略驱动，并以不同的方式服务于战略目标的实现：

（1）项目组合管理通过选择适当的项目集或项目，对工作进行优先排序，以及提供所需资源，与组织战略保持一致。

（2）项目集管理对其组成部分进行协调，对它们之间的依赖关系进行控制，从而实现既定收益。

（3）项目管理使组织的目的和目标得以实现。

作为项目组合或项目集的组成部分，项目是实现组织战略和目标的一种手段，常常应用于作为项目投资主要引导因素的战略规划之中。为了使项目符合组织的战略业务目标，对项目组合、项目集和项目进行系统化管理，可以应用组织级项目管理（organizational project management，OPM）。OPM 指为实现战略目标而整合项目组合、项目集和项目管理与组织驱动因素的框架。OPM 旨在确保组织开展正确的项目并合适地分配关键资源。OPM 有助于确保组织的各个层级都了解组织的战略愿景、支持愿景的举措、目标以及可交付成果。图 12-1（摘自《OPM3》）显示了 OPM 战略执行框架及其组成要素。

1. 战略

组织战略是 OPM 战略执行框架的输入，它基于组织的愿景、使命和价值观。确定组织战略旨在为组织的干系人创造最大的价值，为组织创造期望的商业结果。组织战略为 OPM 战略执行框架中的其他要素充当路标。

2. 项目与项目管理

项目是由一系列具有开始和结束日期、相互协调和控制的活动组成的，通过实施活动而达到满足时间、费用和资源等约束条件和实现项目目标的独特过程。所谓项目管理是指为满足或超越项目有关各方对项目的要求和期望，运用各种理论知识、技能、方法与工具所开展的项目计划、组织、领导、协调和控制等活动。

3. 项目组合与项目组合管理

国际项目管理协会（IPMA）将项目组合定义为：为了控制、协调和达到项目组合整体的最优效果，而放在一起进行管理的一群不一定相关的项目和/或大型计划。项目组合管理是为了实现特定的企业战略目标，对一个或多个组合进行的集中管理，包括对项目、大型计划和其他相关工作的识别、优先排序、授权、管理和控制等活动。组织通过项目组合

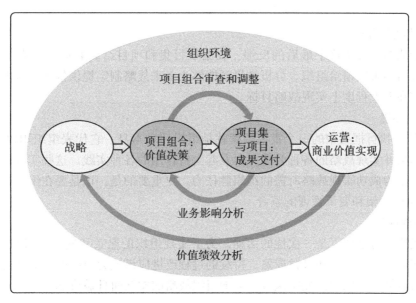

图 12-1　组织级项目管理

管理，来决定应该开展哪些举措以实现组织战略。项目组合管理按实现组织战略的需要来安排工作、分配资源。PMI 的基础标准《项目组合管理标准》(第 3 版)为 OPM 中的项目组合过程奠定了基础。

4. 项目集与项目集管理

美国项目管理协会(PMI)把项目集(programs)定义为"经过协调管理以获取单独管理这些项目时所无法取得的收益和控制的一组相关联的项目。"项目集管理就是在项目集中应用知识、技能、工具与技术来满足项目集的要求，获得分别管理各项目所无法实现的利益和控制。组织通过项目集管理来有效果、有效率地实现组织目标。在项目集管理的全过程中都要关注战略一致性，并通过预期价值的实现来达成战略。当举措的成果被移交运营之时，一个举措就明确地完成了。《PMBOK 指南》(第 6 版)和《项目集管理标准》(第 3 版)为组织级项目管理中的这些过程奠定了基础。

5. 商业影响分析

在 OPM 战略执行框架中，有多重分析和反馈循环。在商业影响分析中，收集项目集和项目的成果数据，并反馈给项目组合，然后，通过对成果数据的分析，来确定项目集和项目成果对组织商业的影响。需要在项目集和项目完成时进行成果评价，同时，也需要以预定的时间间隔进行成果评价，以便发现可能需要的项目组合调整。

6. 项目组合评审与调整

项目组合评审与调整旨在不断调整项目组合，以便保持与战略的一致性。除了分析项目集和项目的执行结果以外，还应该分析现行的市场趋势，并据此调整项目组合，以反映条件的变化。

7. 运营

应该把项目集和项目的成果移交给商业运营，并在运营中考核已完项目的价值的实现情况。

8. 价值绩效分析

通过价值绩效分析这个最后的反馈，收集项目集和项目给商业运营带来的价值的数据，并把分析结果反馈给组织。分析结果既能够为未来战略制定提供依据，也能够反映预定效益能够在多大程度上实现战略目标。

9. 组织环境

OPM 战略执行框架中的一个重要要素就是组织环境本身。它代表组织用以支持 OPM 战略执行框架并实现战略的各种政策，以及起支持作用的各种实践。这些实践被称为组织驱动因素，是为成功实现战略所需的组织胜任力。更重要的是，正是要在组织环境中实现 OPM 战略执行框架和变革管理的整合。

10. 过程改进

建立战略执行框架不是一次性的活动。为了实现组织的愿景和使命，组织的 OPM 战略执行框架需要不断演进和日益成熟。持续的过程改进应该成为组织的价值观之一，并应用于战略执行框架，以便使战略执行框架随组织战略的发展而日益成熟。

11. 背景

在制定战略时，必须要考虑组织所处的背景。背景是指组织生存的环境。组织要确定自身的结构来适应环境。一种主要的环境是，组织在哪个行业中运营和参与竞争。其他的环境包括组织的结构和规模，以及组织的地理分布。

概括起来说，OPM 是一种通过和谐、有效地开展项目组合、项目集和项目管理，来部署和实现组织战略的业务方法。必须提及的是，OPM 是一种根据独特的背景、环境和组织需要，来调整项目组合、项目集和项目管理能力的适应性方法。过程改进原则可能适用于 OPM 中的所有学科，以便使项目组合、项目集和项目管理能力不断适应独特的背景、环境和组织需要。

第二节　项目管理办公室

一、PMO 的基本概念

项目管理办公室（project management office，PMO）是在组织内部将实践、过程、运作形式化和标准化的部门，是提高组织管理成熟度的核心部门。它起源于 20 世纪 50 年代末至 60 年代初，最初仅应用于建筑行业和航空/国防的大型项目承包商。在早期，项目管理办公室的作用是对承包商进行管理，也是客户交流的中心，其作用主要是为项目制定一系列的标准和指导。进入 20 世纪 90 年代，当人们意识到项目的成功应该被提升到组织层面上来进行管理时，作为组织的常设机构——项目管理办公室的职责就越来越多地承担起组织级项目管理的工作。正如建立组织级项目管理的目标一样，项目管理办公室在组织内部承担起了将组织战略目标通过一个个的项目执行并加以实现的功能。PMO 可以是向项目经理提供支持的项目管理办公室，也可以是项目集管理办公室。项目集管理办公室与项目管理办公室有类似之处，但更多地向项目集经理和项目总监负责。

　　图 12-2 展示了 PMO 在两种不同公司中的形式。这两个公司都是多任务型的，但上面公司的结构是矩阵型的，下面公司的结构是任务小组型的。

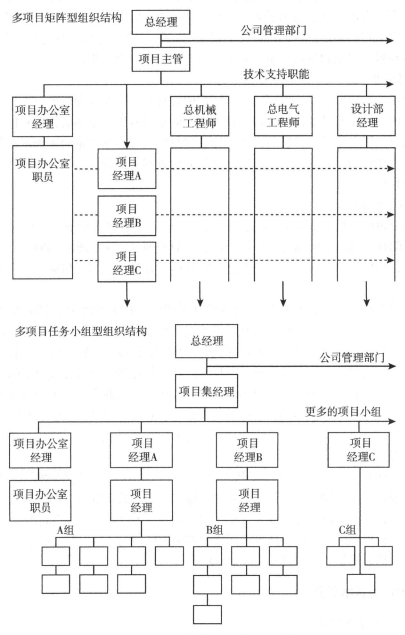

图 12-2　两种常用的项目集组织结构

二、PMO 的基本类型

　　项目管理办公室分为三种类型：保证型、控制型、战略型，它们对项目的控制和影响程度各不相同。

1. 保证型 PMO

保证型 PMO 是项目管理办公室建立的初始阶段，主要为项目经理提供管理支持、行政支持、培训、咨询顾问、技术服务、知识管理等支持服务，这种角色以低调和辅助者的身份出现，容易得到项目经理的认可，不容易引起太多的反对和权力之争。在起步阶段，这种方式容易得以实施和执行，主要向主管副总和项目经理汇报。

2. 控制型 PMO

控制型项目管理办公室在强矩阵组织结构中容易实现。在这种情形下，项目管理办公室拥有很大的权力，相当于代表公司的管理层，对于项目进行整体的管理和控制，保证项目的顺利执行，以实施项目目标和组织目标。这时项目管理办公室的工作可以包括项目经理任命、资源的协调、立项结项的审批、项目的检查和数据分析、项目经理培训等，可以独立向总经理汇报。

3. 战略型 PMO

战略型 PMO 是项目管理办公室发展的高级阶段。在这种情形下，项目管理办公室承担企业项目筛选、战略目标确定与分解等任务，具有承上（战略理解）和启下（启动项目）的双重任务，确保所有项目能够围绕着组织的目标，并为公司带来相应利益，可直接向最高管理者汇报。

在实践中发现，很多企业 PMO 初建期往往采用"保证型"的形式，随着从业人员项目管理知识的丰富与项目管理经验的提升，以及组织级项目管理成熟度的提升、内部职责与权限的明晰，1～2 年后 PMO 逐步将行政的职能分解到行政部门或资源部部门的助理人员，更加专注于多项目的监控与项目分析、项目管理体系的建设与项目经理团队的培养，这标志已进入"控制型"PMO 的阶段。当 PMO 的数据分析对公司的决策与流程的变革、项目可行性分析、优先级排序、市场的开拓起到重要作用，1～2 年后 PMO 逐步承担更重要的角色——战略分解与项目筛选，为企业领导决策起到重要的支持与参谋作用，即 PMO 进入战略 PMO 的阶段。

一个 PMO 的建立到成熟至少要经历 3～5 年的时间。PMO 的成熟与发展一方面需要企业领导的重视、组织机构的扁平化与矩阵化、组织级项目管理成熟度的提升，另一方面更需要从业人员自己的不断努力与提升技能，以适应组织对 PMO 日益提高的能力与素质要求。企业可根据发展的不同阶段选择不同类型的 PMO，对于混合型组织结构的大型企业，在组织级及战略级根据需要须分别建立 PMO。

三、PMO 的基本职能

（一）PMO 的基本职能

PMO 的职能因 PMO 的定位不同存在较大差异。在企业项目管理中较为常见的 PMO 被定位为企业项目管理的业务支持机构或内部咨询机构，其主要职能包括：

（1）开发和维护项目管理标准、方法和程序；

（2）为企业提供项目管理的咨询和指导；

（3）为企业提供合格的项目经理；

（4）为企业提供项目管理培训；

（5）为企业提供有关项目管理的其他支持。

PMO 的职能可进一步细化，表 12-1 所列的是 PMO 的一些具体职能。

表 12-1　　　　　　　　　　　　　　**PMO 的职能**

PMO 的职能工作范围	所提供的服务
项目计划工作的技术支持	（1）选择和维护项目计划方法； （2）保存和更新计划模板； （3）收集和整理经验教训； （4）维护项目进展情况的衡量标准； （5）为时间和费用估计提供咨询。
项目审计	（1）制定检查项目每个里程碑所需的核对表（检查清单）； （2）支援项目中问题的解决； （3）记录和维护解决问题的方案或方法。
项目控制方面的支持	（1）不断维护项目变更控制的记录； （2）维护项目变更控制的措施及终止项目的条款； （3）确定时间表中的项目并不断维护； （4）进行项目发展趋势的分析； （5）支持项目状态报告的开发； （6）对所有项目进行总结和提炼。
项目团队方面的支持	（1）参与项目团队的组建工作； （2）对团队成员进行项目管理技术的训练和指导。
开发项目管理技能	（1）对未来项目所需的技能进行评估； （2）参与项目的绩效评价； （3）支持项目团队的不断学习。
维护项目管理程序	（1）维护和更新项目管理的基本方法； （2）提出关于项目管理程序培训的一般要求； （3）将项目管理制度化； （4）确定程序所要求的通用培训； （5）维护项目管理的制度、程序和方法。
项目管理意见	（1）为项目及组织机构进行工具的需求评估； （2）评价现有工具对项目的适用性和兼容性； （3）协调项目团队的工具培训； （4）提供有关工具的技术专家意见。
项目执行方面的支持	（1）建议新项目的优先级； （2）就跨项目的资源分配提出建议； （3）审查对项目进展情况的评估结果； （4）为执行项目的人员提供项目管理咨询。

续表

PMO 的职能工作范围	所提供的服务
项目报告	(1)定期或连续地收集和确认信息； (2)准备并分发各种报告； (3)为高层管理者准备报告。
问题	(1)为项目经理建立记录并跟踪相关问题； (2)在问题解决之后核销该问题； (3)维护有关问题的历史资料以供参考。
风险	(1)进行风险评估、量化、减轻； (2)跟踪风险及结束风险事件； (3)准备应急计划。
行动方案	(1)建立行动方案的记录并跟踪各项举措； (2)在行动方案实施结束后进行整理； (3)维护关于行动方案的历史资料。
信息交流	(1)准备信息交流计划； (2)根据需要更新信息交流计划； (3)向项目利益相关者分发各种报告； (4)保存和维护各种交流信息的副本。
进度表	(1)利用自动化系统准备项目进度表； (2)根据项目进展报告记录项目进展状态； (3)根据需要制定项目进度表。
费用	(1)准备项目预算； (2)根据费用支出情况维护费用预算； (3)报告预算执行情况。
质量	(1)准备质量保证和质量控制计划； (2)维护质量保证和质量控制计划； (3)准备测试和演示方案； (4)保存和更新测试记录。
内部项目管理咨询	(1)对项目的各个阶段提供管理专家意见以改善计划、恢复项目、对技术问题提供建议、为项目的成功提供建议。

（二）PMO 的运行

PMO 在一个组织中的运行，从开始建立 PMO 到使其具备成熟的管理能力通常需要经过如下几个阶段。

（1）确定 PMO 提供的服务内容。其服务内容必须得到高级管理层和项目经理的认可。PMO 的职能可能会逐步演化，但就其工作范围与各方面达成一致意见是非常重要的。

（2）确定 PMO 人员的职责和技能要求。所指派人员的职责与技能水平决定了他们所能提供服务的水平。

（3）建立 PMO 并宣布其开始运作。项目办公室成立之初，应制定一个能成功支持总经理和项目经理的工作计划，并通过宣传所取得的成功扩大 PMO 的影响。

（4）工作中与总经理和项目经理密切联系以便了解他们的需求并满足这些需求。由于项目经理从日常事物中解脱出来，这些日常工作交由 PMO 去做，这时又可能会产生其他的要求。

（5）在向项目经理提供服务时，通过不断满足业务需求，扩展 PMO 的服务。

（6）在 PMO 客户的经常参与下，不断地改进其技能和完善其职责。

（7）为客户提供最佳的服务。

PMO 的建立必须有高层管理者的支持，但其运行的成功与否则取决于其"客户"。PMO 的客户是指接受 PMO 的产品和服务的组织或角色，如公司总经理、项目经理、职能部门经理、项目团队成员等。如果客户对其服务不满意，那么来自高层管理者的支持将会减弱，PMO 也就无法生存下去。

总之，PMO 提供项目相关的专业化服务以满足企业的业务需求并将项目经理从日常的琐碎事务中解放出来。PMO 为项目相关各部门收集信息并将其格式化以便于对项目进展情况统一认识，同时 PMO 将项目管理的多项职能加以整合可以提高工作效率，并更好地支援项目。需要强调的是，PMO 通常不是一个决策机构和项目的管理机构，而是一个项目决策的支持机构和项目管理的服务机构。

第三节　组织级项目管理成熟度模型

OPM3 是 Organizational Project Management Maturity Model 的首个字母集合，即组织级项目管理成熟度模型，是美国项目管理协会（PMI）2003 年年底发布的，是目前适用范围广、最具理论水平和权威性的项目管理成熟度模型之一。此模型是为帮助组织通过完成多个项目、项目集或项目组合以实现既定的组织战略目标而制定的工具。

一、OPM3 基本概念

OPM3 是应用于组织层面的项目管理标准，将其开发原则定义为创建一个框架，使组织能够在这个框架内通过组织级项目管理中的最佳实践检查他们对战略目标的追踪。作为一种标准，其目的不是规定用户要进行哪些改进或者如何去做，其目的仅仅是提供一个作为研究和自我检查的基础，使组织能够根据变革措施作出自己的决策。

OPM3 的定义：评估组织通过管理单个项目和项目组合来实现自己战略目标的能力的方法，同时也是帮助组织提高市场竞争力的工具。

OPM3 的目标：在项目组合管理、项目集管理和单项目管理的每个领域，支持实现最佳实践而提供的一个组织全局视角的框架。这个全局性的视角是一个强有力的工具，能够使组织的战略、项目组合、项目集和单个项目都得以成功执行，且能够促使组织持续地获得出色的结果，帮助组织通过开发自身能力，成功可靠地按计划选择并交付项目，从而实现其战略。

OPM3 工具包括三个方面：

（1）知识（knowledge）——关于组织项目管理、成熟度和最佳实践（best practices）的知识，以及怎样运用 OPM3。

（2）评估（assessment）——评估组织目前项目管理成熟度水平。

（3）提高（improvement）——帮助组织找出改进路径，提高组织项目管理能力。

OPM3 给组织项目管理提供了评价依据，评价企业项目管理水平现状，找到提高项目管理的方法和途径。

OPM3 组成部分：最佳实践（best practices）、能力（capabilities）和成果（outcomes）。最佳实践就是一系列相关的能力；能力是最佳实践的组成部分，是指项目执行过程中所必需的能力；成果就是执行后的有形或无形结果，成果通过关键业绩指标（KPI）来衡量。

二、OPM3 架构

OPM3 模型是一个三维度的模型：第一个维度是组织级项目管理成熟度的四个等级；第二个维度是项目管理的五大基本过程；第三个维度是活动的三个范围，即项目（project）、项目集（program）和项目组合（portfolio），这三个范围都必须与组织战略目标一致。

（一）四个等级

组织项目管理成熟度的四个等级（见图 12-3）为标准化的（standardizing）、可测量的（measuring）、可控的（controlling）、持续改进的（continuously improving）。各阶段的定义见表 12-2。

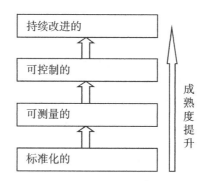

图 12-3　组织级项目管理成熟度的四个等级

表 12-2　　　　　　　　　　　　　　　　SMCI 定义

SMCI	具　体　定　义	通俗解释
标准化 Standardizing	有相应的项目治理主体和成文的制度与程序以指导操作，制度和程序是否传达到位，是否在实施的过程中保持一致性和可重复性	有没有
可测量 Measuring	组织已经衡量（量化和具体化）客户需求，已识别该过程的关键特征，已获得与结果相关的、需要度量的信息和数据，已度量其中的关键信息和指标	好不好

续表

SMCI	具 体 定 义	通俗解释
可控制 Controlling	针对需要衡量的内容，已制定和实施了控制计划，已通过控制实现了状态的稳定	持续效果怎么样
持续改进 Continuously Improving	能发现并识别需要改进的问题，改进措施已得到了实施和广泛的应用，实现了可持续改进	发现问题和持续改进

（二）基本过程

项目管理的五个基本过程为：启动过程、计划编制过程、执行过程、控制过程和收尾过程，见图 12-4。

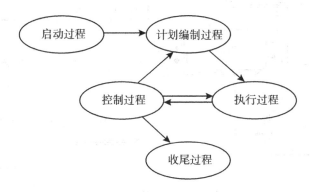

图 12-4　项目管理的五个基本过程

（三）活动的范围

活动的三个范围，即项目（project）、项目集（program）和项目组合（portfolio）。项目组合是为了实现战略目标而组合在一起管理的项目、项目集、子项目组合和运营工作的集合。项目集包含在项目组合中，其自身又包含需协调管理的子项目集、项目或其他工作，以支持项目组合。单个项目无论是否属于项目集，都是项目组合的组成部分。虽然项目组合中的项目或项目集不一定彼此依赖或直接相关，但会通过项目组合与组织战略规划联系在一起。

在成熟的项目管理组织中，项目管理会处于一个由项目集管理和项目组合管理所治理的更广阔的环境中，如图 12-5 所示，组织战略与优先级相关联，项目组合与项目集之间，以及项目集与单个项目之间都存在联系。组织规划通过对项目的优先级进行排序来影响项目，而项目的优先级排序则取决于风险、资金和与组织战略规划相关的其他考虑。制定组织规划时，可以根据风险的类型、具体的业务范围或项目的一般分类，如基础设施项目和内部流程改进项目，来决定对项目组合中各个项目的资金投入和支持力度。比如一些购物中心，往往需要建设包括购物中心在内的停车场、进出道路以及其他一些配套的服务设施，以发挥购物中心的作用，单纯的一个购物中心的开发建设项目就变成了以购物中心为核心的包括停车场以及其他配套设施在内的项目群。

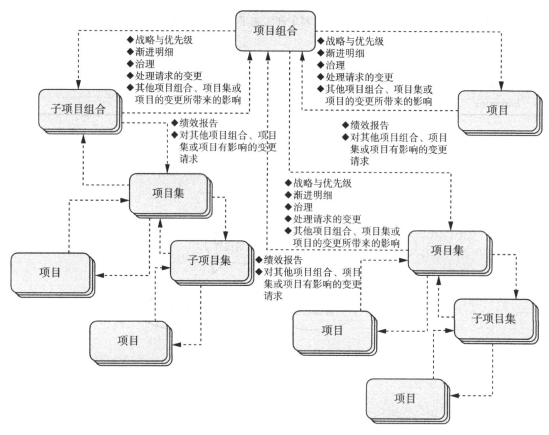

图 12-5　项目组合、项目集和项目之间的关系

图 12-6 展示了 OPM3 模型三个维度的模型结构：第一个维度是组织级项目管理成熟度的四个等级；第二个维度是项目管理的五个基本过程；第三个维度是组织项目活动的三个范围，项目、项目集和项目组合。

三、最佳实践、能力、成果与关键绩效指标

(一)最佳实践

最佳实践是 OPM3 架构中的基础要素，是组织级项目管理成熟度评估过程中的最根本的评估目标。每个层次域和成熟度阶梯类别中最佳实践是否获得，表示组织在成熟度谱系中是否达到了相应的位置。

OPM3 第二版中，PMI 识别了 488 个最佳实践，OPM3 中的最佳实践涵盖了组织级项目管理范围。这些最佳实践由最佳实践编号(BP_ID)、最佳实践名称、最佳实践描述及所属的不同维度分类来准确表述。最佳实践可继续向下分解为相互依赖的能力，证实能力存在的成果，及度量成果的关键绩效指标 KPI。

OPM3 的最佳实践非常广泛，因此从不同维度给最佳实践划分了类别，组织可根据这

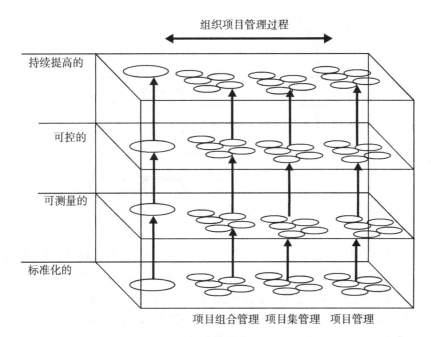

图 12-6　OPM3 模型三个维度的模型结构

些类别来了解这些最佳实践，并选择可以帮助组织实现战略目的的最佳实践及改进路径。OPM3 第二版中列出的最佳实践类别有层次域、SMCI 阶段、组织运行潜能、过程组、知识领域、可预见性、资源优化、平衡计分卡等。

（二）最佳实践、能力、成果与关键绩效指标的关系

最佳实践（best practices）：组织项目管理的一套最佳实践是指经实践证明和得到广泛认同的比较成熟的做法。

能力（capabilities）：能力是最佳实践的前提条件，或者说，能力集合成最佳实践，具备了某些能力组成就预示着对应的"最佳实践"可以实现。

结果（outcomes）：这些结果和组织的种种能力之间有确定的关系，可见的结果意味着组织存在或者达到了某种特定的能力。

主要绩效指标（key performance indicators）：能测定每个结果的一个或多个主要绩效指标。

最佳实践的构成如图 12-7 所示。

在 OPM3 模型体系中，每个最佳实践被分解为两个或者更多的能力，每个能力都是达到该最佳实践的必要条件。对于每个能力，也分别由一个或多个相应的成果所证实，成果的存在，是能力存在的必要条件。对应于每个成果，都有一项或两项关键绩效指标 KPI 来度量成果的优劣。正是通过这样一个逐层细化的，最终结果可被观察或证实的层次结构，实现了对组织项目管理各方面能力的准确描述。

在 OPM3 结构中，能力之间的关系不是相互孤立的，而是具有相互依赖的关系。这种

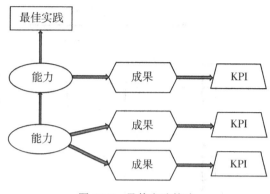

图 12-7　最佳实践构成

依赖关系是由项目管理知识体系结构和成熟度阶段层级所决定的。项目管理知识体系，是一个综合的、复杂的具有系统性的知识体系，其不同知识领域及过程组之间互为输入输出，因此，与之相对应的相关过程的最佳实践的相关组成能力，也必然存在互为依赖的关系。同时，由于过程改进是一个逐层提高的阶梯形过程，较高阶段的最佳实践，其能力必然是建立在较低阶段相应能力已经存在的基础上的。

能力依赖有两种类型。一种是由一系列能力引导出一个单一的最佳实践，其中能力有一定依赖顺序，某些能力是建立在其他能力之上的。另外一种情况下，依赖是相互的，一种能力可能产生一个输出并成为另外一种能力的输入，反之亦然。这种情况下，由于能力的相互约束，平行的改进两个过程是一种有效的选择。

由于最佳实践之间这种能力的相互依赖关系，决定了组织为实现一定提升目标的相关改进必须依照某种特定顺序或者改进路径，因此组织必须深入理解并能准确的识别、表述这种依赖关系，并根据组织实际能力获得情况，从这种复杂的能力依赖关系图谱中寻找到组织能力改进路径。

能力的存在，决定了最佳实践是否被获得，而能力存在的标志，则是相关成果的有无。这两种层次的关系，都是由对低级元素的二元状态存在或不存在的判断来决定高级元素是否被获得。作为最佳实践构成体系中最基本的元素 KPI，则直接从定量的角度确定了如何判断或者证实相关的成果，进而逐步推断更高层的元素实现的状态。KPI 是一种尺度，它通过对组织显示状态的量化判断最终决定各能力以及最佳实践的实现水平。KPI 的结果也是组织进行持续改进的依据之一。OPM3 体系中的 KPI 有几种类型：数量化的（如 1、2、3 这种可直接测量的指标），可调查的（如满意度），二元状态的（有或无，存在或不存在），按等级的（高、中、低或者其他预定义级别），货币形的（财务量化数据），趋势形的，证据形的，定性的等。

第四节　组织级项目管理能力

OPM3 在避免组织资源浪费的同时提供了合理改进过程的指导方针。OPM3 适应于不同规模、不同行业、不同区域的盈利性或非盈利性组织，运用 OPM3 提升组织级项目管理能力的步骤如下：

1. 标准的学习

第一步是组织必须尽可能透彻地了解该模型所依托的种种概念。这包括研究比较标尺的内容、熟悉组织项目管理以及 OPM3 模型的组成和操作程序。

2. 评估组织现状

这一步是评估组织的组织项目管理成熟度。为此，组织必须把自己当前的成熟度状态的特征和 OPM3 模型所描述的具有代表性的特征进行对比。通过对比，识别自己当前的状态，包括自己的强势和弱势，以及在组织项目管理成熟度中的位置处于哪个梯级，从而可以决定是否需要制定和实施改进计划。

3. 决定改进重点

OPM3 的自我评估帮助组织识别自己的状态，了解了自己目前在组织项目管理方面已经具备和还缺乏哪些基本的特征。这样使用者就可以把重点放在与"最佳实践"相关的、需要改进的那些特征上来，并制定适当的改进规划。一旦使用者知道哪些"最佳实践"是需要测定和致力于改进的，这种"最佳实践"以及对它们的描述，都可以在 OPM3 模型给出的目录中查找出来。

4. 确定改进路径

一旦使用者从目录中查看到希望完成的"最佳实践"所需要的一系列能力，他们也就找到了改进的路径，知道了如何才能达到需要的"最佳实践"，以便将当前的成熟度梯级提高一步。

5. 评价当前能力

在这一步，组织将需要确定自己具备了哪些在步骤 4 中提到的首先必备的能力。这包括仔细研究每种能力，并确定可以证明该能力的结果是否存在或者是否可以观察到。该评价步骤将帮助组织决定要达到预期的成熟度需要培育哪些特定能力。

6. 制定改进计划

以上步骤的完成将构成组织改进计划的基础。组织可以根据那些未被观察到结果（这表明组织的某些能力还没有获得）的记录文档，就这些结果所反映组织所需能力的优先程度进行排序。这些信息，同实现资源最佳配置的"最佳实践"的选取结合起来，就可以编制出管理改进计划。

7. 实施改进

这一步是组织真正实施变革的步骤。一旦计划被制定，组织必须一步一步地将其贯彻下去，也就是必须实施改进活动来获得必需的能力，并沿着组织项目管理成熟度发展的道路不断前进。

8. 重复过程

完成了计划中的一些改进活动后，组织将重新评估当前的组织项目管理成熟度状态，即回到第 2 步，或开始进行其他的在先前的评估中确定下来但还没来得及实施的"最佳实践"，即回到第 5 步，重新评估当前能力，从而更新改进计划。

小　结

组织级项目管理(OPM)指为实现战略目标而整合项目组合、项目集和项目管理与组织驱动因素的框架。项目管理办公室 PMO 是在组织内部将实践、过程、运作形式化和标准化的部门，是为有效实施项目管理行为、最大程度上达到组织目标而存在的。为帮助组织通过完成多个项目、项目集或项目组合而实现既定的组织战略目标，美国项目管理协会(PMI)2003 年年底发布 OPM3，即组织级项目管理成熟度模型。本章首先介绍了 OPM3 的定义、目标以及内涵。其次，重点介绍了 OPM3 的架构，即 OPM3 的三个维度，第一个维度是组织级项目管理成熟度的四个等级；第二个维度是项目管理的五大基本过程；第三个维度是活动的三个范围，即项目(project)、项目集(program)和项目组合(portfolio)。再次，对 OPM3 模型的组成(包括最佳实践、能力、成果与关键绩效指标)及其组成成分之间的关系进行梳理。最后，从 OPM3 在避免组织资源浪费的角度，提出了合理改进组织级项目管理能力的步骤。

案例思考题

案例背景:

天士力的 ERP 项目[①]

天士力制药股份有限公司是一家现代的中药制造企业，天士力在新建工程、新产品开发等方面实行组织级项目管理的工作方式，它的 ERP 项目便是在这一大背景下展开的一个重点项目。在 ERP 的整个项目执行中，始终按照项目管理的理念和方法进行操作，最终使 ERP 系统成功运行，全面提升了企业的管理水平。

1. 全面的调查与评估

在天士力要导入 ERP 系统之前，对自身的需求与发展阶段进行了全面的评估。如对内部物流、生产、质量等方面进行了系统的需求调查，了解目前的基本工作流程，并进一步明确对 ERP 系统的需求。基于公司需求，与 ERP 的服务商进行了广泛的联系，从满足实际需求出发，最终确定与和利时公司进行合作。在合作之初，双方重点沟通的是 ERP 系统要能够针对企业实际，灵活适应企业的管理变化，因为只有这样，才能真正谈得上优化企业管理和提升管理效率。事实证明，前期双方确定的实施原则是 ERP 系统成功实施的基础。

2. 高效的项目管理团队

在实施 ERP 过程中，强调"ERP 是一把手工程"，以强化 ERP 的执行力度。但在实施中往往还会出现扯皮、推诿等执行不力的现象，这是因为仅有重视是不够的，还需要把思想重视转化为实际行动，高效的项目管理团队就是贯彻执行的组织。天士力

---

① 本案例采编自《项目管理技术》期刊蔡金勇著的《组织级项目管理——天士力 ERP 的成功之路》。

的 ERP 项目团队采用了矩阵式的组织结构，项目经理由天士力的一名高管担任，作为项目承包方的和利时公司实施人员作为项目团队成员，天士力的各相关职能部门也都有人员作为项目成员。这种项目团队的组织形式最大的特点是项目经理由本公司高管人员担任，他要负责项目的进度、质量等，这样就可以最大限度地解决各相关部门的配合与沟通的问题，也解决了信息不对称所造成的执行障碍，使得沟通更加顺畅，信息可以快速传递和共享。

3. 完善的项目管理信息系统

组织级项目管理的特点是组织内可能存在多个项目同时进行的情况，这样就会出现资源分配的问题。当资源的使用发生冲突时，如何来保证项目的顺利完成呢？天士力建立了项目管理办公室进行资源的协调和项目管理的工作。天士力的项目管理办公室(project management office，PMO)是在总经理的直接领导下进行工作的，由公司总监、各职能部门经理和项目管理专业人员组成。项目管理办公室建立了完善的多项目管理信息系统，其工作重点是收集和提出项目建议，甄选和确认项目，审核项目计划，协调项目资源，监督项目实施，管理相关文件、报告等项目信息。特别是在多项目管理中，结合项目与公司发展战略的符合程度、与公司重点工作的相关性、项目的范围与复杂程度等因素，对企业的项目进行优先权的选择，将项目按照重要程度与范围分为 A、B、C 三个级别进行管理。通过对项目进行分级管理，可根据实际的资源状况，对不同级别的项目进行启动时间、范围等的调整，保证重点项目的资源需求。ERP 项目是公司的 A 级项目，是重点保障项目，在项目实施中自始至终得到了 PMO 的资源支持。在 ERP 具体实施过程中，依据公司 PMO 的管理体系要求，项目小组制定了详细的项目计划书，在项目计划书中，明确了 ERP 项目的里程碑计划，对工作结构进行分解，并确定每个工作包由谁来负责，在什么时间内完成。在此基础上做出项目实施的甘特图，明确关键路径。在项目计划书中，还特别对项目实施中可能出现的风险进行了分析，制定了风险应对计划。此项目计划书由双方人员共同制定完成，从而避免了执行中的冲突。按照详细项目计划的要求，在项目实施过程中，对项目的进度和关键点的完成情况进行了跟踪管理，项目一旦出现异常情况，会马上提醒项目经理给予关注，并要求及时给出应对措施。

4. 因需而变，持续改善

产品的物流走向对于制药企业十分重要，物流系统整合的另一项工作是产品物流条码系统的启用，此项工作是由 ERP 服务商、天士力与条码系统服务商三方共同进行的。在启用新的条码跟踪系统的同时，对原有 ERP 系统的生产与仓储模块进行功能扩展，将产品的扫描存储及出入库的物流条码信息与 ERP 系统相连接，实现了生产系统与 ERP 系统的集成。

思考题：

1. 天士力 ERP 项目成功的原因有哪些？

2. 试分析在本案例中 PMO 的存在为项目的成功实施产生了哪些作用？

思考练习题

1. 简述组织级项目管理。
2. 简述组织级项目管理 OPM 的框架。
3. PMO 的基本类型有哪些？
4. OPM3 的核心是什么？
5. OPM3 的架构主要有哪几个维度？
6. 简述组织级项目管理成熟度的四个等级。
7. 谈谈 SMCI 的含义。
8. 组织级项目管理成熟度模型的基本过程是什么？
9. 简述项目、项目集、项目组合的区别和联系。
10. 最佳实践、能力、成果与关键绩效指标之间的关系是什么？
11. 如何提升组织级项目管理能力？具体实现有哪些步骤？

第十三章　项目信息管理

第一节　项目信息管理概述

一、项目信息管理的定义

(一)项目信息的定义

信息是经过加工处理的对人们各项具体活动有参考价值的数据资料。信息具有客观性、可存储性、可传递性、可加工性、可共享性等特征。

项目信息是指报告、数据、计划、技术文件、会议等与项目实施直接或间接联系的各种信息。项目信息在整个项目实施过程中起着非常重要的作用，收集到的项目信息是否正确、能否及时地传递给项目利益相关者，将决定项目的成败。

1. 项目信息的特点

(1)信息量大。这主要是因为项目本身涉及多部门、多环节、多专业、多用途、多渠道和多形式的缘故。

(2)系统性强。项目信息虽然数量庞大，但却都集中于较为明确的项目对象中，因而容易系统化，从而为项目信息系统的建立和应用创造了非常有利的条件。

(3)传递障碍多。一条项目信息往往需要经历提取、收集、传播、存储以及最终处理这样一个过程。在这一过程中通常会由于以下几个方面的原因造成项目信息传递障碍：信息传递人主观方面的因素，如对信息的理解能力、经验、知识的限制等；地区的间隔、部门的分散、专业的区别等；传递手段落后或使用不当。

(4)信息反馈滞后。信息反馈一般要经过加工、整理、传递，然后才能到决策者手中，因此往往滞后于物流，造成反馈不及时，从而影响信息及时发挥作用。

2. 项目信息的来源与形式

(1)信息的来源

①记录。记录分为内部和外部两种。内部记录多为书面形式，如输出或输入的事例、存储记录、施工日志、技术方案、回忆录及信件等。外部记录是指从外部的各种渠道取得的资料，包括有关期刊、统计年鉴、公开发表的统计报告、报纸、言行等。

②抽样调查。常用的有机械抽样、随机抽样、分层分级抽样和整群抽样等。

③文件报告。这是指从组织内外的有关文件、报告中取得的信息，如技术操作规程、竣工验收报告、工程情况进展报告、可行性研究报告、设计任务书等。

④业务会议。这是指通过召开各种会议，用座谈讨论的形式获取信息。

⑤直接观测。这是指管理者直接到现场观察或通过测量实际情况来收集所需要的信息。

⑥个人交谈。这是通过个人之间交换意见的形式获得的信息。

(2)信息的形式

①书面材料。它包括图纸及说明书、工作条例和规定、施工组织设计、情况报告、谈话记录、报表、信件等提供的信息。

②个别谈话。这包括口头分配任务、做指示、汇报、工作检查、建议、介绍情况等。

③集体口头形式。这包括会议、工作人员集体讨论、培训班等。

3. 项目信息的种类

项目信息在组织内部和该组织与外部环境之间不断地流动，从而构成了"信息流"。按不同流向，项目信息可分为如下几种。

(1)自上而下的项目信息：从项目经理流向中低层项目管理人员乃至具体工作队的信息，或在分级管理时，每一个中间层次的机构向其下级逐级流动的信息。这些项目信息的信息源在上，信息接受者是其下属。

(2)自下而上的项目信息：下级向上级(一般是逐级向上)传递的信息，这些项目信息的信息源在下，而信息接受者在上。

(3)横向流动的项目信息：项目管理班子中同一层的工作部门或工作人员之间相互交流的信息。

(4)以顾问或经理办公室等综合部门为集散中心的项目信息：顾问室或经理办公室等综合部门为项目经理决策提供辅助资料，同时又是有关项目利益相关者信息的提供者。

(5)项目经理班子与环境之间流动的项目信息：项目管理班子与自己的领导、建设单位、设计单位、供应单位、银行、咨询单位、质量监督单位、国家有关管理部门，都需要进行信息交流。

(二)项目信息管理的定义

项目信息管理(project information management)是指对项目信息的收集、整理、处理、储存、传递与应用等一系列工作的总称，也就是把项目信息作为管理对象进行管理。项目信息管理的目的就是根据项目信息的特点，有计划地组织信息沟通，以保持决策者能及时、准确地获得相应的信息。为了达到信息管理的目的，就要把握信息管理的各个环节，并在此基础上建立项目信息管理系统。

项目管理过程总是伴随着信息处理过程，随着项目的启动、规划、实施等项目生命周期的展开，项目的文件、报告、合同、照片、图纸、录像等各种类型纸介质信息会不断产生，项目信息管理的效率和成本直接影响其他项目管理工作的效率、质量和成本。因此，如何有效、有序、有组织地对项目全过程的纸介质信息资源进行管理是现代项目管理的重要环节。以计算机为基础的现代信息处理技术在项目管理中的应用，又为大型项目信息管理系统的规划、设计和实施提供了全新的信息管理理念、技术支撑平台和全面解决方案。

1. 项目信息管理的基本要求

(1)项目部应建立项目信息管理系统，优化信息结构，对项目实施全方位、全过程信息化管理，实现项目管理信息化。

（2）项目部应根据工程特点设立信息管理机构，配备专职（或兼职）的信息管理人员，信息管理人员须经有资质的单位培训后，才能承担项目信息管理工作。

（3）项目部应根据管理的需要对信息进行分类，并建立信息数据库，包括：项目管理过程中形成的各种数据、表格、图纸、文字、影像资料等。项目部应配置信息管理所需要的电脑、软件、影像设备（扫描仪、照相机、摄像机）等，专人保管、使用。

（4）项目部应及时收集、整理本项目范围内真实、准确的信息，未经验证的口头信息不能作为有效信息。实行总承包的，分包单位负责分包范围内信息的收集、整理，总包单位负责汇总、整理全部信息。

（5）项目信息收集应随工程的进展全程、及时进行，保证信息真实、准确、具有时效性，及时纳入项目信息管理系统，并准确、完整地传递给使用单位和人员。

2. 项目信息管理的原则

（1）标准化原则

在项目实施过程中，通过建立、健全信息管理制度，对有关信息的分类进行统一、对信息流程进行规范，实现项目管理报表格式化、标准化，从组织上保证信息生成过程的效率，做到信息管理标准化。

（2）有效性原则

项目信息管理人员应针对不同层次管理者的要求，对项目信息进行适当的加工整理，对不同层次管理者提供不同程度的信息，能直观、精练地表达实际情况，保证信息产品对不同管理者的有效性。

（3）定量化原则

项目信息不应是实施过程中产生的各种数据的简单记录，项目信息管理人员应采用定量工具对有关信息进行比较与分析。

（4）时效性原则

项目决策具有时效性，只有及时提供信息，项目管理者才能及时做出决策，有效控制项目的实施过程，因此项目信息管理成果也具有相应的时效性。

（5）高效处理原则

项目信息管理的重点是对处理结果的分析和控制措施的制定，应采用高性能的信息处理工具，尽量缩短信息在处理过程中的时间。

（6）可预见原则

项目信息中的实施数据、历史数据，可以用于预测未来的情况，可以为决策者制定未来目标和行动规划提供必要的支持，可以作为采取事前控制的依据。

二、项目信息管理的内容

（一）制定信息管理制度

信息管理制度可以保证信息管理下工作有序进行，是保证质量完成的基础。

（二）制订沟通计划

1. 分析确定项目的利益相关者。项目的利益相关者是指积极地参与该项目或其利益受到该项目影响的个人和组织。项目管理人员必须弄清楚项目的利益相关者，确定他们的需要和期望，然后对这些期望进行管理和施加影响，确保项目获得成功。一般情况下，项目的利益相关者包括：客户、项目发起人、业主、出资者、供应商、承包商、项目成员及其家庭、政府机构和新闻界、公民和整个社会等。

2. 制定沟通管理计划。沟通管理计划是确定项目未来信息传递的支持文件，它一般在项目初期制订，在计划中要说明以下几方面内容：

(1)详细说明信息收集渠道的结构，即采用何种办法，从何处收集何种信息，明确信息来源。

(2)详细说明信息分发渠道的结构，包括：明确信息流路线，即信息(报告、数据、指示、进度报告、技术文件等)将流向何人；明确信息种类和各信息种类的传送方式，即以何种方法传送何种形式的信息(报告、会议、通知)。信息分发渠道的结构必须同项目组织结构图中说明的责任和报告关系相一致。

(3)说明待分发信息的形式，包括格式、内容、详细程度和将要采用的符号规定和定义。

(4)制定出信息发生的日程表，在表中列出每种形式的通信将要发生的时间，确定提供信息更新依据或修改程序，以及确定在依进度安排的通信发生之前查找现时信息的各种办法。

(5)制定随着项目的进展而对沟通计划更新和细化的方法。

(三)收集信息

按照沟通计划对利益相关者的分析和信息来源的说明进行信息的收集。

(四)项目信息的加工处理

信息的加工处理是指将收集到的原始信息，根据管理的不同要求，运用一定的设备、技术、手段和方法对其进行分析处理，以获得可供利用或可存储的真实可靠的信息资料。

对原始的信息加工主要包括判断、分类整理、分析和计算、编辑归档等几方面的工作。

1. 判断，是指去除原始信息中虚假信息和水分的过程。这部分工作及其有效性主要取决于信息工作者的经验及对业务的熟悉程度。

2. 分类整理，是指对初始收集到的杂乱、分散信息进行分类整理。这主要是把初始信息按一定标准，如时间、地点、使用目的、所反映的业务性质等，分门别类、排列成序。目前已有比较成熟的编码技术，可以协助信息工作者很快分类整理。

3. 分析计算，是指利用一定的方法，如数理统计和运筹学等方法将数据信息进行加工，从中得到符合需要的数据。

(五)信息存档

信息被加工处理后，必须储存起来，以供随时调用。目前有两种归档形式，一种是文档方式，一种是计算机存储方式。由于计算机存储具有简单方便、存储量大、易查询、费用低等特点，是目前最常用的编辑和归档保存方式。

(六)信息分发

信息分发就是把所需要的信息及时地分发给项目利益相关者，其中不仅包括沟通计划中涉及的内容，还应包括临时索取请求的回复。

信息分发的主要内容如下：

1. 项目进展情况。项目成员应对项目进展情况，如可交付成果完成情况、质量情况、进度、费用等情况定期向利益相关者汇报。

2. 按照沟通计划中的要求进行分发。根据项目早期制订的沟通计划实施，并在实际操作中不断修改完善，以适应项目发展过程。

3. 项目计划。按照项目的进展情况，分阶段地将项目计划向利益相关者分发。

（七）信息利用

在项目的管理和控制过程中要充分利用与项目有关的各类信息，使之服务于项目目标的实现。

第二节　项目管理的信息系统

一、基本项目信息管理系统

项目管理的应用经历了一个长期的发展过程。20 世纪 70 年代，工程领域开始出现项目管理软件的使用。最初出现的是以解决某一问题为目的的单项程序，如进度管理、合同管理、采购物料管理软件等。随着信息技术的发展，这些单项软件逐步集合形成管理系统，然后发展成为项目管理信息系统（project management information system，PMIS）。20 世纪 80 年代末 90 年代初，为增强大型建设项目建设中业主方的决策与控制能力，在应用 PMIS 的基础上，出现了项目总控管理系统（project controlling Information system，PCIS）。比较典型的案例就是总投资超过 250 亿马克的德国统一后的全国铁路改造工程采用了类似的系统。20 世纪 90 年代末，随着互联网的广泛应用，以美国为首，各国开始在政府投资项目上大量应用项目信息门户（project information portal，PIP），实现了项目各参与方之间基于互联网的信息交流与协同工作。

整个发展过程虽体现了不同的时期会有不同的应用，但并不是说后来的系统完全替代了过去的系统，而是对应用的范围进行了扩充或深化。因此，今天既存在着同时具有 PCIS 和 PIP 功能作用的 PMIS，也存在着具有 PMIS 和 PCIS 功能作用的 PIP。

（一）项目管理信息系统（PMIS）

项目管理信息系统（PMIS）是通过对项目管理专业业务的流程电子化、格式标准化及记录和文档信息的集中化管理来提高管理团队的工作质量和效率的系统。

PMIS 与一般 MIS 的不同在于它的业务处理模式是依照 PMBOK 的技术思路展开的。PMIS 既有相应的功能模块满足范围、进度、投资、质量、采购、人力资源、风险、文档等方面的管理以及沟通协调的业务需求，又蕴涵"以计划为龙头、以合同为中心、以投资控制为重点"的现代项目管理理念。优秀的 PMIS 既突出了进度、合同和投资个三中心点，又明确了它们之间的内在联系，为在新环境下如何进行整个项目管理业务确立了原则和方法。这种务实地利用信息技术的策略方法，不仅提高了工作效率，实现了良好的大型项目群管理，而且将信息优势转化为决策优势，将知识转化为智慧，切实提升了项目管理的水平。

（二）项目控制信息系统(PCIS)

项目控制信息系统是通过信息分析与处理技术，对项目各阶段的信息进行收集、整理、汇总和加工。提供宏观的、高度综合的概要、项目进展报告，为项目的决策提供决策支持。

常见的情况是，当项目特别大或者面临的是项目群的管理时，管理组织的层次会比较多。此时，往往采用 PMIS 供一般管理层进行项目管理，而通过 PCIS 让最高决策层对由众多子项目组成的复杂系统进行宏观检查、跟踪和控制。

（三）项目管理信息门户(PIP)

项目管理信息门户是在对项目全过程中产生的各类项目信息，如合同、图纸、文档等进行集中管理的基础，为项目各参与方提供信息交流和协同工作的环境的一种计算机辅助管理方式。

PIP 不同于传统意义上的文档管理，它可以实现多项目之间的数据关联，强调项目团队的协作性并为之提供多种工具，在美国纽约的自由塔等大型工程项目中，项目管理信息门户为项目团队及所有参与方提供了空前的可见性、控制性和协作性。

二、信息管理系统的功能结构

计算机信息管理系统包括若干相互关联的子系统，各子系统完成各自特定的功能。在它们之间还存在着大量的信息交换，使得组织中各类信息能够得到充分的共享，从而为组织的管理决策提供支持。一般项目的计算机信息管理系统至少应该包括进度管理、投资管理、质量管理、合同管理、办公自动化等子系统。

（一）进度管理子系统

进度管理子系统应实现的基本功能包括：编制多层次网络计划、进行实际进度的统计分析、实际进度与计划进度的动态比较、进度变化趋势的预测、计划进度的定期调整、各类进度数据的查询、提供不同管理层次进度报表、绘制网络图及横道图。

（二）投资管理子系统

投资管理子系统应实现的基本功能包括：投资分配分析；编制项目概算和预算；投资分配与项目概算的对比分析；项目概算与预算的对比分析；合同价与投资分配、概算、预算的对比分析；实际投资与概算、预算、合同价的对比分析；项目投资变化趋势预测；结算与预算、合同价的对比分析；投资的各类数据查询；提供多种不同管理层次的项目投资报表。

（三）质量管理子系统

质量管理子系统应实现的基本功能包括：设备工程的质量要求和质量标准的制定；设备和材料及相关服务的验收记录和统计分析，包括设备的设计质量、制造质量、开箱检验情况、材料质量、安装调试和试运行质量、验收情况；安全事故的处理记录；根据需要提供多种质量报表。

（四）合同管理子系统

合同管理子系统应实现的基本功能包括：提供和选择标准的合同文本；合同文件、资料的管理；合同执行情况的跟踪和处理过程的管理；合同索赔及收尾管理；涉外合同的外汇折算；经济法规查询；提供各种合同管理报表。

（五）办公自动化子系统

办公自动化子系统应实现的基本功能包括：个人办公的环境，包括日历、联系人、个人计划、任务、新建和管理文档等；电子邮件服务功能；信息共享功能，包括信息资源库、电子公告、信息简报、政策法规、讨论交流等；日志管理功能，包括目录管理、日志查阅；公文管理功能，包括收、发文管理和督查管理；流程管理功能，即通过工作流引擎自动将所有流程处理工作日志记入数据库；全文检索功能，即按数据库的搜索字段进行办公系统内所有文件的检索。

三、项目信息管理系统实现目标

项目信息管理系统是满足企业信息化、智能化管理的需求，提升管理效率的重要手段。要想提升项目信息管理系统在实践中应用的效率与水平，需要明确项目设计目标。以勘察设计企业为例，其系统设计的目标具有以下几点：

（一）促进项目自动化

借助于项目管理技术，改变以往勘察设计企业的手工测量记录、人工分析的方式，可以大大提升勘察设计企业对数据搜集、传输、分析与储存的精准度以及效率，从而可以大大地提升勘察设计企业的工作效率。为了促使勘察企业全面实现信息化管理，勘察设计企业需要在业务、技术、财务、结算、仓储、开票以及后勤等领域实现信息化管理。

（二）控制项目系统风险

项目信息管理系统通过建立成本控制机制，能够将成本控制在预测范围之内，通过建立高性能的项目信息管理系统，能够对于勘察设计项目运行进行实时的监管与控制，将实际勘察项目进展情况与预测进展情况之间的误差控制在合理的范围之内；有效组织人力、财力及其物力，促使各种资源效率最大化；通过信息智能化分析，控制项目进度，保障勘察设计项目能够按期移交；提升勘察设计质量，以促使项目顺利的移交，提升客户的满意度；将勘察设计项目的风险控制到最低。

（三）确保项目信息管理系统具有良好的性能

勘察设计企业项目信息管理系统性能的基本要求为：一是准确性，项目信息管理系统的搜集、传输、加工及其分析的信息必须具有一定的准确度，唯有此才能给项目正常的运行提供可靠的信息参考，提升项目决策的准确度与质量。二是持续性，项目信息管理系统运行需要一定的稳定性，即在互联网稳定情况下，项目信息系统能够保证 24 小时全天候稳定运行，唯有此才能保证项目运行信息不遗漏，为项目管理与监督提供实时可靠的信息支持。三是灵活性，项目信息管理系统软件及其数据库都要具有一定的开放性，以根据项目实际情况进行调整，满足具体的项目管理的信息需求。四是项目信息管理系统要满足勘察设计企业特殊项目运行与管理的需求。

第三节　项目管理软件介绍

项目信息管理软件是计算机信息管理系统的核心。使用项目信息管理软件进行项目的具体管理工作，给项目经理带来了高效的管理手段和管理复杂项目的能力。尤其是网络化的项目管理信息化平台，为企业和项目团队创造了更高的价值。目前国内外使用的项目信息管理软件有很多，有的以进度管理为关注点，有的以成本和资源控制为核心，还有的是以报告和沟通为管理主线。不同的软件体现的设计思想和角度不同，适用性也有很大的差别。完全适用于特定项目并满足相应单位管理习惯与要求的信息管理系统还需要自主开发或在商业软件的基础上进行二次开发。

常用项目信息管理软件有 Project Scheduler，P3，Project 2000，CA-Super Project，Sure Trak Project Manager，Time Line，High-end Project Management Software，Time Phase Global Workscheduler，Micro Man，All Tech Project Simulator，Firstcase，SAS 和 MARK Ⅲ Management System 等。下面介绍几种国内外较为流行的项目信息管理软件。

一、Primavera Project Planner

(一)P3E 简介

在为数众多的项目管理软件中，美国 Primavera 公司开发的 Primavera Project Planner（简称 P3）普及程度和占有率较高。

P3 是用于项目进度计划、动态控制、资源管理和费用控制的综合进度计划管理软件，国内很多大型建设项目都采用了 P3。P3 的核心设计思想是在对项目实施过程中所涉及的所有资源进行标准化管理的基础上，以项目时间管理和资源管理为核心而构建的项目管理软件。P3 拥有较为完善的管理复杂、大型工程项目的手段，并拥有完善的编码体系，包括 WBS 编码、作业代码编码、作业分类码编码、资源编码和费用科目编码等。这些编码以及这些编码所带来的分析、管理手段给了项目管理充分的回旋余地，项目管理人员可以从多个角度进行有效管理。

Primavera 公司在 P3 后又推出了 Primavera Project Planner for Enterprise（P3E）。P3E 是以项目的管理需求为核心，整合了协作（collaboration）、项目组合管理（portfolio management）、资源管理（resource management）、过程管理（process management）和工时单管理（work order management）的项目管理集成环境。与 P3 相比，该软件所涵盖的管理内容更广、功能更强大，体现了当今项目管理软件的发展趋势。某电厂在一期 3、4 号机组建设中运用 P3E 软件，在保安全、保质量的前提下，强调高标准整点实施，实现了层次化、集中化、分级化、权限化管理，做到了适时进度更新、文档集中化管理，并且针对问题能够及时地进行提醒和控制。

(二)P3E 的特点

(1)集成了项目进度、资源、预算、成本、文档和风险管理，可以同时监控和管理多个项目。

(2)项目数据集中存储在网络数据库中，用户可以通过客户端或者浏览器了解项目状态，对项目进行远程管理。

(3)P3E 具备丰富的数据分析功能，可以对多个项目进行综合分析和对比；还提供了100 多种标准的报表格式和方便的报表管理方式，同时还具有报表生成向导功能，可以帮助项目管理人员随时定制自己所需要的报表。

（4）具有灵活、完善的权限管理功能，使得企业管理者、项目管理者、项目成员以及外部相关人员等不同角色在系统中能够拥有不同的处理数据和信息的权限。

（5）可以根据成熟的项目管理模板快速创建和管理项目，提高了项目管理的效率。模板中固化的、经过实践验证的管理思想和方法也可以应用到新项目中，促进了项目管理水平的提升。

（6）系统中增加了企业项目结构（EPS），利用 EPS 使得企业或项目组织可以按多重属性对项目进行层次化的组织，并可以在层次化结构的任一层次进行项目执行情况的财务分析。

（7）P3E 提供了比较完善的编码结构体系。包括企业项目结构、工作分解结构、组织分解结构、资源分解结构、费用分解结构、作业分类码和报表结构等，对所有的结构体系均提供了直观的树型视图。

（8）支持基于 EPS、WBS（工作结构分解）的自上而下预算分摊。P3E 支持按项目权重、里程碑权重、作业步骤及其权重进行绩效衡量。这些设置连同多样化的赢得值技术使得"进度价值"的计算方法拟人化而又符合客观实际。

（9）P3E 提供了专业的、结合进度的资源分析和管理工具，可以通过资源分解结构对组织的全部资源进行管理。资源可以按角色、技能、种类划分，可为资源协调与替代提供方便，从而使资源得到充分的利用。

（10）内置了风险管理功能。P3E 的风险管理功能提供了风险识别、分类、指定影响分析的优先级等功能。用户也可以自行创建风险管理计划，估计并指定发生概率，指定项目组织成员对特定风险管理工作负责。

（11）内置了临界值管理与问题追踪功能。通过预先设置的费用、进度以及赢得值的临界值及其处理措施，对实施中出现的超临界状态能自动通知相关责任人，并可利用问题跟踪功能对"问题"进行跟踪。

（12）支持大型关系数据库 Oracle、MS SQL Server，为项目信息管理系统的构建提供了便利。

二、Microsoft Project

（一）Microsoft Project 简介

Microsoft Project 是美国微软公司开发的项目管理软件，是迄今在全世界范围内应用最为广泛的、以进度计划为核心的项目管理软件。Microsoft Project 可以帮助项目管理人员编制进度计划、管理资源、生成费用预算，也可以绘制商务图表，形成图文并茂的报告。Microsoft Project 因其界面直观、操作简便而成为项目管理的重要工具软件。

Microsoft Project 作为 Office 系列软件的一个组成部分，已经逐步形成了较为全面的企业项目管理（EPM）解决方案，主要包括 Project Professional、Project Server 和 Project Web Access。其中 Project Professional 既可以单机版的形式运行，独立地管理项目，也可以连接到 Project Server，实现基于网络数据和信息共享的多项目管理或企业级项目管理。Project Server 是专门针对项目管理要素和数据结构开发的、基于关系数据库 SQL Server 的企业级项目管理数据和事务处理服务器系统，为 Project Professional 提供项目计划的存储、基线制定、项目比较、企业日历等功能。有了 Project Server 提供的数据和服务支撑，Project Professional 才能够实现对多个企业或工作组内的多个项目的综合管理。Project Web Access 提供了以浏览器形式了解项目信息、实现项目管理行为的基本功能，同时，Project Web Access 基于微软的内容管理和发布平台(WSS)，实现了直观、高效的项目团队沟通功能。

（二）Microsoft Project 的特点

1. 进度计划管理

Microsoft Project 为项目的进度计划管理提供了完备的工具。用户可以根据自己的习惯和项目的具体要求采用自上而下或自下而上的方式安排整个工程项目。

2. 资源管理

Microsoft Project 为项目资源管理提供了适度、灵活的工具。用户可以方便地定义和输入资源，可以采用软件提供的各种手段观察资源的基本情况和使用状况，同时还提供了解决资源冲突的手段。

3. 费用管理

Microsoft Project 为项目管理工作提供了简单的费用管理工具，可以帮助用户实现简单的费用管理。

4. 突出的易学易用性，完备的帮助文档

Microsoft Project 是迄今为止易用性最好的项目管理软件之一。其操作界面和操作风格与广泛使用的 Microsoft Office 软件中的 Word、Excel 完全一致。对中国用户来说，该软件有很大吸引力的一个重要原因是在所有引进的国外项目管理软件中，只有该软件实现了"完全"汉化，包括"帮助"文档的整体汉化。

5. 强大的扩展能力

作为 Microsoft Office 的一员，Microsoft Project 也内置了 Visual Basic for Application (VBA)。VBA 是 Microsoft 开发的交互式应用程序宏语言。用户可以利用 VBA 作为工具进行二次开发该软件所没有提供的功能。此外，用户可以依靠 Microsoft Project 与 Office 家族其他软件的紧密联系，将项目数据输出到 Word 中生成项目报告，输出到 Excel 中生成电子表格文件或图形，输出到 PowerPoint 中生成项目演示文件，还可以将 Microsoft Project 的项目文件直接保存为 Access 数据库文件，实现与项目管理信息系统的直接对接。

三、Microsoft Share Point

（一）SharePoint 简介

SharePoint 是人们对一个或多个 Microsoft SharePoint 产品或技术的简称。狭义地讲，SharePoint 是指 SharePoint Portal Server，是一个企业或项目团队进行智能开发的门户站点，这个站点能够无缝连接到用户、团队和知识；广义地说，SharePoint 是一种开发企业或团队协同工作平台的解决方案。它利用单点登录和企业应用程序集成功能，以及灵活的部署选项和管理工具，将来自不同系统的信息集成到一个解决方案中。

SharePoint 包含以下一些基本功能：信息资料管理，团队协同工作，共享和发布信息，信息搜索，创建门户页面，处理业务流程。

（二）SharePoint 的主要产品

1. SharePoint Foundation

SharePoint Foundation 是所有 SharePoint 网站的基础，在以前的版本中称为 Windows SharePoint Services。用户可以使用 SharePoint Foundation 快速创建各种类型的网站，并在这些网站中对网页、文档、列表、日历和数据展开协作。

2. SharePoint Server

SharePoint Server 是一个服务器产品。它依靠 SharePoint Foundation 技术为列表和库、网站管理以及网站自定义提供一致的框架。SharePoint Server 包括 SharePoint Foundation 的所有功能以及附加特性和功能，例如企业内容管理、商业智能、企业搜索和"我的网站"中的个人配置文件。SharePoint Server 可以进行本地部署，或者作为 Microsoft Office 365 之类的基于云的服务的一部分。

3. SharePoint Online

SharePoint Online 是由 Microsoft 托管的基于云的服务，适用于各种规模的企业或项目团队。任何企业或团队只要购买了如 Office 365 这样的服务产品，无需在本地安装和部署 SharePoint Server，其成员就可使用 SharePoint Online 创建网站，以便与同事、合作伙伴和客户共享文档和信息。

4. SharePoint Designer

SharePoint Designer 用于设计、构建和自定义在 SharePoint Foundation 和 SharePoint Server 上运行的网站。用户可以使用 SharePoint Designer 创建各种网站，包括从小型项目管理团队网站到用于大型企业的门户解决方案，还可以设计网站的外观。

5. SharePoint Workspace

SharePoint Workspace 是一个桌面程序。用户可以使用该程序脱机获取 SharePoint 网站的内容，并在断开网络时与他人对内容展开协作。当和其他团队成员脱机时，可以对 SharePoint 内容进行更改，这些更改在联网时将同步到 SharePoint 网站。

（三）SharePoint 的功能与特性

1. 灵活轻松的部署

SharePoint 门户站点是构建在一个可伸缩的、高度分布式的体系结构基础上的，因此可以在一台服务器上配置，也可以在多台服务器中配置；在任何时候都可以将 SharePoint 站点、部门门户和企业门户链接起来，使得信息能够在整个团体内共享；通过共享服务，用户可以在一个集中的位置部署企业范围的服务，例如搜索、索引、受众管理以及我的站点，然后与其他门户站点进行联系。

2. 组织内部的信息共享

SharePoint 使用户能够在 Web 站点、Microsoft Exchange 公共文件夹、SharePoint Services 站点以及数据库中快速地定位文件、项目计划等信息，而不需要重新创建这些内容。用户通过 SharePoint 不仅能找到文档和 Web 站点，还能够访问协同工作的个人和团队，了解这些个人和团队的工作和信息。用户也可以组织信息、文件和站点，使得能够通过浏览找到有价值的相关信息。

3. 创建、发布和管理网站

用户可以利用 SharePoint 站点来创建用于个人、团队和公司的门户页面。SharePoint 的 Web 内容管理功能使发布网页和管理网站更加容易，而且创建和发布网站或页面的操作将提交到队列并在后台进行，以便在完成此操作时用户可以继续使用 SharePoint；团队也可以在他们的站点中发布信息，在整个公司共享；使用权限管理工具可轻松添加或删除用户或组、更改权限级别、中断继承以及管理匿名访问，还可以查看和调整授予特定用户或组的权限级别；使用主题库从 SharePoint 附带的若干主题中进行选择，也可以从 Microsoft PowerPoint 中生成自己的主题文件并将其添加到库中以供选择；通过更改网站语言，可以使各个同家/地区的用户都能看懂您的网站。

4. 实现业务流程的自动化

SharePoint 将组织的日常业务流程集中到 SharePoint 平台进行统一部署和管理。当组织内各个业务系统中的流程如工作联系单、人事申请、财务报销、文件审批、公文收发、事故处理等需要进行审批、协同时，SharePoint 可以将业务数据通过 Web Service 接口写入 SharePoint 平台，所有参与流程的用户的审批和监控操作均在 SharePoint 平台上完成。流程的中间结果和最终结果同样可以通过 Web Service 等接口写入相关的业务系统中。

SharePoint 还可以通过提醒目标受众，帮助用户找到相关信息。提醒功能会在添加或修改任何相关信息、SharePoint 站点、个人应用程序时发出提示；SharePoint 也可以在特定的专家或团队在门户站点中添加新信息时发出提示；SharePoint 选择使用熟悉的浏览器界面，并允许用户在 Microsoft Office System 程序中执行门户任务。

5. 强大的搜索功能

SharePoint 的搜索功能使用户能够快速高效地找到相关信息和查找同事。SharePoint 的搜索功能包括：通过高可用性的多服务器拓扑来实现可伸缩、高性能的索引和查询操作体系结构；将搜索索引从索引管理服务器上传送给多台专门的搜索服务器。这种传播使用户能够分散资源，从而限制那些需要在索引管理服务器上创建索引的占用大量资源的过程；SharePoint 能够按"专长"搜索人员以查找符合所需求的技术人员，可以使用拼音名字查找功能来查找发音相似的名字；能够帮助用户根据门户站点中的标题、分类以及项目的内容来源缩小搜索范围，使用户能够更方便地找到所需要的信息；用户可以按照不同的方式对搜索结果进行分组，使用诸如"部门"或"职务"等类别优化搜索结果。

6. 便捷的协同工作环境

SharePoint 产品与技术使得组织内成员之间的协同工作变得更加简单。SharePoint 提供了功能强大的团队协作环境，使得能够在整个组织内部实现整合、组织、查找和提供 SharePoint 站点；SharePoint 站点可以用于团队、文档和会议，并能够扩展到客户和合作伙伴，从而扩展协同工作的范围，提高工作效率；SharePoint 门户站点还能够简化端到端的协作，向个人、团队、业务部门和整个企业提供文档和内容协作；多个用户可以同时编辑 SharePoint 库中的 Word 文档或幻灯片。例如，可以发送指向 SharePoint 库中的文档的链接以审阅该文档，所有审阅者可以同时在文档中提供反馈；用户还可以将最近打开的所有文档存储到"我的网站"中，然后与其他同事同时处理这些文档。

SharePoint 使得安排会议和跟踪日程更加方便，因为用户可以：

(1) 在单个页面上显示多个 SharePoint 和 Exchange 日历；

（2）在不退出"日历"的情况下，通过单击"日期"并输入事件的详细信息轻松将事件添加到"日历"中；

（3）在日历内部拖放项目；

（4）安排会议及音频设备、视频设备、会议室等资源。

7. 针对文档、记录、数字和 Web 内容的企业内容管理

使用 SharePoint 企业内容管理功能，用户可以更高效地管理文档、记录、数字和已发布的网页。SharePoint 托管元数据服务提供了使组织能够在整个企业中一致地管理分类和元数据的功能；SharePoint 引入了全新的内容类型的文档集，使用户可以创建和管理跨越多个文档的工作产品，利用文档集的共享元数据、工作流和版本控制等功能，可以有效管理工作产品或内容集的开发；文档中心网站模板为 SharePoint 网站实现了新的文档管理功能，其中包括基于元数据的导航功能，使用此功能，可以通过使用元数据浏览大型列表或库内容；SharePoint 支持就地管理和搜索内容，而无需锁定正式记录的存储库。这些记录管理功能包括：

（1）就地记录管理，使用户可以在正在进行的内容旁边就地存储记录；

（2）保留策略，包括复杂日程表，例如多级日程表、"发送到记录存档"和"声明为就地记录"等七个以上的记录管理操作；

（3）对于较大的存档，记录中心网站通过以下途径进行了改进：添加分层文件计划，取决于元数据的提交方法，以及将多个可作为一个大型存储库管理的网站集合结合在一起的功能。

8. 实现商务智能

SharePoint 提供了可靠的商务智能功能，它是一个基于 SharePoint 的框架，为现有业务数据和进程提供标准化接口。

（1）通过 Excel Services 使用增强的商业智能功能

①可视数据分析的功能，例如增强的条件格式、迷你图和使用筛选器的直观数据浏览；

②客户端功能与 SharePoint 的 PowerPivot 的紧密集成，后者是来自 SQL Server Analysis Services 的"自助式商业智能"功能；

③快速轻松地分析数百万条记录的功能；

④格式设置和编辑功能使用户能够在 Web 浏览器中直接编辑电子表格并为其设置格式，就像在 Excel 中一样，可以对线条、边框和数字应用颜色、样式和大小格式，并使用从 Excel 中了解的相同的背景颜色功能；

⑤基于浏览器创建新的工作簿和工作簿中的表。

（2）使用图表 Web 部件向 SharePoint 网站添加丰富的图表

用户使用图表 Web 部件可以向 SharePoint 网站添加丰富的图表，将图表链接到各种来源的数据，例如 SharePoint 列表、外部列表、业务数据服务、Excel Services 和其他 Web 部件。

（3）使用 Performance Point Services 监视和分析企业绩效

①创建和使用带有记分卡的交互式仪表板、报表和筛选器；

②创建和使用将多个数据源(包括 Analysis Services、SQL Server、SharePoint 列表和 Excel Services)中的数据集合在一起的记分卡,以跟踪和监视数据;

③创建分析报表,以更好地理解结果后面的基础业务因素;

④将商务智能应用程序和信息与其他 SharePoint 功能集成,例如协作和内容管理。

(4)使用改进的记分卡访问更详细的业务信息

增强的记分卡使用户可以轻松获取和快速访问更详细的信息。Performance Point 记分卡还提供了更灵活的布局选项、动态层次结构和计算关键绩效指标功能。使用此功能,用户可以创建使用多个数据源的自定义衡量标准,还可以排序、筛选和查看实际值与目标值之间的差异,以帮助用户识别注意事项或风险。

9. 丰富的个性化服务

SharePoint 允许根据每个用户的身份和角色,对门户页面进行自定义。根据用户权限,导航条会更改每个门户页面上的显示选项;可以根据公司、部门、访问群体或个人设置 Web 部件中内容的目标;用户可以使用 Web 工具的熟悉功能(例如拖放)来个性化 SharePoint 站点的内容和布局。

SharePoint 提供个性化和自定义的信息。"我的网站"拥有公共和个人两种视图,因此用户能够存储只有自己可以查看的个人内容,也能够向其他用户发布公共内容。"我的网站"提供了对用户完成工作所需信息和资源的快速访问,例如文档、个人或 Web 站点的链接,也可以创建个人警报来跟踪门户和公司中内容的更改。

SharePoint 还可以使用户随时了解最重要的人和兴趣领域,以便更方便地跟踪同事的活动并共享相关内容。用户可以使用"我的网站"上的"活动订阅源"跟踪同事的活动,随时了解感兴趣的领域的发展情况,并与正在您感兴趣的领域寻找帮助的人联系。您还可以接收新同事的建议或要遵循的关键字,以便拓展您的专业网络和知识。

10. 应用程序集成

SharePoint 能够实现单点登录访问多个系统。例如 Microsoft Office System 程序、商业智能和项目管理系统以及现有的业务线应用程序,包括第三方和特定行业的应用程序。所有这些集成特性使用户可以控制信息的使用,更好地利用他们现有的企业数据。用户可以从系统和报告中及时提取出相关的信息并加以重新利用,也能快速定位和访问公司内的文档、项目以及最佳实践。

SharePoint 还加强了与 Microsoft Office System 程序的集成。用户可以从 Microsoft Office Outlook 创建文档和会议站点,也可以在 Microsoft Office System 程序中直接对存储在 SharePoint 站点中的文档进行协同处理。在 Microsoft Office System 程序任务窗口中也可以使用其他的 SharePoint 站点信息,例如任务列表、链接和团队成员等。

11. 在移动设备中查看和使用 SharePoint 信息

(1)使用轻量级界面和导航功能访问 SharePoint 文档库、列表、Wiki、博客、Web 部件页和后端业务数据;

(2)使用移动搜索体验查找用户、联系人信息、SharePoint 内容,以及查找自定义数据库中的数据;

(3)订阅对 SharePoint 中的文档或任何 SharePoint 文档库或列表更改情况的短信通知;

（4）在移动浏览器中查看 Microsoft Office Word、Excel 和 PowerPoint 文档；

（5）与 UAG、ISA 等网关集成，以实现跨防火墙访问；

（6）提供移动开发平台，以构建自定义的 SharePoint 移动解决方案。

12. 脱机处理 SharePoint 网站、库和列表

使用 SharePoint Workspace，用户能够在连接或断开局域网络时，在桌面上使用 SharePoint 网站。此脱机和联机集成的主要优点包括：

（1）可以在脱机时快速查看、添加、编辑和删除 SharePoint 库文档或列表项；

（2）计算机和网络之间的双向同步，连接到网络时自动更新计算机或网络数据；

（3）计算机脱机然后恢复联机状态时，会自动进行内容同步；

（4）使用"外部列表"功能可在脱机时更高效地处理后端业务数据。

四、Primavera 6.0

（一）Primavera 6.0 简介

Primavera 6.0（P6）是美国 Primavera Systems. Inc 公司（2008 年被 Oracle 公司收购）于 2006 年发布的，荟萃了工程项目管理国际标准软件——Primavera Project Planner（P3）25 年的精髓和经验，采用最新的 IT 技术，在大型关系数据库 Oracle 和 MS SQL Server 上构架起企业级的、包涵现代项目管理知识体系、具有高度灵活性和开放性、以计划-协同-跟踪控制-积累为主线的一款企业级工程项目管理软件。

P6 可以使企业在优化有限的、共享的资源（包括人、材、机等）的前提下对多项目进行预算、确定项目的优先级、编制项目的计划。它可以给企业的各个管理层次提供广泛的信息，各个管理层次都可以分析、记录和交流这些可靠的信息，并及时做出有充分依据的符合公司目标的决定。P6 包含进行企业级项目管理的一组软件，可以在同一时间跨专业、跨部门，在企业的不同层次上对不同地点实施的项目进行管理。P6 使计划编制、进度优化、协同行进、跟踪控制、业绩分析、经验积累等都变得更加简单，使跨国公司、集团公司、大型工程业主、工程建设管理公司和工程承包单位都可以实现高水平的项目管理，已成为国际土木工程建设行业的企业级项目管理新标准。

（二）Primavera 6.0 的特点

1. 精深的编码体系

P6 软件中可以设置一系列层次化编码，如组织分解结构（OBS）、企业项目结构（EPS）、工作分解结构（WBS）、角色与资源结构（RBS）、费用科目结构（cost breakdown structure，CBS）；此外还有灵活的日历选择、项目分类码、资源分类码、作业分类码以及用户自定义字段。这些编码的运用使得项目管理的责任明确，项目管理的目标高度集成。

2. 简便的计划编制

P6 具有最为专业的计划编制功能，包括标准的计划编制流程，在 WBS 上可设置里程碑和赢得值，方便地增加作业，可视的逻辑关系连接，全面的 CPM 进度计算方式，项目工作产品及文档体系与作业的关联，作业可加载作业分类码，作业可分配记事本，作业可以再分步骤，步骤可以设权重等。

3. 深度的资源与费用管理

资源与费用的管理一直是 P3 的强项。在 P3 功能的基础上，P6 还增加了角色、资源分类码功能；此外，对其他费用的管理，使得费用的管理视角更加开阔；投资与收益的管理，使得投资回报率始终在掌控之中。

4. 理想的协同工作与计划更新

P6 引导标准的项目控制与更新流程。在项目的优化与目标项目建立后，可以进行临界值的定义，以便实现及时的监控。为了实现协同工作，P6 可以采用任务服务的方式自动按时定期将计划下达给执行单位或人员。此外，P6 可在本地局域网上反馈进度。

5. 全面的项目更新数据分析

进度跟踪反馈之后，P6 提供了专业的数据分析，包括现行计划与目标的对比分析、资源使用情况分析、工作量（费用）完成情况分析和赢得值分析。特别设置的"问题监控"功能可以将焦点一下子聚集到最为关心的事情上。所有这些数据分析，既可以在 P6 中进行，又可以通过 Web 实现。

6. 专业的项目管理辅助工具

P6 构建了所有能够想到的辅助管理工具，包括：客户化的视图制作，多种预设好的报表，脍炙人口的总体更新，计划任务自动下达（Job Service），项目信息发布到网站，P3 项目的导入/导出，满足移动办公的 Check In/Check Out，获取 EXP 相关数据的功能等。

7. 体系的多级计划处理

管理好复杂的大型项目或项目群，一项非常重要的工作是要建立起完备的计划进度控制管理体系。P6 继承了 P3 的成功经验，利用其建立计划级别及编制流程、实现多级计划的数据传递与交换、实现多级计划的跟踪与分析。

8. 缜密的用户及权限管理

整个 P6 系列软件具有良好的安全配置，为用户设置了企业级项目管理软件所要考虑的一切必要的安全管理功能。

9. 实用的工时单管理

为了良好计划的落实，让执行人员或单位及时获得计划任务并反馈进度是至关重要的。P6 自动定期派发作业任务和工时单。对通过 Teammember 反馈上报的工时单，P6 还考虑了工时单批准功能，只有批准的工时单才能更新 P6 数据库的内容。

10. 开发性的 SDK 及二次开发

P6 提供二次开发工具 SDK，利用 SDK，更容易实现与企业现有系统的整合。

11. Methodology Manager（MM）企业经验库管理

企业的知识管理越来越受到重视。在项目管理过程中，也要"积累经验与教训，减少重复劳动；提高企业智商，避免企业失忆"，MM 就是为了企业持续发展而设计的模块。有了 MM，可以将标准的工艺方法保存下来反复运用，从而使得类似项目的计划编制更加简单，更加符合标准化要求。

12. Portfolio Analyst 项目组合分析

Portfolio（项目组合）是从项目群中选择关心的若干项目或其局部形成一个组合，将组合保存，以便反复地分析研究。这一功能在 PA 和 MP 中都表现得十分出色。

13. Functional User 决策系统（B/S 环境下的项目管理）

　　Web-Enabled(Web 下运行)使项目管理在 Web 下发挥到极致。P6 所有能够置于 Web 之下的功能都已经在 Web 中，包括创建新项目、项目计划编制、更新已存在的项目进度、沟通与协同工作、项目组合分析(Portfolio Analyst)、项目信息查阅、资源管理、资源对项目或作业的分配、项目关于资源的需求分析等。

　　14. Team member(TM)进度反馈工具

　　一个简便易用的 IE 下的工具，让执行者实现作业接收与实际情况反馈，让管理者在工时单(Timesheet)提交后能够进行审核批准。

　　(三)Primavera 6.0 的组件模块

　　P6 提供综合的项目组合管理(PPM)解决方案，包括各种特定角色工具，以满足不同管理层、不同管理人员责任和技能需求，P6 提供以下软件组件：

　　1. Project Management(PM)模块

　　本模块是一个具有进度安排与资源控制功能的多用户、多项目系统，支持多层项目分层结构、角色与技能导向的资源安排、记录实际数据、自定义视图以及自定义数据。PM 模块对于需要在某个部门内或整个组织内，同时管理多个项目和支持多用户访问的组织来说是理想的选择。它支持企业项目结构(EPS)，该结构具有无限数量的项目、作业、目标项目、资源、工作分解结构(WBS)、组织分解结构(OBS)、自定义分类码、关键路径法(CPM)计算与平衡资源。如果在组织内大规模实施该模块，项目管理应采用 Oracle 或 SQL 服务器作为项目数据库；如果是小规模应用，则可以使用 SQL Server Express。PM 模块还提供集中式资源管理，这包括资源工时单批准，以及与使用 Timesheets 模块的项目资源部门进行沟通的能力。此外，该模块还提供集成风险管理、问题跟踪和临界值管理。用户可通过跟踪功能执行动态的跨项目费用、进度和赢得值汇总。可以将项目工作产品和文档分配至作业，并进行集中管理。"报表向导"创建自定义报表，此报表从其数据库中提取特定数据。

　　2. Methodology Management(MM)模块

　　该模块是一个在中央位置创造与保存参照项目(即项目计划模板)的系统。项目经理可对参照项目进行选择、合并与定制，来创建自定义项目计划。可以使用"项目构造"向导将这些自定义的参照项目导入 PM 模块，作为新项目的模板。因此，组织可以不断地改进和完善新项目的参照项目作业、估算值以及其他信息。Primavera 亦提供基于网络的项目间沟通和计时系统。作为项目参与者的团队工具，Timesheets 将即将要执行的分配列成简单的跨项目计划列表，帮助团队成员集中精力完成手头工作。它还提供项目变更和时间卡的视图，供项目经理批准。由于团队成员采用本模块输入最新的分配信息，并根据工作量来记录时间，因此项目主管可以确信他们拥有的是最新的信息，可以借此进行重大项目决策。

　　3. Primavera Web 应用程序

　　该模块提供基于浏览器的访问，可访问组织的项目、组合和资源数据。各个 Web 用户可以创建自定义仪表板，以获得单个或集中视图，来显示与其在项目组合、项目与资源管理中所充当的角色最相关的特定项目和项目数据类型。Project Workspaces 和 Workgroups 允许指定的项目团队成员创建与某特定项目或项目中的作业子集相关的团队统一数据视图，从而扩展了可自定义的集中数据视图模型。Primavera Web 应用程序提供对广泛数据视图和功能的访问，使 Web 用户能够管理从项目初始的概念审查、批准，直到完成的全过程。

4. Primavera Integration API

该模块基于 Java 的 API 和服务器，供开发人员创建无缝接入 Primavera 项目管理功能的客户端分类码。软件开发工具包——Primavera Software Development Kit(SDK)可将 PM 模块数据库中的数据与外部数据库及应用程序进行集成。它提供对架构以及包含业务逻辑的已保存程序的访问。SDK 支持开放式数据库互联(ODBC)标准和符合 ODBC 的接口，例如，OLE-DB 和 JDBC，以接入项目管理数据库。SDK 必须安装在要与数据库集成的计算机上。

5. Claim Digger

用于进行项目与项目，或项目与相关目标计划之间的比较，来确定已添加、删除或修改的进度数据。根据选定用于比较的数据字段，此功能可创建一个项目计划比较报表，格式为三种文件格式中的一种。Claim Digger 在 PM 模块中自动安装，可从"工具"菜单访问。

6. ProjectLink

ProjectLink 是一种插件程序，可使 Microsoft Project(MSP)用户在 MSP 环境中工作的同时，仍可使用 Primavera 企业功能。MSP 用户可在 MSP 应用程序内使用此功能，从 PM 模块数据库打开项目，或将项目保存到 PM 模块数据库中，而且，MSP 用户可在 MSP 环境下，调用 Primavera 的资源管理。ProjectLink 使将大量项目数据保存在 MSP 中的组织受益，但是要求一些用户在 Primavera 应用程序中拥有附加功能和优化数据组织。

小　结

项目信息管理是指对项目信息的收集、整理、处理、储存、传递与应用等一系列工作的总称。项目管理过程总是伴随着信息处理过程，随着项目的启动、规划、实施等项目生命周期的展开，项目的文件、报告、合同、照片、图纸、录像等各种类型纸介质信息会不断产生，项目信息管理的效率和成本直接影响其他项目管理工作的效率、质量和成本。本章首先从项目信息的特点、来源、种类介绍项目信息，在此基础上简述项目信息管理的基本要求和原则，另一方面详述了项目信息管理的具体操作内容。其次，介绍了基本的项目信息管理系统以及项目信息管理系统的功能结构，对信息系统实现的功能有个大致的了解。最后，从功能特点的角度详述了 Primavera Project Planner(P3E)、Microsoft Project 和 Microsoft SharePoint 三个项目管理软件。

案例思考题

案例背景：

7-11 连锁便利店

7-11 连锁便利店是日本一家多年来积极向信息技术投资的公司。该公司在早期就建立了一个信息系统，具有准时制(Just In Time)后勤供应功能。比如，日本的消费者对鲜货特别看重，该公司早在 1978 年就开始实施每日多重发货，根据日本丰田公司的准时制建立了自己的模型。现在，商场每天有 4 批现货入库，商场里的现货每天全部流转 3 次以上。准时制可以保证商场对顾客需求变化准确地做出反应。比如，如果一个特定的午餐盒在中午售出，那么在这一时间之前，它在商场就属于额外存货。如果当天下雨，午餐盒需求量预计不大，该信息系统就会提醒经营者发货的数量需要下调，而同时应把雨伞放到收款机旁边出售。这种反应水平之所以成为可能，是因为连锁便利店有一个复杂的销售点数据收集系统和一个连接各个商场与中心分销区的电子化订货系统。

日本 7-11 连锁便利店对这些信息系统的早期投资及其连续追加的部分，已经获得了丰厚的回报。该公司是目前日本最大、盈利最高的零售商。自从 20 世纪 70 年代初期公司创建以来，它的商场数量以及每个商场的平均盈利水平、平均日销售量都在持续增加。它还缩短了平均存货周转时间。

思考题：

1. 日本 7-11 连锁便利店是怎样成功地运用信息技术的？

2. 信息管理对于日本 7-11 连锁便利店的经营活动起到了哪些促进作用？

3. 日本 7-11 连锁便利店的成功说明了什么？

思考练习题

1. 什么是项目信息？项目信息具有哪些特点？

2. 什么是项目信息管理？

3. 实现项目信息管理的基本要求和原则是什么？

4. 谈谈项目信息管理的内容。

5. 基本的项目信息管理系统有哪些？简述最常用的一个项目信息管理系统。

6. 简述项目信息管理系统的功能结构。

7. 什么是 P3E？

8. Microsoft Project 的特点有哪些？

9. 谈谈 Microsoft SharePoint 的使用特点。

10. Primavera Project Planner(P3E)、Microsoft Project 和 Microsoft SharePoint 的差异在哪里？分别适合什么样的项目或者公司？

参 考 文 献

[1] 程鸿群. 工程项目管理学. 武汉：武汉大学，2008.

[2] 哈罗德. 科兹纳著. 项目管理：计划、进度和控制的系统方法（第12版）. 杨爱华，译. 北京：电子工业出版社，2013.

[3] 鲁耀斌. 项目管理：过程、方法与实务. 大连：东北财经大学出版社，2008.

[4] 徐莉，赖一飞，程鸿群. 工程新编项目管理学. 武汉：武汉大学出版社，2009.

[5] Project Management Institute. 组织变革管理实践指南. 北京：中国电力出版社，2014.

[6] 张丽娜，周苏. 项目管理与应用. 北京：机械工业出版社，2015.

[7] Project Management Institute, IEEE. 项目管理知识体系指南：PMBOK指南. 北京：电子工业出版社，2015.

[8] 孙新波. 项目管理. 北京：机械工业出版社，2016.

[9] 池仁勇. 项目管理. 北京：清华大学出版社，2015.

[10] 白思俊. 项目管理概论. 北京：中国电力出版社，2014.

[11] 戚安邦. 项目管理学. 南京：南开大学出版社，2014.

[12] 迈克尔·克劳伊，丹·加莱，罗伯特·马克. 风险管理精要. 北京：中国金融出版社，2016.

[13] 欧立雄，袁家军，王卫东. 神舟项目管理成熟度模型. 管理工程学报，2005(S1).

[14] 吕春晓. 管理思维与沟通. 西安：西安交通大学出版社，2013.

[15] Kerzner H. Project Management：A Systems Approach to Planning, Scheduling, and Controlling. Vol Twelfth edition. Hoboken, New Jersey：Wiley；2017.

[16] 美国项目管理协会. 组织级项目管理成熟度模型（OPM3）（第三版）. 王庆付，译. 北京：电子工业出版社，2015.

[17] 王娟，白思俊. 基于OPM3的建设工程企业项目管理成熟度模型构建. 机械制造，2008(10).

[18] 邱菀华. 现代项目管理学. 北京：科学出版社，2013.

[19] 谭志彬，柳纯录. 系统集成项目管理工程师教程. 北京：清华大学出版社，2016.

[20] 特雷斯·罗德. 项目相关方管理. 邓伟升，汪小金，译. 北京：中国电力出版社，2014.

[21] 宋立荣. 信息质量管理成熟度模型研究. 情报科学，2012，30(07).

[22] 杨启昉，白思俊，马广平. 基于OPM3的组织项目管理能力体系建设的研究. 科学学与科学技术管理，2009，30(07).

[23] 杨国平，邱菀华. 项目管理成熟度模型发展动态探析. 北京航空航天大学学报（社会

科学版)，2010，23(05).

[24]Pinto Jeffrey K.，项目管理. 鲁耀斌，等，译. 北京：机械工业出版社，2015.

[25]宋金波，朱方伟，等. 项目管理案例. 北京：清华大学出版社，2013.

[26]石宣喜，等. 国际工程 EPC 项目采购管理案例研究. 项目管理技术，2018(9).

[27]蔡金勇. 组织级项目管理——天士力 ERP 的成功之路. 项目管理技术，2005(4).

[28]Alena，Labodová. Implementing integrated management systems using a risk analysis based approach. Journal of Cleaner Production，2004，12(6)：571-580.

[29] Metcalfe B. Project management system design：A social and organisational analysis. International Journal of Production Economics，1997，52(3)：305-316.

[30] Derenskaya Y. Projec Scope Management Process. Baltic Journal of Economic Studies，2018，4(1)：118-125.

[31]Ge J . Study on project schedule management based on comprehensive comparison methods. Proceedings of SPIE-The International Society for Optical Engineering，2011.

[32] Pheng L S. Project Cost Management. Project Management for the Built Environment，2017：97-112.

[33]Mane PP. Int. Quality Management System at Construction Project：A Questionnaire Survey Journal of Engineering Research and Applications，2015，5：126-130.

[34]Lock D. Project Management. Vol Seventh edition. London：Routledge；2018.

[35]Wynstra F. Past，Present and Future Trends of Purchasing and Supply Management：An Extensive Literature Review. A Review and Outlook. Journey through Manufacturing & Supply Chain Strategy Research，2016：199-228.

[36]T S Nguyen，S Mohamed，Panuwatwanich K. Stakeholder Management in Complex Project：Review of Contemporary Literature. Journal of Engineering，Project，and Production Management，2018(2)：75-89.

[37]Anantatmula V S，Rad P F. Role of Organizational Project Management Maturity Factors on Project Success. Engineering Management Journal，2018：1-14.